社会及行为科学研究法（一）

总论与量化研究法

Research Methods in Social and Behavior Sciences Ⅰ: General and Quantitative Methods

瞿海源　毕恒达　刘长萱　杨国枢⊙主编

社会科学文献出版社
SOCIAL SCIENCES ACADEMIC PRESS (CHINA)

社会及行为科学研究法

主编

瞿海源　毕恒达　刘长萱　杨国枢

总论与量化研究法（一）

王文中

学历：美国加州大学伯克利分校计量方法与评鉴博士

现职：香港教育学院心理研究学系讲座教授

吴重礼

学历：美国纽奥良大学政治学博士

现职：中研院政治学研究所研究员

杜素豪

学历：美国密歇根州立大学社会学博士

现职：中研院调查研究专题中心副研究员

林文瑛

学历：日本庆应大学教育心理学博士

现职：中原大学心理学系教授兼心理科学研究中心主任

邱铭哲

学历："清华大学"社会学研究所中国研究学程硕士

现职：新境界文教基金会安全与战略研究中心研究员

张苙云

学历：美国约翰霍布金斯大学社会学博士

现职：中研院社会学研究所研究员

毕恒达

学历：美国纽约市立大学环境心理学博士

现职：台湾大学建筑与城乡研究所副教授

陈春敏

学历：中正大学心理学博士

现职：成功大学心理学系博士后研究员

陈振宇

学历：美国纽约州立大学石溪分校心理学博士

现职：成功大学心理学系教授

章英华

学历：美国普林斯顿大学社会学博士

现职：中研院社会学研究所研究员

黄　纪

学历：美国印第安纳大学政治学博士

现职：政治大学政治学系讲座教授兼选举研究中心合聘研究员

杨国枢

学历：美国伊利诺伊大学心理学博士

现职：中原大学心理科学研究中心暨心理学系讲座教授

刘长萱

学历：美国匹兹堡大学统计与心理计量博士

现职：中研院统计科学研究所研究员

郑夙芬

学历：政治大学边政研究所硕士

现职：政治大学选举研究中心副研究员

谢雨生

学历：美国宾州州立大学乡村社会学博士

现职：台湾大学生物资源暨农学院生物产业传播暨发展学系特聘教授

瞿海源

学历：美国印第安纳大学社会学博士

现职：中研院社会学研究所研究员、台湾大学社会学系教授

苏国贤

学历：美国哥伦比亚大学社会学博士

现职：台湾大学社会学系教授兼主任

质性研究法（二）

王增勇

学历：加拿大多伦多大学社会工作学系博士

现职：政治大学社会工作研究所副教授

林本炫

学历：台湾大学社会学博士

现职：联合大学客家研究学院经济与社会研究所副教授

林国明

学历：美国耶鲁大学社会学博士

现职：台湾大学社会学系副教授

柯志明

学历：美国纽约州立大学（宾汉顿）社会学博士

现职：中研院社会学研究所特聘研究员

徐振国

学历：美国俄亥俄州立大学政治学博士

现职：东吴大学政治学系教授

毕恒达

学历：美国纽约市立大学环境心理学博士

现职：台湾大学建筑与城乡研究所副教授

汤京平

学历：美国南加州大学公共行政学系博士

现职：政治大学政治学系教授兼主任

吴嘉苓

学历：美国伊利诺伊大学香槟分校社会学博士

现职：台湾大学社会学系副教授

周　平

学历：美国社会研究新学院社会学博士

现职：南华大学应用社会学系主任兼所长

黄应贵

学历：英国伦敦大学伦敦政治经济学院人类学博士

现职：中研院民族学研究所研究员

杨国枢

学历：美国伊利诺伊大学心理学博士

现职：中原大学心理科学研究中心暨心理学系讲座教授

刘长萱

学历：美国匹兹堡大学统计与心理计量博士

现职：中研院统计科学研究所研究员

萧阿勤

学历：美国加州大学圣地亚哥校区社会学博士

现职：中研院社会学研究所研究员兼副所长

瞿海源

学历：美国印第安纳大学社会学博士

现职：中研院社会学研究所研究员、台湾大学社会学系教授

蓝佩嘉

学历：美国西北大学社会学博士

现职：台湾大学社会学系教授

资料分析（三）

于若蓉

学历：台湾大学经济学博士

现职：中研院调查研究专题中心研究员兼执行长

王鼎铭

学历：美国德州大学达拉斯分校政治经济学博士

现职：台湾大学政治学系副教授

林季平

学历：加拿大麦克马斯特大学地理学博士

现职：中研院地理资讯科学研究专题

中心副研究员

邱皓政

学历：美国南加州大学心理计量学博士

现职：台湾师范大学管理学院副教授

翁俪祯

学历：美国加州大学洛杉矶分校心理学博士

现职：台湾大学心理学系教授

陈振宇

学历：美国纽约州立大学石溪分校心理学博士

现职：成功大学心理学系教授

程尔观

学历：美国佛罗里达州立大学统计学博士

现职：中研院统计科学研究所研究员

毕恒达

学历：美国纽约市立大学环境心理学博士

现职：台湾大学建筑与城乡研究所副教授

黄旻华

学历：美国密歇根大学安娜堡分校政治学博士

现职：美国德州农工大学政治系专任助理教授

黄毅志

学历：东海大学社会学博士

现职：台东教育大学教育学系教授

杨国枢

学历：美国伊利诺伊大学心理学博士

现职：中原大学心理科学研究中心暨心理学系讲座教授

刘长萱

学历：美国匹兹堡大学统计与心理计量博士

现职：中研院统计科学研究所研究员

蔡蓉青

学历：美国伊利诺伊大学心理学博士

现职：台湾师范大学数学系教授

谢雨生

学历：美国宾州州立大学乡村社会学博士

现职：台湾大学生物资源暨农学院生物产业传播暨发展学系特聘教授

瞿海源

学历：美国印第安纳大学社会学博士

现职：中研院社会学研究所研究员、台湾大学社会学系教授

序　言

《社会及行为科学研究法》这套书原来是由杨国枢、文崇一、吴聪贤和李亦园四位教授编辑，于 1978 年 1 月出版，三十多年来，一直广为使用，印行了 30 刷以上，影响实在非常深远。近二三十年来社会科学研究方法创新不断，社会科学研究使用的方法也起了很大的变化。原书的主编杨国枢教授和出版这部书的东华书局，希望出版一个全新的第二版。于是在 2008 年邀约了瞿海源、毕恒达、刘长萱、洪永泰参与规划出版事宜。

台湾社会科学，特别是社会学和政治学，在 1980 年之后，尤其是在 1990 年之后发展快速，到 2000 年大体发展成熟。在本书第一版出版时，正在 1980 年之前，当时台湾的社会学和政治学几乎还在发展初期，如陈义彦（2010）指称："……这一时期的调查研究方法，如抽样方法采非随机抽样方式，统计分析方法也只采次数分配、卡方检定，都仅是粗浅的分析，且也不尽正确，所以严格说起来，谈不上是高度科学化的研究。"于是本书第一版许多研究方法还是由心理学者和教育学者撰写，占了作者之六成左右。在发展成熟之后，台湾社会学者和政治学者在研究方法上学有专精的很多，第二版就有六成的章节是由社会学和政治学者担纲写成。所以全书内容是以社会科学的研究和分析方法为主，不过心理和教育学者撰写的也还是有 17%，因此书名依旧延续第一版，包括社会和行为科学。

在规划出版本版新书初期，先经过编辑小组两个多月的商议，初步草拟了一份主题纲目，列出各章主题。最后汇整成一份问卷，邀请在各大学教社会科学研究方法的教授近二十位评估，就初步提议纳入的主题逐项评分，在"最优先""优先"和"非必要"三个选项中勾选，同时也推荐各章的撰稿者。结果有王业立、林继文、李明璁、苏国贤、关秉寅、吴嘉苓、蓝佩嘉、吴重礼、黄纪、杨国枢、毕恒达、刘长萱、翁俪祯、黄昱华、黄囇莉等15位教授回复。最后，以最优先给2分、优先给1分、非必要为0分来统计。调查结果，在研究方法方面，依序选出抽样问卷调查、民族志、扎根理论与个案延伸法、访谈法、历史研究法、叙事分析、实验法、焦点团体法、网络分析、个案研究、论述分析、地理信息系统与个体发展研究法等13个主题。在资料分析方面则依序选出测量理论、试题作答理论、因素分析、内容分析与文字计数方法、事件分析、类别资料分析、多层次分析、回归分析和结构方程模式、调查资料库之运用等10个主题。在论文写作和研究伦理方面选出研究文献评阅与研究、研究伦理两个主题。最后再经编辑小组商议，在研究方法方面追加个体发展研究法和建制民族志，在资料分析方面另外再加缺失值处理、长期追踪资料分析、多向度标示法、职业测量和质性研究分析计算机软件。最后，编辑群就全书主题衡量，决定增加综合分析、质量并用法两章。一方面强调针对既有研究从事深度的综合分析，以获致更完整而丰富的研究成果；另一方面则提倡质量并用法，希望能消解一点量化与质性研究之间的严重争议。

1980年代，尤其是在1990年代以后，获得博士学位的社会科学学者人数激增，这些社会科学博士在从事研究时，就采用了很多不同的方法。在其博士教育养成过程中，大部分都研习了1980年代以来美欧学界发展出来的新方法，甚至博士论文研究就采用新的方法，在后续的学术研究中大多也就继续采用这些新方法。即使在台湾攻读博士学位，教授也多会教授各种新旧方法，其中就有采用新的研究方法来做研究的。大体而论，在量化研究方面，比较多更精致、更高阶的统计分析。这一发展趋势从本书新旧两版的差异中看得很清楚，1978年版的量化资料分析只有因素分析和因径分析两章，在新版里就有因素分析、结构方程模式、复回归分析、类别资料分析、多层次分析、多向度标示法分析、长期追踪资料分析以及缺失值处理，增加了六章之多。虽然其中两章，即因素分析和因径分析在两版中都有，但内容也大不相同，新版有更新的分析方法，因径分析也由结构方程模式取代。

在1980年之后，台湾社会科学界从事大规模的全台抽样调查，1983年政大成立选举研究中心，台大成立政治体系与变迁研究室，长期进行选举与政治的研究调查，中研院自 1984 年在“国科会”长期资助下开始进行台湾社会变迁基本调查，1997 年启动台湾家庭动态调查，2000 年开始进行台湾教育长期追踪调查和青少年追踪研究，几个大学选举研究中心在 2001 年合作进行台湾选举与民主化调查研究。这些调查研究都是全台抽样调查，而且也都是长期持续进行。台湾社会科学界自 1980 年代中期开始有这么多全台大规模社会抽样调查，显示调查研究在台湾已经很成熟，也显示量化研究是台湾社会科学的主力。大约在 2000 年之后，社会学者和政治学者在既有的大规模全台调查研究的基础上，又开展了几项与其他国家同步进行的调查研究。由于这些大规模的调查逐年累积了大量资料，中研院调查研究专题中心于 1994 年着手建立学术研究调查资料库，除了汇集上述各种全台大样本调查资料外，也全面收集各种调查资料，包括政府的调查和个别学者的规模较小的调查，建立资料库，供学术研究使用，在中研院、“国科会”和其他政府部门赞助下，到目前为止，这个资料库已汇集了 1001 个调查资料档。

质性研究方法在过去三十年崛起，台湾学者在 1980 年初引入扎根理论，随后又陆续引入延伸个案法、历史研究法、访谈法、叙事分析、论述分析、个案研究法等，再加上经典的人类学田野调查法。与本书旧版只有两章相比，增加了六章。社会科学研究加重使用质性研究方法，不只是显示方法本身的差异，更是在方法论和认识论上的重大歧异，也因此形成了量化与质性研究典范性的争议。质性研究和量化研究几乎水火不容，或至少互不兼容，相互不了解。也因此，本书在第一章社会科学研究方法历史中也深入探究质性和量化研究方法争议的问题，在最后特地约请黄纪教授撰写质量并用法（mixed method）一章，希望调和量化与质性研究对立乃至敌对的状况。

在编辑上，本书特别强调社会科学研究的基本精神和伦理，列入“研究设计”“研究伦理”和“文献评阅”三章，是为总论的一部分，置于第一册最前面。研究伦理在许多研究方法教科书中都排在最后，或聊备一格，我们把它排在最前面，就在于揭示研究伦理是至关重要的研究基本。撰写研究论文，作者都必须做文献探讨，但有不少研究生和少数学者只是做做形式，我们特地列入一章文献评阅，说明进行文献探讨的实质意义和应有的做法。

在全书各章书稿完成之后，编辑小组试图重新编排，最后，提出编辑成上下两册和三册两个方案，经征询全体作者的意见，绝大多数赞成分为三册，因分册逻辑清楚。第一册为总论与量化研究法，第二册为质性研究法，第三册是资料分析。编辑小组和一些作者担心把量化和质性研究方法分为两册，可能会突出量化与质性研究之争。我们最后还是这样分三册来出版，当然不是要制造量化、质性研究方法之间的对立，反倒是希望读者在深入研习各种质性与量化研究方法之后，能够对各种研究方法更宽容，更具同理心。我们也衷心建议授课的教授，在研究方法的课程里，一定要兼顾量化和质性研究方法，至少要让学生有运用各种研究方法的基本能力，也要让学生能欣赏运用各种不同研究方法所获致的学术研究成果。

在本书第一版于 1970 年底出版时，社会科学研究方法的书非常少，当时汇集了学者撰写社会科学、心理学和教育研究的基本方法，大体上很完备，也因此这部书发行三十多年来仍然是研究方法课程和修习研究方法的重要参考书籍。如今社会科学逐渐成熟，有关研究方法的书籍，不论翻译或编著都为数甚多。我们编辑出版《社会及行为科学研究法》这部书的第二版，除了上述内容上的全面调整外，更强调尽可能汇聚各种不同的研究方法，同时在各章编写过程中特别加重方法背后的观念，及方法的应用时机，并以台湾本土的例子说明，借以区隔此书与坊间其他方法学书籍的差异。

本书凝聚了台湾社会科学领域一群活跃及具有独特风格的学者共同完成。每位学者在各自的专章中，除了传达专业知识外，也透露各自的学术理念。读者在阅读此书时，可顺便领略社会科学者们所代表的当前台湾的学术文化，这一部分应是这个修订版和原版最大的差异。

瞿海源、毕恒达、刘长萱、杨国枢于 2011 年 12 月

总目次

总论与量化研究法（一）

质性研究法（二）

资料分析（三）

目录
CONTENTS

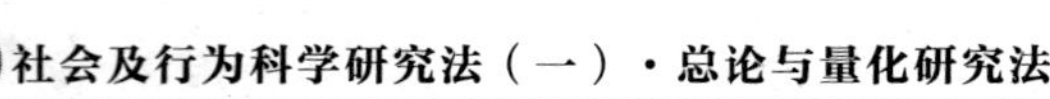

第一章
社会科学研究方法的发展

一　前言

Alan Bryman（2008）在《典范战争的终结?》一文中，解析社会研究量化与质性研究方法之争后，在结论中称“有些社会科学家对于社会研究方法论在主要争论中无法获得解决而感到不安，但也有其他的学者认为相互竞争的典范性立场的存在是可庆幸的，也提供了从不同的透镜（lenses）检视社会世界的机会”。

在研究方法上，确实继续存在着量化与质性研究方法之争，在台湾如此，在国际社会学界也是这样。若推究这种方法之争的根由，早在现代社会科学创建之际，其实就已有迹可循，有些社会学者主张社会学是一种科学，应该引用科学的方法进行研究，应该追随自然科学乃至数理科学，但相对地也另外有一些社会学者认为社会学不是科学，不应模仿自然科学，应该有自己的研究方法。再拉开来看，科学和人文看起来本来就是两个不同的领域，甚至是不同的文化，有不同的认识论、不同的本体论，更有不同的方法论。然而，由于科学在现代人类社会占尽优势，即使人文学界表面上看起来是不同于科学，但近百年人文研究，尤其是近二三十年看似颇有突破的最新研究趋势，在本质上仍然是深受科学影响的。余英时（2003）就指称：“如果把后现代看作西方的最新思潮，那么我们便可以毫不迟疑地断言：西方人文研究一直到目前为止，仍然未能完全摆脱掉奉科学知识为典范的基本心态。”他认为这是因为“第一，人文研究在西方文化、社会、政治、经济生活中逐渐退居次要的地位，代之而兴的则是自然科学，特别从基本科学研究中衍生出来的科技。第二，过去一个世纪中，西方的人文研究大体上都奉科学知识为典范，进行了各式各样的仿效”。如果从这个角度来看社会科学量化与质性之争，就直教人哑然失笑！

余英时先生谈的是人文学，社会科学的情况看起来有些不同，但是稍加推究，其实也相差不多。只是在社会科学中，尤其是社会学，不是社会科学与自然科学之争，甚至在社会科学内部就有严重的对立。在现代社会学创始之时，涂尔干代表的实证论、马克思代表的批判论以及韦伯代表的解释论，就在本体论、认识论和方法论上有显著的差异乃至对立（Gordon，1991）。根据 Neuman（2003）和 Lincoln 与 Guba（2003）的比较表列，我们可以综合整理出几个主要典范在本体论、认识论和方法论各方面的重要差异。Neuman 列出实证论、诠释论和批判论、女性主义和后现代主义五者之间的差异，Lincoln 与 Guba 则列表比较了实证论、后实证论、批判论、建构论和参与论五种取向之间的差异。我们以两者都有的实证论、诠释论和批判论来加以综合讨论。

三大研究取向在本体论、认识论和方法论方面的相异之处在表 1－1 中已简要列出，不再赘述及引申，倒是在研究方法上，可以看到同一个方法出现在两个或三个取向中。在这里要特别加以说明。看起来是同一种方法，或是方法名称相同，但实际上是非常不一样的。例如，在三种取向中都有民族志，名称相同，但真正的做法和理念完全不同。在实证论之下，民族志是在记录客观的事实，但在诠释论就更重视其意义，尤其是在地的意义；在批判论之下，民族志则侧重权力操弄的揭露。相同地，访谈的目的、策略和资料分析在三个取向中也大不相同。此外，历史研究、内容分析、论述分析也都各自相异。

表 1－1　实证论、诠释论和批判论在本体论、认识论和方法论上的特点

	实证论	诠释论	批判论
研究目的[a]	解释；预测与控制	了解；重新建构	批判和改造；恢复公平与解放
社会现实的本质[b]	事先存在着稳定模式与秩序	人际互动创造流动的社会情境	结构性冲突
认识论[a]	双元论/客观主义；“发现”是真的	互动的/主观主义；“发现”受价值左右	互动的/主观主义；“发现”是被创造的

续表

	实证论	诠释论	批判论
解释[b]	合乎逻辑与法则有关，并且建立在事实的基础上	获得被研究者的共鸣及认同	为人们提供改变世界所需的工具
证据[b]	基于明确的观察，其他人可以重复获得	镶嵌在流动的社会互动之中	由能够揭示幻觉的理论提供
价值地位[b]	科学是价值中立的，除了选择主题之外，价值在科学研究中是没有地位的	价值是社会生活整体的一部分，没有一种群体的价值是错误的，有的只是差异	所有的科学必须从某个价值立场出发，有些立场是对的，有些是错的
方法论[a]	实验的/操弄的；验证假设，主要是量化研究法	诠释的/辩证的	对话的/辩证的
研究方法[c]	实验法、抽样调查、民族志、访谈、观察、个案研究、内容分析、社会网络分析、历史研究	民族志、访谈、观察、言说分析、论述分析、文本内容分析、历史研究	民族志、叙事分析、文本内容分析、论述分析、政治经济分析、历史研究

资料来源：a：Lincoln & Guba（2003）；b：Neuman（2003）；c：本章作者。

参考方块　1－1

独惜古代学者于纯粹客观的方法，发现颇少；所以他们虽未尝不尽力于观察、记录的工作，而总不能把此等无量数的材料，化为有条理、有系统的知识，就不能产生科学。……但是各种方法论，在自然科学上，都早已经论定；就是有点出入，也不很多；在社会科学上，因为对象较为变动，科学的成立也较晚，所以研究方法，也还多争论；这里边最新成立的社会学，争论尤多。

——蔡元培（1924：1）

二　西方社会科学研究方法的变迁

Alastalo在主编《社会研究方法指南论集》（2008）时，特地写了一章社会研究方法的历史，又请Bryman写典范战争来分析量化和质性研究之争。Alastalo将西方社会研究方法的发展分成五个阶段，在第一次世界大战之前，社会改革家和学者开始从事调查，但不是抽样调查；第二阶段在两次大战期间，社会研究者运用现代统计学开始从事抽样调查及分析。第三阶段是1940年代至1960年代末，抽样调查方法成了主流，甚至全面主导社会科学研究方法，这是由于运用了成熟的现代统计从事抽样和统计分析，同时问卷设计技术也有长足进步。到了第四个阶段，即1970年代至1980年代末，开始有学者批判量化研究，发展出质性研究法。量化和质性的研究所用的是很不一样的方法。这两类研究方法在本体论和知识论上都完全不同，有些学者甚至认为是两种方法的典范之争。1990年代之后，有学者发展了质量并用法（mixed research method）尝试将两类研究整合起来，看似有希望结束研究方法典范战争，但在实际上量化和质性研究的分裂是无可避免的。Alastalo似以量化研究作为西方社会研究法的主轴来探究，但仔细推究起来，质性研究方法自19世纪现代社会科学肇始就一直是主要研究方法之一，不只是人类学者几乎独尊参与观察与访谈的质性研究，与社会学量化研究分庭抗礼，更重要的是古典社会学就孕育着重大的质性研究取向。只是到了1970年代，尤其是在20世纪末叶，质性研究方法特别兴盛起来，以致酿成量化及质性研究之争，乃至所谓的典范战争，是因为质性研究方法有了更新、更多元的发展，甚至可以说如雨后春笋萌发的新的质性研究方法也颠覆了传统的质性研究方法。

Denzin与Lincoln（2005）在《质性研究方法指南论集》中也整理了质性研究的历史，将之分为八个时期（moments，但在文中又改称periods）。第一个时期是为“传统时期”，自1900年到第二次世界大战，基本上是实证取向，研究在于获取翔实可靠而客观的解释。第二个时期是“现代主义时期”（modernist），是从“二战”后到1970年代，质性研究努力达到量化研究水平，讲求资料收集和分析的严谨与标准化，建构扎根理论就是一个很好的例子。第三个时期是社会学科学研究范畴界线模糊时期（blurred genres），1970～1986年间，社会科学和人文学研究更为接近，借重符号学和诠释学，社会科学的界线变得模糊了。各种新旧的典范蓬勃发展。第四个时期是“再现危机时期”（crisis of representations），是在1986～1990年间。有愈来愈多的学者强调实证科学所标榜的客观性，乃至所谓的信度和效度是有问题的。他们开始着手新的质性的研究方法和再现。接着是“后现代实验民族志时期”（1990～1995 年），主要是在探索新的民族志写作，尝试用各种不同方式来写“他者”（the “other”）。第六个时期是“后实验民族志探索期”（postexperimental inquiry）（1995～2000 年），Denzin 指称这是令人非常兴奋的时期，因为 AltaMira 出版社出版另类民族志（ethnographic alternatives）系列丛书，标榜社会科学和人文学界线模糊的民族志写作，包括文学、诗歌、自传、批判、影视、演艺种种形式。第七个时期是“方法竞逐时期”（the methodologically contested present）（2000～2004 年），《质性探究》（*Qualitative Inquiry*）和质性研究（*Qualitative Research*）两个质性研究学术期刊出版最新佳作，是一个冲突、紧张和缩减的时期。2005 年以后到 2008 年，布什政权的科学政策倡导新科学主义的研究准则，学界称为 Bush Science，即联邦资助研究的机构强调研究必须采用“严谨的有系统的客观研究方法取得可信而有效度的知识”（Ryan & Hood，2004，转引自 Denzin & Lincoln，2005），质性研究在这个时期受到严重挤压（表 1－2）。

表 1－2　Alastalo、Denzin 与 Lincoln 研究方法发展分期对照表

年　代	Alastalo(2008)	Denzin 与 Lincoln(2005)
～1920	社会调查兴起	传统时期
1920～1940	个案研究与统计方法	
1940～1970	调查方法的兴起	现代主义时期
1970～1986	量化及质性研究典范之争	界线模糊时期
1986～1990		再现危机时期
1990～1995	无可避免的分裂?	后现代实验民族志时期
1995～2000		后实验民族志探索期
2000～2005		方法竞逐时期
2005～2008		受新科学主义政策挤压

Denzin 对质性研究方法在 20 世纪末再兴起和发展的“历史”做了整理和分析，但多是谈论美国研究的情形，似以地方的和局部的现象扩大质性研究的重要性。到后来以五年为一期，分期愈来愈细，显示质性研究一直在变动，花样愈变愈多，研究方法变幻多端。在第四期“再现危机时期”之后，又有三重危机，即再现、合法性（legitimation）和实践（praxis）危机，即质性研究者不再能直接掌握住 lived 经验，没有判准来评估质性研究，也就

无法影响世界。这三个危机实际上与批判、解释、语言、女性主义和修辞“转向”（turn）有关。在“读了”质性研究的历史（reading history）后，Denzin 指出，研究者在以前从来就没有这么多的典范、探问的策略和分析的方法，以致造成质性研究者选择的困境（embarrassment of choices）。

（一）经验研究和现代统计兴起

在 19 世纪末叶，英国有一些社会改革者主张温和而逐渐地改革社会，他们认为必须先要了解相关的社会问题，而了解问题就必须搜集和问题有关的实际资料。他们开始采用一种很彻底而广泛的调查方法。Charles Booth 为了了解贫穷问题，就在伦敦进行实地调查。这个调查分成三大部分，即贫穷、工业和宗教影响。调查问卷范围很广。最后出版了 17 册《伦敦居民的生活与劳动》（*Life and Labour of the People in London*）。Booth 希望这个详尽的调查报告可以影响政府的政策以改善劳工的生活，解决贫穷的问题，进而避免社会主义的革命。大体上，他的调查确实影响到有关法案的订定。他本人由于从事调查统计的成就，在 1882 年获英国皇家统计学会颁赠的金质奖章，同年也当选统计学会的会长。不过，这个调查报告其实还采用了其他的方法，包括访问报道人以及实地的观察，Booth 本人甚至还与工人同住来了解真实的状况。在网上看这些报告书（http：//booth. lse. ac. uk/），可以发现内容极为丰富，统计表倒没有想象中那么多，甚至可以说是少的，常常十几二十页才有一个表（见参考方块 1－2），有许多章节都是质性的分析报告，甚至这个报告最有名的是根据调查资料绘制彩色的都市小区贫富区域的地图，如参考方块 1－2 右（似可和当前的 GIS 相媲美）。于是有论者认为《伦敦居民的生活与劳动》这部书可视为英国社会学的奠基巨著，主要是这个调查研究同时在量化—统计方法和质性—民族志方法上有卓越的贡献。这项开创性的调查研究也影响到后来的芝加哥学派有关都市及贫穷的社会学研究。

另一个值得注意的是韦伯（Max Weber）也曾从事三次农民和劳工生活状况的社会调查，他使用问卷调查和观察法收集有关农民和工人的工作历史和态度的资料。后来韦伯又做过两次有关工人的态度的调查，在后来的调查中使用了比较现代的统计方法。在初期，韦伯认为直接访问低收入农民是不

参考方块　1-2：Charles Booth19 世纪末的社会调查

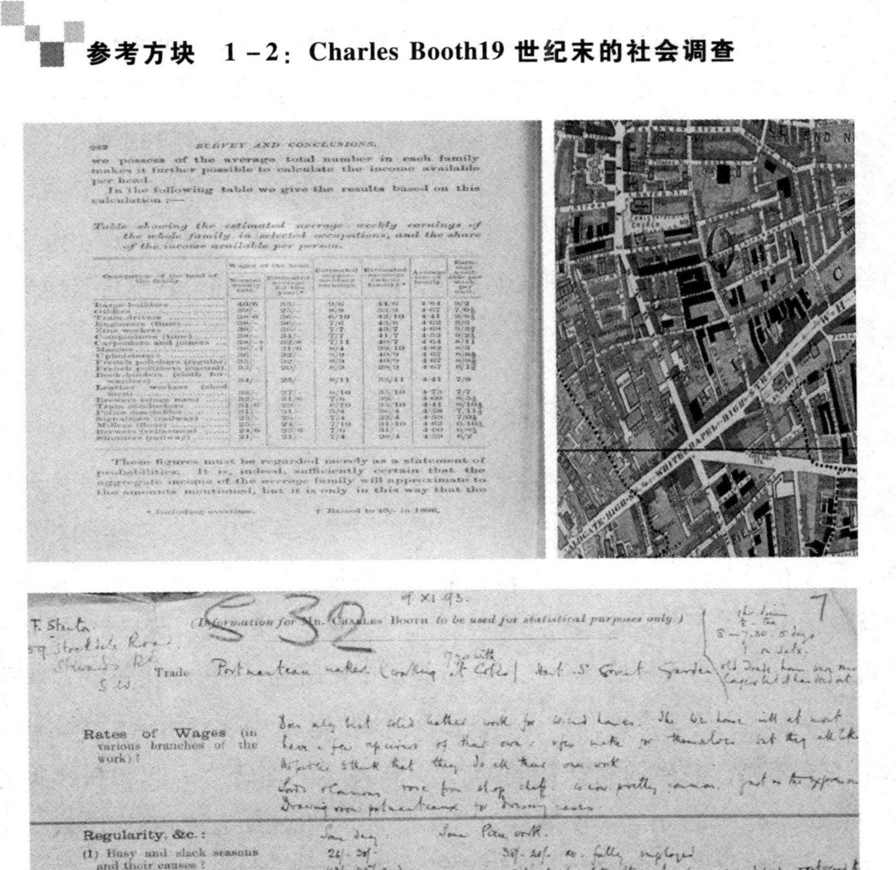

可能的，因为他们没有能力说明自己的状况，所以他都去问报道人。Lazarsfeld 甚至提出“所有的欧洲国家已经从事经验社会研究近两百年”的意见。事实上，现在被认为是美国式的社会研究方法，实际上是源自 50～100年前的欧洲。这些技术在美国精炼并大量应用之后再输出到欧洲（Lazarsfeld，1962）。

第一次世界大战之前在英国和德国或是其他欧洲国家所从事的社会调查，基本上都不是现代的抽样调查，几率抽样是在 19 世纪末 20 世纪初才发展成熟，在 1915 年才有研究者应用几率抽样的原理进行调查。于是在策略上，这些调查多是区域性的普查，就是访问在研究区域内的所有相关对象。

在资料分析上，当时也都只做计数、分类然后计算百分比，偶尔做交叉表分析，这些都是统计最基本的。虽然当时在统计学已经发展出计算相关乃至回归系数的技术，但社会研究者还没能引进使用。这些调查研究在概念上和理论上也很模糊。只是为了研究贫穷问题，就去收集各式各样的资料，年龄、性别、受教育程度、家庭收入、居住状况等所有可能相关的资料都收集，既无理论，概念建构也不清楚。不过，在网上阅读 Booth 的调查报告，倒也觉得当时他们做的分析已相当细腻，例如，他已经将是否在伦敦出生当作影响工资的变项。

（二）个案研究与统计方法的紧张关系（1920～1940）

两次世界大战之间有很重要的发展，个案研究和统计方法逐渐发展成形，但两者间有些紧张关系。个案研究源自医疗、历史学、人类学和社会工作。医生看病要做个案记录，心跳、血压、各种症状、所开药方等，每次就医就做记录，累积久了就成病历资料。人类学多半是做个案研究，去研究一个村、岛、地区、民族的各种状况，都是属个案研究。历史学也常做个案研究，把一个历史的某个事件独立出来做深入研究。社会学就借这种个案研究方法从事研究，最早的是芝加哥学派从事大量个案研究。芝加哥学派在1930～1940年代是社会学发展的重镇，重要的经典代表著作是 Thomas 与 Znaniecki 的《在欧洲和美国的波兰农民》，是就波兰的农民或移民的研究所写的巨著，深入了解波兰的家庭、宗教、人际关系及各种价值和行为。这时已不像早期只是收集资料，而是整合了理论和资料，将社会学带进经验世界。

社会学不再只是想象中的一种哲学式的思考，而是实地去做调查，收集资料。芝加哥大学社会学者做这一类的研究非常多。他们针对许多个人的、小区的、团体的，进行深入的调查和研究。芝加哥学派对整个现代社会学的发展来说有相当关键的作用或贡献。它也开创了量化的研究，早先有人认为芝加哥大学基本上就是做个案研究，如都市中的贫民研究，认为在纽约的哥伦比亚大学 Lazarsfeld 领导的，做很多量化的研究。实际上可以发现芝加哥大学在个案研究以外，也用统计分析的方法来寻求通则性模式。

芝加哥学派也创始了现代都市社会学。因为研究都市社会的需要，必须收集大量都市有关的资料。例如，芝加哥大学最有名的同心圆理论，指一个都市像是一个同心圆扩张出去，穷人住在都市中心，有钱人住在都市外围郊区，每个区域都有它的社会特征，经济和社会活动都有不同的性质。后来又发展出扇形理论。问题是这样的都市生态的研究，必须把地图画出来，要精确地画出来，才可以看出这个圆是正圆还是椭圆的。所以必须收集都市地区这个点的多样资料。这些资料多半是量化的资料，即便是质的资料也要把它量化。所以在这种情况之下，根据都市不同区域的各种质的资料，把它量化以后绘制地图来做研究。这也是促成后来做一些量化研究或统计研究的基础。在这一方面，芝加哥学派的研究显然受到前述英国 Booth 等人根据调查资料绘制伦敦区位地图的影响。

除了芝加哥学派因为都市社会学的研究，或者是在个案研究后寻求一般模式或通则性模式之外，芝加哥以外的学校或者一些团体及政府，也因为实际上工作或业务上的需要，大量发展统计方法与测量。譬如说在两次世界大战之间就有社会调查、民意调查、市场调查都对于抽样统计有高度的需求。尤其是民意调查，要测得精准必须要有好的抽样架构，要问好的问题。精确的市场调查也很重要，需要根据市场调查去部署或规划商业。此外，现代政府必须解决许多不同的社会问题，或是要制定政策，都必须了解实际状况。政府因此也从事各种调查。这种调查研究的大量需求，现代抽样调查研究就突飞猛进。当然，现代统计学发展成熟以及不断地创新发展是极为关键的因子，统计学提供了抽样调查及资料分析重要的科学方法。此外，调查研究者也必须要做好问卷题目的设计，也就是要精研如何问问题。在这个时期，问问题的技术也有了很大的进步。

（三）抽样调查方法兴起（1940～1960）

抽样调查研究在 1940 年代之后逐渐成熟，成了社会学研究的主要研究方法。根据 Converse（1987）探究美国社会学、政治学、经济学、社会心理以及民意的重要学术期刊在 1939～1940 年到 1964～1965 年四个时期刊出论文运用抽样调查研究的情形，结果发现社会学在 1939～1940 年一年间的论文有 18% 利用问卷调查法收集的资料来分析，十年后只增加到 24%，但是

再过十年到 1959～1960 年，就高达 43% 的论文是根据抽样调查研究写成，显然在这十年间调查研究方法在美国社会学研究上逐渐成为主流。到 1964～1965年，超过一半的论文，即 55% 都运用了抽样调查资料。在经济学方面，也从 10% 增加到 33%，政治学增加得不多，但也由 3% 增加至 16%。只是社会心理减少了，应是实验增加的关系。至于民意研究方面增幅比社会学还大，Converse 特别指出原来民意研究期刊刊载的有许多有关公关、广告、宣传等和调查无关的论文，而民意调查结果的论文也多被当作研究纪要而非正式论文。但无论如何，民意研究到了 1960 年代愈来愈依靠抽样调查资料。

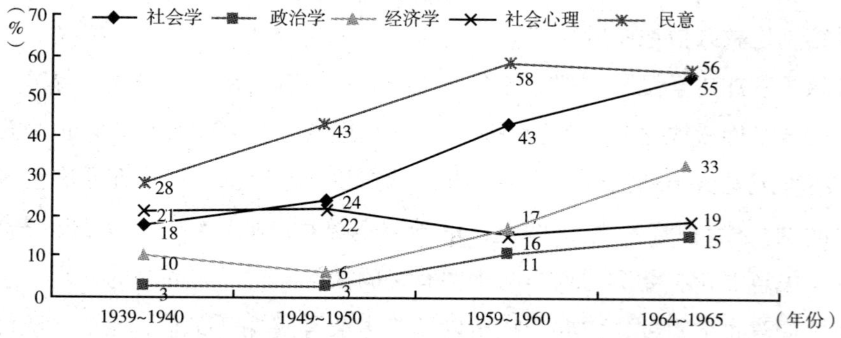

图 1－1　美国社会科学重要期刊论文运用调查资料之比例（1939～1965 年）

资料来源：转引自 Converse，1987：403，原统计资料来自 Stanley Presser，1984。

抽样问卷调查方法之所以成为社会学主流的研究方法，主要在于实证社会学理论与研究在“二战”之后成为社会学的主流，而抽样调查必须具备的理论与技术，包括态度测量、测量理论、抽样理论、问卷设计、访谈技术乃至统计分析都已发展成熟，结合起这些理论与技术乃成就了科学的社会调查研究方法。

行为和态度是问卷调查中最主要的两种项目，态度是人们心中的一种心理倾向，是无法直接观察或是直接问出来的，需要有一些题目来探测。在 1930、1940 年代，学者发展出几种重要的态度测量方法，其中例如 Thurstone、Likert 与 Guttman，态度量表的设计以及 Osgood 的语意分析（semantic differential）。最先这些测量态度的技术多是心理学研究者在使用，

后来因社会调查测定态度的需要，在 1950 年代起就广泛地为社会研究者所采行，其中李克特态度量表（Likert-type attitude scale）现在还在使用，而且很流行。Rensis Likert 本人也正是现代社会抽样调查的先驱，他先是在美国农业部推动调查研究，后来则成为密歇根大学调查研究中心的创始者之一。1966 年 Oppenheim 出版问卷设计与态度测量专书即完整地叙介了态度在社会调查中的测量方法。

社会现象，不论是哪一个层次，之所以可以被量化来进行研究，最根本的就是要处理测量误差的问题。也就是说，要量化就必须要减少测量误差，相对地就是要建立量化资料的可信度，亦即信度。测量理论主要在探究测量误差。Spearman 在 1904 年观察到测量误差的现象，是古典测量理论的起点。测得的原始分数，是由真分数（true score）和误差组成，或是说得分即是真分数与误差的总和。测量的目的即在让误差尽量地小，得分就愈接近真分数。真分数与原始分数相关愈高，测量就愈能代表所要测量的现象。真分数和原始分数之间的相关就是信度。Guttman（1945）将“信度系数”定义为真分数变异数及原始分数变异数的比值。“二战”之后，在统计学、心理测量和教育测量学者不断研究下，古典测量理论在 1950 ~ 1960 年代建构完成，Lord 在 1952 年出版测验分数理论，Guilford（1954）出版《心理计量方法》（*Psychometric Methods*），在 1968 年他和 Novick 出版心理测验的统计理论专书（1968），这些著作都成为测量理论的经典（刘长萱，本书）。直到现在，古典测量理论仍旧是绝大部分量化社会科学研究的基础。

问卷设计也是抽样调查研究方法重要的基础，到了 1960 年代，在抽样理论及其在社会调查上的运用〔Kish 在 1965 出版调查抽样（*Survey Sampling*）专书〕、问卷设计原理和技术上都发展成熟（Hyman 在 1955 年出版《调查设计和分析：原理、个案和程序》专书），为数众多的学者对抽样调查方法从事深入的研究，逐渐完成标准化的问卷调查的程序和技术，对于设计精确的问卷题目、题目的问法与措辞、变项的量度、回答习惯及反应模式、量表的信度与效度，乃至敏感问题的问法和题目次序都研究出有效的办法和规范（Kahn & Cannell，1957；Babbie，1973；Schuman，1981）。

量化研究或是抽样调查研究，除了要有测量理论作为基础外，也必须从事统计分析。现代统计学的发展以及社会学者的引进社会研究甚至也参与统计本身的研究和发展，是1950年代以后社会学发展的重要动力。虽然Booth早在19世纪就进行大规模的调查，甚至还担任皇家统计学会会长，但当时并未应用比较进阶的统计分析方法。到1920年代，在美国已经有《社会统计》（*Social Statistics*）书籍出版（Dittmer，1926；Elmer，1926），1950、1960年代已有许多社会统计学的教科书，如Blalock的《社会统计》在1960年出版，此后一直是重要的教科书。在1969年美国社会学会方法论委员会（这个方法论委员会是Lazarsfeld在1960年初担任美国社会学会会长时成立的）开始出版《社会学方法论》（*Sociological Methodology*）年刊，刊载许多社会学者研发的各种高阶统计分析方法的重要论著。高阶统计方法不断发展是量化研究持续精进的重要根基。虽然在1970年代之后量化－质性研究方法发生严重争议，量化研究备受攻击，然而至今仍屹立不摇，重要活力来源之一就是社会统计本身日新月异的发展。

（四）1970～1980年代研究方法典范战争

在1970～1980年代有愈来愈多的社会学者反对量化研究，主张从事质性研究。主张质性研究者和量化研究者水火不容，产生严重冲突，甚至演变成所谓的典范战争。争议的源头最早在于社会科学是不是科学。有些人认为社会科学不像自然科学可以做实验，不能称为科学，而较接近人文学。相对地有人主张社会科学，应追随自然科学的方法从事研究。这是最早的争执的源头。

抽样问卷调查在最鼎盛时期就开始遭到一些批判。反对最力者之一是象征互动论的主要奠基者Herbert Blumer（1956）。他认为所有人类的行动是在互动的情况下产生的，互动是产生人类有意义的行为的基础。变项分析完全无法探究互动中自我形成的过程。Blumer在1956年担任美国社会学会会长发表《社会学分析与“变项”》，四年后Lazarsfeld也以会长身份发表《经验社会研究的社会学》，两相对照，显示量化－质性之争，甚至相关的方法论、认识论之争于1950年代就已开始（Converse，1987）。

C. Wright Mills（1959）更严厉地批判乃至否定实证，尤其是量化研究。在《社会学的想象力》一书中，他批判抽象经验主义者“研究所选取的问题以及问题形成的方式都严格受制于‘唯一的科学方法’”。“社会科学家总是把自然科学的哲学当成纲领和圣典”是极为错误的。他严厉指责“抽象经验论矫枉过正的谨慎与严格，却无疑完全漠视了我们时代中重大的社会问题与人类议题”，终至沦于“形式与空洞的机巧”。

人类学者 Geertz 认为传统的功能论的、实证的、行为的和整体的研究取向被多元的、解释性的、开放性的观点所取代，比较接近人文学。社会科学和人文学的界线愈来愈模糊。Geertz 在理论与方法上对社会学的影响，对现代质性研究的崛起有关键性的作用（Denzin & Lincoln，2005）。

1960 年代美国学生运动风潮中，年轻社会学者体认到经济社会既有的权力关系的不公正性，资本主义体系对第三世界的剥削，他们不能接受结构功能论保守既有秩序的论点，于是转向接上古典社会学，尤其是马克思理论的传统，致力于研究基本的、巨视的社会变迁过程（林国明，本书）。

语言学研究也在 1960 年代产生了语言的转向（turn），对人文及社会科学产生革命性影响。“语言并不仅仅是描述事实的符号工具而已，它结合非语言的面向以形成论述，从而建构意义和社会实相。意义并不内含于字词本身，也不单单来自说者或听者。意义的形成是一个动态的过程，它牵涉语言、论述和脉络的交互建构作用”（周平，本书）。

在语言和叙事转向的趋势下，建构论、后实证论、现象学、常民方法论、批判理论、新马克思理论、符号学、结构主义、女性主义以及各种种族/民族论等理论风起云涌。就研究策略而言，从扎根理论到个案研究，到历史、传记、民族志、行动以及临床研究不一而足，但都在利用质性访谈、观察、视觉、个人经验、文献记录进行研究。

（五）分裂与多元：1990 年以来

在量化和质性研究对立的情况下，研究方法从 1980 ~ 1990 年代开始有多元化发展的现象。虽然后来有质量并用法的推展，但量化 - 质性方法的对立并没有得到纾解，顶多是彼此攻击，尤其是质性对量化研究的抨击有缓和的趋势。

量化研究虽受到严厉的批评，但它究竟是主流的研究方法，仍有许多学者持续用此方法。且因问卷设计技术的持续改良、多变量统计分析和量化研究方法本身的长足进步、计算机尤其是个人计算机运用之便利、统计计算机软件十分完备并极易施行，量化研究在当前社会科学中仍然极为重要。

另外一个重要的发展是调查资料库的建立。由于要完成一定规模样本的调查研究是费钱、耗时又费力的事，个人负担不起所需经费，需要相关单位经费的补助。然而许多个人做调查，所费不赀，每个人做的调查所用的题目别人可能也无法用，也有些缺陷。许多国家都有很大的资料库，如美国的ICPSR（Inter-university Consortium for Political and Social Research）就有世界各地的调查资料。英国、德国皆有全国性的资料库。台湾在中研院建立了资料库，至目前为止包含了1000个调查的资料。

在质性研究方法方面，如Denzin与Lincoln指出，近十几二十年来有极为快速的发展。不只是像Denzin等人指出有“后现代实验民族志时期”（1990～1995年）、“后实验民族志探索期”（1995～2000年）、另类民族志时期（2000～2005年），乃至自2005年以后是无以名的时期，各期都有日新月异乃至看起来是标新立异的研究方法。这样快速发展出来多样的质性研究方法，一方面显现多元化，但在另一方面确实也是质性研究法至今颇有几分尴尬，甚至可以说陷入了危机。学者任意选择或发展质性研究法，造成社会科学研究的零碎化，研究方法选择上的困境，也形成学术沟通的障碍（Denzin & Lincoln，2005）。

近十几年发展出来的质量并用研究法（mixed methods research）或称质量并用法，在同一研究中同时采用质性和量化的资料，对于质性和量化资料有很好的系统性整合，希望能解决质性和量化研究之间的争议和冲突。然而，后来发现这个希望实现的机会不是很大。质量并用研究法基本上是以实证论为核心，本质上是实证论，即使在研究中采用质性资料，还是以实证论为基础。质性研究多半不是以实证论为基础，而是以诠释学或现象学为基础。因此，质量并用研究法实际上并不能终结社会科学研究方法典范战争（Bryman，2008）。

参考方块　1-3：以资料为基础的理论不容易被驳倒

以资料为基础的理论通常不会被更多资料完全驳倒或被其他理论取代。因为它和资料很紧密地连在一起，尽管会有不可避免的修改和重新修订，但它仍然会继续成立。最值得注意的例子就是韦伯的官僚结构论和涂尔干的自杀论。这些理论已经持续成为社会学的重要理论数十年，激发了许多研究，也不断地让学生和教授们尝试更聪明的方法去测试和修订。相对地，根据不扎实的假定为基础的逻辑演绎理论，诸如有名的“社会系统”或“社会行动”论会让它们的追随者在研究中迷失（Glaser & Strauss，1967：4）。

三　台湾社会科学与研究方法的发展

为探究台湾社会科学研究方法的变化，我们选取《台湾社会学刊》《政治学报》《台湾大学理学院心理学系研究报告/中华心理学刊》三个学刊来做内容分析，探究台湾社会学、政治学和心理学研究在研究方法和统计分析技术上有什么变化。实际上，我们也对《台湾社会学》《台湾政治学刊》《台大政治科学论丛》三个期刊做了内容分析，但在最后我们还是决定选取这三个学刊来做研究分析研究方法的变迁，主要是因为这三个学术期刊都发行了40年以上，拿来做分析比较能显现社会科学研究方法的变迁趋势。同时这三个期刊都是学会刊行的，不是机关出版的学术刊物。拿这三个期刊发表的所有论文作为研究分析对象，也有一些缺陷和不足。主要是期刊论文无法代表所有的学术论文，有许多学术论著是以专书或是专书论文方式出版，所运用的研究方法有可能不同于期刊论文，或许专书会比较多质性的研究。尽管如此，期刊论文有一定程度的代表性，还是有重大的参考价值。

（一）社会学研究方法的演变

1950～1980年代台湾社会学就研究方法的发展而言是草创期，粗糙不成熟。在1960年代社会学者多从事小规模的小区调查研究，也还不是进行比较严谨的抽样调查研究。到1970年代开始有一些抽样调查研究，在其他研究方法的运用上也很少有。1980年代在研究方法的发展上属奠基期，是以量化研究为主，社会学者也多从事实证研究。但在同一时间已有学者对实证研究提出批判。到了1990年代，全台抽样社会调查持续进行，在同时，有愈来愈多的学者致力于质性研究和历史研究。在2000年代，质性研究和量化研究有分庭抗礼之势。又有几个全台长期抽样调查，而从事质性研究的社会学者也大量增加。

在社会学刊物方面，我们选取《台湾社会学刊》，这是台湾社会学会的学术期刊，是在台湾发行最久的社会学期刊。在1971～1994年刊名为《中国学刊》，1995年随"中国社会学社"改名为台湾社会学社，也改名为《台湾社会学刊》。前后至2009年一共发行48期，出版284篇论文。发行将近四十年，以十年为期，正好可分为四期。将284篇论文的研究方法和统计分析分别归类后发现，利用问卷调查和其他量化资料撰成论文的在1971～1980年占所有论文的37%（不是最多的），到1980年代就突然增加到65%，在1990年代维持相同的高比例（64%），进入21世纪第一个十年，略微下降到57%。再就统计分析方法的变迁来看，在各个时期，有少数量化研究论文只使用叙述性统计。在1970年代，量化研究论文有73%使用了单元统计分析，接着在后面三十年，大幅下降，到2000年代就只有7%的论文使用单元统计分析。相对地，多元的统计分析在1980年代之后快速上升，到2000年就接近八成了。量化研究在1980年代成为台湾社会学研究的主流，而研究使用统计方法多为复杂的高阶的多元分析，显示台湾社会学研究的主流仍然在量化的实证研究。不过，另一份重要的社会学期刊《台湾社会学》（中研院社会学研究所和台湾大学社会学系联合出版），在2001～2009年间出版的论文，虽然量化研究论文仍然是最多的，占了46%，但足足比《台湾社会学刊》同一个时期的57%少了11个百分点。《台湾社会学刊》量化论文在21世纪的第一个十年有下降的趋势，而《台湾社会学》的量化研究论文更少了一些。量化研究虽然依旧是主流，但两个主要的社会学期刊显现了量化研究在数量上有明显的下降趋势。《台湾社会学》量化研究论文所占的比例已低于五成，同时仅比质性研究论文多了5个百分点而已。

《台湾社会学》在2001年才开始发行，显示了最新的状况。在质性研究方面，占了41%，和量化研究在数量上已相当接近。就发行40年的《台湾社会学刊》在质性研究论文发表上的趋势而论，以访谈、观察及分析文献资料为研究方法的论文数量在2000年以前都维持在12%左右，2000年以后则突然增加到37%。在两个主要的社会学期刊近十年的论文中，将近四成是质性研究。虽然仍然比量化研究的论文数量少，但已与量化研究大幅缩小了彼此的差距。一方面显示量化和质性研究逐渐平衡发展的趋向，另一方面也显现了量化与质性研究竞逐的现象，也可能是质性与量化研究方法代理人战争在台湾发生了。

另一个值得注意的变迁趋势是，未引用或分析资料撰成论文发表的数量在1980年之后大幅下降。在1970年代，有51%，即一半以上的社会学论文多没有具体的资料分析，有些是引介西方社会学理论或概念。到1980年就大幅下降到26%，几乎少掉了一半，主要是量化研究论文增加了26%。可以说台湾社会学在1980年快速兴起，第一批获得美国博士学位返回台湾投入社会学研究的几乎都从事量化研究。到1990年代，单纯的论说下降到20%，到2000年以后，则只剩下2个百分点（图1-2、图1-3）。

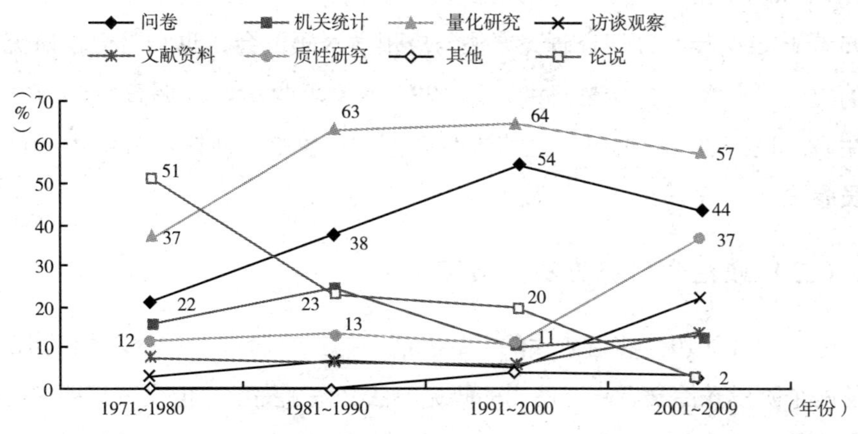

图1-2 社会学刊论文使用研究方法的演变

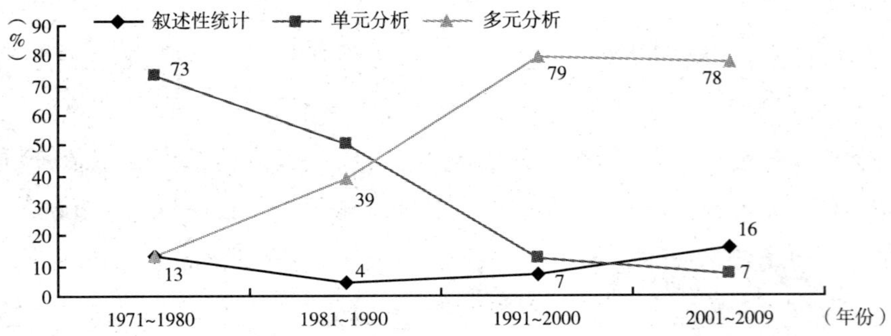

图 1－3　社会学刊论文使用统计方法的演变

不论是量化研究或是质性研究的大幅增加，都显示了社会学研究者在研究方法及资料分析上的精进。张苙云教授在“国科会”服务期间，促成中研院社会学研究所和欧美研究所规划了社会学研究方法工作坊，使学者在研究方法上更为精进。这个与“研究方法和社会学议题相关的研习课程，主要是邀请国际知名的学者教授来台进行为期一周的演讲，针对其所属主题领域上研究方法之专长与台湾学者共同研习”。在 2004～2008 年间，计邀请了 6 位美国在研究方法上有重大成就的学者就研究设计、因果推论（谢宇）、质性比较研究（Charles Ragin）、社会变迁趋势的衡鉴（Glenn Firebaugh）、生命历程与事件史分析（Karl Mayer）、量化比较研究（Raymond Wong）方面开设短期课程。此外，中研院调查研究专题中心自 1995 年起每两年举办调查研究方法与应用学术研讨会，也常常邀请研究方法的重要研究者发表专题演讲，自 1997 年起每两年举办调查研究方法与应用研习班。该中心的研讨会和研习班全面开放给中研院内外学者和研究人员参加。

（二）政治学研究方法的演变

陈义彦（2010）将台湾政治学的发展分为三个阶段，在分阶段说明时，对前两个阶段政治学者研究使用的研究方法，做了提示，但没有直接说明第三个阶段的研究方法。陈义彦指出在传统阶段（20 世纪初至 1970 年代）多采取“哲学、历史、法制的途径研究政治问题，偏向于文献的静态分析”。到行为研究阶段（1980 年至今），政治学者“企图采用科学方法从事政治行为的调查研究，以建立或验证经验性的政治理论”。在后行为研究阶段（1980年至今）（陈义彦未指明后行为研究阶段的时间，但在讨论这个时期的政治经济和理性选择论研究时，都指称是1980年至今），大体没有特定的新的研究方法。不过，后行为政治经济学是比较巨视的研究，会运用国家乃至国际的资料进行研究，而理性选择论的研究则和行为研究阶段的研究方法没有什么大的差异。

在政治学研究范畴内，关于政治哲学等规范性理论等研究，基本上是探究应然性的基本问题（陈义彦，2010），多为理论性论说，在研究中多不采取实证的方法，甚至也都不做任何经验性的研究。

根据对《政治学报》40年361篇论文就研究方法与统计分析法进行内容分析（图1－4），发现以引用文献进行论说的政治学论文一直是最多的，在1970年代高达66%，在《政治学报》发表的政治学论文都引用了一些文献，但大多没有就文献资料进行什么分析，到1980年代，有一半的论文仍然属于这种性质，再过十年就下降到35%，到21世纪第一个十年，再下降到31%，不过仍然是最多的。这类论文数量大幅下降的状况正显示台湾政治学研究开始采用更多不同的研究方法收集资料、分析资料。其中利用各种文献资料进行分析研究的，有明显的增加趋势，大约从1970年代的3%，逐步增加到2000年代的24%。在论文中，引用国内外机关统计的研究，在1970年代到1990年代之间增加了8%，但在1990年代到2000年代却又降了8%。在采用抽样问卷调查方面，在1970年代到1980年代

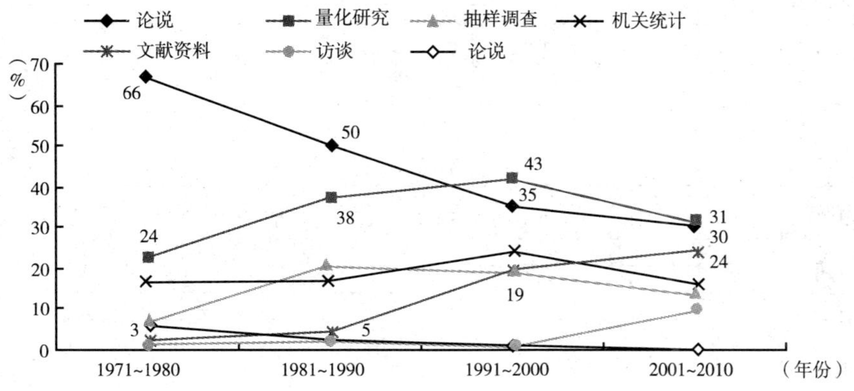

图1－4　《政治学报》论文使用研究方法的演变

快速增加了14%，随后十年减少了3%，到最近十年却又少了5%。如果将问卷调查和机关统计合在一起，视为量化研究，则1970年代量化研究占总论文数的23%，到1980年代大幅增加到37%，到1990年代更增加到42%，但增加速率已较前十年要小许多。到了近十年，量化研究又有大幅下降的迹象，降到29%，仅比1970年代多了6%。假如我们不以量化与质性研究做区分，而将是否进行资料分析来评量，也就是将量化研究加上有着资料进行分析者合起来，就会发现进行实质资料分析的论文和未进行实质资料分析的论文在数量上呈相互消长的趋势，大体上是后者大幅下降而前者呈大幅上升趋势。在1970年代两者之比是66∶26，到2000年代则成为31∶53。

在统计分析方法上，40年来《政治学报》的论文也有明显的变迁（表1-3），在论文中运用叙述性统计者虽呈下降趋势，从69%下降到59%，但仍然是多数（图1-5）。这是政治学论文的重要特色。在研究政治时，引用选举统计资料；在研究两岸关系或国际关系时，则引用经济成长、国际贸易和其他与互动有关的统计。在引用这些机关统计时，多半研究者并不从事推论性统计的分析，多直接利用叙述性统计进行分析。政治学研究运用单元统

表1-3 《政治学报》论文使用研究方法的演变（1971~2010）

研究方法	1971~1980	1981~1990	1991~2000	2001~2010	合　计
1. 调查	5	17	22	12	56
	7.35	20.73	18.33	13.19	15.51
2. 机关统计	11	14	29	15	69
	16.18	17.07	24.17	16.48	19.11
3. 文献资料分析	2	4	23	22	51
	2.94	4.88	19.17	24.18	14.13
4. 论说	45	41	42	28	156
	66.18	50.00	35.00	30.77	43.21
5. 访谈	1	2	0	9	12
	1.47	2.44	0	9.89	3.32
6. 评论	0	1	0	2	3
	0	1.22	0	2.2	0.83
7. 个案	0	0	1	1	2
	0	0	0.83	1.1	0.55
8. 内容分析	0	1	2	1	4
	0	1.22	1.67	1.1	1.11
9. 其他	4	2	1	1	8
	5.88	2.44	0.83	1.1	2.22
合计	68	82	120	91	361
	100	100	100	100	100

计，即至多探究两个变项之间的关系，从1970年代将近两成到2000年代完全消失。比较有意义的是多元统计在前三十年有明显增加，而在近十年则快速增加到41%。在量化研究中，利用机关统计做叙述性统计分析和利用问卷调查资料进行多元分析大约呈59和41的对比。在政治学研究上，利用国内外乃至国际机构有关政治经济状况的统计资料，进行分析和论述，往往只需叙述性统计而无需推论性统计，相对地，利用问卷调查资料来研究政治行为则需尽可能利用新的、有更大威力的、复杂的多元统计分析技术才能获致结果。

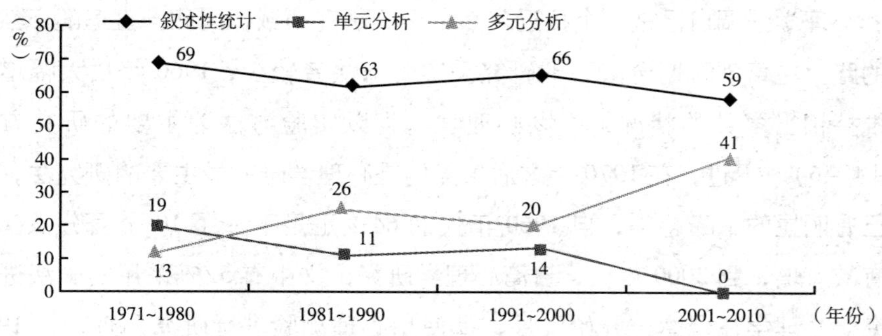

图1-5 《政治学报》论文使用统计方法的演变

参考方块 1-4：历年政治学计量方法研习营课程（2001~2010）

课程数	课程名称
10	赛局理论(2001,2002,2004,2005,2006,2007,2008,2009)
8	跨层次推论(2001,2002,2004,2005,2006,2010)
8	最大概似估计(2002,2004,2007,2008,2009,2010)
8	类别依变量模型分析(2004,2005,2006,2007,2009,2010)
7	回归分析(2004,2005,2006,2007,2008,2009,2010)
6	Stata(2004,2005,2007,2008,2009,2010)
6	其他(2007,2008,2009,2010)
5	政治学计量方法(2001,2002,2010)
4	空间理论(2004,2007,2008)
4	事件史(2005,2008,2009)
4	时间序列分析(2006,2009,2010)
3	抽样方法(2001,2002,2004)
2	形式理论(2004,2005)
2	社会选择理论(2002,2004)
2	理论模型之经验意涵(2004,2007)
2	集体行动(2005,2006)

* 括号内是开课年代。

由于政治学研究在近十多年来，从事量化研究急需利用多元统计分析等更先进、更严谨的统计技术，中研院政治学研究所自2001年起举办“政治学计量方法研习营”，强调“透过专题研讨的方式，促进对政治学计量方法有兴趣的研究者之间的交流，并借由相关课程的开设，培养学员从事相关学术工作的能力与兴趣”。

（三）心理学研究方法的演变

心理学强调自己是一个接近自然科学的研究领域，因此一直追随自然科学的路。在草创时期台湾心理研究采实验方法者较少，1960年后大幅增加且维持相当多数的状况，所以心理学一直以实验方法为主要的研究方法（图1-6）。不过，在1970年之后虽然仍是心理学研究最主要的研究法，但也已有明显的下降趋势，自1960年代的64%足足下降了10个百分点。随后有减有增，到2000年代，台湾心理学研究论文中有52%采用实验法进行研究。心理学在台湾一开始发展，就使用心理测验进行研究调查，在1950年代依据心理测验资料撰写论文的占了总论文数的一半以上，约有56%。可是在下一个十年，就大幅下降到18%，一番起伏之后，最后来到2000年代，只剩8%的论文使用心理测验。心理学研究使用问卷调查法在1950年代有22%，但随后升升降降，有时甚至就是没有。直到2000年代，又有18%的研究是依赖问卷调查。

台湾心理学研究在过去50年在研究方法上虽有变化，基本上以实验方

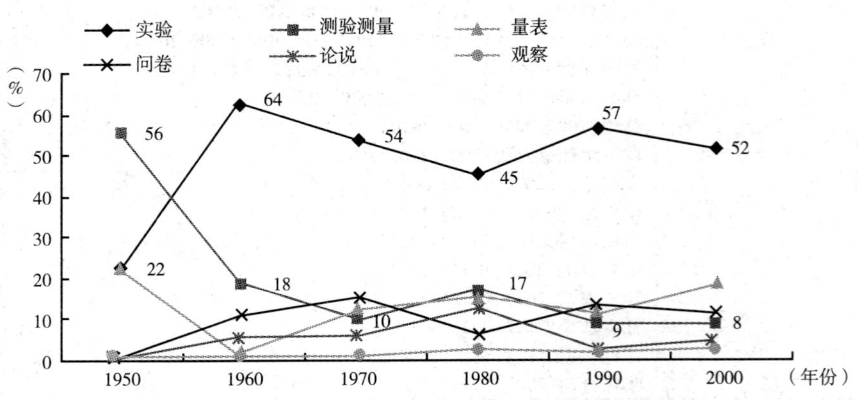

图1-6 心理学刊论文使用研究方法的演变

法为主，但在 1970 年代到 2000 年代有明显的减少趋势。相对于此，就是其他研究方法的引进和使用。在统计方法上来说，心理学用描述性统计愈来愈少，单元统计维持稳定大约不变的样子，更重要的是多元统计的方法则是增加的趋势（图 1－7）。心理学即使可以用实验控制得到比较科学性的结果，后期也大量使用多元统计分析的方法，这是很重要的发展趋势。

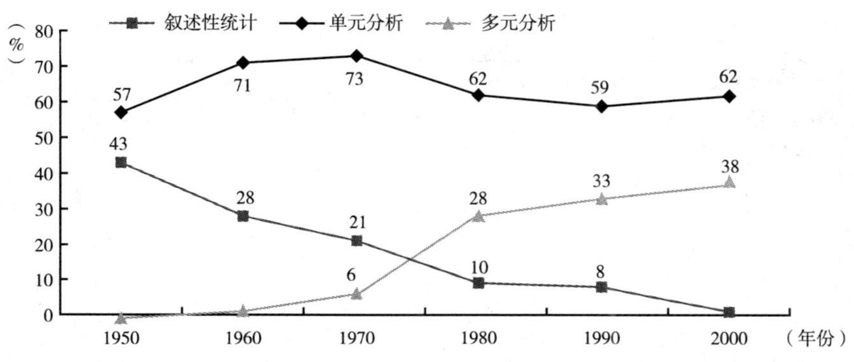

图 1－7　心理学刊论文使用统计方法的演变

四　社会及行为科学研究法 2010 年版的特征

1978 年杨国枢、文崇一、吴聪贤、李亦园等四位教授编写了《社会及行为科学研究法》，出版以来一直常销不坠，近年来大陆也有翻版。由于出版已超过 30 年，这期间社会科学领域中研究方法的变化很大，有许多完全新的研究方法和统计技术，实有必要出版新版本。因此由本人领军主编，杨国枢教授压阵，毕恒达、刘长萱两位教授担任编辑。毕恒达教授处理质性研究部分，刘长萱教授处理量化研究部分。

如表 1－4，2010 年版基本上是要把近三十年社会科学研究方法的变迁尽可能充分地纳入。大体上，和 1978 年版在主题上仅有极少的重复，即使重复，内容也大不相同。全书只有两章主题相同，基本概念相近，即实验法和测量理论两章，但即使这两章也都全是新作。有两章主题是一样的，但内容则大不相同，即有关抽样和因素分析两章。原来的样本调查研究，侧重调查方法的引介，在新版中“抽样问卷调查”则侧重施行调查的几个重要问题

表 1－4　本书 1978 年版与 2012 年版主题对照表

1978 年	2012 年	1978 年	2012 年
1 科学研究的基本概念		21 社会计量法	(一)12 社会网络分析
	(一)1 社会科学研究方法的发展		(二)7 跨学科的历史研究法
	(一)2 研究伦理		(二)6 历史研究法
	(一)4 研究文献评阅与研究		(二)5 叙事分析
2 研究的性质与类别	(一)3 研究设计		(二)4 论述分析
5 自然观察研究		11 测量的基础	(一)10 古典测量理论
9 事后回溯研究		12 信度与效度	
10 文化比较研究		13 量度化方法	
		15 测验的编制	
	(二)1 人类学田野工作	16 态度量表的建立	
	(二)10 建制民族志	19 测验量表法	
	(二)3 质性个案研究法	20 投射技术	
	(二)2 访谈法	22 语义分析法	
	(一)9 焦点团体研究法	23 Q 技术	
	(二)8 个案研究		(一)11 试题反应理论
5 实验研究法	(一)5 实验研究法		(一)13 质量并用法
4 实验设计的基本原则		24 资料的分析与解释	
6 实验观察研究			(三)8 缺失值处理
7 实地实验研究		25 内容分析	(二)9 内容及文本内容分析
17 仪器记录法		26 因素分析	(三)1 因素分析
	(一)6 个体发展的研究方法		(三)6 多向度标示法
	(三)9 整合分析		(三)2 回归分析
8 样本调查研究	(一)7 抽样调查研究法		(三)3 类别依变项的回归模型
3 概率与取样			(三)5 多层次分析
14 问卷设计		27 因径分析	(三)4 结构方程模型
18 调查访问法			(三)10 地理信息系统应用
			(三)11 职业测量方法
	(一)8 调查资料库之运用		(二)11 质性分析软件

说明：括号内是册数，后面的数字是章数。

灰色底纹标示第一、二版相同或很类似主题的专章。

的探讨。市面上已有许多有关抽样调查的专门书籍，尤其是课本，本书这个专章就特别探讨其他有关调查研究方法的书不曾系统地探究的问题。另一章同名的是因素分析。在新版中，纳入了新的因素分析理论和技术，如验证性因素分析等。最后有三章，名相近而实相远。原来有一章“内容分析”，新书中有一章“内容分析和文本内容分析”，主题多出的文本内容分析是新的方法，在根本理念上和理论根据上完全不同于传统的内容分析。原版有一章社会计量法，是比较原始的社会网络调查和分析，而新版中的社会网络分析是一种新的、更为严谨而又被广泛使用的研究分析方法。在原版中的因径分析就直接被结构方程模型取代。

本版一共有 35 章，除了上述六章主题和第一版相近或有关以外，还有 29 章是全新的，而第一版 28 章中有 22 章在新版中完全被舍弃，主要显示了近三十年社会科学研究方法上巨大的变迁。不过第一版也有几章是很经典的，也还是目前从事研究需要用到的。以下就两版之间相异之处，再做进一步说明。

首先，在研究方法的基本理念方面，第一版有两章，即“科学研究的基本概念”与“研究的性质与类别”。在新版中有四章，即“社会科学研究方法的发展”“研究设计”“研究伦理”“研究文献评阅与研究”。在经历了研究方法量化、质性典范之争，又有许多不认同社会科学为自然科学的理论与方法后，本版不再将社会研究定位为“科学”，至少不是自然或数理那样的科学，于是导论只讲研究方法的演变，而不讲科学研究的概念。不过在实验方法一章就科学研究基本概念做了一些讨论。这也只是限于认同于科学章节的内容。其次，本版有专章特别讲社会科学研究设计，更具体介绍如何设计社会科学研究。本版也特别强调研究伦理，这是第一版所没有的。本版不但有研究伦理一章，而且把这一章放在第二章。社会科学研究的对象是“人”，是与人有关的社会现象，研究者必须尊重人，就必须要有合理而严格的研究伦理规范。在以往，有关研究方法的专书或教科书多半不会辟专章讨论研究伦理，即使有，也是放在书的最后。

“研究文献评阅与研究”是从事研究的关键。西方科学能够持续发展就是因为它有累积性，不是研究者各说各话，在研究之前研究者必须很熟悉该研究主题的所有研究，检讨分析过去研究的优缺点，为对学术研究有新的贡献，形成自己未来研究的想法，再从事研究。台湾和大陆的学者最常犯的毛病是指称自己做的研究，外国没有，只有自己社会才有。其实社会科学发展这么久，哪个现象国外没有研究过？台湾或中国大陆的现象真的那么特殊到国外都不曾出现过吗？研究者必须将和自己的研究主题相关的论述做深入的了解和评论，形成自己研究的基础。不可以每次都做初探研究，好像前人从没做过类似研究，应该尽力找到相关研究文献。好的研究其文献评阅一定要做得很好，站在过去研究的基础上，才能做好后续的研究。

1978 年版有关心理和教育研究方法比较多，即实验法、测验法占了很大的篇幅。有关实验研究的相关内容较多，计有“实验研究法”“实验设计的基本原则”“实验观察研究”“实地实验研究”和“仪器记录法”等五章。在这一版，我们觉得对大部分的社会科学研究者而言，大多不会从事实验研究，所以不需要那么多章。但是社会科学研究方法重要基础之一是实验法，特别是许多实证的社会科学研究法在基本理念和设计上都是建基于实验法，例如量化研究常以统计方法来“控制”变项乃是源自实验的概念。于是本版仍然保留有实验研究法一章。同时，实验结果往往繁多而独立，彼此不相关联，需要有方法来加以综合乃至统合，也就是需进行整合分析（meta-analysis）。在本版就新列入一章“整合分析法”。即使在心理学研究上，也不能完全采用实验法。有许多心理现象，特别是人类心理发展，如儿童身心发展，是不能用实验法去研究的，个体发展通常就需运用观察和测验的方法来进行。在本版中就纳入“个体发展的研究方法”专章。

心理和教育研究除了实验法之外，要以测验法来测量个体行为和心理，在 1978 年版有“测验的编制”“测验量表法”和“投射技术”。在本版，我们提出试题反应理论来取代。

抽样调查至今仍然是社会科学的重要研究方法，在 1978 年版有六章与抽样调查直接有关，即样本调查研究、概率与取样、问卷设计、调查访问法、态度量表的建立、信度与效度，这些调查研究基本的方法虽然近三十年来多少有些改进，但变化并不很大，同时已有不少新的中文专著可供参考，在本版就不再重复。同时把重点转移到抽样调查方法重要问题的讨论、长期纵贯性调查和调查资料库的运用上。在抽样调查中，研究者经常碰到访问成功率偏低、访谈品质乃至抽样有偏误的情形，本书抽样调查研究法一章就侧

重探究这些问题，并提出解决的方案。再次，为掌握社会的变迁情势，社会科学研究者也愈来愈需要以多次的纵贯性调查甚至严谨的固定样本调查（panel study）来收集资料分析变迁。这也是因为有关这类调查的研究方法和统计分析技术在近三十年有很大的进展的缘故。本书特别有一专章“固定样本追踪资料分析”来有系统地加以论析。最后，抽样调查研究都需要花庞大的经费和非常多的精力来进行，并不是单一研究者，甚至少数研究者合作可以完成的。台湾自1980年代中期开始，逐渐有几个全台的社会或政治调查在持续进行。这些调查由于多由“国科会”或其他政府机构资助完成，台湾社会变迁基本调查率先将调查资料提供公共使用，使得许多研究者不用花大经费和精力亲自收集资料，就有资料可做研究。中研院调查研究专题中心更汇集学界与政府各种调查建立资料库，提供学者使用。运用调查资料库进行研究已经是很重要的趋势，于是本版特列入专章来讨论调查资料库。

在1960、1970年代，心理和教育研究使用一些测量的方法收集资料，例如投射技术、语义分析法、Q技术，这些方法到现在已经很少有研究者使用，方法本身也多没有新的发展，在新版中就舍弃这三章。

至此，我们多在说明何以舍弃旧版多数篇章，以下就要来说明加了哪些篇章。2010年版最大的特色，尤其是和1978年很不同的在于增加了许多新的质性研究方法。这显然反映了台湾社会科学研究者深受西方质性研究方法兴起与蓬勃发展的影响。如果说旧版自然观察研究、事后回溯研究、文化比较研究三种方法代表着Denzin所指称的传统和现代主义的质性研究方法，那么新版所列九章质性研究方法就是1990年代以来发展出来的新的质性研究法了。这九章可分为两群，即质性研究和历史研究。质性研究法包括了质性个案研究法、访谈法、论述分析内容及文本内容分析、建制民族志、个案研究；历史研究法包括了历史研究法、叙事分析和跨学科的历史研究法三章。这些质性研究方法在基本精神上大多显示了非实证以及语言转向和叙事转向的特征。

最后，也正如Alastalo与Bryman指出的，量化研究在质性研究大力抨击下仍然是社会科学研究的主要方法，这主要在于调查学理和技术的持续发展以及统计分析技术的创新与精进。因此本版就纳入了几种重要的资料分析的篇章，主要包括多变量或多元统计分析法，如因素分析、多向度标示法、回归分析、类别依变项的回归模型、多层次分析、地理信息系统乃至社会网络分析。实际上，社会网络分析不只是资料分析，同时也是资料收集和建构的方法。

参考方块 1-5

社会学的重要贡献之一就在于它提供信息的能力，这些信息包容了社会普遍关心的内容，有关种族平等、强奸、贫困、无家可归、代际流动的统计，我选择这些问题是因为它们的答案提供了有关社会的有用信息，即使它们有时候并不一定为某种理论服务。〔Stanley Lieberson，转引自谢宇（2006：38）〕

在本书原先规划篇章已进行撰稿乃至即将完成初稿之际，我们仍然为量化和质性研究水火不容的状况感到不安，觉得应该在本书中列入质量并用（mixed method）一章来做一点整合的努力。本书作者群一致推荐黄纪教授来写这一章，获黄教授首肯本书终于有了这一章。

五　总结

术业有专攻，现代学术分化愈来愈细，学科之间很难读得懂不同行的论文，不要说分子生物学者看不懂政治哲学，甚至连人类学者也看不懂社会学论著。根据经验，社会学有三种论文很难懂或不容易读懂，即使是同行的学者也看不懂。一种是所谓的理论性论文，一种是运用复杂的统计分析的论文，一种是质性研究写得很抽象的论文。有些理论性论文写得很抽象，又没有资料佐证，甚至有些作者故弄玄虚，把文章写得让人很难读懂。另外，运用复杂的统计分析技术，对没有修过统计学，甚至来不及学会新的、复杂的统计分析者，看着统计分析结果表，甚至于分析的文字，几乎完全不能了解论文的意思。质性研究，即使是就所得之实际资料分析，仍然可以写得很抽象，让人摸不着头绪。

有些作者文字本身写得让人不容易懂，尤其是在文中堆砌一些抽象的专

有名词，通篇或许多部分就是很难懂。不少所谓理论性的文章大多有这种特性。这种情形大体和研究方法无关，上述的另外两种情况都和研究方法有关。量化的研究有愈来愈采用复杂的统计分析方法，主要是这些新的复杂统计分析确实有助于解析出纯净的效果，或更有解释力。但是由于涉及了更深的数学，有着更为复杂的运算程序，没有修习过这些统计分析课程，或自行研修的，就几乎完全无法解读这类统计分析结果。也许我们可以说，就像一般人读不懂物理论文，读不懂数学论文一样，这本来就该如此，这是一个专业学术领域必然的现象。但问题是这样的社会科学论文，有许多社会科学者也看不懂，甚至研究同一个现象的学者也看不懂。如此则似乎社会科学的研究就会造成疏离，愈来愈孤立。笔者一直认为即使统计分析很高深，但统计分析的结果应该不难懂，我们可以让即使未修习统计的读者，也有能力解读统计分析的结果。其实，社会科学者运用统计分析来从事研究，统计分析大都丢给计算机用软件包去跑，如大家耳熟能详的 SPSS，现在愈来愈流行的 STATA，不论多复杂的计算，也只是弹指之间的事。于是，可以发展一套简易的教学方法：讲清楚基本设定，说明白统计分析结果的意义，让人能解读统计分析的结果。如此这般，就吾道不孤矣，量化研究结果就可让更多人了解。

有些质性研究的论文也很不好读。原因可能有几个：第一，如 Denzin 与 Lincoln 指出，质性研究方法愈来愈多，质性研究者采用方法各异，而且使用各种方法的学者人数不多，连质性研究者之间都不一定能了解彼此的论述，一般读者就更难读懂。第二，有些质性研究论文都把资料和论述融合在一起，读者无法辨识资料，也就很难知道“事实”是什么，甚至质性研究者认定的事实又有自己的判准，读者就更不容易了解作者的论述了。第三，有些质性研究试图建构理论，或研究者喜欢用抽象的文字，甚至引用或发明一些抽象的用语，读起来就非常困难。最后还有一种状况，就是作者大量直接抄录访谈记录，也就是“研究”者只是选出一些访谈记录，加以分类，再补一点说明把记录串联起来。读这些大量的未经分析的访谈记录会愈来愈混淆甚至昏掉。

针对质性论文难以理解的状况，可能要从两方面去努力。一方面在社会科学研究方法的课程中，就必须引介各种质性研究方法，让读者都能了解各种质性研究方法。另一方面，质性研究者也有责任把论文写清楚、讲明白，不要故弄玄虚，更应充分掌握自己所使用研究方法的精神及严谨的分析策略。

就社会科学而论，由于研究方法不同，造成很多争议，甚至推进一步来说，各种研究方法有不同的本体论、知识论乃至方法论，不同研究方法之间也多缺乏沟通，彼此大多不了解，于是就造成很大的隔阂乃至沟通的阻断。于是，在社会科学研究法的课程中，必须要学生学通所有的研究方法，学者之间更应该沟通无阻。希望所有社会科学家都能看得懂使用不同研究方法撰成的论文。

参考书目

蔡元培（1924）《蔡序》（许德珩译），《社会学方法论》，页 1～3。

陈义彦（编）（2010）《政治学》（第四版），台北：五南。

瞿海源（2008）《最后的一些疑问》，《人文与社会科学简讯》，10（3），3。

谢宇（2006）《社会学方法与定量研究》，北京：社会科学文献出版社。

余英时（2003.01.19）《两种文化的百年思索》，《中国时报》。

Alastalo, Marja (2008). The history of social research methods. In Pertti Alasuutari, Leonard Bickman, & Julia Brannen (Eds.), *The sage handbook of social research methods* (pp. 26–41). London: Sage Publication.

Babbie, Earl R. (1973). *Survey research method.* Belmont, Calif.: Wadsworth.

Babbie, Earl R. (1979/1983/1986/1989/1992/1995/1998/2009). *The practice of social research* (2nd, 3rd, 4th, 5th, 6th, 7th, 8th, 12th eds.). Belmont, Calif.: Wadsworth.

Bailey, Kenneth D. (1978/1982/1987/1994). *Methods of social research* (1–5th eds.). New York: Free Press.

Blalock, Hubert M. (1960). *Social statistics.* New York: McGraw-Hill.

Blumer, Herbert (1956). Sociological analysis and the "variable". *American Sociological Review*, *21*, 683–690.

Booth, Charles. http://booth.lse.ac.uk.

Bryman, Alan (2008). The end of the paradigm wars? In Pertti Alasuutari, Leonard Bickman, & Julia Brannen (Eds.), *The sage handbook of social research methods* (pp. 13–25). London: Sage Publication.

Bulmer, Martin (1985). *Essays on the history of British sociological research.* Cambridge University Press.

Cicourel, Aaron V. (1964). *Method and measurement in sociology*. New York: Free Press.

Converse, Jean (1987). *Survey research in the United States: Roots and emergence, 1890 – 1960*. Berkeley: University of California Press.

Denzin, Norman K. (1970). *The research act: A theoretical introduction to sociological methods*. Chicago: Aldine Publishing.

Denzin, Norman K., & Lincoln, Yvonnas S. (Eds.) (2003). *The landscape of qualitative research, theories and issues*. London: Sage Publications.

Denzin, Norman K., & Lincoln, Yvonnas S. (Eds.) (2005). *The sage handbook of qualitative research* (3rd ed.). London: Sage Publication.

Dittmer, Clarence G. (1926). *Introduction to social statistics*. Chicago & New York: A. W. Shaw Co.

Durkheim, Émile (1895/1924)《社会学方法论》(*Les règles de la méthode sociologique*)(许德珩译)，台二版一刷(1999)，台北：台湾商务印书馆。

Elmer, Manuel C. (1926). *Social statistics: Statistical methods applied to sociology*. Los Angeles: Jesse Ray Miller.

Fishbein, Martin (1967). *Readings in attitude theory and measurement*. New York: Wiley.

Giddens, Anthony (1976). *New rules of sociological method: A positive critique of interpretative sociologies*. New York: Basic Books.

Glaser, Barney G., & Strauss, Anselm L. (1967). *The discovery of grounded theory: Strategies for qualitative research*. New York: Aldine Publishing.

Gordon, Scott (1991). *The history and philosophy of social science*. London: Routledge.

Guilford, Joy Paul (1954). *Psychometric methods*. New York: McGraw-Hill.

Guttman, Louis (1945). A basis for analyzing test-retest reliability. *Psychometrika*, *10*, 255 – 282.

Hyman, Herbert Hiram (1955). *Survey design and analysis: Principles, cases, and procedures*. Glencoe, IL: Free Press.

Kahn, Robert L., & Cannell, Charles F. (1957). *The dynamics of interviewing*. New York: Wiley.

Kish, Leslie (1965). *Survey sampling*. New York: John Wiley & Sons.

Lazarsfeld, Paul (1962). The sociology of empirical social research. *American Sociological Review*, *27*, 757 – 767.

Lincoln, Yvonna S., & Guba, Egon G. (2003). Paradigmatic controversies, contradictions, and emerging confluences. In Norman K. Denzin & Yvonnas S. Lincoln (Eds.), *The landscape of qualitative research, theories and issues* (pp. 253 – 291). London: Sage Publication.

Mills, C. Wright (1959/1996)《社会学的想象》(*The sociological imagination*)(张君玫、刘钤佑译)，台北：巨流。

Neuman, William Lawrence (2003/2007)《社会研究方法——定性和定量的取向》(*Social research methods—Qualitative and quantitative approaches*)(5th ed.)(郝大海译)，北京：

中国人民大学出版社。

Oppenheim, Abraham N. （1966）. *Questionnaire design and attitude measurement.* New York: Basic Books.

Payne, Stanley Le Baron （1951）. *The art of asking questions.* Princeton, N. J.: Princeton University Press.

Schuman, Howard （1981）. *Questions and answers in attitude surveys: Experiments on question form, wording, and context.* New York: Academic Press.

Sudman, Seymour, & Bradburn, Norman M. （1983）. *Asking questions.* San Francisco: Jossey-Bass.

Thomas, William I., & Znaniecki, Florian （1984）. *The Polish peasant in Europe and America.* Urbana: University of Illinois Press.

Weber, Max （1949）. *The methodology of the social sciences.* trans., & ed., Edward A. Shils & A. Finch Glencoe, Illinois: The Free Press.

延伸阅读

1. Durkheim, Émile （1895/1924） 《社会学方法论》（*Les règles de la méthode sociologique*）（许德珩译），台二版一刷，台北：台湾商务印书馆。

   这是社会学研究方法的经典之作，是实证社会学研究的基石。社会学实证研究在20世纪中叶之后遭到严厉批判，就更应好好研读这本现代社会学奠基者涂尔干有关方法论的小本巨著。

2. Giddens, Anthony （1976）. *New rules of sociological method: A positive critique of interpretative sociologies.* New York: Basic Books.

   相对于涂尔干将近八十年前的“旧”规，Giddens 的新规足以显示社会学研究方法论的巨大争议和演变。对照新旧规，诸多方法争议就一一出列了。

3. Mills, C. Wright （1959/1996） 《社会学的想象》（*The sociological imagination*）（张君玫、刘钤佑译），台北：巨流。

4. Glaser, Barney G., & Strauss, Anselm L. （1967）. *The discovery of grounded theory: Strategies for qualitative research.* Chicago: Aldine Publishing Company.

   两书对量化及实证研究都有激烈的根本性的批判，但 Mills 显得有点

无知和霸气，视实证研究为寇仇，骂得痛快，但诸多误解与扭曲。Glaser 与 Strauss 的批判比较有根有据，扎根甚深。

5. Alasuutari, Pertti, Bickman, Leonard, & Brannen, Julia (Eds.) (2008). *The sage handbook of social research methods* (pp. 13 - 25). London: Sage Publication.

   此书编辑精神与我们这本社会科学及行为科学研究法相近，也汇集了各种量化及质性研究法，若本书读者要进一步了解整体和个别社会科学方法，我们推荐研读此书相关章节。

6. Denzin, Norman K., & Lincoln, Yvonnas S. (Eds.) (2005). *The sage handbook of qualitative research* (3rd ed.). London: Sage Publications.

   相对于前一本书，这本质性研究方法指南也是重要的经典，全书汇整了各种质性研究方法，读者可进一步全盘或个别探究质性研究方法。

第二章
研究伦理

一 前言

研究伦理意指进行学术研究时必须遵守的行为规范。我们只要以“抄袭”“学术伦理”等关键词搜索页，很容易就可以看见台湾近年来有关研究伦理的争议案件。例如其中有校长因论文引用不当涉及抄袭，遭教育部解聘；或遭人检举担任女儿硕士论文的指导教授，并且纵容其抄袭自己的论文，遭解除校长职务；或在论文附录中全名揭露某学生父亲酗酒、家暴等事，为当事人所不满。也有教授因论文投稿涉及抄袭，他虽然挂名共同作者，但是事前并没有看过论文相关内容，请辞获慰留；有教授一年指导 26 篇硕士论文，其中 18 篇论文题目极为相似。这些只是为报纸所揭露的研究伦理争议案件，没上报、没公开或者没有遭发现的研究伦理争议必然远高过此数。研究伦理除了抄袭、泄漏隐私、不实论文作者挂名等常见的问题外，还包括找人代写论文、引用不实资料、扭曲研究结果、未经同意采取检体、伤害田野、压榨田野资料却吝于回馈、刻意将论文锁住不公开让人阅览、借由审查论文/计划书之便剽窃对方构想等。

研究者在进行研究的同时，也是活生生的人；也就是除了研究自我（research self）之外，也有人性自我（human self）（Peshkin，1985）。其实，我们每日的生活也无时不在面对伦理的考虑与抉择。以运动竞赛为例，台湾职棒球员与签赌集团挂钩，因收钱而在比赛中放水、打假球，遭民众唾弃。台湾少棒领先美国队十余分，少年球员力求表现，仍然采取短打与盗垒战术，却遭质疑为羞辱对方。近日小学五人制足球赛，有两队疑似有默契，都刻意不进攻，最后双方以零分和局，共同合作让另一队淘汰。有人认为这是战术运用，有人认为这种行为不符运动家精神，而名次是一时，荣誉是永久的。又如果某球队或球员，在某场（无关乎晋级与名次的）比赛先是“保留体力”，未全力以赴，目的是为了在紧接着的冠军争夺战中可以有体力奋力一搏，这样是否符合运动精神？它是策略运用，还是“打假球”？篮球赛只剩下最后十秒，某队以一分领先，采取拖延战术故意只传球不进攻，似乎常见？棒球投手面对对方的强打，故意四坏球保送，而不是正面对决，又该怎么看待？

怎样才叫全力以赴？苏丽文在奥运跆拳道比赛中，左膝受伤，连站起来都很困难，却仍不断倒地，站起来，倒地，又站起来，“永不放弃”的运动家精神，让转播的主播泪流满面，大众也认为她是台湾之光。可是，如果因为这个“永不放弃”的精神，对身体造成永久伤害，甚而断送后来的运动之路呢？这是否符合运动家精神？这里没有标准答案，但是说明了伦理抉择的复杂与困难。

此外，作为社会人，我们每天也都在观察他人的行为。在捷运车厢内，我们好奇家长如何处理小孩的哭闹、乘客会做哪些原属于后台的动作（如剪指甲、装假睫毛、涂口红）、情侣的对话与亲密动作可以到怎样的程度。我们可能（匿名）转述给朋友听，可能写在日记里。我们也经常（在未经当事人同意下）向朋友诉说家人的趣事或者数落他们的不是。Blog 的文章内容，不只是写自己，也写身边的人、事、物。家长把婴儿的露点裸照放在网络相簿供大众欣赏，片刻即是永恒。知名作家更是把家中小孩的一言一行，写成书籍出版。而为了描绘滂沱雨势，记者在街头随机拍到一对伞下拥抱的情人，结果意外让一桩外遇曝光。这里，每个活动都涉及隐私、同意、伤害等议题，因此我们也都无时不在进行抉择。学术研究当然也在做类似的事情，可以用类似的日常生活规范来检视。不过学术研究通常需要受到更为严格的规范，毕竟研究者站在较高的社会位置，学术研究比个人发言较受到社会重视，学术研究结果具有公共意涵，研究经常获得政府或机构的支持与补助。

二 研究伦理规范的发展简史

学术研究伦理受到重视，一方面来自人权与妇女等运动对于人性价值的反思，另一方面是为防止违反伦理、恶名昭彰的研究案例再度出现。最常听到的研究伦理历史的版本是，第二次世界大战后受到纳粹医学实验的惊吓，是故于1947年订定了《纽伦堡公约》(Nuremberg Code)。随后1964年通过了世界医学学会（World Medical Association）的《赫尔辛基宣言》(Declaration of Helsinki)，成为生物学术伦理的基石，再逐步影响其他的学术领域（Israel & Hay，2006）。

第二次世界大战前的生物医学实验，建立在信任（trust）上，而非知情同意书。《纽伦堡公约》的出台，一方面是基于对纳粹实验（如低氧、低温、化学战剂等实验）的质疑与反思，另一方面是怕公众失去对于医学等科学学术的公共信任。此准则强调有下决定能力的人之自愿参与以及知情同意、进行有利的风险利益分析，以及参与者有随时退出实验而不受惩罚的权利。此公约共有十条，包括自愿参与、对社会有益、预期的结果能正当化此实验、避免不必要伤害、风险不能高过要解决的问题、参与者可中止等。《赫尔辛基宣言》大致沿袭自《纽伦堡公约》，但删除必须当事人知情同意，改成可以由监护人代理；删除只有受试者中止实验，增加由实验者在必要情形下中止实验。此外，也强调对于受试者利益的关怀应该要高于一般社会利益，而每位受试者应该要获得目前已知的最好的治疗。

违反研究伦理的学术研究迭有所闻，不只是生物医学如此，社会科学领域也有。其中的塔斯克吉梅毒研究（The Tuskegee Syphilis Study）就让美国医界蒙羞，也促成《贝蒙报告》（Belmont Report）的发表。1932年美国的公共卫生服务部门（Public Health Service）与Tuskegee Institute以体检、免费食物和丧葬保险利诱贫穷的黑人佃农参与梅毒病程的研究，谎称要治疗他们的“坏血”疾病，其实没有给予任何治疗，以便观察梅毒（在不受治疗的情形下）在人体内的发展演化过程。1972年因《纽约时报》记者揭发此丑闻，实验才于来年中止，总计实验期前后长达四十年（1940年代医界已经可以使用抗生素有效控制梅毒病情)。399名梅毒患者中，有28名直接因梅毒死亡，至少100名死于梅毒并发症，另有40名病患配偶感染梅毒，19名新生儿在出生时感染梅毒。1997年美国总统克林顿向八名幸存者与其家属致歉时说：“美国政府对你们的处置是可耻的，我感到抱歉。”（陈恒安，2002：69）

1979年由美国卫生教育福利部所发表的《贝蒙报告》(http：//www.

hhs. gov/ohrp/humansubjects/guidance/belmont. htm），认为《纽伦堡公约》不足以应付复杂的研究情境，条文有时相互冲突，有时难以解读与应用。此新准则设立了三项原则：尊重研究参与者（respect for persons）、善行（beneficence）、正义（justice）。此三原则形成西方学术界后来订定准则的基础。尊重意指将个人当成具有决定能力的主体，对于失能的人，则要加以保护；强调在充分信息下，参与者的自愿。善行则超出传统慈善（charity or kindness）的概念，而是强调行善的责任，让伤害降到最低，让获益最大，以增加人类的福祉（例如，可能对参与研究的儿童无益，但是对以后的儿童有益）。正义则强调利益和付出的分配要达到公平。

国际医学组织委员会（CIOMS）与世界卫生组织所制定的《人体生物医学研究之国际伦理准则建议》将《赫尔辛基宣言》应用到发展中国家，特别考虑不同国家的社经、文化、宗教、法令、官僚等特殊性与差异。在承认考虑不同文化价值下，要给依赖者与弱势者（dependent and vulnerable）更多的自主性与保护。而在执行跨国研究时要将资源较少的国家视为合伙。这些准则仍然建基在尊重、善行与正义三个原则上，但是特别关注发展较低国家及其居民的公平正义。强调研究不要加深不正义，不能因为参与者没有能力而占其便宜，更不能钻其他国家（不同）法令之漏洞。

社会及行为科学研究领域也在这样的政治与社会氛围下，订定该学科的伦理守则（包括针对研究、教学与实务）。兹以美国心理学界为例，说明此项伦理守则的发展过程。心理学专业对于伦理规定的关心可以追溯到 1938 年，当时认为应该成立伦理委员会处理违反伦理的心理学研究个案，但是订定正式的规定则还不够成熟。受到纽伦堡大审判以及违反伦理研究的投诉案件的影响，1947 年学界开始撰写书面的伦理守则。第二次世界大战期间，心理学家也参与到战争事务中，例如征兵的心理测验以及战争情境压力的实验。战后这些测验持续进行，心理学家呼吁订定伦理守则来处理研究所涉及的隐私、保密以及研究结果的误用。美国心理学会于是对会员展开调查，根据对上千案例的分析，终于在 1953 年完成伦理守则（Ethical Standards of Psychologists）的审查与修订工作。此守则主要处理四个伦理议题：伤害、欺骗、保密和对参与者负责。不过这些条文过于一般性，没有强制力，当时的心理学界也并未严肃看待。

1960 年代风起云涌的人权运动强调对于个人权利的保障，加上几个颇受争议的心理学研究（如 1955 年的 Wichita Jury Study 与后来的 Milgram 的服从研究）造成的冲击，美国心理学界终于在 1973 年公布一份较为完整的针对以人为研究对象的研究伦理规范。此守则有一个特点，即是将研究对象的称呼从过去使用的受试者（subjects）改成参与者（participants），强调其作为人的个人与社会特质，关心研究过程中的尊重与尊严，并希望借此强化科学的公共性，进而促成更有质量的学术研究。1992 年再度修订，原则大抵不变，但是条文撰写对于使用者较为友善（user friendly），原有含糊之处，也有较为清楚的说明。例如本来只说风险最小的研究（minimal risk research）可以不需要签署知情同意书，新版则注明适用于匿名问卷、自然观察、档案研究等方法（Kimmel，2007）。

本文以下就对于一般学术研究伦理准则最常涉及的几个议题，加以讨论，并指出其对于研究产生的冲击，以及学界不同的意见。

三 重要研究伦理议题

（一）伤害

科学的目的在于增进人类的福祉，而作为人也应“己所不欲，勿施于人”，因此不伤害参与研究的人是科学家必须遵守的基本原则。研究所造成的伤害包括对于：

（1）个人的生理（如纳粹时期医师在犹太人身上进行的人体实验、美国的塔斯克吉梅毒研究）与心理（如降低其自尊、让对方产生紧张焦虑的情绪、让对方受骗）。

（2）社群或小区（如 Whyte 的《街角社会》书籍出版，可能让波士顿北角的居民受伤）。

（3）学术社群（让民众因受骗等而不相信学术研究）的伤害。

此外，研究者也需考虑自身不要在研究过程受到伤害（例如研究黑道、贩毒等的人身安全问题，以及研究灾害幸存者、性侵害等议题时，自身是否能够承受聆听这些苦难事实）。

基于避免造成伤害的考虑，研究只要有任何伤害风险的可能，研究者最好能够多和经验老到的其他研究者讨论与请教，并且事先做好理解当地文化的准备工作，以尽力采取各种手段将风险与伤害降到最低点。如果预期实验有风险，可以利用自然发生的情境（natural settings）进行田野研究，或者改采模拟（simulation）或角色扮演（role playing）的研究方法，或者选择比较不易受到伤害的样本。若判断对个人可能造成伤害，事后应该对参与者进行追踪调查与必要治疗。一个研究，如果伤害大于利益，当然不该进行。如果利益大于伤害，也不见得就理直气壮，仍然要确认伤害是否有必要，有无方法可以避免，研究是否合乎正义。

1. Milgram 的服从实验

讨论学术研究伦理的书籍，经常使用方块（box）介绍研究个案，而其中 Milgram（1963）的服从实验以及 Humphreys（1975）的公厕交易是最常提及的案例〔再过来是 Zimbardo（1972）的监狱实验〕。Neuman（2006）使用具争议（controversial）、Kelly 与 Ali（2004）使用有问题（dubious）的字眼来形容，而 Bryman（2001）更认为这两个研究恶名昭彰（infamous）。

Milgram 认为对于人的行为而言，人格特质远不及外在情境的影响来得大。为了理解人们对于权威的服从，他设计了一个极为精巧的实验。自愿参与者得知的是参与一项惩罚如何影响学习的实验，其中有“老师”与“学生”的角色。受试者用抽签决定扮演的角色，当然他一定会抽中老师的签，而学生其实是由研究助理扮演。学生如果展现学习效果不佳的时候，老师就要逐步提高电压来电击学生，以增强其学习能力。当电压愈加愈高，而学生也发出哀嚎之声恳求实验不要继续时，若老师有疑问不想继续，实验者（教授）总是面无表情说：“实验就是这样，请继续。”没想到，最后居然有近三分之二的参与者将电压加到最高的位置。实验结束后，实验者会说明电流并没有真的接通，学生的哀嚎都只是表演罢了。不过受试者仍然很有可能对自己所做的事情感到万分愧疚，而自责不已。

批评者（参考 Kimmel，2007）认为该实验让受试者丧失尊严，也使人对于学术权威失去信任。Milgram 则解释，实验结束后有解说（debriefing），告知他们的行为是正常的，多数人也做相同选择，因此无需自责；并且长期进行必要的心理辅导；很多受试者表示很高兴参与此实验，让他们更加了解生命，懂得如何生活。其实在进行实验之前，Milgram曾经征询精神医学专家、大学生、民众，请他们预测参与者的反应。大家都认为参与者不会听命行事去电击人；如果会，顶多到150伏特就会停止。那种听到对方哀嚎还会按下控制杆的人，应该是少数病态疯狂之人。没想到实际研究结果，完全出乎意料。Milgram继续针对参与者进行追踪研究，却发现无论就其童年、亲子关系、早期记忆等，服从与反抗的两组参与者并无显著差异。

有趣的是，一位心理学专业的写作者（Slater，2006）在40年后找到两位当年参与服从实验的受试者。一位当时服从实验者电击对方（他解释，因刚刚失恋，实验时脑中空白，想要彻底发泄自己的情绪），却因为此实验而重新检视生命的意义，面对他自己天生服从的倾向，进而学习抗拒。后来勇于出柜，成为同志解放运动的活跃分子。另一位在实验中的反抗者（此实验让他太紧张，他怕心脏受不了，所以中止实验），后来却成了在战场上杀人的军人。Milgram服从实验的意义，不只是让我们检视研究产生伤害的问题，还有更多议题值得我们深思。对于Milgram这个人与服从实验想要更深入了解的话，建议阅读他的传记：《电醒世界的人》（Blass，2006）。

参考方块 2-1：心理学对于研究伤害的规定

有关研究伤害的议题，台湾心理学会（2002）的《心理学专业人员伦理准则》有如下的条文规范：

1. 研究不应含有任何可能危害受试者的措施，但以下状况除外：

（1）不做包含有这种措施的研究，对社会可能造成更大风险。

（2）研究结果可能对社会产生极大的益处，而且受试者是在知情与自愿的情况下参与实验。

2. 如果研究可能使受试者受到伤害，应预先告诉受试者（或其监护人）：当受试者对研究感到压力、危险或疑惑时，要尽速向研究者反应［映］；而研究者收到反应［映］时，应该立刻采取“释疑”或“停止研究”等适当处置。

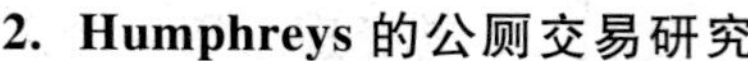

2. Humphreys 的公厕交易研究

Humphreys（1975）在 1960 年代研究公园公厕中的男性公共性行为。这个研究几乎是社会学讨论研究伦理必定出现的个案。为了进行观察，他在田野（公厕）中找到一个本来就已经存在的角色：把风者（watch queen），所以既可以不参与其中的性行为，又可以站在一个很好的观察位置。在取得观察对象的信任之后，他也以研究者的身份进行访谈。然而愿意接受访谈的受访者仍以受教育程度高者为多。为避免样本偏差，他偷偷记下公厕参与者的汽车牌照号码，并经由警察机关获得车主的姓名与地址等资料。随后再参与一项政府举办的健康调查，担任访员，登门询问这些公厕参与者的婚姻状况、职业等相关资料。他的研究成果获得社会学界很重要的 C. Wright Mills Award 杰出书奖，但也因为研究伦理的问题，影响其指导教授的研究补助，也让他自己无法留在华盛顿大学任教。

批评者认为他的研究涉及层层欺骗，会让大众对社会科学家失去信任，剥夺其他研究者的研究机会；今后公厕中的参与者不只要对告密者或警察提高警觉，还要时时小心伪装成旁观者的社会科学家；研究资料若不小心遗失走漏会对很多当事人造成伤害；书籍出版后，会引起许多当事人的焦虑。Humphreys（1975）承认他不应该追踪汽车牌照号码，进而到他们家里访问。如果研究可以重来，他会花更多的时间与当事人建立关系，以找到更多愿意受访的人。这样也许样本仍然没有代表性，但是资料至少会丰富些。他也辩解，如果要观察具有高度污名的行为，就得伪装成“船上的一员”。如果带着“我是研究者”的名牌，在公厕中将只会看到冲洗马桶的动作。他非常小心地处理田野资料，研究过后并将资料销毁；而且他的研究成果有助于去除男同性恋的污名，因而受到同志社群的认可。他也说明，为了降低受访者可能被他人指认出来的风险，他写作变得有点不动感情；为了保护关键报道人的隐私，他无法像 Whyte（1955）一样写出动人的研究历程。

针对 Humphreys 的公厕交易研究，社会学界极少谈论他的研究成果，然而几乎每一篇讨论研究伦理的文章都会以他的研究作为“恶名昭彰”的负面教材。这种呈现在事实上过于简化。如果放到此研究所处的历史脉络来看，当时纽约“石墙事件”尚未发生，公共性行为仍属违法，学术界没有出柜的教授，精神医学仍视同性恋为精神疾病，研究同性恋公共性行为要冒很大的风险，需要极大的勇气。资料显示，他在研究当下，曾经遭警察临检，但他并没有亮出研究者的身份逃避逮捕，而是跟其他参与者一样被带到警局，因为他的神职人员身份，才没有留下犯罪记录（Galliher，Brekhus，& Keys，2004）。

很遗憾地，Humphreys 在绝大多数学者心中，只是一名违反研究伦理的同志研究者。如果了解他的一生，对这个研究也许会有新的看法。他死后，为其立传者（Galliher，Brekhus，& Keys，2004）在 FBI 的档案中取得他的资料。第一笔资料是 1966 年他向法务部投诉有家餐厅不肯服务他的黑人友人（当时黑人与白人要分开坐）。他在 1960 年开始参与人权运动，把黑人带进教会，引起白人的反感与怨恨。白人冲进他的住处，朝书桌开枪，将他太太推倒在地，因而流产，此后无法生育。他在 1950 年代担任神职人员时，便有许多不敢出柜的同志，找他寻求咨商。1970 年代他带领反战的学生游行队伍，走到征兵场所，将尼克松总统肖像取下撕毁，被判一年有期徒刑，缓刑三年。1974 年他在美国社会学年会上正式出柜。更让人讶异的是，根据立传者到公厕现场调查（照明、窗户、门廊等），判断他不太可能是以扮演把风者角色来观察公厕中的性行为，也就是能够解释他那么丰富的观察资料，最有可能的是他就是参与观察者。也就是说，他所涉入田野的，远超过他所宣称的。放回当时历史脉络，承认公共性行为会招致逮捕与监禁，也可能因此拿不到学位与教职，他的自我保护应该可以理解。只是这个时候，他就不是研究“他者”，而是研究“我群”了。有了这个认知，读者对其研究效度会不会有所改变?

有点吊诡的是，他的公厕研究，一方面开启了此后的公共性行为研究传统，另一方面研究的伦理争议，却又促成学界对于研究伦理的规范更趋于严格。由于为知情同意等伦理规定所限，1980 年代之后，有关性欲的研究以文本分析为主，而不是田野经验研究。社会学变成只研究人们“说”了什么，而不是他们做了什么。酷儿理论中，人文与社会学的不均衡发展可见一斑。结果，因为缺乏相关社会学经验研究而无法对于艾滋政策的拟定提出具体有效的建议（Galliher，Brekhus，& Keys，2004）。

3. 从无性别歧视到无偏见

研究除了要避免对研究对象造成生理与心理伤害之外，也要避免复制或强化权力不对等关系以及对某个族群的歧视与压迫。以性别关系为例，Eichler（1989）在《无性别歧视研究》这本书中明确指出，研究从主题选取、论文名称、研究方法与工具、分析与建议等每一个研究环节都可能涉及性别议题。她举出四种与研究有关的性别歧视，分别是：

（1）男性中心（androcentricity）；

（2）过度概化（overgeneralization）；

（3）性别不敏感（gender insensitivity）；

（4）双重标准（double standards）。

除了上述四种形式，Eichler 又提出其他三种衍生的形态，包括性别适宜性（sex appropriateness）、唯家庭论（familism）和性别二元对立（sexual dichotomism）。多年后，她（Burke & Eichler，2006）更进一步将性别分析拓展至种族、年龄、身心障碍、阶级、性倾向、宗教、地理位置等面向之分析，提出一个辨识与消除不平等的整合分析架构（Building an Integrative Analytical System for Recognising and Eliminating in Equities，BIAS FREE）。这个架构除了学术研究，更可以应用在立法、政策拟定与教育上。她们指认出三种存在社会中的压迫体系：

参考方块 2-2：动物研究中的性别偏见

性别偏见不只呈现在人的研究中，在动物研究中更是明显。有鉴于此，Zucker 与 Beery（2010）搜寻了 2009 年将近两千篇动物研究论文来检视境况是否有所改善。他们发现绝大多数生物学科都有向雄性偏斜（male bias）的现象，神经科学、药理学、生理学尤其严重。以神经科学为例，动物实验中受试者雄性与雌性的比例为 5.5∶1。此种偏见带来严重的研究危机。例如，研究显示男性与女性对于药物的吸收与排泄具有显著差异，然而以啮齿动物实验来研究药物对行为影响的研究，却几乎只使用雄性动物。作者建议，为了导正此种偏见，必须要有强制措施。例如期刊编辑与审查者应该要求只使用雄性或雌性动物的研究，在论文题目中清楚表明，来彰显动物研究中的性别偏见。资助研究机构则应该鼓励对于性别敏感的研究计划。一个新成立的研究机构 Organization for the Study of Sex Differences in Washington DC 以及新学术期刊 *Biology of Sex Differences* 都将致力于改善此项研究偏见。

（1）维持既存的阶层关系（maintaining an existing hierarchy）：例如采取主流的观点与立场、将非主流群体病态化、谴责受害者等。

（2）未能审视差异（failing to examine differences）：对差异不敏感、过度推广、预设群体的同构型等。

（3）持有双重标准（double standards）：使用不同方式对待主流与非主流群体、没有给予非主流群体足够之代表性、否认某群体之能动性等。研究者可以使用这个分析架构以检视某个研究在性别、种族、阶级、年龄等面向是否具有偏见。

（二）知情同意

要求研究者执行签署知情同意（informed consent）步骤的目的，是期待研究参与者在获知研究目的与性质等充分信息下，有同意或拒绝参与研究的权利。同意书的内容应该要包括研究的性质/目的/步骤/流程，是否存在风险或者引发不舒服的感觉，如果有风险那么其补偿与后续治疗方式为何，评估替代方法的优劣，匿名与保密的措施，研究者联络方式，研究对象的权利以及拒绝或中止参与不会受到惩罚等描述。签署同意书看似简单，其实牵涉复杂的议题。

第一，如果参与者不识字该如何处理？面对不同文化的参与者，若其对于签名的重要性有不同的意义时，又该怎么办？谢世忠指出签名并不适用于台湾原住民的文化，于是他自己设计一份保证书，“保证报道人的一切权益会受到尊重；也保证研究者将负一切始料未及之后果的道德与法律责任。这份保证书由受访者永远留存，并随时可据此向研究者提出各项质疑”（1987：24）。他认为由受访者签署同意书，等于把责任交给受访者，对其并不公平。林秀芬（2001）研究地震灾后单亲妈妈适应的议题，也是由研究者自己签署两份同意书，由研究者与研究对象各留存一份，将来如果有涉及研究伦理问题的时候，研究对象可以用这张同意书为自己争取权益。美国人类学会的伦理守则也认为知情同意重要的是同意的内涵而非形式，不一定需要书面或签名的形式（American Anthropological Association，1998），例如可以在访谈录音中征求同意（Berg，2009）。

第二，对于社会“偏差”团体、存有社会污名的族群、牵涉非法行为的人而言，签署同意书无异承认加诸身上的卷标，留下记录，如果同意书没有收藏好，反而可能成为将来对之不利的证据。因此要求参与者签署同意书可能引来愤怒的响应，即使签署，恐怕也是使用小名，不会留下足以判断其真实身份的资料。富士康公司员工连续跳楼事件发生后，有研究者到现场访谈以了解其工厂运作与文化，员工即明白表示依公司规定不可以具名受访。

第三，除了不识字的问题之外，心智尚未成熟的研究对象，由谁来签署同意书？如果研究儿童青少年需要其父母签署同意书，则受家暴、参加帮派的青少年就无法研究。像是美国规定访问青少年必须取得父母同意，结果造成青少年游民研究的空缺，而政府也就不知道如何针对这些离家青少年的需求给予回应与处遇（Israel & Hay，2006）。美国社会学会伦理规范（American Sociological Association，1999）针对此议题有如下的规定：以下三种情况可以免除父母或监护人签署知情同意书：

（1）对研究参与者的伤害极小；

（2）若需签署同意书，研究就不可能进行；

（3）父母或监护人的同意并非保护儿童所需（如研究受家暴儿童）。

第四，在某些情况下，其同意有可能并非出自全然的自愿，而是遭到直接或间接压力的结果。研究对象可能因为和研究者在研究情境以外仍然有其他的关系；可能怕损及所属群体（如公司、学校等）的利益；可能在上级主管的压力下，所以不好意思拒绝。如果实验进行一半，可能也不好意思在实验中途一个人在众人面前离开。此外，研究对象可能根本不知道自己在研究中会揭露了什么？例如以为只是在说故事，不知道研究者其实对其拼字、想象力有兴趣。

知情同意应该不是在研究之前签署就尽到伦理的责任，事实上，田野研究的过程中，会随着研究者与报道人的关系（了解、尊敬、有共同兴趣）持续改变，而不断进行协商。研究者可能会受邀参加一场非正式的饭局或者某个小区内部会议，而它已经超出研究初始知情同意书的内容，是否可以参加？Glesne（1999）认为重要的是尊重、信任的感觉与伙伴关系，而不是签署的形式。

此外，网络在当代日常生活中扮演很重要的角色，BBS、脸书、Blog等已成生活不可分割的一部分，因而也经常是学术研究的田野。虽然说没有加密，不需要密码就可以进入，任何遨游网络的陌生人都可以看到的网络信息，基本上是公开的，但不表示它理所当然就可以成为任意的研究对象。尤其是牵涉个人的照片或生活记事，或者讨论组。如果想要研究，最好事先取得个人或群体的同意，或者在其上公布自己的研究计划。许多人都不希望自己只被当成资料让研究者任意挖掘，仿佛不是活生生的人一样（Lichtman，2009）。例如，曾有一篇论文将他与好友的 e-mail 对话内容当作资料（引文），却没有事前征得同意。虽然是好友，但对方认为这是私下谈话，所以放心畅所欲言。如果是正式访问，他的说法就会不一样了。

根据以上的讨论，研究是否一定要签署知情同意书，隐藏研究方法（covert methods）是否一定就违反研究伦理，仍有争议。一般来说，隐藏式（欺骗）研究可以在以下四种情况下获得其正当性：

（1）参与者不太会受到生理、社会、心理伤害；

（2）研究结果有显著重要性；

（3）没有其他方法可以获致相同资料（或者不欺骗，研究就无法进行）；

（4）研究结束后要有适当的解说（debriefing）（McNamee，Olivier，& Wainwright，2006），并且得到伦理审查委员会（institutional review boards）或者相关专家的许可同意。

不过如果研究对象是掌有资源权力的建制单位，有些学者认为可以采取比较激进的做法。Berg（2009）指出，他对于研究者欺骗政府以进行研究毫不迟疑。读者也可以比对，是否能够接受记者用尽心机混入英国白金汉宫的宴会（居然没有警卫发现），来测试白金汉宫的安检措施是否足以保障皇室的安全？

（三）隐私与保密

隐私与保密的考虑，在日常生活中也有规范。你的同志、好友向你出柜（现身），你不会未经同意就告知他的父母。研究者如果是基于特定研究关系才能获取资料，就应该更加小心保密。保密的理由是维护受访者的基本权利、表达研究者的忠诚，并防止泄漏信息造成不良的后果。当然并非所有的人都需要保密，公众人物（高阶官员）就应该为自己的公开发言负责，而通常不需保密。当然，也并非每一位受访者都想要保密，有些人会希望以真名呈现，只是受访者通常不只说自己的故事，也同时透露他身边人（未经同意）的讯息，因此是否使用真名仍需小心处理。保密和深描（thick description）存在两难，最常见的方式是，在不影响立论的前提下，尽量移除或者改变读者可能辨识的各种资料（人名、职称、地名、事件细节等）。而研究者也不能利用研究的机会，打探个人（与研究主题无关）的隐私，来满足研究者个人的好奇心。

近日有则新闻，某生上网查询自己的名字，竟赫然发现出现在某篇硕士论文的附录访谈逐字稿中，而且提及其父亲生意失败、酗酒、家暴等事情。原来是该生就读学校的主任曾经接受访谈，而研究者撰写论文提及个案竟然忘了使用化名。研究者坦承疏失，一方面向当事人道歉，另一方面取消论文网络授权，并修改论文后重新上架。不过文本一旦曾经出现在网络上，就已经覆水难收了。其实即使匿名，有些访谈逐字稿因为讯息多而详细，将逐字稿放于附录固然可昭公信，但仍有曝光风险，因此一定要事先征得当事人同意。

Webb，Eugene J. 等人（引自 Kimmel，2007）提出了处理研究中的隐私议题所据以判断的四个向度：

（1）行为发生地点的公共性：公共空间（如公园、广场、购物中心、运动场等）中的行为相对于家庭私人空间中的行为，就比较没有权利要求确保隐私。

（2）研究对象个人的公共性：公众人物（政治人物、明星等）相对要接受大众/媒体的观察与报道。

（3）提供信息的匿名程度，也就是信息中可以辨识特定个人的程度。如果信息无法与个人联结，则破坏隐私的风险较低。

（4）研究所揭露信息的特质：某些信息（如性行为、收入、酗酒）较为敏感，对个人造成的风险较高。

例如，有人可以接受研究者暗中观察他在超级市场购物花了多少时间，可是不能接受研究者记录他与情人在公园中的拥抱。这里必须特别注意文化差异，例如荷兰人可以谈性，但是不能谈理财习惯；有些文化中男人不能跟陌生人谈他的个人卫生习惯（如洗浴）。

论文撰写也涉及诸多的隐私与保密议题。首先，撰写论文时，若要引用访谈的对话内容，应原文不动，还是可以略加修饰，学界仍存在不同的看法。有的学者认为尊重原意是基本底线，也有人认为说话与书写毕竟不同，逐字照引反而会不尊重受访者。例如这样的逐字稿："怎么说呢，简单来说，就是说，那我现在在学习尽量就是尽量就是如果不是很严重就不要在意……"如果一字不改原文引用，一方面妨碍阅读的顺畅，另一方面会让人质疑受访者的表达能力。曾有受访者表示，相对于论文的正文中，作者使用较流畅的文字来展现研究者的观点与分析，她未经剪裁的"逐字稿"则显得说话结巴、词不达意，给人"很笨"的感觉。不过，如果从论述分析（discursive analysis）或对话分析（conversational analysis）的角度，则人们怎么说（form）和她说了什么（content）同等重要（DeVault，1999）。这个时候，you know 可能就不再是一个空洞的言词，而表示"OK，接下来我要讲的也许有点难以理解，我没有办法说得很明确，但是你可以帮我；等等我，你就会知道我的意思"（DeVault，1999：69）。You know 不再是口齿不清，而是邀请对方理解的讯号。

其次，受访者基于信任接受研究者的访谈，如果批评，会不会是一种背叛？不是像将他们的资料卖给八卦杂志这种个人式的背叛，而是间接、集体的背叛，亦即危及研究对象的形象与利益。研究对象是否会质疑研究者到底站在谁那边，尤其当他们是社会中的弱势族群的时候（不过如何界定弱势，仍然必须放在脉络中理解。女性政治人物在阶级上是优势，但在性别上是弱势）。Finch（1984）的儿童游戏研究发现，劳工阶级母亲教养小孩的方式不符合中产阶级的标准。她担心其研究结果会被用来作为强化劳工阶级母亲是不适任的教养者的偏见，因而面临写作的难题。后来她尝试厘清女性的经验，以及她们所处的结构位置，意识到这些女性无法改变她们所面对的剥削结构。结果，她并没有更动资料，也没有回避所发现的差异，而是将这群女性的经验放在结构情境脉络中来分析。这一方面是政治的选择，另一方面也可以做出更为有效的研究诠释（Glesne，1999）。

研究者能否批评研究对象（个人或群体）的作为，如果从研究质量来看，应该不是问题。因为研究毕竟不是宣传手册，目的不在于美化，而是指出问题让田野可以变得更好。一个隐藏（负面）资料不敢表达看法的研究，表面上看来可以让研究对象保留颜面，宾主尽欢，但是不但无助于该研究田野的问题解决，也可能让其他类似田野获得错误的信息。此时，小区伦理（不伤害田野）与研究伦理（确保研究质量）的冲突如何处理，需要审慎地讨论。这里我暂时尝试援引日常生活中的经验来作为对照。人总是喜欢听到赞赏而不是批评，可是自我了解有盲点，真的让我们成长的往往依赖诤友。听到批评的当下，也许不好受，但是我们也会分辨这个批评，是基于讥讽，还是关怀。而这个感受经常决定于对方的诚意与投入。所以，除了如 Finch（1984）所言的，对于弱势族群的结构位置进行脉络地理解之外，如何在论文撰写的字里行间清楚地传达研究者对于田野的关切，将可以降低田野对象对于直言批评的排斥。

另外一个问题则是，将学位论文出书之后，而引发新的争议。学位论文存在国家/大学图书馆，通常只有学术界人士阅读，可是如果出书，在书店中销售，就很难控制可能的阅读对象。有一本书与同性恋议题有关，因涉及隐私与社会污名，即使已经采取匿名，受访者仍然不放心论文以书籍的形式出现在大众眼前。另一本书，则因为一位关系人无法接受书的亲属关系图中，自己的母亲并非元配，恐遭异样眼光，而表示不满。

（四）抄袭或剽窃

就我上课教学以及评审论文与计划书的经验，有心或者无意的抄袭（plagiarism）是一个常见的议题。只要是攫取他人的想法，却假装是自己的创见，即构成抄袭。抄袭包括没有注明概念的出处、全文照引却没有使用引号注明出处页数、阅读二手资料却刻意罗列原典的参考书目、段落或文句的结构（虽然有修改文字）与原始资料雷同（也就是改写应该要彻底些）。它涉及欺骗、偷窃与不诚实，一方面没有尊重他人的知识产权，另一方面违反了科学求真求创见的基本精神。涉及抄袭，会对研究者的学术生涯带来极严重的后果，包括撤销学位、追缴研究经费、撤职、赔钱，甚至法律刑责，或者登报公开道歉。

知识虽是公共的，但使用概念时要将功劳（credit）归给原作者，而著作权保障的则是描述该知识的具体文字排列（wording）。也就是说，谁都可以引用 Bourdieu 的 habitus 或者 Connell，Raewyn W. 的 masculinities 的概念，只要注明出处即可，但是如何描写这些概念的文字，却受到著作权的保障。

如要引用，一种是以自己的方式理解后用自己的文字改写（仍需注明出处来源），另一种是原文照引，就必须将此段文字放入引号中，并注明出处的页数。为了避免在文字上雷同，最好是读懂文献，将书本合上，以自己的文字来书写。

另有一种比较不是这么明确的例子。例如某甲阅读了某乙的学位论文，而他们研究的主题又相似。结果呢，某甲所撰写的文献回顾，无论回顾的整体架构与前后顺序，还是引用文献的段落或句子都非常相似，但是却回避引用乙，而让读者以为整个文献回顾的想法来自甲自己，则即使甲并没有真的抄袭乙的某个句子，也会有抄袭之嫌，因为没有注明其想法从乙得来。

我也曾听闻有两位研究生同时进行一项主题相近的论文研究，他们彼此分享理论文献阅读的心得，没想到甲动作快，比较早提交论文。乙看到论文才发现甲论文中有几段文献讨论竟然是出自乙的笔记，但是因为甲先毕业发表论文，如果乙的论文也使用相同的文句，不明的读者反而会认为是乙抄袭甲的论文。乙手中握有他们来往的电子邮件作为证据，因此决定向甲的校方提告甲抄袭，以维护自己的权益。

在研究过程中，我们经常得到他人的帮助，可能是刺激你的想法、指引一个重要的文献、说一个相关的故事，或者修改你的文字。在论文正文中，我们不可能一一注明（就像与指导教授讨论不算是一种研究方法一样），而是在谢志中分别感谢他人的协助。不过如果他人曾经明确给了一个新概念的建议，则应该在这个概念出现的时候，注明出处。同样地，指导教授如果只是履行自己应尽的义务，引介相关文献，与学生讨论研究发现与架构，提出写作的建议（就像认真的期刊论文审查者也经常给予建设性的建议），不必抢着当投稿论文的（第一）作者。到底如何决定谁可以列名为共同作者，台湾心理学会（2002）认为：

> 对研究有重要且直接贡献的人，得列名为论文作者；这些人包括：（1）使研究概念或假设成形者，（2）使研究设计成形者，（3）使资料分析方法成形者，（4）分析资料之意义者，（5）撰写大部分之论文者。论文作者应按照每个人对研究的贡献，依序排名；主要研究者列名第一位，贡献次多者列名第二位，依此类推。

参考方块 2-3："国科会"违反学术伦理案件汇整

"国科会"是台湾最重要的支持学术研究的机构。以2009年的专题研究计划为例，共有近三万件申请案，通过率为48%，共补助约15亿元。"国科会"为了处理与该会职掌有关的学术伦理案件，特订定"行政院国家科学委员会学术伦理案件处理及审议要点"，于1999年通过实施。其所称之违反学术伦理行为，系指"研究造假、学术论著抄袭或其他于研究构想、执行或成果呈现阶段违反学术规范之行为"。根据学术研究者所缴交的研究计划书与成果报告，1999~2010年间"国科会"共处理了31件违反学术伦理案件（根据2010年6月21日"行政院国家科学委员会函"），无人申诉或没人发现的，则绝对超出此数。其中最常发生的是引用不当与抄袭，占了一半以上。如引用他人之著作，却未引注资料来源，也没有列入参考文献，即已构成抄袭。从抄袭网站资料、他人发表之期刊论文、国外硕博士论文与专书、学术研讨会演讲摘要、他人未发表之论文，到抄袭自己指导学生之论文或使用学生学位论文当作计划成果报告都有。

另有一稿多投之案例。例如同一个研究成果分别以中文与英文发表期刊论文，后发表的论文却未注明曾经以另一种语文发表。研究计划的成果报告大量重录其已出版之著作。一位教授使用相同的专题研究计划分别向"国科会"不同处室（人文处与工程处）提出申请。两位教授彼此合作，使用雷同的专题计划内容，但用不同的研究计划名称，分别提出研究申请。

造假也有几件，从资料处理不当到著作目录假造并不存在的论文与专书。另有一例为未经同意，将他人列为论文共同作者。

在因特网的年代，只要几个按键就可以轻易剪贴，但是不要以为神不知鬼不觉。为了因应抄袭剽窃严重的现象，英美已经研发一种反抄袭的在线侦测剽窃系统 Turnitin，而台湾中山大学也研发一套"反抄袭数字侦测比对系统"，同样地，只要几个按键即可以让抄袭无所遁形。

有别于抄袭他人的想法或文字，一稿两投也可能涉及自我抄袭。台湾心理学会（2002）的规定严禁一稿两投，但是以下的做法则为学术界所容许。

> （一）将曾经发表在学刊上的文章重新收录在“论文集”或其他专书中。有此情形时，研究者应该在书中说明该论文已经发表，并注明论文发表的学刊及年代。（二）新论文以新方法重新分析曾经发表之旧资料，并产生新观点，或者以新的理论角度重新分析旧资料，并产生新结论。研究者再投稿时应该将详情告诉学刊主编，由主编判断新论文是否有发表价值。（三）以“节录”或“通讯”的方式将论文的部分内容先行公布。（四）在“知会主编”并在“文章中说明”的情况下，以另一种语言将论文全文翻译或节录转译。

（五）造假

造假（fraud）包括无中生有地捏造数据或结果（fabrication）、窜改数据或选择性地选取/忽略某些数据或结果（falsification）。近来广为人知的学术研究造假事件，首推韩国国家英雄黄禹锡的干细胞研究。他的研究团队成功地将成人细胞中的细胞核植入胚胎之中，并培养出病人专属的干细胞。其在美国“科学”期刊上发表的干细胞研究论文让他声名大噪。他声称利用复制的人类胚胎，已经成功培养出世界第一个干细胞株。随后他再度发表论文，声称已经培育出 11 个可以和患者匹配的胚胎干细胞株。此项研究突破，给癌症、糖尿病与帕金森氏症的治疗带来新的希望。韩国政府提供大笔研究奖助，褒扬其成就，黄禹锡甚至被冠上“最高科学家”的封号。没想到后来却传出他接受两名属下女研究员捐赠的卵子，并提供酬金给其他被采集卵子的妇女，有违医学研究伦理（提供卵子的妇女不能与研究有任何利害关系）。更严重的是，他遭指控研究造假，论文中干细胞的照片系伪造，他其实并未成功培养出任何干细胞。黄禹锡只好公开道歉，辞去所有教学研究职务，后来还遭判刑。学者指出，造假事件破坏了大众长期对于科学家的信任。

另一个国际知名的学术造假事件则是英国教育心理学家 Burt 的研究（参考 Kimmel，2007）。他曾针对处在不同环境中的 50 对双胞胎进行研究，发现他们的IQ呈现高度相关，显示IQ是遗传的，而非受到环境的影响。不过等到他死后，其他学者发现，他借着自己在学术中的权力资源，发表多篇论文，其中有制造假数据、假的共同作者、重复使用数据、以假名投书期刊来支持自己的论文并诋毁评论者等情形，不但学界受骗，教育实务界的教学法也受到他的理论很大的影响（或者说误导）。

参考方块　2-4：从文学与电影探究研究伦理

如果不想只是阅读硬邦邦的学术研究报告，以情节入胜的文学作品也可以提供许多研究伦理反思的素材。兹举几本有中文版本的小说为例。制造出第一个口服避孕药的化学家Djerassi（翟若适）（1996）曾出版多本小说、诗集与传记。其中《康特的难题》描写诺贝尔级的学术研究政治，例如如何计算研究成果的贡献、指导教授的选择、论文发表的作者排序、学术研究的竞争/合作/利用/不信任与要挟、实验数据的捏造或修饰、借由审稿而剽窃创意、女性研究者的处境、人文与自然科学的差异等。《直觉》（Goodman，2007）也刻画了科学实验室里人性的试练，包括实验工作的分工与荣耀的分享、如何面对媒体、争取实验经费等。小说家黄凡（2004）的《大学之贼》则处理台湾教育界的怪现象，例如教授为保住饭碗、学校为招徕学生而如何无所不用其极。另有几本描述田野研究历程的书籍，也非常值得一读，包括Venkatesh（2009）的《我当黑帮老大的一天》、Barley（2001）的《天真的人类学家》、Nathan（2006）的《当教授变成学生》、Whyte（1994）的《街角社会》、Vincent（2007）的《自制男人》等。

同样，电影不只是娱乐，借由影像可以让人印象深刻。举例来说，可以借由《小小摄影师的异想世界》讨论出版对于田野产生的影响；《真相拼图》处理如何进入田野、研究者与田野的关系；《回光报告》用来讨论如何处理大量的资料来说哪个版本的故事；利用《科伦拜校园事件》讨论研究者是否可以主动介入田野；而《血色海湾》则探讨隐藏研究方法的考虑〔更多实例，请参考毕恒达（2010）的《看电影，写论文》〕。

除了上述明显严重的造假外，研究者也熟知许多“拷打”“马杀鸡”资料的方法（Goldacre，2010），它介于造假的边缘灰色地带，要小心避免。例如，把所有的变项之间的相关性都用统计跑一遍，只要测量的项目够多，单凭几率就会出现一些统计显著结果。没有相关的结果就不发表，假装没有做这个项目。或者，研究过程当中，有受试者中途退出，却刻意不追踪，也不纳入资料分析。让研究趋势变得比较不漂亮的“离群值”，就干脆删除。4 乘 4 的卡方检定，如果统计不显著，就缩成 3 乘 3 或 2 乘 2，直到统计显著为止。自行帮受访者填上问卷几个空白之处，以免列为无效问卷。若受试者为 49 人，跑出统计结果后，用这个结果自行补填一份问卷资料，让受试者人数成为 50 人比较好看。

此外，由于台湾广设大学，加上论文发表作为学术表现的重要依据，网络上经常可以看见“代写论文”的公司广告。学生请不要轻易尝试，以身试法，一方面如此会缺少学术研究写作的锻炼，另一方面要担负遭人发现的风险。而授课老师如果与学生有足够的讨论，应该可以查明学生是否请人代写。

四　总结

台湾的学术书籍谈论研究伦理的并不多见（如严祥鸾，1998）。我们需要更多关于本土研究经验所遭遇的伦理困境的描述、讨论与反思。让后进者也可以从这些真实的经验中，获取教训或者得到指引。台湾的学术专业近来已经参照国外的伦理守则订定本土的规范，例如《台湾社会学会伦理守则》、《心理学专业人员伦理准则》等。目前质性研究计划并没有西方学术界如此严格的要求与繁复的程序。我们一方面要提升学术研究人员的伦理思辨与训练，另一方面也要避免因为不当伦理审查的规定，而造成研究的不良后果。例如，西方学术界为了省去伦理审查的麻烦，于是不研究具有争议性的主题；或者使用量化、文本分析的方法来研究，而不进行田野研究。但是值得提醒的是，如果只研究自愿参与研究的对象，则我们对于世界的理解会有很大的缺陷；如果不使用欺骗的研究方法，就很难进入权力精英的地盘。结果呢，就是研究穷人比研究政治人物多；研究护士比研究医师多；研究受雇者比研究经理多（Berg，2009）。

绝大多数的研究伦理文本，关心伤害、隐私、保密、知情同意等议题。事实上，研究设计与方法的选择，也关乎研究者对于社会、能动性（agency）、政策等的基本界定。Nespor 与 Groenke（2009）以 1995 年芝加哥热浪造成 700 人（多半是贫穷、年老、非裔美人）死亡事件的研究为例，说明不同的研究方法所预设的伦理观点。美国疾病管制与预防中心的研究，在控制年龄与居住地的变项后，比较死亡病例与存活者的关键个人因素，例如独居、健康问题、家中是否有空调等，以理解个人是否可以度过热浪的能力。这种研究设计排除了探究不同区域死亡率的差异，因此将注意力放在没有办法适应热浪的个人，而不是死亡集中的地区（贫穷、遭机构与政治所遗弃的高风险小区）。相反地，Eric Keinenberg 探问城市的社会环境，而不是限制在死亡率高的邻里环境如何影响此事件。他比较社经特质类似，而死亡率不同的地区，探讨其公共服务的组织与分配、对于死亡事件的行政建构、政治领导人物对此事件的态度与立场、公共部门的反应与行动以及媒体的社会建构。如此一来，死亡是一组特定社会政治组构的运作结果，想要改变必然牵涉个人之外的参与者，如政府、开发商、公卫系统、科学家等（引自 Nespor & Groenke，2009）。

研究伦理之所以放在第二章，正足以说明它绝对不是蛋糕上面作为装饰的奶油球，相反地，研究伦理无所不在。伦理考虑不是在通过伦理审查时就结束了，它是持续的协商过程。从研究主题选取、研究观点、研究方法，到诠释、研究结果撰写发表、提出政策建议等整个研究流程都涉及研究伦理的考虑与抉择。Susan Sherwin 特别强调对于涉及人类研究的完整伦理分析，不能只问该研究如何进行，还要探究研究主题如何选择、提出何种研究发问，以及又遗漏了什么发问（引自 Nespor & Groenke，2009）。例如，劳动空间的研究，究竟是有助于经理对于劳动的控制，还是能够提升劳动者的工作环境质量；女出租车司机的研究，若涉及司机采取的安全防范策略，是提升女司机的安全，还是让潜藏的加害者得以识破、破解女司机的防范策略；住宅研究的结果，有助于投机客的炒作买卖，还是可以提升居住人权。研究者不能以客观中立、发现事实的说辞来回避研究价值立场的问题。固然社会议题如此之多都值得研究，但是研究的目的何在，希望对社会造成怎样的理解与改变，研究者必须时刻谨记在心。

参考书目

毕恒达（2010）《教授为什么没告诉我：2010 全见版》，台北：小毕空间。

陈恒安（2002）《以科学之名：塔斯克吉梅毒研究》，《科学发展》，357，69～71。

黄凡（2004）《大学之贼》，台北：联合文学。

林秀芬（2001）《绝处逢生：探讨九二一地震丧偶女单亲灾变后之社会支持过程》，台湾大学社会学研究所硕士论文。

台湾心理学会（2002）《心理学专业人员伦理准则》，2010/08/22，取自 http：//wiki. kmu. edu. tw/index. php/台湾心理学会《心理学专业人员伦理准则》。

谢世忠（1987）《民族志道德与人类学家的困境：台湾原住民运动研究的例子》，《当代》，20，20～30。

严祥鸾编（1998）《危险与秘密：研究伦理》，台北：三民书局。

American Anthropological Association（1998）. Code of ethics of the American Anthropological Association. Retrieved 2010/06/16 from http：//www. aaanet. org/ committees/ethics/ethcode. htm.

American Sociological Association（1999）. Codes of ethics and policies and procedures of the ASA Committee on Professional Ethics. Washington，D. C.：Author. Retrieved 2010/08/19 from http：//www. asanet. org/images/asa/docs/pdf/Ethics% 20Code. pdf.

Barley，Nigel（2001/2008）《天真的人类学家》（*The innocent anthropologist：Notes from a mud hut*）（何颖怡译），台北：商周。

Berg，Bruce L.（2009）. *Qualitative research methods for the social sciences*（7th ed.）. Boston：Allyn and Bacon.

Blass，Thomas（2006）《电醒世界的人：米尔格兰突破社会心理学疆界的经典研究与传奇人生》（*The man who shocked the world：The life and legacy of Stanley Milgram*）（黄泽洋译），台北：远流。

Briski，Zana，& Kauffman，Ross（导演）（2004）. *Born into brothels：Calcutta's red light kids*（《小小摄影师的异想世界》），美国：Red Light Films。

Bryman，Alan（2001）. *Social research methods.* New York：Oxford University Press.

Burke，Mary Anne，& Eichler，Margrit（2006）. The BIAS FREE Framework. In *The BIAS FREE Framework：A practical tool for identifying and eliminating social biases in health research*（pp. 5－24）. Retrieved 2008/02/18 from http：//www. globalforumhealth. org/Site/002-What% 20we% 20do/005 － Publications/010 － BIAS% 20FREE. php.

DeVault，Marjorie L.（1999）. *Liberating method：Feminism and social research.* Philadelphea：Temple University Press.

Djerassi，Carl（1996）《康特的难题》（*Cantor's dilemma*）（吴玲娟、杨洁、钱恩平译），

台北：联合文学。

Eichler, Margrit（1989）. *Nonsexist research methods*. London：Allen & Unwin.

Finch, Janet（1984）. "It's great to have someone to talk to"：The ethics and politics of interviewing women. In Colin Bell & Helen Roberts（Eds.）, *Social researching：Politics, problems, practice*（pp. 70－88）. New York：RKP.

Galliher, John F., Brekhus, Wayne H., & Keys, David P.（2004）. *Laud Humphreys：Prophet of homosexuality and sociology*. Madison：The University of Wisconsin Press.

Glesne, Corrine（1999）. *Becoming qualitative researchers：An introduction*（2nd ed.）. New York：Longman.

Goldacre, Ben（2010）《小心坏科学：医药广告没有告诉你的事》（*Bad science*）（蔡承地译），台北：缪思。

Goodman, Allegra（2007）《直觉》（*Intuition*）（蔡承地译），台北：远流。

Humphreys, Laud（1975）. *Tearoom trade：Impersonal sex in public places*（enlarged ed.）. New York：Alkine de Gruyter.

Israel, Mark, & Hay, Iain（2006）. *Research ethics for social scientists：Between ethical conduct and regulatory compliance*. Thousand Oaks, CA：Sage.

Kaufman, Moisés（导演）（2002）*The laramie project*（《真相拼图》），美国：Cane/Gabay Productions。

Kelly, Moira, & Ali, Suki（2004）. Ethics and social research. In Clive Seale（Ed.）, *Researching society and culture*（2nd ed.）（pp. 115－127）. Thousand Oaks, CA：Sage.

Kimmel, Allan J.（2007）. *Ethical issues in behavioral research：Basic and applied perspectives*（2nd ed.）. Oxford, UK：Blackwell.

Lichtman, Marilyn（2009）. *Qualitative research in education：A user's guide*（2nd ed.）. Thousand Oaks, CA：Sage.

McNamee, Mike J., Olivier, Stephen, & Wainwright, Paul（2006）. *Research ethics in exercise, health and sports sciences*. New York：Routledge.

Milgram, Stanley（1963）. Behavioral study of obedience. *Journal of Abnormal and Social Psychology*, *67*（4）, 371－378.

Moore, Michael（导演）（2002）*Bowling for columbine*（《科伦拜校园事件》），美国：Alliance Atlantis Communications。

Naim, Omar（导演）（2004）*The final cut*（《回光报告》），美国：Lions Gate Entertainment。

Nathan, Rebekah（2006）《当教授变成学生：一位大学教授重读大一的生活纪实》（*My freshman year：What a professor learned by becoming a student*）（张至璋译），台北：立绪。

Nespor, Jan, & Groenke, Susan L.（2009）. Ethics, problem framing, and training in qualitative inquiry. *Qualitative Inquiry*, *15*（6）, 996－1012.

Neuman, William Lawrence（2006）. *Social research methods：Qualitative and quantitative approaches*（6th ed.）. New York：Allyn and Bacon.

Peshkin, Alan（1985）. Virtuous subjectivity：In the participant-observer's I's. In David

N. Berg & Kemwyn K. Smith（Eds.），*Exploring clinical methods for social research*（pp. 267 – 281）. Beverly Hills，CA：Sage.

Psihoyos，Louie（导演）（2009）*The cove*（《血色海湾》），美国：Diamond Docs。

Slater，Lauren（2006）《打开史金纳的箱子：二十世纪伟大的心理学实验》（*Opening Skinner's box：Great psychological experiments of the twentieth century*）（郑雅方译），台北：张老师文化。

Venkatesh，Sudhir（2009）《我当黑帮老大的一天》（*Gang leader for a day：A rogue sociologist takes to the streets*）（赖盈满译），台北：远流。

Vincent，Norah（2007）《自制男人》（*Self-made man*）（陈希林译），台北：木马文化。

Whyte，William Foote（1955）. *Street corner society：The social structure of an Italian slum*（2nd ed.）. Chicago：The University of Chicago Press.

Whyte，William Foote（1994）《街角社会：一个意大利贫民区的社会结构》（*Street corner society：The social structure of an Italian slum*）（黄育馥译），北京：商务印书馆。

Zimbardo，Philip G.（1972）. Pathology of imprisonment. *Society*，9，4 – 6.

Zucker，Irving，& Beery，Annaliese K.（2010）. Males still dominate animal studies. *Nature*，*465*（10），690.

延伸阅读

1. Kimmel，Alan J.（2007）. *Ethical issues in behavioral research：Basic and applied perspectives*（2nd ed.）. Oxford，UK：Blackwell.

   本书处理广义的行为研究（包括实验法、田野研究），以最新的概念与丰富的实例来启发研究者如何同时兼顾研究的科学严格性与伦理的责任感，也涉及伦理审查过程与研究出版的议题。

2. Lewin，Ellen，& Leap，William L.（Eds.）（1996）. *Out in the field：Reflections of lesbian and gay anthropologists*. Urbana：University of Illinois Press.

   在传统的社会科学研究中，“性”不能想、不能做、不可说。难能可贵，这本编辑的书中，各个人类学家从同志的角度，以实际的田野经验说明“性”如何在研究中作用，以及如何处理学术与伦理的两难困境。

3. Wolf，Diane L.（Ed.）（1996）. *Feminist dilemmas in fieldwork*. Boulder，CO：Westview Press.

   研究的过程从搜集资料到写作出版，无不涉及权力不平等关系，尤其是研究社会位阶较低的群体。来自不同学术领域的性别研究者以亲身研究经历，说明她们如何面对伦理与权力的困境。

4. Galliher, John F., Brekhus, Wayne H., & Keys, David P. (2004). *Laud Humphreys: Prophet of homosexuality and sociology*. Madison: The University of Wisconsin Press.

《公厕交易》作者 Laud Humphreys 的传记。他的研究引起社会学界关于伦理的争议，却也开启公共性行为的研究领域。他同时也是人权、同性恋、反战运动的积极分子，是美国第一位公开出柜的大学教授。他的一生精彩绝伦，又令人不胜唏嘘。

第三章 研究设计

一 前言

社会科学研究的目的是探索、描述和解释社会现象或社会现象间的关系。不论研究者采用实验法、调查法、观察法、个案研究法还是扎根理论法，都需要在进行研究之前，拟订研究计划，并进行研究设计。确定为什么需要进行这个研究，什么社会现象是研究者要探究、观察或分析的，及如何完成这样的研究，这些都是研究设计的重点。因此，不论是质性研究或量化研究，研究设计的共同任务是：①确定研究中想要探讨的社会现象或社会现象间的关系之研究构想；及②确定完成此研究构想，最好的达成方法及其进行的程序安排。换言之，研究设计（research design）是为达成研究者对研究问题的探究或回答，所规划的研究工作之进行蓝图和研究进行的程序或结构（procedures or structures）（Kerlinger & Lee，2000；Babbie，2010）。

基本上，研究设计的具体项目内容，会因研究类型的不同而稍有差异，但大部分是共同的或共通的研究程序项目，包括：拟回答的研究问题、主要的理论观点、研究假设的提出（如果有）、研究对象的设定和研究样本的选择与安排、研究进行方式和时间安排、研究资料收集方法、研究工具（如量表、问卷等）设计和操作、研究资料的收集、记录和整理及研究资料的分析和诠释。

研究设计之于研究，如同建筑蓝图之于建筑。缺乏建筑蓝图，一栋建筑物无法有效地构筑；若缺乏研究设计，一个研究无法有效地达成研究目标或回答研究问题。建筑形式很多，每种建筑形式都有不同的建筑蓝图。同样地，研究类型也不少，每种研究类型都需要其特有的研究设计。但是，不同研究类型的研究设计中，有共同的研究设计部分，也有独特的研究设计部分。一个研究的进行，不论是采用质性研究方法（qualitative method）、量化研究方法（quantitative method）或是采用质量并用研究法（mixed method），都需要有好的研究设计，才能让研究问题被有效地回答。

本章主要的目的是介绍研究设计的具体内容和研究设计的关键性思考。由于社会科学研究可以约略分为量化研究、质性研究和质量并用研究三大类，因此，本章将针对这三大类型研究之研究设计重点，予以扼要地讨论。

二　研究设计的目的

研究设计是为达成研究者对研究问题的回答，所规划的研究进行蓝图和研究进行的程序或结构。具体而言，研究设计有两大目的：①回答研究问题或为研究问题提供回答。②控制变异数（control variance）（Kerlinger & Lee，2000）。第一个目的是所有社会科学研究之研究设计的基本目标。不论量化研究、质性研究或是质量并用研究，其研究设计都必须以有效地和正确地回答研究者的研究提问为首要目的。第二个目的，控制变异数则是量化研究之研究设计所偏重的另一个重要目的。

一般而言，量化研究重点为确认造成结果变项（outcome variable）或依变项差异的真正原因，研究者通常将研究有关的原因变项（cause variables）区分为焦点变项（focus variables）和干扰变项（confounding variables）。焦点变项是研究者在一个研究中主要关心的变项，通常是与研究假设有关的变项，也是研究主要关心命题的概念所在；而干扰变项是研究者在研究中没有兴趣，但是它会干扰研究结果的变项。因此，在研究设计时，研究者必须采用实验设计的方式或采用统计控制的方式，将干扰变项的影响加以排除；干扰变项的影响若不加以控制，则可能造成研究结论的干扰，甚至扭曲。

在量化研究中，研究者常采用的控制变异数的方式，主要分为实验控制（experimental control）和统计控制（statistical control）两种。实验控制的方法是以实验设计的方式，有效地确认焦点变项对依变项的影响效果；对于无法进行实验设计的研究（一般统称为观察研究），则采用统计控制的设计方式，针对焦点变项和干扰变项，将依变项之变异或变异数加以分割，以纯化并确认焦点变项的影响效果，避免研究结论的扭曲或错误。

三　影响研究设计的考虑因素

前述研究设计目的是回答研究问题和控制变异数，但是影响这两个研究设计目的之因素有很多，主要的影响因素有：①研究问题的形式，②研究的类型，③研究的时间类型，④研究分析单位的层次性，⑤研究目标，⑥关系或因果关系探讨，⑦影响或影响机制探讨，等等。换言之，研究者在进行研究设计之前，需要确认这七个可能影响研究设计的因素后，才能有效地进行其研究设计。兹针对这七个研究设计的影响因素，加以扼要说明。

（一）研究问题的形式

影响研究设计考虑的第一个因素是研究问题（research questions）的形式。研究问题的形式是属于描述性研究（descriptive research）或是解释性研究（explanatory research），直接影响研究设计的内容。一般而言，社会科学的研究问题可以归类为描述性和解释性研究两大类。

（1）社会现象如何？这是描述性研究的研究问题形式。譬如：现在的失业率如何？谁是现在的失业者？失业者的特质是什么？五年来的失业率变化如何？或是现在的社会志工的比例有多高？现在的社会志工的人口组成如何，包括他们的性别、年龄、职业和宗教信仰等特性如何？他们在地区和小区的分布又如何？近五年的社会志工组成有改变吗？这都是描述性研究的研究问题。

（2）为什么社会现象会这样？这是解释性研究最基本的研究问题形式。现在的失业率为什么会这么高？什么原因导致现在的大学毕业生失业率会这么高？或是现在社会志工的参与为什么愈来愈高？什么原因会让这些人愿意参与社会志工的行列？这都是解释性研究的研究问题。

好的描述性研究是研究工作的基础，也是了解社会现象和了解社会本质

的直接方法。许多研究如人口及住宅普查、劳动力调查、家庭收支调查、时间使用调查和老人生活调查等都是属于描述性的研究。描述性的研究不等于是简单的研究，有时它也是复杂的研究。描述性研究也不全是具体性的研究，有时候它也可能是很抽象的研究。譬如，外籍家庭的地区分布如何，就是一个比较具体的描述性研究，但是，社会不平等（social inequality）现象，近五年的变化如何，就属于比较抽象的描述性研究。

好的描述性研究能引导解释性研究的开展。譬如，若描述性研究发现外籍家庭有相当高的比例是分布于农村和渔村，而很容易就引导研究者，进一步提出解释性的研究问题：为什么外籍家庭容易出现在农村和渔村地区？是农渔村未婚者个人条件的不利性造成的，还是农渔村的社会环境结构造成的？抑或两者交互作用的结果？若描述性研究发现，社会不平等现象近五年来愈加严重，则研究者也会进一步提问：为什么社会不平等现象会有愈来愈扩大的趋势？是教育不平等造成的，还是劳动市场造成的？抑或是社会税制不合理造成的？不过，做得不好的描述性研究可能无法提供有用的讯息，也可能无法引导解释性研究的进一步提问。描述性研究的好坏关键在于是否有好的研究设计，并且依照研究设计严格地执行研究，精确地完成研究设计的所有项目工作。

解释性研究的重点在于回答“为什么的研究问题”。除了上述的“为什么”的研究之外，再看另一个研究的例子。从近期的失业率现象研究发现，大学毕业生有就业的困难。研究者进一步问：为什么大学毕业生失业率高？为什么有的国家大学生的失业率高，有的国家大学生失业率低？是大学生训练或能力的问题，还是雇主偏好（employer's preferences）的问题，或是可用劳动力组成（composition of available labor force）的问题，或是这些因素交互作用的结果？显然，没有好的描述性研究作为研究基础现象，解释性研究将不容易开展。同时，研究者也需要针对描述性研究的结果，进一步提出有意义又具关键性的解释，才可能进一步提供社会现象问题的解决建议。

基本上，研究问题的形式决定了研究设计的方向。描述性研究和解释性研究所要收集的研究资料（研究变项）是不同的，所以其研究设计内容必然受到研究问题的形式之直接影响。

（二）研究的类型

影响研究设计的第二个因素是研究的类型。基本上，研究的类型也会影响研究设计的实际内容。研究的类型可以归纳为三大类：量化研究、质性研究和质量并用研究。基本上，量化研究强调透过变项间关系的确认，达到理论验证（theory testing）目标的研究方法。研究变项经过理论性定义和操作性定义的过程，并透过研究工具、量表和问卷的使用，观察、访问、记录、收集资料，并将资料数值化后，进行统计分析和结果诠释。最后的研究报告需要包含绪论、文献和理论、方法、结果和讨论。

通常，量化研究采用演绎逻辑（deductive logic），由研究者所选择的一个或数个诠释社会现象的“理论”出发，演绎发展研究假设，再透过研究假设的检验，确认理论的适用性。研究过程强调资料能确实反映受访者的真实意见，也就是资料的客观性，并透过正确和严谨的统计分析，排除干扰变项的影响，纯化研究假设的检验，让研究发现的通则化命题，可以再被其他研究者重复检验（Bryman，2008；Neuman，2005）。

而质性研究是探究及了解个人的生活、社会组织和人类社会的运作与意义的研究方法。质性研究强调研究应该在研究对象生活的自然情境、社会文化情境中进行。在研究者确定研究主题大方向后，进入研究对象的生活场域，进行观察、记录、访问、收集文件，必要时调整研究的方向，深度收集各种不同的研究资料，以归纳逻辑（inductive logic）的方式，由个别现象归纳抽象概念和理论命题，并诠释资料所呈现的社会意义。质性研究以田野研究为基础，再依理论典范的不同，又分为自然主义、俗民方法论、扎根理论、个案研究和行动研究等。所以，研究的进行和研究报告的形式也具有多样性的研究设计结构（Crabtree & Miller，1992；Creswell，2007）。质性研究的一个共通特点是现象概念化、命题化和归纳方法的使用，并由被研究对象的生活意义和社会意义来诠释所探究的社会现象（Marvasti，2004；Willis，2007；Silverman & Marvasti，2008）。

量化研究和质性研究没有“孰好孰坏”的问题，这两种研究方法因为立基于不同的本体论、认识论和方法论，所以研究实践的方式不一样，没有“对与不对”的问题。研究者需要考虑研究问题的特性，再决定要采用量化研究方法或质性研究方法进行研究。

第三种研究类型为质量并用研究。质量并用研究是一种独立的研究方法，有其独特的世界观（worldview）、专有名词（vocabulary）和研究技术方法（techniques）（Creswell，2009）。质量并用研究方法设计结合了量化研究和质性研究设计，以它特有的结合方式回答想要探讨的研究问题，其研究问题的回答是采用其他研究方法无法有效地完成的。显然，质量并用研究不是单纯量化研究和质性研究的结合而已，它有其独特的研究设计和研究问题回答的设计方式（Schneider & Waite，2005；England & Edin，2007；Macinnes，2008；Mistry et al.，2008）。

针对一个研究问题，研究者需要决定适合的研究类型，亦即需要决定采用量化研究、质性研究或质量并用研究。简单的判断原则是：若需要推论母体现象的，可以采用量化研究；若需要细致且深入地探究现象关系或发展历程的，但不需要推论母体现象的，则可以采用质性研究；若两种研究目标兼而有之，则可以采用质量并用研究。不过，采用质量并用研究，研究者不仅需要同时熟练量化研究和质性研究，而且要了解质量并用研究的技术。此外，采用质量并用研究所需要的研究投入，超过单独采用质性研究或量化研究者甚多，因此，研究者在进行研究方法选择时，要事先自我评估一下。

（三）研究的时间类型

第三个影响研究设计的影响因素是研究的时间类型。若依研究的时间类型来分则研究可以分为横断面研究（cross-sectional study）和长期研究（longitudinal study）。而长期研究又可以区分为多波的横断面研究（multiple-wave cross-sectional study）、追踪研究（panel study）和世代研究（cohort study）。

横断面研究是只在一个时间点上或一段很短的期间内（如一两个月），针对一群研究对象进行资料收集的研究。若针对相同的研究议题（使用相同的研究工具），在不同的时间对同样具有母体代表性，但并不相同的研究对象，进行资料收集的研究，就是多波的横断面研究，如中研院社会所所进行的“台湾社会变迁基本调查”就是属于多波的横断面研究。其中每一波的研究对象都是代表母体的样本，且每一波的样本都是相同母体（全台湾

20 岁以上人口）的代表样本，但不是相同的样本。

如果在不同的时间对完全相同的研究对象，进行相同议题或不同议题的持续性资料收集之研究，就是所谓的追踪研究。追踪研究可以是小样本，也可以是大样本，当然大样本的追踪研究之研究成本通常都很高。中研院社会所所进行的台湾青少年计划（Taiwan Youth Project，TYP）即是属于大样本的青少年追踪研究。世代研究则是长期研究的另一种类型，为在社会科学、人口学和生态学、医学研究中相当常见的样本设计。这里所谓的世代指在一个特定的时间里，具有相同特性或经历相同经验的一群人。如称同一年出生的一群人为一个相同的出生世代（birth cohort），称同一年进入同一级学校教育的人为一个学校世代（school cohort），等等。研究者常根据其研究需要，界定和选择特定的一个或多个世代作为研究对象，进行追踪研究；或进行其回溯资料的收集；针对特定的世代进行的追踪研究被称为世代研究。有时，必要时研究者也会采用不同世代的比较研究。

不同时间类型的研究，需要采用不同的研究设计，也与“研究问题的提问”有密切关系，譬如，研究着重于社会现象“是如何”，采用横断面研究；社会现象如何“变迁”之研究，则需要采用多波的横断面研究；抑或是被研究者行为或态度的变化轨迹（trajectories）的研究，则需要采用追踪研究。基本上，研究问题的提问已经涉入了研究时间向度的特性，因此，不同研究问题提问的研究，需要采用不同时间特性的研究设计，才能有效地回答该特定的研究提问。

（四）研究分析单位的层次性

影响研究设计的第四个因素是研究分析单位（unit of study）的层次性。有些研究问题可能只是个体层次或只是总体层次，只涉及单一层次的分析单位。但有些研究问题会涉及多层次的分析单位，可能有两个层次，也可能有三个及以上的层次。譬如：台湾青少年忧郁症状的探讨，研究样本抽样自每个县市的多个不同学校，每个学校的多个不同班级，每个班级的所有学生。这种多层次的研究资料结构，若只采取学校层次，或学生层次的分析，都会因为忽略了资料的层次特性，亦即忽略了资料的群聚性（clustering），而产生研究结论偏差的问题。

研究分析单位的层次性之考虑，不仅影响分析方法的选择，而且影响研究问题的提问方式。研究者的研究兴趣若聚焦于环境（或脉络）对个人结果变项（包括知识、态度和行为等）的影响，其研究设计之抽样设计常涉入多层次（个人和脉络）的资料结构。显然，研究问题的提问方式与研究分析单位的层次性考虑是密不可分的。至于多层次分析的使用，请参阅第三册第五章多层次分析的讨论。

（五）研究目标

影响研究设计的第五个因素是研究目标的类型。研究目标的类型可以粗略分为理论验证（theory verification or theory testing）、理论建构（theory construction or theory building）或两者兼具三大类。理论验证目的的研究设计是由概念性或抽象性的层次（conceptual-abstract level）研究命题，到具体的或经验的层次（empirical level）的研究命题；相反地，理论建构目的的研究设计是由具体或经验的层次研究命题，到抽象或概念层次研究命题。通常，理论验证的研究以具有母体代表性的大样本资料，进行统计检验和推论，以确定理论在母体的适用性，这样的研究目标需要量化的研究设计。而理论建构目的之研究，则需要采用质性研究，深入地由研究场域中，观察、探究社会现象，再归纳概念和建构研究命题（概念间的关系命题）。因此，不同的研究目标类型，将影响研究方法的选择，也影响研究设计的方向和内容。

（六）关系或因果关系探讨

第六个研究设计的影响因素是研究拟探讨的是社会现象之关系，还是要探讨其因果关系。两个变项有关系，并不表示两个变项有因果关系（causal relationship）。但是，两个变项有因果关系，则两个变项一定有关系。解释性研究常涉入了研究变项间因果关系之验证。基本上，实验设计是最常被用来检验研究变项间因果关系的研究设计。经由随机化（randomization）的过程，随机分派被研究对象进入实验组和对照组，再给予实验组必要的研究处理（treatment）或研究操弄（manipulation），以确认研究处理的影响效果。

除了采用实验设计回答因果关系之外，研究者也常采用统计控制法以确认变项的因果关系是否确实存在。统计控制本身并不能回答变项间因果关系的问题，它只能用来确认研究者根据逻辑推演所建构的变项因果关系，是否得到经验资料的支持。参考方块 3－1 即呈现了统计控制方法下的因果关系之确认条件。变项间的关系或是变项间的因果关系之探讨，所需要的研究设计内容是有所差异的，因此，研究者的研究设计的内容会因研究要处理的问题是“变项关系的探讨，或是变项因果关系的探讨”而有所差异。

参考方块 3－1：统计控制方法下的因果关系之确认条件

研究者经由使用“逻辑推论”的方式，并以统计控制方法确认研究变项间的因果关系，则变项间的关系需要符合下列三个条件，才能确认其间的因果关系：

1. 原因变项（影响变项）的发生时间要早于结果变项（被影响变项）所发生的时间。

2. 原因变项和结果变项要存在关系。这种关系可以相关系数（correlation）或关联系数（association）来描述。

3. 原因变项和结果变项的关系要为真关系，不是假关系（spurious relationship），亦即原因变项和结果变项不可能同时受到另外的原因变项之影响，而形成一种假的关系。如果原因变项和结果变项同时受到另一个原因变项的影响，则在控制这个共同的原因变项之影响后（或排除其影响后），则原来的原因变项和结果变项会变成没有关系。这表示原来的原因变项和结果变项的关系是一种假关系。在没有控制这个共同的影响变项时，原来的原因变项和结果变项所呈现的关系，其实是一种假性关系。

若无法采取实验法以确认因果关系，则需要采用统计控制的方式，以确认因果关系。一般的变项关系则只需要探讨两个变项间的关系或净关系（partial correlation）即可，不需要像探讨因果关系时，那么复杂的研究设计内容。上述的因果关系三大条件成立与否，必须先由研究者进行逻辑推论后，再由统计结果加以验证。研究者至少得确定原因变项发生时间早于结果变项的时间。经由统计控制所确认的变项因果关系，不可能仅由统计分析本身结果来回答何者是原因变项，何者是结果变项。换言之，完全由统计分析结果，再确定解释变项与结果变项是不可能的。

（七）影响或影响机制探讨

研究设计的第七个影响因素是：研究是影响因素（influential factors）的探讨，还是影响机制（influential mechanisms）的探讨。影响机制的探讨重点在于变项影响过程（influential processes）的解析。前述的解释性研究变项之因果关系，有些是简单的直接关系，有些则是间接的因果链（causal chain）关系，更有些是复杂的因果系统（causal system）关系，同时包含了直接因果（direct causal）关系和间接因果（indirect causal）关系等多种。

另外，解释性研究除了提出“为什么”的研究问题之外，也常常会关切“影响机制是什么”的问题。研究者提出两种社会现象间存在关系的“影响机制是什么”之问题时，是将研究重点聚焦于“原因变项是如何影响到结果变项的”。这种强调“影响过程”的研究，不仅要找出“影响的中间机制是什么”，而且要验证“影响的过程如何”。这类型的解释性研究，不仅需要研究议题的相关“理论”的发展协助，而且需要研究验证工作的进行。因此，解释性研究也需要严谨的研究设计规划，才能达到研究目标。参考方块 3－2 详细讨论了各种不同的影响机制及其确认的方式。

参考方块　3－2：影响机制的种类与确认的方式

当研究者需要采用量化研究，以确认变项间的真正关系、变项间的因果机制或影响机制时，需要将必要的“影响机制”分析方法纳入研究设计中。量化研究中常见的影响机制有：中介机制、共同变因机制、中间机制、调节机制、抑制机制和曲解机制等六种。底下将针对这六种影响机制做扼要的讨论，以明确变项间关系与影响机制的确认方式。为了方便说明，底下的讨论中，研究中之原因变项或焦点变项称为 X 变项，结果变项称为 Y 变项，而可能的影响机制变项则称为 Z 变项。同时，所有的讨论都集中于“X 变项对 Y 变项的影响过程中，另一个可能的影响变项（Z 变项）到底扮演何种机制或角色”的问题上。

1. 中介机制（intervening mechanism）：若在没有控制 Z 变项的影响时，X 变项对 Y 变项有显著的影响，但是，在控制 Z 变项的影响后，X 变项对 Y 变项变成没有显著的影响，则 Z 变项为 X 变项对 Y 变项影响的中介变项，扮演中介机制的角色。譬如，父母亲性别角色态度对儿女性别角色态度有显著影响，但将父母对子女的家务指派（言教）和父母本身的家务分工（身教）两个变项加入控制之后，父母亲的性别角色态度对儿女的性别角色态度变成没有影响效果，则父母对子女的家务指派（言教）和父母本身的家务分工（身教）两个变项，为父母亲性别角色态度对儿女性别角色态度影响的中介变项，扮演中介机制。

2. 共同变因机制（common cause mechanism）：当 X 变项和 Y 变项同时受到 Z 变项的影响时，则 Z 变项为 X 变项和 Y 变项的共同变因。在这种情形下，若没有控制 Z 变项的影响时，X 变项对 Y 变项有显著的影响，但是，在控制 Z 变项的影响后，X 变项对 Y 变项变成没有显著的影响。显然，共同变因的机制与中介机制的变项关系统计分析特征是一样的，因此，无法从统计分析结果直接区辨出 Z 变项到底是扮演“共同变因机制”，还是“中介机制”。区辨“共同变因机制”和“中介机制”的方式，仅能由变项发生的时间先后，和概念的逻辑顺序来决定。也就是仅能由理论的逻辑推演，在进行统计分析之前就加以确定。

3. 中间机制（mediating mechanism）：若在没有控制 Z 变项的影响时，X 变项对 Y 变项是有显著影响的，而且在控制 Z 变项的影响后，X 变项对 Y 变项还是维持显著影响的，但是其影响的强度与原来的不同。此时，Z 变项为 X 变项对 Y 变项影响的一个中间变项，扮演中间机制的角色。具备中间机制特性的分析，X 变项对 Y 变项不仅有直接影响效果，而且有透过 Z 变项的间接影响效果。中间机制和中介机制不同。具有中间机制者，X 变项对 Y 变项的影响，兼具直接影响和间接影响效果，但中介机制者则仅具有间接影响效果而已。譬如，家庭社会阶级对子女的教育取得有显著影响；在纳入家庭教育价值观的影响后，家庭社会阶级对子女的教育取得还是有显著影响，但影响强度较未控制前稍有下降，同时，家庭社会阶级也显著影响家庭教育价值观，则家庭的教育价值观在家庭社会阶级对子女的教育取得影响上，扮演中间机制的角色。家庭社会阶级对子女教育取得有直接的影响，也有透过家庭的教育价值观再影响子女教育取得的间接影响。

4. 调节机制（moderating mechanism）：调节机制是一个自变项（X 变项）对依变项（Y 变项）的影响效果，因另一个自变项（Z 变项）的层次不同而有所不同，相当于具有两个自变项的交互作用效果。若研究者想要探讨社会现象间的关系是否存在调节机制，则需要将“可能的调节变项”（Z 变项）及其与 X 变项的交互作用变项（$X \cdot Z$ 变项）一起纳入分析中。譬如，生活压力（life stress）对沮丧（distress）有正的影响，即生活压力愈高，沮丧程度愈高。但是如果有社会支持（social support），则生活压力对沮丧的影响，远小于没有社会支持者的生活压力对沮丧的影响。社会支持成为生活压力对沮丧的影响之调节变项，扮演调节的角色。

5. 抑制机制（suppressor mechanism）：若在没有控制 Z 变项的影响时，X 变项对 Y 变项是没有影响效果的，但是在控制 Z 变项的影响后，X 变项对 Y 变项变成有显著的影响，则 Z 变项是 X 变项对 Y 变项影响的抑制变项，扮演抑制的机制。譬如，在没有控制家庭社会经济地位时，儿童早期母亲就业对儿童后期的认知发展是没有影响的，但是在控制了家庭社会经济地位后，儿童早期母亲就业对儿童后期的认知发展有显著的负向影响。这反映了家庭社会经济地位是儿童早期母亲就业对儿童后期的认知发展之抑制机制。

6. 曲解机制（distorter mechanism）：在控制 Z 变项的影响后，X 变项对 Y 变项的影响方向是相反于没有控制 Z 变项时的影响方向。亦即在控制 Z 变项的影响后，X 变项对 Y 变项的影响，由正向的显著影响转变为负向的显著影响，或是相反的改变方向（由负向变为正向）。这样的 Z 变项是为 X 变项对 Y 变项影响的曲解变项。

社会现象间“影响机制”的确定与探讨，与研究问题的提问，有至为密切的关系。因此，社会现象间“影响机制”的确定与探讨，必定影响研究设计的内容与方向（Rosenberg，1968）。

以上讨论的七个影响研究设计的因素，并不是完全独立的影响因素，而是各影响因素之间彼此有所关联，因此，一个好的研究设计应该针对研究目的、研究问题提问的方式，进行能回答研究问题和控制变异数的研究设计。研究者进行研究设计之前，有必要对上列的七个影响研究设计的因素做综合性的、整合性的思考，再选择适当的研究类型，进行适当的研究设计，才能有效地回答研究问题。

四　研究设计的共通内容

在综合考虑前述的研究设计之七个影响因素后，不论研究者决定采用哪一种研究方法来回答其研究问题，下列几个项目都是研究计划草案（research proposal）需要交代清楚的内容，也是一个研究之研究设计需要涵盖的内容：

（1）拟进行的研究有何重要性？赞助单位为何需要支持这个研究？这个研究给读者什么新的理解？为什么他/她需要阅读这个拟进行的研究？

（2）在拟研究的议题上，读者尚不清楚的是什么？或这个研究对研究议题领域知识建构、理论发展和问题解决，会有什么新的发展？

（3）准备在这个研究里，完成什么工作目标？亦即研究目的是什么？

（4）研究地点、研究对象和研究时间各是什么？各自如何安排？

（5）要以什么方法收集资料？收集资料的工具是什么？研究工具如何设计、准备和使用？

（6）要如何分析资料？选择该分析方法的理由为何？分析的大致程序如何？

（7）如何确认研究发现？研究发现要如何与相关理论对话？

（8）研究如何关照研究伦理议题（ethical issues）？

（9）初步研究结果所呈现的研究可行性和拟进行之研究的价值如何？

以上九项内容项目是不论量化研究、质性研究或质量并用研究之研究设计一定要规划的共同具体内容。研究者若能清楚地和精准地安排这些研究的具体内容于研究计划书中，则有效地达到研究问题回答的目标愈高，研究计划案被通过或取得研究计划执行经费的可能性就愈高。换言之，上列的九项共通的基本研究设计内容是一个研究计划书草案的必要内容。不过，除了共通的研究设计内容之外，不同的研究方法会有其特殊的研究设计内容部分。底下将再针对不同的研究方法（量化研究、质性研究或质量并用研究），讨论个别研究类型特殊的研究设计规划内容。

五　量化研究的特殊研究设计内容

（一）量化研究的研究设计大要

具体来说，若拟要进行的研究是属于量化研究，则研究设计应该涵盖下列的各项内容（Black，1999；Creswell，2009）：

1. 绪论

（1）提出研究议题（包括研究议题及其重要性）；

（2）陈述研究目的和研究范畴的界定（delimitation）；

（3）评述或建构理论观点；

（4）确定研究问题或建立研究假设。

2. 文献回顾。

3. 方法

（1）确定研究设计的类型；

（2）说明研究母体、研究样本（包括抽样方法）和研究对象（选择和安排）；

（3）说明资料收集工具、变项测量和收集程序；

（4）说明资料分析方法的选择与分析程序。

4. 陈述研究中预期的伦理议题。

5. 若可能的话，提供研究的初步结果或先导研究（pilot study）结果。

6. 附录中提供访问问题表、观察记录表、研究时间表和研究预算编列表。

虽是归纳为六项量化研究之研究设计特殊内容，但是每一项都不能缺少，而且不同内容项目的前后关联性强，前面项目的确定，会影响后面项目的内容。任何一项的内容有问题，都会影响整个研究结果的质量，因此，研究者需要按照项目顺序，来来回回地反复思考和设计其内容，以确保量化研究之研究品质。

（二）量化研究控制变异数之设计

前面已经讨论，控制变异数是量化研究设计目的之一，所以是研究设计的重要内容。一般而言，控制变异数可以透过下列三项研究设计的工作来达成：极大化实验变项的变异数（maximization of experimental variance）、控制无关的变项（control of extraneous variables）和极小化误差变异数（minimization of error variance）（Kerlinger & Lee，2000）。所谓极大化实验变项的变异数是指：研究者进行实验设计时，必须让与研究假设有关的自变项（或称为焦点变项）对依变项的影响所产生之变异（数）达到最大，具体的做法是将研究的焦点变项之类别差异尽可能拉到最大。譬如，研究者想探讨两种教学法的教学效果差异，则在教学法的选择上，必须要能让这两种教学法的差异尽量拉大，足以让其对依变项的影响被区辨出来。又假如研究者想探讨个人之人力资本对其劳动市场所得的影响，则在研究设计中的人力资本类别就不能太接近（如初中 vs. 高中），而应该尽量拉大人力资本的差异（如中学 vs. 大学），以有效呈现焦点变项对依变项的可能影响。若采用焦点变项之类别（或数值）太接近的设计，则可能没办法有效地区辨出焦点变项（不同类别或不同数值之间）对依变项的影响效果。

控制无关变项是指进行研究设计时，应该将与研究假设有关的焦点变项以外，会干扰研究结果，但又不是研究者所关心的变项加以控制，以纯化焦点变项的影响。参考方块 3－3 说明四种常用的控制无关变项的研究设计方式。一般而言，观察研究的统计控制分析中，研究者会透过比较“有控制干扰变项”和“没有控制干扰变项”的不同分析结果，掌握研究焦点变项对依变项影响效果的改变情形，以确认研究焦点变项对依变项的影响上，该干扰变项扮演何种影响机制。不过，有时候实验控制与统计控制需要同时使用。有些采用实验设计的方式控制干扰变项的影响，也需要配合适当的统计分析方法，才能达到研究问题的有效回答。譬如，配对方法的研究设计，需要选用适合配对分析的统计方法，否则配对方法的研究设计方式也可能无法得到正确的研究结果。

参考方块　3-3：控制无关变项的研究设计方式

研究中需要"控制无关的变项"之影响，就是控制前述的干扰变项的影响，以纯化焦点变项的影响效果。常见的控制干扰变项的研究设计方式有下列四种：

1. 消除法：研究者可采用样本设计，针对可能的干扰变项，选择特定样本作为研究对象，以消除这个干扰变项的影响。这种方式有其研究进行的方便性，但是这样的研究设计会影响到研究结果的推论力（generalization power）。譬如，性别是不同教学法的教学效果之可能干扰变项，研究者可以单独选择男生或女生作为研究对象，这样就可以排除或控制性别对研究结果的干扰。但是，单一性别的研究结果，推论的范围就仅及于研究的性别，不能推论到另一性别群体，这样的研究结果当然会有推论上的限制。

2. 随机化法（randomization）：研究者将被研究者"随机分派"到实验组和对照组，是实验研究常采取的研究设计，这就是随机化的处理。随机化是一种同时可以控制多个可能干扰变项影响的方法。随机分派研究对象后，研究者会假定（assume）实验组和对照组的被研究者，在多个可能的干扰变项的特质上都是没有差异的。如此，研究者就可以确信：实验变项或焦点变项的影响效果是因为研究者对实验组和对照组，采用不同的实验处理（treatment）所造成的差异效果，而不是由于没有控制到的干扰变项在组间差异所造成的。若是由被研究者自己选择拟参与的研究组别，则可能产生一种自我选择（self selection）的问题。而自我选择可能使得进入实验组和对照组的被研究者的特性不同，而导致实验变项或焦点变项影响效果的判定问题。但是，有些研究并不适合采用实验设计，所以，随机化的研究设计方式不见得适用于每一个量化研究。另外，随机分派研究对象后，假定分派后的群体在背景特性上是没有差异的，但是有些时候，即使已经采取了随机分派，还是发现实验组和对照组的某些背景特性仍有差异存在。

3. 纳入设计法（build-in method）：研究者可以将干扰变项纳入研究

设计中，以有效掌握干扰变项效果，并加以排除，以确认实验变项或焦点变项的影响效果。譬如，前述的性别对教学法效果之研究，是一个可能的干扰变项，则研究者也可以在研究设计时，将性别纳入研究设计中，使性别成为另一个研究变项。如此，研究者在分析不同教学法的效果时，就可以有效地排除性别变项的可能影响，以确认真正的研究焦点变项的影响效果。将可能的干扰变项转变为另一个研究变项，纳入研究设计中，再将其可能的影响效果予以排除，以确认真正的焦点变项之影响效果，这是“纳入设计法”的优点。不过，“纳入设计”也有缺点。一旦干扰变项多，而每一个干扰变项又都要以“纳入设计”的方式来安排，则会复杂化研究设计，增加被研究对象数目的需求，而导致实验或研究成本的增加。

4. 配对法（matching method）：依据可能的干扰变项，将被研究对象加以配对（干扰变项相同者）后，再随机分派到实验组和对照组，也是一种控制干扰变项的可能方法。但是研究者需要考虑的干扰变项愈多，配对方法就会愈难进行，也会愈难配对成功。确实会干扰实验变项或焦点变项影响效果的变项，研究者才需要考虑配对法的使用，否则会浪费许多研究成本。同时，配对的变项考虑愈多，可能会浪费愈多无法配对成功的研究对象。如果能确定少数的干扰变项，比较容易影响焦点变项的影响效果，再据以在研究设计上进行配对，比较容易达成配对的研究设计。

量化研究控制变异数的第三种方法是极小化误差变异数，这是使研究之依变项测量误差变异数为最小的工作。一般而言，一个变项的误差变异数是指变项测量时，随机变动（random fluctuations）所产生的变异。随机误差有时正、有时负，有时上、有时下，有时这样、有时那样，最后倾向平衡，所以随机误差的平均数倾向于0。但是，有不少因素会造成一个变项的测量误差变异数，如由于个人差异所产生的变异数，可称之为系统性变异数（systematic variance）。如果系统性变异数没有被有效地界定和控制，则它可能被归为误差变异数。不同的因素可能产生不同性质的系统性变异数，而不同性质的系统性变异数加总在一起，有可能还维持误差变异数的随机特性，也有可能不符合随机特性。

除了系统性变异数之外，误差变异数还有另一种来源是测量误差（errors of measurement），可能是在资料收集时，由受访者的猜测、不留心、短暂疲劳、遗忘、一时的情绪等造成。测量误差可以透过：①有控制的资料收集情境，减低测量误差；②提高测量信度达成研究依变项误差变异数的极小化。实验或研究的情境愈没有掌握的情况，变项的测量误差就可能会愈大。研究的严谨和田野资料收集情境的掌握，对变项测量误差的下降是很重要的；还有可以增加变项测量信度有关的方法，也可以减少测量误差。

若采用量化研究，研究者可以根据需要，采用不同的设计方法以控制变异数，达到实验变项或焦点变项影响效果的正确估计。

（三）观察研究之因果推论设计——反事实因果推论

焦点变项的“因果效应”或“影响效果”之探究，是社会科学研究中常见之研究目的，再加上许多社会科学研究常常无法以实验设计的方式加以研究，因此，研究者以观察研究进行焦点变项的因果推论时，往往需要采用反事实因果推论（counterfactuals and causal inference），以减少因果推论的偏误。

实验设计研究的随机指派假定：被随机分派到实验组和对照组的被研究者，其特性变项或共变项（covariates）是没有差异的（或说是平衡的）。但这个假定条件，在一般的观察研究中不一定成立。观察研究的焦点变项之不同状态，可能是被研究者自我选择后的结果。同时，影响自我选择的共变项（包括特质或背景条件），也可能影响其依变项，使得进行“因果效应”或“影响效果”探究时，所需要的“焦点变项之状态或指派与结果变项是独立”之条件可能不满足。譬如，一个学生参加补习与否，受到学生个人动机、能力、家庭收入或父母教育等共变项的影响，而这些因素又可能影响学生的成绩表现。因此，要探讨“学生补习与否对其学习结果到底有没有影响，有多大影响”时，由于补习与否和学习结果，可能同时受到前述共变项的影响，因此，直接进行有补习者和没有补习者之比较，将其差异界定为补习的效果，就可能产生估计偏误。若将观察研究的焦点变项之影响效果分析，直接采用和实验研究一样的分析方式，则其影响效果的估计可能存在两种偏误：一是选择偏误，另一是处理偏误（treatment bias）。参考方块 3－4 内容为选择偏误和处理偏误的扼要说明。

参考方块 3－4：选择偏误和处理偏误

选择偏误的产生是由于被研究者进入焦点变项的不同状态时，受到一些可见和不可见共变项影响而产生的。如果被研究者的焦点变项，其所属类别是受到共变项的影响，使得焦点变项不同状态的群组，其背景特性或共变项是有差异的，而造成焦点变项影响效果的估计偏差。

不过，处理偏误则是指进入焦点变项不同状态的人，即使焦点变项转换状态是可能的话（即假定个人反事实状态可以存在），其在不同状态下，所产生的结果变项也是有差异的问题。换言之，处理偏误是由于“焦点变项之状态的发生与结果变项的反应具有独立性”的条件不成立，所产生的焦点变项影响效果的估计偏差。即有补习的这群人，如果他不补习（假定这种状态可能存在），所产生的补习效果与原本没有补习的那群人（假如他们也可能再去补习）的补习效果，还是有所差别。换言之，这原本在焦点变项不同状态的不同群体，即使其焦点变项的状态可能改变的话（事实上是不可能），其焦点变项的影响效果也是有所差异的，这就是所谓的处理偏误。

在观察研究中，研究者若要探究焦点变项的影响效果，为了避免上述的估计偏误，研究者有必要在研究设计中采用“反事实因果推论”的方式，以正确地回答“影响效果”的研究问题（Morgan & Winship，2007）。基本上，在反事实因果架构下，影响效果的推估是接受处理者的处理效果（effect of treatment of the treated）或说“焦点变项属于某一特定状态者”的影响效果，而不是全部母体的处理效果（effect of treatment for the entire population）。譬如，补习效果的推估，是透过研究样本中“确实有补习的人”所进行的推论，而不是任何一个人假定他/她可以补习和不补习的假设性影响效果。另外，在反事实因果架构下，所能估计的是平均处理效果

(average treatment effect) 或平均的焦点变项影响效果，而不是每一个人的处理效果或焦点变项的影响效果。

观察研究若要进行因果效应的推论，为了避免或降低焦点变项影响效果的估计偏误，研究者需要在反事实因果架构下，采用倾向几率值配对法 (propensity score matching method)，掌握根据焦点变项不同状态分群后，其特性共变项可能之差异问题（Rosenbaum & Rubin，1983a；1984）。在反事实因果架构下，倾向几率值配对法是把有一个焦点变项为一种状态（以 A 状态表示，如补习）的被研究者与一个或多个焦点变项为另一种状态（以 B 状态表示，如不补习）的被研究者加以配对。配对时让 A 状态的被研究者和 B 状态的被研究者，在实验前或研究开始前的可观察变项特性（共变项）是相同的。进而将 B 状态的被研究者视为 A 状态的“反事实”状态者，而能让研究者进行焦点变项影响效果的估计。

前面已经讨论实验研究和观察研究最大的差异，在于实验研究的随机分派，研究者假定实验组和控制组，在实验前可观察特性和不可观察特性（共变项）都是没有差异的（或是平衡的）。但是观察研究所建构的倾向几率值配对设计，只可能期望可观察到的特性变项是没有差异的（平衡的），无法期望不可观察到的特性变项，在配对后也是平衡的。因此，若是焦点变项的不同状态是受到不可观察到的共变项影响的话，即使研究者采取倾向几率值配对方法，还是无法避免其焦点变项影响效果的可能估计偏误。

运用反事实因果架构，需要考虑焦点变项状态的定义和适合进行配对的共变项。研究者在进行倾向几率值配对时，只能选用在研究进行之前的共变项，尤其是不随时间变动（time invariant）的特性变项，如性别、出生年和族群等。焦点变项 A 状态和焦点变项 B 状态的成员，在研究进行之前，其特性确实是平衡的。不过，反事实因果架构也有潜在缺点：焦点变项 A 状态的被研究者，不见得能找到合适的 B 状态被研究者与之配对，而损失了一些被研究者的资料。

由所有可观察到和不可观察到的共变项所影响的焦点变项状态（如 A 状态）发生几率，称为真倾向几率值（true propensity score）。每个被研究者都有一个这样的真倾向几率值，只是它是一个未知的、潜藏的参数 (unknown or latent parameter)。如果能针对真倾向几率值加以配对，将可预期达到所有共变项（包括可观察变项和不可观察变项）的平衡，则焦点变项的不同状态群体，其依变项的差异将会是平均焦点变项的影响效果的不偏估计值。但事实上，真倾向几率值是不可得的，所以研究者仅能根据会影响焦点变项的可观察到的共变项，使用 logit 回归模式（logit regression）或 probit 模式（probit model）加以估计，而得到一个估计的倾向几率值（estimated propensity score）。再使用这个估计的倾向几率值进行被研究者的配对。

在反事实架构下的倾向几率值配对法，理想状态下是根据可观察到，且会影响焦点变项的所有可观察到的共变项皆相同者，将焦点变项 A 状态者与 B 状态者加以配对，这就是所谓的完全一致配对（exact matching）。但事实上，社会科学研究资料的样本大小都有所限制，要针对所有可观察到的共变项，且采用完全一致配对困难度是很高的。一种权变的方法是：创造一个被研究者进入焦点变项的一种状态的几率之综合测量（summary measure），也就是所谓的估计之倾向几率值。再根据估计的倾向几率值相同者或相近者，将焦点变项 A 状态者与 B 状态者加以配对。换言之，将所有影响焦点变项状态之可观察到的共变项，转换为一个综合性的几率，表示一个被研究者其焦点变项属于某一状态的几率。所有可观察到的共变项之差异被转换为估计的倾向几率值这个几率值，而几率值相同或相近者，即表示可观察到的共变项之综合特性是相同或相近的，因此，研究者可以据以将不同状态的被研究者加以配对，并将其中一种状态的群体视为另一状态群体的“反事实状态”群体。

在反事实架构下的倾向几率值配对法进行的方式大致如下：

（1）以会影响焦点变项状态的所有可观察到的，或有测量的共变项为自变项的 logit 回归模式或 probit 模式，预测被研究者其焦点变项属于某一状态（如 A 状态）的几率。通常共变项的选择，都是以研究文献的回顾结果为基础。

（2）利用第一步骤估计的 logit 回归模式或 probit 模式，计算出每个被研究者之焦点变项属于该设定状态（A 状态）的预测几率，这个预测几率就是每个被研究者的估计倾向几率值。

（3）根据第二步骤计算出的估计倾向几率值，将焦点变项 A 状态和 B 状态的被研究者加以配对。配对的方式有多种。不过，常采用的是最近距离配对法。同时，在配对过程中，允许一个焦点变项为一种状态的被研究者可以配对多个另一种状态的被研究者。另外，通常会采用限制配对者的估计倾向几率值之差异，至少要少于一个特定数值的范围，如可以设定2个百分点。

（4）配对后，所有使用于第一步骤中的可观察共变项都要再经过检验，以确定配对后两组之共变项特性具有平衡性，亦即没有差异。因为根据估计的倾向几率值配对，只是预期配对后两组会有平衡的特性。事实上是不是真的达到平衡，则需要进一步检验。

（5）进行配对后两组的结果变项之比较，以估计焦点变项的影响效果。

除了上述的倾向几率值配对法之外，分层法（strata method）也是常用的配对方法。分层法是将影响焦点变项的所有可观察共变项，加以交叉汇编成为分层（strata），再将所有被研究对象分到各个分层里。如果有 K 个可观察共变项会影响焦点变项呈现，且每个共变项皆为两类别，则组合后可分为 2^K 分层，再将所有被研究者按其可观察共变项特性，分配到各分层里。每个分层里的被研究者，其可观察共变项特性或背景条件是一样的，所以，研究者可以在每一个分层里，进行焦点变项的影响效果检验。但是，若影响焦点变项类别呈现的可观察共变项太多，或是共变项的类别多时，都会造成交叉汇编的分层数太多，容易造成分层里的被研究者数目不够多，或有些分层里根本没有被研究者存在，或有些分层里的被研究者，只存在焦点变项的一种状态而已，这些都会导致在有些分层里，无法进行焦点变项的影响效果检验和推论。

克服上述问题的方法，是不采用所有可观察变项的组合分层，改采用倾向分数的四分位（quantiles）、五分位（quintiles）作为分层，以避免上述分层过细、过多，而导致分层内样本数可能不足的问题。研究者再针对各分群，分别进行各分群内的焦点变项之影响效果的检验（Rosenbaum & Rubin, 1984）。最后，再根据各分群的焦点变项之影响效果，做出综合的分析结论。

观察研究中，当研究者想要探讨焦点变项的影响效果或进行因果推论，将反事实因果推论架构下的倾向几率值配对法或分层分析法纳入研究设计中，是降低或避免研究结论产生“选择偏误”的方法。参考方块3－5为一个反事实因果推论的经验研究实例。

参考方块 3-5：反事实因果推论研究实例

Brand 与 Xie（2010）两位作者使用倾向分数分群法探讨美国大学教育的经济报酬。换言之，探讨有无完成大学教育的经济报酬之差异。在这个研究中，是否完成大学教育被视为研究处理（treatment）。过去大学教育的经济报酬的探讨，其理论基础都是基于正向选择假说（positive selection hypothesis），但是 Brand 与 Xie 在此篇研究中提出了另一个理论观点：负向选择假说（negative selection hypothesis）。正向选择假说是主张：如果经济因素是教育取得（大学教育）的主要决定因素，则最有可能完成大学教育者会是大学教育的最大获益者。而负向选择假说则认为：由于选择机制和对所得的期望的差异性，导致最不可能完成大学教育者，会是大学教育的最大获益者。是否完成大学教育，不能像实验研究设计随机分派，而且可能受到可观察共变项和不可观察共变项的影响。因此，研究者需要采用反事实因果推论的研究设计，来探讨有无完成大学教育的经济报酬之差异的研究问题。

为了探讨负向选择假说是否成立，两位作者采用了特别的研究程序，以回应其研究好奇。两位作者采用了三步骤程序：

1. 引用可忽略性假定条件（ignorability assumption），在控制相当多个可观察的共变项（影响完成大学教育与否的共变项）后，有完成大学教育者和没有完成大学教育者两群之间不再有额外具有差异的干扰变项。在可忽略性条件下，以倾向分数（每个人完成大学教育的几率）捕捉或表达完成大学教育者和未完成大学教育者所有可观察共变项的系统性差异。

2. 依据倾向几率值高低加以分群，分群后估计每个分群的完成大学教育的经济报酬效果。再进一步使用分层线性模型（hierarchical linear model）检验完成大学教育的经济报酬效果的趋势或样态（pattern）。这一创新性的步骤，可以让研究者确认大学教育的效果到底是正向选择效果，还是负向选择效果。

3. 再使用可忽略性条件，进行辅助性分析（auxiliary analysis）对分析结果加以解释。也同时进行敏感度分析，研究者省略了一些重要的共变项，以检验可忽略性假定条件的可能违反情形。上述的分析都是将男性和女性分开处理。

再者，倾向几率值分群法的进行程序如下：

1. 以 logit 回归估计并预测样本中每个观察体的完成大学教育的几率，也就是每个人完成大学教育的倾向几率值。

2. 根据倾向几率值的高低，将受访者分为数群组（strata）（针对不同的样本分别分为五群组、六群组、九群组和六群组），并使每一群组内之完成大学教育者和未完成大学教育者的共变项是没有差异的，也就是平衡的。

3. 在共变项具平衡性的倾向几率值分群中，以最小平方法估计完成大学教育的经济报酬效果。

4. 使用分层线性模型或是多层次分析法，探究不同倾向几率值分组间的完成大学教育的经济报酬效果的异质性趋势或样态。

详细的研究内容，请参阅 Brand & Xie（2010）。

六　质性研究的特殊研究设计内容

（一）质性研究的性质与类型

质性研究是研究者对被研究对象进行非数字性的观察、检视和记录，并加以诠释的科学历程，目的是对拟研究现象发掘其隐含的关系、构成或理论意义。田野研究（field research）是最常见的质性研究方法，也被称为实地研究，即研究者进入被研究者生活或活动之固定或非固定的空间场域，就拟探究的现象或行为进行观察、了解或深入访谈，以记录、检视、比较和解释资料（可能包括档案文件、观察记录、访谈资料和影音资料等），交替使用归纳和演绎的方法，回答特定的研究问题之科学研究方法。

由于不同的理论典范（paradigms），对“什么是研究资料”“应该如何收集研究资料”和“如何分析研究资料”的取向观点不同，所以田野研究基于不同的理论典范，包括：自然主义（naturalism）、俗民方法论（ethnomethodology）、扎根理论（grounded theory）、个案研究方法（case study）、建制民族志（institutional ethnography）及行动研究（action research）等，而有不同的研究方法取向。可以说，田野研究是研究者长时间在研究场域，采用观察、记录（包括使用影音的方法）和访谈等方式，收集、整理和分析研究场域及其现场活动人物及相关人物所获得的讯息、资料或文件等田野资料，并使用归纳和演绎交错、循环的方法，将被研究者在其自然的生活环境中的生活方式、态度、思想或文化等意义发掘并理解和诠释出来的科学历程。

采用田野研究方法时，除了本章第四节中有关研究设计的共通内容需要纳入以外，还需要更明确地考虑和规划下列五个田野研究的研究设计重点：

（1）研究者需要根据自己所主张的理论典范，选择适当的研究取向，即决定研究要采取自然主义、俗民方法论、扎根理论、个案研究、建制民族志或行动研究等哪一个或哪几个取向，并进一步根据研究议题选择研究场域和研究对象。

（2）在决定研究取向和研究场域、研究对象后，先收集研究场域与研究对象有关的背景资料，再决定如何进入研究场域及如何接触研究对象，及思考与研究对象互动之间可能的问题，并加以规划处理。

（3）规划田野研究进行的过程，包括观察、记录的安排和工具的准备；必要时访谈对象和/或焦点团体（focus group）的设计和安排之规划也要纳入研究设计中。

（4）研究者的角色及与被研究者的关系需要有明确的安排。亦即，研究者要以一个纯粹的观察者或一个完全参与观察者的角色，还有要不要揭露研究者的身份，以及与被研究者的关系如何协调的问题，需要有清楚的考虑和选择。

（5）规划田野资料的记录、整理和分析处理的方式，包括田野笔记，编码（coding）编制，备忘录（memos）的撰写，影音资料的收集、分类和使用及质性计算机软体的使用、资料分析过程等事项，也都应该规划于研究设计中。

基本上，田野研究对于被研究对象或现象，可以得到较为深度的理解，也可以采用较有弹性和较不具结构性的深度访谈。随着信息科技的发展，田野研究更容易将田野的影音资料与田野收集的文字资料加以整合，以更为多元的资料收集方式来进行研究，增加了田野研究资料的多元性。不过，田野研究过程中，研究者与研究场域中的被研究对象，可能直接互动，也较容易产生伦理争议，如研究者隐藏研究者的角色，或研究者进入研究场域影响或改变了被研究者的日常活动，等等。由于上述的五种不同取向的田野研究，其理论典范各有不同的取向重点，因此，会影响其研究设计的重点，所以底下将扼要说明每一个不同理论典范的田野研究之研究取向重点（Babbie，2010）。

1. 自然主义

自然主义主张“社会真实就存在那里”，研究者可以随时在自然的情境下，从事观察并将真正的现状加以呈现出来。因此，采自然主义的田野研究，需要采用在自然情境中观察和探究现象，而非在不自然或人造的情境下及实验室进行研究之研究设计。这种研究取向强调在不自然或人造的情境中，所观察到的现象或行为都可能不是真实的，因此，研究者必须要在自然的情境中，对拟研究的现象（包括人、情境和场域）直接观察和记录，才可能将真实的情形发掘出来。

2. 俗民方法论

俗民方法论是基于现象学的哲学传统，认为社会真实是社会建构出来的，而不是“就存在那里”。它建立于社会建构主义的观点上。这种理论观点主张研究现象，除了表面所观察到、所听到的以外，现象背后所隐含的意义或文化知识的理解才是关键。现象背后的文化知识意涵，有外显的，容易看到、听到的；也有比较隐性的，不容易察觉的。人类学家或社会学家常以民族志的方式，对探究现象翔实地加以描述，并掌握现象本身的细节、氛围、过程，更重要的是探究背后的文化意涵。俗民方法论认为：不是只依赖被研究者所提供的故事或讯息，就能正确地描述社会真实。社会真实的描述，除了被研究者所陈述的故事之外，还需要了解被研究者故事背后的社会意义。同时，认为社会意义不是固定不变的，而是脆弱、容易改变的。社会意义是在持续的过程中被创造和再造出来的。因此，采用俗民方法论的研究者，有时候采用破坏性实验（breaching experiments），故意有目的地破坏社会规范（为研究目的所在），以理解被研究者的响应，确认社会规范的存在，证实隐性的社会规范对被研究者的日常生活的重要。可以说，俗民方法论的研究焦点是在探究被研究者日常生活的潜在互动模式的研究设计。

3. 扎根理论

扎根理论是结合实证论与互动论的研究取向，也可以说是结合自然主义与实证主义的系统化程序的科学方法。扎根理论取向的研究设计，强调资料收集时，研究者是在尚未有研究假设的情况下进行。研究者透过资料的收集与分析建构出有关现象的概念，并进一步发现不同概念间的可能存在关系；另一方面，经由持续地收集资料，不断地在概念发展和可能概念关系命题的发展过程中，建构出可能的理论或诠释理论。

4. 个案研究方法

个案研究方法是将研究设计的焦点，放在特定的社会现象或少数的案例上，对它们进行深度的研究，并提供解释，以作为更普遍性理论发展或修正既存理论的基础。个案研究方法除了可能新建构理论外，也可以作为既存理论的修改的进行方式。研究者可以透过个案研究找到现存理论对探究社会现象解释不足的地方，然后提出理论修正的可能。个案研究与扎根理论最大的不同是：采用个案研究者需要对既存的解释理论有所了解；而扎根理论者则在进入田野之前，不需要对既存理论有所理解。扎根理论是研究者透过研究观察和探究的结果所建构出来的，以避免研究者受到既存理论的影响，而让理论发展产生偏差。

5. 建制民族志

建制民族志的研究设计强调探究焦点并不在被研究对象本身，而是透过对被研究者的经验和行为方式的理解与探讨，关注于观察到的经验和行为的结构性，或制度性权力关系的发掘。建制民族志的采用是为了发掘经常被传统研究方法所忽略的制度性限制。

6. 行动研究

行动研究的研究设计重点是让被研究者在参与研究的过程中，有机会为解决自身群体的问题，或创造群体的自身利益，而采取一连串的行动。研究者一方面协助被研究者界定他们的问题，协助他们找出解决问题的方法，并

协助他们发展行动目标，采取必要的行动，以达成团体所设定的行动目标。研究者在此些过程中，既是问题解决的协助者，也是研究的参与观察者。行动研究的研究者不仅是知识生产者，而且是被研究者组织赋权（empowerment）或小区行动、社会团体运动（movement）的教育者或促进者。

同样都是田野研究方法，但由于不同的理论典范之采用，会影响质性研究的实质研究设计内容。上述讨论仅对各种不同理论典范下的研究取向做了扼要的研究设计内容重点比较说明。

（二）质性研究共通的研究设计大要

虽然不同研究取向的田野研究，研究设计的实质内容上可能略有差异，不过，还是有一些研究设计内容或程序是质性研究所共通的，研究者可以根据所选择的特定质性研究类型，略做些微调和修改，以符合特定质性研究的研究设计之需要。以下则列出不同类型的质性研究之研究设计内容中较为共通的部分（Creswell，2009），也是质性研究的研究设计需要详细规划的内容：

1. 绪论

（1）陈述研究问题（包括与研究问题有关的既存文献和研究重要性）；

（2）陈述研究目的和研究范畴的界定（delimitation）；

（3）提出具体的研究提问。

2. 研究步骤

（1）说明采用该质性研究方法的世界观和哲学假定（philosophical assumptions）；

（2）提出研究策略；

（3）确定研究者的角色；

（4）规划资料收集的程序；

（5）说明资料记录、过录的程序和方法；

（6）说明资料分析程序或方法；

（7）确认研究发现的策略；

（8）提出研究规划的叙事结构（narrative structure）。

3. 陈述研究中预期的伦理议题。

4. 如果有的话，提供研究的初步结果或先导研究（pilot study）结果。

5. 提出预期研究结果。

6. 附录中提供访问问题表、观察记录表、研究时间表和研究预算编列表。

综合言之，质性研究的研究设计内容要同时兼顾研究共通的研究设计项目、质性研究共通的研究设计元素和特定理论典范下的研究取向需要特别强调的研究设计等三种。

七 质量并用研究的研究设计内容

（一）质量并用研究的性质与类型

质量并用研究方法在研究之哲学观点（philosophical orientations）、设计议题（design issues）、分析议题和推论议题等层面都有其独特的方式，不只是量化研究与质性研究的单独结合而已，这也是部分研究者将它视为社会科学和行为科学第三种研究方法的原因。质量并用研究方法就是研究者于研究中，采用多种方法设计（multiple method design）。所谓“多种方法设计”指的是：研究者采用同一种世界观，但使用超过一种以上的方法（可以是不同的资料收集方法，也可以是不同的研究取向）进行研究。由于只采用一种世界观，因此研究只会采用量化研究或质性研究一种，但是会选择两种以上的资料收集方法或研究取向。譬如，在进行质性研究时，研究者采用两种不同的质性资料收集的方式（如参与观察法和口述历史方法），或采用两种不同研究取向（如俗民方法论和个案研究法）的研究设计，每一种设计都是单独使用质性研究的设计方式。

另一种可能是：采用一种以上的世界观（worldview），即采用质性和量化的质量并用方法设计（mixed methods designs）的研究方式，可以称之为质量并用设计。不过，质量并用设计可以再进一步细分为质量并用方法研究（mixed method research）和混合模型研究（mixed model research）两种类型。其中质量并用方法的研究设计只在一个研究阶段里，采用质性和量化的并用研究设计；而混合模型研究设计却是在所有不同的研究阶段里，都采用量化和质性并用的设计。

在一个研究阶段里，采用质量并用方法的研究设计，研究者可以采用平行（parallel）设计，也可以采用序列性（sequential）设计。同一个研究阶段，研究者同时间采用质性研究和量化研究，进行资料收集、资料分析，就是采用平行的设计。平行的质量并用方法设计是在同一个研究阶段，研究者同时采用了质性和量化的研究方法之设计。譬如在资料收集阶段同时间采用了“人格量表”（量化）和“焦点团体”（质性）两种方法；或是在同一研究阶段的研究方法上采用“民志法”和“田野实验法”（field experiment）的研究设计，来回答研究问题。

若是同一个研究阶段里，研究者对于质性和量化研究的使用，是采用一前一后的进行方式，则是序列性设计。序列性的质量并用方法设计，则是同一个研究阶段里，研究者可能先采用质性研究，再采用量化研究进行之设计；也可能先采用量化研究，后采用质性研究进行研究之设计。虽然采用量化和质性的资料收集或研究方法，但是在研究问题的提问上和研究结果的推论上却很少采用混合的方式，基本上它的研究提问方式单独采用量化的，或是质性的研究问题（Tashakkori & Teddlie，2003）。

混合模型研究设计是在所有不同的研究阶段里，都采用量化和质性并用的设计。这些研究阶段包括研究问题的提出、研究方法、资料收集、资料分析和推论过程等所有研究阶段。显然，混合模型研究必须达到比质量并用方法设计更为严格的条件要求。换言之，混合模型研究可能会涉入多种不同研究问题的形式，每一种研究问题都是基于不同的研究范型，也可能需要根据不同的世界观，而做出多种研究推论。所以，质量并用研究是指在单一的研究中，基于两种不同的理论范型或两种不同的世界观所采取的研究设计方式。

综合言之，一种真正的质量并用研究方法，是属于前述的混合模型设计，自然地，它的研究设计复杂性高，同时，研究投入的人力、物力和专业研究能力的要求会最高。一般的质量并用研究有下列特性：

（1）在研究的问题界定（problem identification）、资料收集（data collection）、资料分析（data analysis）和最后推论（final inference）等每个研究阶段里，都需要结合多种方法（multiple approaches）。

（2）可能包含其他研究方法所收集的资料之转换结果或分析结果。

（二）质量并用研究的优点

为何研究者需要使用质量并用研究？显然，它有优于单独使用量化和质性研究设计的地方。它的优势常见的有下列三种：

（1）质量并用研究所能回答的研究问题，有些是单独的量化或质性研究设计所无法达成的；

（2）质量并用研究提供比较好或比较强的研究推论；

（3）质量并用研究提供较多元世界观的研究诠释机会。

另外，Greene 等人（1989）也指出质量并用研究有五种功能：交叉比对（triangulation）、补充性（complementarity）、发展性（development）、创造性（initiation）和扩展性（expansion）。前两者可以达到多元推论，以确认或互补研究推论。后三者是指一种方法（如质性）在某一研究阶段的推论，可以作为下一阶段另一种方法（如量化）的设计基础。许多复杂的研究现象需要采用质量并用研究进行研究设计，以达到问题的解答，单独采用量化研究或质性研究可能都无法完整和有效地理解该社会现象。

如果量化研究和质性研究得到完全一致的结论时，可以视为研究效度的指标。但是，倘若量化研究和质性研究得到完全不一致的结论时，有可能是不同的研究设计与不同的研究对象有关，而这样的研究设计正好让这种不同的研究结果得以呈现出来；它可能可以提供社会现象新的理解方式，像拼图式地呈现新的社会现象的新样貌；也可能可以成为先前社会现象解释（研究假设）方式证伪性的新证据。所以，采用质量并用研究时，研究者不用忧心研究结论不一致时的问题。虽然质量并用研究有上述的功能优点，但在研究实践的过程中，研究的投入成本相对地会比单独使用量化研究和质性研究高出许多，而且研究者需要同时熟悉三种研究方法，因此，研究者在选择研究类型时，要事先自我评估一下。

研究者决定采用质量并用研究时，得同时决定要采取哪一种类型的并用设计，是质量并用方法设计，还是混合模型设计。一般而言，选择质量并用设计的类型，可以对下列三个指标加以考虑：

（1）研究需要几个轴向（strands），是单一轴向，还是多个轴向。

（2）质量并用研究设计的程序如何，是平行性的（同时性的，

concurrent）或是序列性的，还是资料转换性的（data conversion）。

（3）使用质量并用设计的研究阶段，是单独一个研究阶段，还是全部的研究阶段。

研究者可以根据这三个指标，思考并进行其研究设计，以有效回答其研究问题。

就质量并用方法设计的程序来说的话，“同时性的”或“平行性的”设计是指在相同的研究阶段，同时进行量化研究和质性研究。“序列性的”设计是在前面研究阶段先进行质性研究，而后面阶段再进行量化研究；或是在前面研究阶段先进行量化研究，而后面阶段再进行质性研究。这两种不同的序列性并用设计的选择与研究目的有关。前者是由质性研究发展理论命题，再由量化研究进行理论验证的工作；而后者同时进行理论验证的工作，再从量化研究资料中筛选部分样本，进行质性研究。“资料转换性的”设计则是在资料收集后（假定是质性研究），一方面进行资料分析，另一方面也进行另一类研究（量化研究）的资料分析，根据质、量不同的资料分析，再进行整合推论。最后，最完整的质量并用设计被称为完全整合质量并用模式设计（fully integrated mixed model design），这种设计就是所有的研究阶段，都同时进行量化研究和质性研究，而且前一阶段一种研究方法的研究结果（假定是量化研究），会决定及影响下一阶段的另一种研究（即质性研究）程序之进行或调整，透过原本研究方法的进行程序，再加上另一种研究方法的影响、调整或配合，达到研究结论。再将两种方法进行后的研究结论，进行后设推论（meta-inference）。

（三）质量并用研究的研究设计大要

一个质量并用研究的研究设计内容，可能涵盖了量化研究、质性研究和质量并用方法研究三种不同的形态，或是不同的组合形式。不论拟进行的质量并用研究是属于哪个类型，其研究设计内容至少都要包括下列各项（Creswell，2009）：

1. 绪论

（1）陈述研究问题；

（2）说明在拟研究的问题上，过去的研究发展情形；

（3）说明过去研究不足的地方，并提出一个不足的地方，以支持需要进行质量并用研究之资料收集的必要性；

（4）说明谁会受益于这个研究。

2. 目的

（1）提出研究目的或计划目标，并说明采用质量并用研究的理由；

（2）提出具体研究问题和研究假设；

（3）说明采用质量并用研究的世界观和哲学假定（philosophical assumptions）；

（4）文献回顾（包括量化研究、质性研究和质量并用研究）。

3. 方法

（1）质量并用研究的定义；

（2）说明采用的质量并用研究的类型和它的定义；

（3）说明使用所选择的质量并用研究的类型面临的挑战及如何克服这些挑战；

（4）以实例说明所选择的质量并用研究类型的使用情形；

（5）提供质量并用研究进行的参考架构或进行程序图；

（6）说明研究中量化研究部分的资料收集和分析方法与程序；

（7）说明研究中质性研究部分的资料收集和分析方法与程序；

（8）说明质量并用研究部分的资料分析程序；

（9）讨论说明量化研究和质性研究部分的研究效度。

4. 提供研究者所拥有的研究资源和技术。

5. 讨论研究中潜在的伦理议题。

6. 提供完成研究的时间规划表。

7. 附录中提供研究工具、研究计划程序表、研究流程图等。

不论研究者想要采用哪一种类型的质量并用研究，皆需要投入相当多的研究资源和研究人力，也都比单独进行量化研究或质性研究高出甚多，因此，想要采用质量并用研究的人，首先需要同时熟悉量化研究和质性研究的研究方法和研究实践方式，更需要考虑研究投入的资源和成本，再行决定采用的质量并用研究类型（Tashakkori & Teddlie，2003；Creswell，2009）。

八　总结

研究设计的好坏决定了研究问题是否能正确和有效地被回答，更决定了一个研究质量的好坏。基本上，研究设计以回答研究问题和控制变异数为主要目的。根据研究问题的形式、研究的类型（量化、质性和质量并用研究）、研究的时间类型、研究分析单位的层次性、研究目标、关系或因果关系探讨和影响或影响机制探讨等七个因素，选择最有效的回答研究问题的研究方式和最有效的控制变异数的研究设计的形式。这七个因素并不是完全独立的因素，而是彼此之间有所关联的因素。因此，研究者在决定研究设计之前，要针对这七个因素，反复思考，再决定选择质性研究、量化研究或质量并用研究，及比较详细的研究设计内容，并着手计划书的撰写，以便申请研究计划的相关审查。

在研究者选定研究类型、进行研究设计时，研究者应该尽其所能，在研究计划规划阶段做通盘的考虑。研究计划规划阶段的设计愈仔细，愈完整，愈能避免研究进行中问题。研究进行之前的研究设计愈能针对研究问题的回答，研究就愈能有效地达成研究目标。研究者应该避免研究进行中大幅度修改研究设计，以减少研究人力、物力的浪费和研究问题无法有效回答的问题。

综合言之，研究设计进行之前，最好的方式是研究者能先大略提出拟要回答的研究问题，根据研究问题的性质，综合考虑上述七个因素的特征，再决定较为明确的研究设计。若选择了量化研究，就再根据量化研究的研究设计内容进行细部规划；若选择了质性研究，也要再进一步确认要采用哪一种理论典范的研究方式。若是决定采用质量并用研究，也需要进一步决定质性研究和量化研究进行的时间顺序性（平行设计或序列设计）和研究阶段性（一阶段或多阶段）的安排方式。

不论是哪种研究类型，其研究设计的内容有共通的部分，也有特殊的部分。研究设计共通的部分，包括拟回答的研究问题、主要的理论观点、研究假设的提出（如果需要）、研究对象的决定和研究样本的选择与安排、研究进行方式和时间安排、研究资料收集方法、工具和操作、研究资料的收集和整理、研究资料的分析和诠释。不过，量化研究的研究设计特别强调控制变异数的研究设计方式，包括以实验设计的方式达成极大化焦点变项（实验变项）变异数、控制干扰变项和极小化误差变异数的不同方法；或是强调非实验性观察研究之影响机制或影响效果的研究设计方式。非实验的观察研究的焦点变项之影响效果估计，则需要特别注意影响效果估计所可能存在的估计偏误，或采取反事实因果推论的必要程序，如倾向几率值配对法的使用，以减少估计偏误。

质性研究的研究设计和量化研究最大的不同是不以验证研究假设为目标，而是着重于在理论脉络下，对被研究者的生活、行为、次文化和文化的深度理解和理论解释之研究设计。而质量并用研究是以结合验证研究假设与深度理解被研究者的生活、事件的过程或现象关系结构的双重目标为研究设计考量，但是执行质量并用研究的投入成本高，同时也要求熟悉不同研究方法。

基本上，量化研究、质性研究和质量并用研究，没有哪一种类型比较好或比较不好的问题，研究者需要考虑的是基于本体论、认识论和方法论的不同，所选择的研究实践的方式不同，研究设计需要再根据研究的类型加以调整。此外，社会科学有相当多的观察研究，其研究问题是无法以实验法来进行因果效应的推论的，研究者需要进行“反事实因果推论”，以达到因果效应的推论。在反事实因果架构下，“倾向几率值配对法”是非实验之观察研究因果效应推估中，降低估计偏误的重要方法之一。最后，研究重点是在“影响因素”的探讨，还是“影响机制”的分析，需要有所区辨，然后采用不同的研究设计规划。适当和良好的研究设计是达成研究问题回答的必要手段，研究者需要熟悉各种研究理论典范和研究方法，掌握共通的研究设计和特殊的研究设计内容，周详且完整地完成研究计划书，进而根据研究计划书执行并完成研究，回答研究问题。

量化研究对许多研究问题的回答，有许多不同的研究设计方式之采用，以期达到研究问题有效的回答。但是，量化研究并不是绝对完美无缺，毫无估计偏误可言。研究者必须了解任何科学研究方法的使用，都有它的优点，也有它的局限性（limitation）。譬如，若量化研究的焦点变项受到不可观察到或未测量到的共变项之影响，则即使研究者已经采用了反事实估计架构下的倾向几率值配对法，仍然无法避免它所存在的估计偏误。不过，也不能因

为量化研究有其研究的局限性，而完全抹杀量化研究的科学性价值。同样地，质性研究和质量并用研究也各有其理论建构价值和研究结论的局限性。研究者不需要因为不同的研究类型之不同价值和局限性，而忽视各类型研究对理论建构与问题解决的必要性和重要性，反而是需要对每一种研究类型和其研究设计内容有深度的掌握，视研究问题的需要使用不同的方法进行研究，以对不同的理论建构和问题解决做出各自特有的科学性贡献。

参考书目

Babbie, Earl R. (2010) . *The practice of social research* (12th ed.) . Belmont, CA.: Wadsworth, Cengage Learning.

Black, Thomas R. (1999) . *Doing quantitative research in the social research.* Thousand Oaks, CA: Sage.

Brand, Jennie E., & Xie, Yu (2010) . Who benefits most from college? —Evidence for negative selection in heterogeneous economic returns to higher education. *American Sociological Review*, *75*, 273 – 302.

Bryman, Alan (2008) . *Social research methods.* New York: Oxford University Press.

Crabtree, Benjamin F., & Miller, William L. (1992) . *Doing qualitative research.* Thousand Oaks, CA: Sage.

Creswell, John W. (2007) . *Qualitative inquiry & research design: Choosing among five approaches.* Thousand Oaks, CA: Sage.

Creswell, John W. (2009) . *Research design: Qualitative, quantitative, and mixed methods approaches.* Thousand Oaks, CA: Sage.

England, Paula, & Edin, Kathryn (2007) . *Unmarried couples with children.* New York: Russell Sage Foundation.

Greene, Jennifer C., Caracelli, Valerie J., & Graham, Wendy F. (1989) . Toward a conceptual framework for mixed-method evaluation design. *Educational Evaluation and Policy Analysis*, *11*, 255 – 274.

Harding, David J. (2003) . Counterfactual models of neighborhood effects: The effects of neighborhood poverty on dropping out and teenage pregnancy. *American Journal of Sociology*, *109*, 676 – 719.

Kerlinger, Fred N., & Lee, Howard B. (2000) . *Foundations of behavioral research.* fourth edition. Orlando, FL: Harcourt Inc.

Kimhi, A. (1999) . Estimation of an endogenous switching regression model with discrete dependent variables: Monte-carlo analysis and empirical application of three estimators. *Empirical Economics*, *24* (2), 225 - 241.

Lokshin, Michael, & Sajaia, Zurab (2004). Maximum likelihood estimation of endogenous switching regression models. *Stata Journal*, *4*, 282 - 289.

Macinnes, Maryhelen D. (2008). One's enough for now: Children, disability, and the subsequent childbearing of mothers. *Journal of Marriage and Family*, *70*, 758 - 771.

Marvasti, Amir B. (2004). *Qualitative research in sociology*. Thousand Oaks, CA: Sage.

Mistry, Rashmita S., Lowe, Edward D., Benner, Aprile D., & Chien, Nina (2008). Expanding the family economic stress model: Insights from a mixed-methods approach. *Journal of Marriage and Family*, *70*, 196 - 209.

Morgan, Stephen L., & Winship, Christopher (2007). *Counterfactuals and causal inference: Methods and principles for social research*. New York: Cambridge University Press.

Neuman, William Lawrence (2005). *Social research methods: Quantitative and qualitative approaches* (6th ed.). Boston: Allyn and Bacon.

Rosenbaum, Paul R., & Rubin, Donald B. (1983a). The central role of the propensity score in observational studies for causal effects. *Biometrika*, *70*, 41 - 55.

Rosenbaum, Paul R., & Rubin, Donald B. (1983b). Assessing sensitivity to an unobserved covariate in an observational study with binary outcome. *Journal of the Royal Statistical Society*, *45*, 212 - 218.

Rosenbaum, Paul R., & Rubin, Donald B. (1984). Reducing bias in observational studies using subclassification on the propensity score. *Journal of the American Statistical Association*, *79*, 516 - 524.

Rosenberg, Morris (1968). *The logic of survey analysis*. New York: Basic Books Inc.

Schneider, Barbara, & Waite, Linda J. (Eds.) (2005). *Being together, working apart: Dual-career families and the work-life balance*. New York: Cambridge University Press.

Silverman, David, & Marvasti, Amir B. (2008). *Doing qualitative research: A comprehensive guide*. Thousand Oaks, CA: Sage.

Tashakkori, Abbas, & Teddlie, Charles B. (2003). *Handbook of mixed methods in social & behavioral research*. Thousand Oaks, CA: Sage.

Willis, Jerry W. (2007). *Foundations of qualitative research: Interpretive and critical approaches*. Thousand Oaks, CA: Sage.

延伸阅读

1. Guo, Guang, Hardie, Jessica Halliday, Owen, Craig, Daw, Jonathan K., Fu, Yilan, Lee, Hedwig, Lucas, Amy, McKendry-Smith, Emily, & Duncan, Greg J. (2009). DNA collection in a social science

study: A pilot study of peer impacts on attitudes and drinking behavior. *Sociological Methodology*, *39*, 1－29.

此论文非常详细地介绍作者们所进行的一个试验性的大型研究计划——同侪和基因对大学生的健康行为与态度的影响——的研究中，如何在校园中收集大学生的 DNA 资料和其他问卷资料的实际研究经验。

2. Lieberson, Stanley, & Horwich, Joel (2008). Implication analysis: A pragmatic proposal for linking theory and data in the social sciences. *Sociological Methodology*, *38*, 1－50.

此论文作者讨论社会科学研究应该如何从理论发展出含义分析（implication analysis）（通常是以研究假设的形式呈现），和透过高品质与适当的证据（evidences）使用，完成理论的评估。同时，也指出过去理论评估的常见问题。

3. Heckman, James J. (2005). The scientific model of causality. *Sociological Methodology*, *35*, 1－97.

作者明确地定义因果推论的科学模式，特别是在经济学领域的定义。不仅说明它在经济学领域的发展，并且讨论它与非经济学的社会科学领域（如流行病学、统计学和其他社会科学）的比较。对因果推论或政策评估做了非常翔实的讨论。

4. Cohen, Louis, Manion, Lawrence, & Morrison, Keith (2007). *Research methods in education*. London and New York: Routledge. Chapter 3: Planning educational research.

这是一本完整的教育领域之研究方法书，内容相当完整。其中第三章是研究设计。不论是整本阅读或专章阅读，对于研究方法或研究设计的议题等研究实务的增进都会有所帮助。

5. Smith, Herbert L. (1997). Matching with multiple controls to estimate treatment effects in observational studies. *Sociological Methodology*, *27*, 325－353.

作者以实例说明观察研究进行处理变项效果之推论，且处理变项的类别样本数相差悬殊时，如何采用不同配对数的倾向几率值配对法，并配合适当的统计分析，估计处理变项的效果。

第四章 研究文献评阅与研究

一 前言

关于学术文献的评阅，诸多学位论文最常见的几种疏失，例如，大量充斥与研究主题无关的著作、巨幅表格汇整相关研究题材的论文题目和作者，以及流水账式地呈现研究成果等，这些都是应该避免的情形。一般而言，评量学术研究有四个指标：研究主题的重要性、理论架构的完整性、研究方法的适切性以及论文脉络的清晰性。整体而言，这四个论文评量指标皆和文献评阅密切相关，其重要性可见一斑。

诚如所知，一个适切的研究主题可以使后续研究工作“事半而功倍”，而一个欠佳的研究主题则可能导致研究进度“事倍而功半”。尽管这个道理浅显易懂，但是许多研究者经常困扰于不知如何挑选适合的研究题目。对此，我们可以从两个面向思考；亦即，研究主题是否具有重要理论意涵，或者是否蕴涵实务参考价值。假如能够两者兼备，这当然是最佳的情境；倘若仅能够符合其中一项条件，也是不错的情形。至于适切的研究题材并不会凭空而来，必须仰赖大量的阅读，这当然与文献评阅息息相关。

有了适切的研究主题之后，必须配合理论架构的完整性。一般说来，回顾既有研究著作，具有两个目的：其一，是说服读者，表示研究者对于此研究主题相关背景的熟悉了解程度；其二，更重要的是，为了接续论文著述提供清晰的理论脉络与建构出研究主轴。

再者，适切的研究主题和清晰的理论主轴，必须借由研究方法进行验

证。所谓“研究方法的适切性”意指，能够依据研究主题和理论架构采取适切的研究途径，无论是量化研究、质性研究，或者是质量并用法。借由文献评阅，研究者得以了解研究主题在学术脉络里的位置，阐明学术研究的范畴，建构理论模型、分析架构和研究假设。对于研究者来说，文献评阅得以知悉既存研究成果、免除重复以往研究或者避免先行者所犯的错误设计，并且参酌采取适宜的研究途径。如是以观，文献评阅对于研究方法的影响，确实不容小觑。

另外，所谓“论文脉络的清晰性”意指，论述行文、段落铺陈、用字遣词，乃至数字与年月日呈现、标点符号、表格呈现、中英文摘要、关键字词、注释说明、参考书目等写作细节，务必达到谨慎的标准。乍看之下，或者有人会以为，这些皆是细枝末节的小问题，为何要如此吹毛求疵？原因无他，学术论文讲求“严谨”原则；诸多学术把关者往往见微知著，以此审定学术研究的最低标准。值得再三提醒的是，在缺乏前三项条件（研究主题的重要性、理论架构的完整性、研究方法的适切性）之下，仅有清晰的论文脉络并不能为其学术著作加分；然而，紊乱的论文叙述，不断重复出现的写作瑕疵，可能遮掩了研究著作的优点，进而影响读者的阅读兴趣，非常可惜。除了避免急躁、求快的写作风格之外，借由文献评阅、观摩杰出研究者的优秀作品，亦能裨益培养良好的写作风格。

鉴于文献评阅与学术研究息息相关，本章探讨下列相关议题。首先，扼要说明文献评阅的重要性与目的。其次，依序摘述质性研究、量化研究以及质量并用研究的文献评阅方式。再次，援引若干研究范例，佐证如何进行文献评阅，并且罗列十项步骤说明如何规划文献评阅，以及四种方式展现如何绘制文献地图。在结论中，笔者尝试回顾本章的讨论重点。

二　研究文献评阅的重要性与目的

（一）文献评阅的重要性

当代的学术研究，尤其是人文与社会科学研究，是建立在学术社群所累积的研究成果之上的。研究者透过认识、学习，甚至是批评既有的研究成果，加入研究社群追求知识的集体工作，借此扩展或者延伸既有知识的范畴。因此，文献评阅便成为学术研究不可或缺的重要过程与构成部分。它可以帮助研究者有系统地认识其研究主题的知识传统、建立研究的架构，借以发现新的研究问题，或者透过不同的视角与研究方法来探讨已经被研究过的议题。如果缺少文献评阅，研究者可能无法获知关于其研究主题有哪些既存的研究成果，也不知道这些既有研究是如何进行的，更遑论得知当前学界关注的关键议题和“研究前沿”（research frontier）。尤有甚者，倘若欠缺文献评阅，研究者将难以界定研究范围，无法有效地说服读者其研究设计的论据所在，难以论述该研究的重要性，更无法指出其研究论文的创新性与学术贡献为何。同样重要的是，当读者阅读到一篇缺少文献评阅的学术论文，将难以掌握该研究的知识脉络和研究设计的妥适性，进而无法给予该论文适当的评价，甚至可能对于研究者的专业能力与学术背景产生怀疑。

文献评阅能够帮助研究者回答许多在研究过程中衍生的问题，这些问题包括：既有文献的主要来源为何？该研究的关键理论、概念与论点是什么？该研究的主要议题与论辩是什么？该研究的现象学与认识论的基础是什么？该研究的学术立场为何？迄今有哪些主要问题已经被提出来了？该研究主题的起源与定义为何？该研究主题的知识是如何被结构化与组织的？从实用的角度来说，文献评阅是非常“有用”的，着手进行文献评阅，能够帮助研究者更清晰、深刻地认识研究主题（Hart，1998：14）。因此，文献评阅成为研究过程的重要环节，而非仅是应付学术论文格式要求的无味鸡肋。

进行文献评阅，是为了“使用”它，而非“展示”它（毕恒达，2005：52）。必须强调的是，文献评阅不是商品型录，不是简单书评，不是读书报告，不是图书摘要卡，不是条例式的文献陈列，而这些是许多学位论文常见的毛病。基本上，文献评阅是对于特定研究主题既有文献与研究结果的整合、分析与批评的叙述整理，这些既有文献可能包含了与研究主题相关的信息、想法、概念、证据或者特定观点，文献评阅需要指出这些文献成果的性质、特征以及如何推导的理论逻辑（Hart，1998：13；毕恒达，2005：52～55）。为了能够“使用”文献评阅，论文叙述必须扣紧研究主题，并且有目标地、有组织地、有架构地呈现出来。文献评阅应该包含的研究著作，是与研究主题有直接且密切相关的文献，主要包括期刊论文、学术专书、书籍专章、硕博士学位论文等，而且应该是那些能与研究主题进行对话的文献，而非将所有搜寻到的、读过的文献通通列入。同样地，研究者对于文献评阅必须将相关著作进行相当程度的吸收和融合，并适时适当地分析、整理与批评，而非仅仅将相关文献用条例的方式，一一写出这些文献的作者、题目、主旨和摘要。这种“展示”型的文献评阅，并无法达到文献评阅本身的目的。

（二）研究文献评阅的目的

一份好的文献评阅，可以帮助研究者熟悉研究主题的知识传统与范围，给予后续研究建立清晰、符合逻辑且具备可行性的分析架构。也就是说，透过文献评阅，研究者可以界定其研究的学术脉络，也可以据以向读者说明本研究在学术领域里的位置与角色。同时，研究者也在文献评阅的基础上，建立其研究的核心议题，并阐明其重要性。总体而言，综合若干研究者的观点（Hart，1998：27；Creswell，2003：29－30；毕恒达，2005：52；Marshall & Rossman，2006：43；Neuman，2006：111），文献评阅具备以下三个目的。

1. 界定研究主题在学术脉络里的位置，并阐明研究的对话对象与范围

诚如所知，学术研究唯有站在既有研究成果的肩膀上，才能看得更远。为了在庞杂的学术文献中站稳脚跟，有赖于文献评阅的进行。因此，众多讲述研究方法的教科书都认为，梳理研究主题的学术脉络，并且界定该研究在学术领域中的位置，是文献评阅重要且不可缺少的目的。

文献评阅必须呈现该研究所处的学术脉络。研究者要弄清楚的是，就其研究主题而言，有哪些议题曾经有人讨论过，又有哪些议题被忽视了；进而了解什么样的议题必须被讨论。研究者也需要详细地整合分析有哪些既有的研究成果，这些既有文献的核心命题、方法论与研究技术是什么，并且知道该领域的讨论是在什么样的知识框架之下进行的。只有充分掌握该研究主题的学术脉络，研究者才能明确地界定其研究在学术地图上的位置，如此方能更有目标地讨论其研究意涵与可能贡献。也就是说，唯有透过文献评阅，确实地掌握学术脉络，并给予该研究清楚的定位，研究者才能更有力地说服读者其研究的重要性。

另外，研究者还必须论述其研究将如何与既有文献进行对话。这有赖于研究者对于既有文献的充分掌握与理解，并且告诉读者其研究与既有研究之间有什么样的关联，该研究又将如何填补或扩展既有文献不足之处。当然，这个部分往往也与研究定位密切相关。研究者可能是试图修正既有的理论，可能是将既有的理论概念应用在具体的经验个案上，可能是测试并比较不同理论的适用性，也可能是企图建立一个新的理论。相同的是，无论是什么类型的研究，都必须在文献评阅的部分告诉读者，该研究对话的对象、范围与目的。

2. 确立研究的核心问题，并建立明晰的分析架构

文献评阅的另一个目的是，研究者能借以确立核心问题及其内容，并且建立明晰合理的分析架构。如前所述，研究者透过梳理其研究主题所属领域的学术脉络，在整合、分析与批评的过程中，可以得知既有研究成果的累积样貌，以及有哪些议题尚待探讨，有哪些理论概念需要被修正，或者是在理论与现实世界中存在什么样的距离。依此，文献评阅便能帮助研究者发现既有文献当中存在的学术缺口，进而形成、发展并确认其研究问题的核心内容，以及可以采取的分析途径与研究方法。从对学术发展与动态的了解，研究者能够得知，有哪些研究主题或途径正处于学术界的研究前沿，有哪些途径或概念已经或逐渐失去其解释的效力，又有哪些研究主题是既有理论无法突破的难题。借此，该研究便有机会达到更大的学术贡献与影响力。

同时，文献评阅也能帮助研究者发展研究假设、重要变量、分析架构与理论模型。许多研究都会以研究假设与重要变量的设立作为重要步骤，并以一套分析架构与理论模型作为系统化讨论的核心，这种情形在实证研究方面更为明显。这些研究要素的建立，研究者不可能凭着空想就能创造出来，而是必须经过文献评阅，才能得知其研究有哪些饶富意义的研究假设与重要变量，才能得知其分析架构与理论模型的推导论据何在。如果只是随意地设定研究假设与撷取变量进行检证，或是想当然地设计分析架构与理论模型，以此作为研究论证的依据，那么所获得的研究成果极可能落入逻辑关系错乱的困境之中，更遑论归纳出具有学理意涵的研究结论。

3. 呈现研究者对该知识体系与相关文献的熟悉度与整合能力

犹如前言所述，文献评阅的目的之一在于说服读者，表示研究者对于此研究主题的熟悉程度。回顾既有研究著作虽然不是为了“展现文献”而存在，但不可讳言的，呈现对于知识体系与相关文献的熟悉度，以及对于文献的分析、整合与批评的能力，也是文献评阅的重要目的之一。易言之，透过文献评阅得以达到两个目的：读者能够从不同面向判断研究者的专业能力，以及该研究的质量与重要性。兹说明如下。

首先，文献评阅透露了研究者对其研究领域之学术脉络的熟悉程度。借由文献评阅，读者得以了解研究者是否熟悉其研究议题的学术传统与知识体系、研究者是否具体掌握了该领域重要的议题与理论概念，以及研究者是否充分理解该领域的经典文献与最新发展。学术研究的目的与价值之一，便是在于透过相关的讨论来扩展既有知识的范围，如果研究者对于既有知识的理解掌握不够全面透彻，将无法说服读者其研究具有一定的重要性。

其次，文献评阅也呈现了研究者的分析整合能力与写作技巧。这些论文写作的判断标准包括：文献评阅的内容是否紧密贴近其研究主题而非松散牵强、文献评阅的铺陈架构是否清楚且符合逻辑、文献评阅的立论是否切中要点、对于相关文献是否能提出公允且有洞见的分析与批评，以及读者能否从文献评阅中跟着研究者一起导出主要的研究议题。如果文献评阅无法让读者掌握论述的要点，那么研究者将无从建立其研究声望与信用，并且证明自身具备足够的专业能力以撰写具有学术质量的论文。

三 质性与量化研究的文献评阅

（一）质性研究的文献评阅

质性研究是一系列研究方法的总称，它往往被对比于以研究对象进行测量、分析和检证的量化研究。质性研究的资料，多数系从田野调查与文本考掘而来，研究者可以透过深度访谈、参与观察、口述历史或者书面文本的搜集，得到可供分析的资料（Patton，2002：4）。根据陈向明（2002：8～12）的整理与观察，质性研究具有下列五点特征：其一，质性研究强调社会现象的整体性与相关性，对于现象的理解必须考虑整体中各个部分的互动关系及其背景环境。其二，质性研究是研究者透过个人的经验，对研究对象的经验和意义建构进行“解释性理解”。因此，研究者在田野中必须反省自己对此研究的预设立场。其三，质性研究是一个不断演化的过程，研究过程是变化流动的。因此，研究者的定位乃是将特定时空的社会现实拼凑起来的拼图者，而不是按照事先设计好的研究指南一步步完成的执行者。其四，质性研究使用归纳法，并以深描（thick description）（Geertz，1973：3－30）的手法表现之。其五，质性研究重视研究者与研究对象之间的关系，以及研究伦理的问题。

质性研究的分支众多，且质性研究方法也常常随着知识领域的扩展而创发新的类型。不同的质性研究，在方法论之间也存在着很大的相异性，因此很难以一组固定的文献评阅模式套用在质性研究（本书许多篇章，都是关于质性研究方法的讨论，请读者自行参阅本书各章）上。同时，质性研究往往具有浓厚的探索性质，这也意味着关于该主题的既有文献较为稀少，所以研究者才需要从在地人（the native）的眼光来学习地方知识（local knowledge）（Geertz，1983：167－234）。也就是说，质性研究可能面临没有足够的学术著作可供评阅的风险，增添了文献评阅工作的困难度。另外，在许多质性研究的分支（例如扎根理论或者民族志研究）中，文献评阅往往仅扮演引导性角色，对于问题意识的形成与研究设计的作用较不明显（Creswell，2003：30）。因此，如何拿捏文献评阅的作用与范围也成了研究者面临的难题之一。

正因为研究途径的多样性及其在文献评阅方面的特质，质性研究的著作评析需要特别注意问题意识、研究目的与研究方法之间的适切性。质性研究的文献评阅，在评阅过程与展现方式的面向，有许多路径可供选择；这样的多元性与复杂性，却也让文献评阅的工作显得更加困难。因此，质性研究在文献选择与评论上必须更加谨慎，也需要仔细推敲文献评阅最适合置放的位置与呈现的形式；相关说明，容后再叙。

（二）量化研究的文献评阅

量化研究的核心概念在于量化资料分析，亦即借由数字（number）来表示经验现象的数量（quantity）（Punch，1998：58）。研究者透过演绎（deductive）方法，针对呈现经验现象的量化资料，进行概念的操作、变量控制、资料搜集、统计测量与效度检定，并推论出研究的结果（Nachmias & Nachmias，1996：

689)。相对于质性研究，量化研究的文献评阅呈现方式较为单纯。一般说来，在量化研究中，前言必须包含两个部分，亦即说明问题意识与该研究主题的重要性。接续前言之后，则是呈现独立章节的文献评阅。此文献评阅必须呼应前言的问题意识，阐明此研究议题的重要性，并且据此归纳出其研究假设。

在量化研究中，尽管独立章节的文献评阅是颇为普遍的做法，然而其论文形式和呈现方式可能因人而异。依据 Creswell（2003：32）的分析，得以归纳为三种方式：

（1）是整合（integrative）形式的文献评阅，亦即研究者摘述既有文献中的各种观点论述；这种方式多见于学位论文。

（2）是理论回顾（theoretical review）形式，意指研究者着重此研究议题所衍生的各类理论架构；这种方式多见于期刊论文，研究者借此检视各种学说，引导后续实证研究的发展。

（3）是方法回顾（methodological review）形式，其不仅着重于引介各类研究概念，而且援引不同研究途径。

除了各种研究方法的摘述之外，这类文献评阅必须对于这些方法提出优劣差异比较；在学位论文和期刊论文中，这是颇为常见的方式。

文献评阅的呈现，除了独立章节之外，结论部分经常有宽广的发挥空间。就学术研究而言，“始于理论、终于理论”甚为关键。在经过问题意识、理论回顾、研究假设、研究设计、资料搜集、实证分析、资料诠释之后，研究者应该回到理论层次，告诉读者这篇论文在理论学说上的贡献，系属证明、修正或者推翻研究假设，并提出对于未来研究的启示与建议。

（三）综合式研究的文献评阅

综合式研究系指在研究过程中，综合质性与量化研究的研究设计、资料搜集与分析方法；其要旨在于，结合质性与量化研究的特征与优点，更能正确地解答研究问题（Creswell & Clark，2007：5）。在综合式研究中，要侧重质性或者量化研究，必须依据研究设计而定。在论文结构方面，每个阶段所采用的研究设计，往往必须跟随这个阶段的文献评阅。举例来说，在量化研究阶段，研究者应该先呈现量化性质的文献评阅，建立问题意识、理论架构与研究假设，接续才进行量化分析。反之，在质性研究阶段，则文献评阅会较为单薄，而在采取质性研究与资料诠释之后，在结论中才会强调文献评阅的呼应性。假如研究者试图同时进行质性与量化研究，则文献评阅可以采取量化或质性的方式，文献评阅的呈现形式取决于研究者所采取的分析策略，以及其研究议题的强调重点。

四　如何进行文献评阅

（一）文献评阅该放在哪里

虽然多数的论文或专书将文献评阅置于一个独立章节，在此独立章节内仔细梳理文献的脉络，并且建立这些文献与其研究的关联。然而，文献评阅未必只能依照这种方式来安排。因应研究的性质与目的，文献评阅的章节安排可以置放在三个地方：前言部分、独立章节的文献评阅或是结论之处（Creswell，2003：30－32）。

首先，研究者可以选择在前言部分进行文献评阅。文献评阅置于此处的目的是为了提供研究主题的背景。对于那些既有著作稀少的主题，研究者有必要开宗明义地以综合文献评阅，借此说明该研究主题的重要性。对于那些问题意识是从理论架构或是文献批评而来的研究，也可以将文献评阅置于前言部分。这类论文往往属于初探性或开创性的研究，所以文献评阅必须考虑的层面是，必须对于既有著作的罅漏之处提出敏锐批判或创见。

其次，文献评阅的第二种格式是以独立章节来呈现。独立章节的文献评阅经常是置于主要论述之前，借由对既有文献与理论概念的整合、分析与批评，发展出研究的核心议题，以及采用的研究途径、研究方法与分析架构，进而以此作为基础来开展研究步骤。采用这种评阅方式的论文，多是该研究主题已经有丰富的研究成果与深厚的理论基础。无疑地，这种文献评阅较易厘清学术脉络、形成研究问题以及发展分析架构，因此是甚为常见且读者最熟悉的方式。

再次，研究者也有可能在结论部分才着手进行文献评阅。置于结论的文献评阅，意在提供对照的基准，比较该研究结果与既有文献的异同之处。无

论该研究的发现是否验证、拓展或修正既有的理论观点，研究者得以在结论部分，先以文献评阅告诉读者既有发现为何，再据此与该研究进行比较。研究者可能曾在前言或独立章节做过文献评阅，也有可能迄此尚未有任何着墨，但都不影响在结论部分进行文献评阅的可能性。

当然，如果研究论证确实有其必要，亦得以在两个以上的地方进行文献评阅。若干论文的写作方式，就是在结论部分再行摘述先前已经在前言或独立章节提及的文献评阅，用以界定其研究成果在学术脉络里的位置与贡献。必须注意的是，文献评阅应避免流于形式与重复，而且必须阐明这些文献与该研究的相关性。以下提供四个范例，说明文献评阅的处理方式和置放位置。

（二）如何规划文献评阅

虽然文献评阅的种类与形式因为研究目的与性质的不同而有多种可能性，但是文献评阅最终还是要回归到借由摘述、整合、分析与批评文献，以达到其目的。尽管文献评阅的进行方式并没有固定的步骤，但是笔者仍希望借助若干著作的指引（如 Hart，1998：32；Creswell，2003：33 – 35），并结合自身的论文发展经验，提供一套系统化的流程给读者参考。必须说明的是，以下所述流程系以逐步方式呈现，但实际的文献评阅工作绝非只是单纯的线性过程，研究者还是必须依据研究需要，来回检视或修正先前已经完成的步骤，甚至是调整论述的顺序。

参考方块　4 – 1：文献评阅置于前言的案例

谢国雄（2003）探讨台湾整体社会图像与社会性原则的专书，也是将文献评阅置于论文最前面的范例。该书第一章的开场即直指核心的表示：

> 过去二十多年的台湾社会学研究，逐渐指出：资本主义与现代国家是形塑台湾社会的两大力量。另一方面，人类学有关台湾汉人社会的研究，却一直凸显血缘、地缘与宗教是台湾汉人社会的基底。二者虽不至于水火不容，但也未曾积极对话，更遑论整合了。

> 台湾的社会学家中，并非没有人正视这个问题，陈绍馨（1906～1966）就是其中的佼佼者。本章将先回顾他的贡献与限制，接着分析在他之后的台湾汉人民族志与小区研究，指出这些研究的主轴、定位以及未决的问题。之后，将说明本书关注的焦点、切入的角度与核心的议题。（第 2 页）

参考方块　4－2：文献评阅置于独立章节的案例

吴重礼（2007）比较 1992～2000 年国民党执政的一致政府（unified government）时期，与 2000～2006 年民进党掌握行政权的分立政府（divided government）时期，整体经济表现是否具有显著差异。其在前言说明问题意识及其重要性之后，在第二节“分立政府的意涵及其经济影响”中，作者阐释两种不同观点的理论架构，并据此发展其研究假设：

> 就国家政治经济情况而言，若干学者相信，美国经济表现深受政府体制的影响，在一致政府时期国家总体经济表现较佳，而分立政府往往是导致低度经济成长、财经政策偏失以及财政预算赤字蹿升的主因（Alesina，1987，1988；Alesina，Londregan，and Rosenthal，1993；Alesina and Rosenthal，1995；Hibbs，1977，1987；Karol，2000；McCubbins，1991；Sundquist，1988，1992；Weatherford，1994）。其立论以为，基于意识形态的一致性或者是选举责任的理由，有一个同时掌握行政与立法部门的执政党，其整体经济表现和财政状况较佳。这种情形，诚如 Cutler（1988：489）所言：“如果由某一政党负责所有三个权力核心［按：众议院、参议院、总统］，以及负责它们在执政时期所产生的财政赤字问题，则得以明确地对于该政党及其公职人员课以政治责任与行政责任。”正反映出政党控制形态对于国家整体经济和财经政策的可能影响。

> 然而，政党控制形态是否影响政府财政预算与经济表现，似乎仍是一个未定的问题，学者有不同评价与论述。就财政经济影响层面而言，Stewart（1991）比较研究指出，分立政府确实会影响国家预算的收支；20世纪末期的分立政府导致预算的超支，惟19世纪末叶的分立政府非但未带来高额赤字，却因府会对峙引发立法僵局，由于共和党坚持提高进口关税岁入，民主党主张减少政府公共支出，如此一来反而使得国库财政更为阔绰。
>
> 综观现有研究文献的论点，国家总体经济表现是否会因为一致政府或是分立政府而呈现显著差异，仍是众说纷纭，尚未定论。鉴此，本研究以1992～2006年台湾政府体制的角度切入，试图了解其对于经济发展的影响。依据前述之分析，本文假设，在“一致政府”时期，基于意识形态一致性或者是责任政治的理由，政策制定能力的强化和行政效能的提升，政府整体施政较为顺畅，使得整体经济表现较佳；反之，在“分立政府”时期，较易导致政策滞塞与府会关系僵局，造成政府整体施政困难，使得经济表现将受到负面影响。（第58～61页）

1. 步骤一：定义研究主题

在考虑文献评阅工作之前，研究者必须初步界定所欲探讨的研究主题。研究主题可能形成于日常生活的经验、对于特定现象的观察、理论模型的推导或者是社会普遍存在的观感。无论如何，为了不使研究议题与设计以及文献评阅的范围过于广泛，研究者需要粗略厘清研究议题的内容与范围。研究者可以先设定一个暂时性标题（working title），这个题目可成为后续研究工作的主轴（Creswell，2003：27）。举例来说，用“司法与公共支持”作为探讨“以公共支持的角度切入，借由实证分析了解台湾民众对于司法体系的评价与支持度”的暂定标题。或者，也可以用扼要的几个句子，简略地陈述想要讨论的现象或问题。初次设定的研究主题草稿往往会被后续研究所修正或推翻，这是很常见的现象。因此，在文献评阅过程中，可能会发现这个问题的切入角度不对，或者发现其他更有趣、更重要的问题，这也是文献评阅的作用之一。

2. 步骤二：设定关键字词

在初步定义研究主题之后，研究者需要设定几个可能的关键字词作为文献搜寻的依据。随着研究主题的变动，这些初步的关键字词草稿，可能会因而增加、缩减或修正。需要预先设定关键字词的原因在于，利用信息索引系统是查询相关文献最有效率的方法（当然，也有可能在图书馆和书局的时候，凭着机缘找到需要的文献），而关键字词是使用这些索引系统时不可或缺的讯息。关键字词的设定会因为不同的研究阶段而有差异。在刚开始探索该研究主题时，研究者可以在定义问题意识时，同时记录一些关键字词，或是从既有著述中，撷取相关概念词汇。在阅读相关文献后，便可借由这些论文的关键字词（尤其是期刊论文多半会在标题页注明）寻找学术著作。总之，随着研究范围的聚焦、研究设计的细腻，以及研究者对于研究文献的熟悉，关键字词的设定就会更贴近研究主题。

参考方块 4-3：文献评阅置于结论的案例

刘雅灵（Liu，1992）讨论何以温州成为中国实施改革开放之后第一个以私有企业为主导的地区。虽然该文的导论部分已经汇整学界与官方对此现象的相关解释；然而，关于相关理论的文献评阅，作者将之置放在论文的结论部分，并借由个案经验的发现与既有文献进行对话。该论文的次标题，即反映了其意图：“The Sporadic Totalitarian State：A Theoretical Remark”。在此部分，其讨论的方式是：

> In studies of existing socialism, a socialist state has long been characterized by the predominance of the state bureaucracy over both the appropriation and distribution of economic surplus, as well as over the society as a whole...
>
> In contrast to the totalitarian approach, a new idea has emerged in recent studies of socialist society in which the socialist state is portrayed as a functionally fragmented bureaucracy which contains tensions, bargaining and conflicts of interest between different sectors and between different levels...

> Combining the strength of these two approaches leads to the sug- gestion that a socialist state such as China should be characterized as a sporadic totalitarian state with strong despotic power but weak infra- structural power...
>
> Although the Wenzhou experience is unique in China, its causal explanation can, to a certain extent, be applied to the development of private economies elsewhere... (pp. 313 - 316)

参考方块　4-4：文献评阅置于前言、独立章节与结论的案例

柯志明（2006）关于日本殖民主义下台湾的从属与发展的专书，在导论部分以一个独立章节详细检阅既存文献的两大研究取向：矢内原忠雄强调的剥削与支配面向，以及川野重任强调的经济发展面向。在此，文献评阅的方式是："底下的讨论追本溯源仍由战前两派日本学者间的论争着手，再循序以次及于战后相关的论点。"（第2页）

到了结论部分，柯志明仍以上述两个学术传统的文献评阅作为起点，并接续与其研究发现进行对话：

> 回顾了两派人的经验发现与洞见，笔者重新调整提问的框架如下：为何1925年以前蔗糖生产的扩张带来"低度发展的发展"（development of underdevelopment），而1925年以后米作生产的扩张却导向"平衡而均惠式的发展"？笔者运用韦伯式的理念型（Weberian ideal type）方法，引进一个新的理论参考架构作为探讨这个问题的切入点。（第225～226页）

3. 步骤三：界定文献的范围

研究文献的范围非常广阔，加上当代知识出版的数量与速度，使得研究者不可能搜寻并评阅"所有"学术文献。因此，研究者必须考虑研究性质、学科领域以及个人的知识背景能力，来界定文献范围。文献从哪里开始找起，取决于研究者对于研究主题的清楚程度，以及对于研究议题的熟悉程度（毕恒达，2005：31）。举例来说，研究者必须决定要将哪些种类（例如学术专论、政策评论、新闻报道、官方文宣，甚至是杂文随笔）与形式（例如专书专章、期刊论文、硕博士学位论文、新闻杂志以及 Blog、BBS 等网络媒介）的文献纳入？研究者可能也必须决定，评阅的范围需要涵盖哪些语言的文献（例如，要不要评阅简体中文的学术著作）？文献出版日期要回溯到何时（当然，经典文献不在此限）？哪些学科领域（不同学科会有不同讨论方式，甚至连索引系统都会有所差异）？

4. 步骤四：预定搜寻的索引系统来源

为了详实地完成文献搜寻，研究者必须预先准备搜寻的索引系统名单。就中文的文献搜寻而言，可以先列出“国家图书馆”的“馆藏查询系统”“中华民国期刊论文索引系统”“全国硕博士论文信息网”等几个重要的文献索引资料库系统。如果已经确定要找某个领域的文献资料，也可以到专门的图书馆或资料库去查询。例如，如果是“中国研究”与两岸关系方面的信息，“行政院大陆委员会”的“大陆信息及研究中心”，以及“清华大学”当代中国研究中心的“中国市场社会发展资料中心”都是不错的索引资料来源。在英文的文献搜寻部分，考虑到文献资料库的多样性与涵盖范围，建议可从期刊论文开始着手搜寻。最常使用且涵盖范围较广的文献索引资料库，包括“社会科学引文索引”（Social Sciences Citation Index，SSCI）资料库与 JSTOR 文献索引系统。此外，特定学科也会有专业的文献索引资料库，例如，Bibliography of Asian Studies 收录的书目记录，以亚洲地区的人文与社会科学为主。关于文献哪里找的问题，建议可以参考毕恒达（2005：33～50）的详细介绍，也可以询问所属的图书馆馆员。

5. 步骤五：进行文献搜寻的工作

备妥文献搜寻的预定材料后，就可以动手搜寻文献，并将所搜集的文献清单列表。关于搜寻文献的顺序，Creswell（2003：38－39）提出了几点建议：

（1）初次涉猎某项研究主题，或者对研究主题还不是很熟悉时，应该从最广泛的综合型资料开始，例如百科全书。

（2）接着，从严谨的学术期刊着手，并从最新的文章往前回溯；也可

以从这些论文的参考书目，获得文献信息。

（3）寻找学术专书或专书论文。

（4）为了探知学术动向的最新发展，可以搜寻最近举行的研讨会之论文。

（5）搜寻硕博士学位论文。

（6）搜寻网络是否有相关的评述，但网络的资料必须小心使用。

文献搜寻的结果，往往会出现两种困境：可供参考的研究文献太多或者太少。当然，在此阶段，搜寻到过多的文献总是比缺乏文献来得好。此时，研究者必须思考关键字词的设定有无偏离研究主题太远、是否忽略重要的关键字词，或者是应该重新界定文献搜寻的范围。

6. 步骤六：确定所搜寻到的文献是可获得的

从文献索引系统查询到的资料，通常只是书目信息，研究者还必须确认该书目是否可以获得。就期刊和专书而言，可以先从距离最近的图书馆找起；如果该图书馆没有收藏，可以透过“全国图书书目信息网”的“NBINet 联合目录”（网址：http：//nbinet2. ncl. edu. tw/union_ category. php? union_ id =1）查询有哪一所图书馆典藏该资料（必须注意的是，“NBINet 联合目录”的合作馆包括了“国家图书馆”与主要的大学图书馆，但学术藏书颇丰的中研院图书馆系统并未纳入，需另外联结搜寻）。接着，可以亲自到该图书馆调阅复印该文献，或透过“全国文献传递服务系统”，付费请该图书馆将所需的资料寄送过来。硕博士论文则是在搜寻时即可得知该论文有无电子文件；若无，则必须至论文所属学校、“国家图书馆”或政治大学社会科学资料中心查阅。研讨会论文的取得较为困难，可以询问主办单位，或作者是否愿意提供论文。取得文献是一件相当耗费时间、心力与金钱的工作，无论是找不到典藏该笔文献的图书馆、往返各图书馆的奔波、使用馆际文献传递时的漫长等待，以及好不容易找到该笔文献却发现不符所需，都容易让研究者心生挫折。虽然这似乎是不可避免的过程，但透过精确地设定关键字词与界定搜寻范围，可以减少许多做白工的几率。

7. 步骤七：从标题、摘要或部分内容大致判定是否采用该文献

不论最后取得的是适量还是过多的文献，研究者拥有的，往往是纷杂而尚待整理过滤的论文。此时，研究者必须借由论文的标题、关键字词、摘要或部分内容，大致判定是否要采用该文献，并将文献初步分类。如果是用 SSCI 或 TSSCI 资料库搜寻期刊论文，通常可以在书目信息中查询到关键字词与摘要；研究者可以在决定将该篇论文纳入评阅文献名单之后再去找寻文章即可。但是，外文专书、中文专书与中文非 TSSCI 收录的期刊则较为棘手，除了某些提供在线阅读或下载论文的期刊外，许多文章还是要到图书馆翻阅纸本后才能下决定。同时，为了让后续的评阅工作易于进行，研究者也可以在这个阶段开始建立初步的文献地图（literature map），将文献的性质、领域范围、重要性，以及与研究主题的相关性进行初步分类。

8. 步骤八：设计文献地图并将文献标定其上

界定出可能采用的文献并将其初步分类之后，可以开始着手设计文献地图。文献地图是一种以图像式方法，分类、组织并链接文献的有用工具。文献地图的设计，同样会因研究性质而有不同的绘制方式，而且也没有不可变动的制式规定，研究者可以依需求自行规划。关于几种常见的文献地图设计方式，将会在下文中有详细讨论。此处要提醒的是，在设计文献地图的内容、项目及其相互链接关系时，除了将相关文献在地图上标定之外，也可以在工作手稿的最后部分，以学术引用格式记录该笔文献的书目信息。这可以让研究者确定这笔文献的定位、是否要采用这笔文献，以及节省后续的排版等文书作业时间。

9. 步骤九：节录文献的重点，并给予注记评论

在文献地图上标定的书目，很有可能最终被研究者所采用。因此，研究者需要精读文献，节录论文的重点，并注记评论。此时写下的阅读笔记，将成为之后文献评阅时的重要材料来源。Creswell（2003：41－43）指出，良好的文献摘要必须包含以下的信息：研究的核心问题与目的、简要叙述作为研究对象的样本与母体，以及研究所采用的方法与技术。另外，研究者还需要记下：研究的重要发现与结论、此研究提出的概念或观点、研究解答与尚待解答的问题、此研究在学术脉络里的位置、研究设计与内容有哪些可能缺失、对此论文的其他评论与随笔，以及，最重要的是，该文献和本研究有哪些关联与对话空间。

10. 步骤十：动手撰写文献评阅

不论研究性质为何，一份好的文献评阅必须扣紧研究主题、具备合乎逻辑的架构，并且能清晰简洁地梳理学术脉络，呈现研究者对于该知识体系与相关文献的熟悉度与整合能力。因此，在动手写作文献评阅的初始阶段，研究者必须拟订写作计划来引导整个工作。写作计划包括文献评阅写作的时间表、决定花多少篇幅来做文献评阅，以及取舍哪些文献纳入评阅范围等。在这个阶段，必须考虑是在撰写研究计划、期刊论文、学位论文或是其他研究著作。另外，也可以试着先将写作材料概略分成三块：对既有文献的摘要、对既有文献的评论以及对既有文献归纳出整体结论，并且指出这些著作与本研究的关联性（Hart，1998：186－187）。最后，根据先前所汇整的学术脉络、绘制的文献地图以及拟订的写作计划，构筑一套用以组织铺陈文献评阅的分析架构，并撰写文献评阅的初稿。

（三）绘制文献地图

面对众多纷杂的著作文献，如何从中理出头绪，并达到文献评阅“清楚地梳理知识脉络，界定研究主题的学术位置，并据以引出研究的核心问题与分析架构”的目标，是一件相当重要却不容易的事情。有许多方法可以协助研究者进行这项工作，文献地图就是一种常被提及的有用工具。

地图是根据一定的法则，透过概括化过程以设定的符号，呈现自然或社会现象之空间关系的图形。运用在文献评阅方面，可以将文献透过一定法则的编排，以图像形式，对文献进行分类与组织，并呈现文献与文献之间的关系，以及该研究文献在学术脉络里的位置。透过地图对文献定位的好处在于，可以对该领域的方法论与研究技术有特定的了解、可以广泛熟悉该领域的发展历程与核心议题的分布，并可以透过对该领域的主要观点、概念与理论进行分析评论，借以了解研究主题的定位为何（Hart，1998：142）。

如同文献评阅本身，文献地图的绘制也会因为研究性质的差异而有多样可能性。无论采取何种绘制方式，基本架构的设计以及将文献内容进行分类都是首要的工作。在“步骤七：从标题、摘要或部分内容大致判定是否采用该文献”的时候，研究者可能已经针对文献的性质、领域范围、重要性以及与研究主题的相关性进行初步的分类；在这个阶段，研究者要做的是更细致且精确地分类。为了方便分类工作的进行，Hart（1998：145－150）建议可以先用表格的方式，记下各个文献的相关要点与摘要。至于基本架构的设计，涉及研究设计和研究方法，以及研究者对于相关知识的了解。毕竟，各种方法提供的是没有内容的骨架，串起这个骨架的衔接关键，必须依照研究需求而定。以下介绍几种文献地图的设计方式。

1. 流程图的设计方式

第一种方式是透过流程图架构来设计文献地图。研究者可以依循文献的时间序列，从左到右地标记各个学术发展阶段的文献特性；当然，也可以从上而下来设计。流程图式的设计，清楚地呈现该领域的发展情形，以及各文献出版的时间先后（Creswell，2003：39）。此外，由于既有著作也会在论述中包含文献评阅的部分，因此也可以从中得到晚近的研究如何与早期文献进行对话，以及该作者如何解读这些文献。流程图式的设计方式，虽然呈现了学科发展的纵向关系，但却缺乏概念与概念之间的横向联结，是其不足之处。然而，如果能将这个方法与其他的设计方式搭配，却可以提供相当的帮助。例如，研究者可以将流程图式的设计，纳入树形图或网络图，表达每个概念或领域的发展历程。如此一来，就可以联结起概念发展的时间关系。这种设计方式，适合于需要回顾学科发展的研究；诚如图4－1所示，李丁赞、吴介民（2008）探讨台湾公民社会的概念发展史，就是以时间过程作为文献讨论的轴线。

2. 线性关系图的设计方式

第二种文献地图的设计方式，是指出文献在概念上的线性关系。这种设计方式，在图像的视觉上和流程图很相似，但其内容是截然不同的。线性关系指的是透过一定的线性规则将文献及其概念串联起来。这里所指的线性规则可以是因果影响关系，也可以是逻辑推论关系。这种设计方式很类似研究设计的分析架构，差异在于其试图呈现的是学术脉络背景、呈现文献或其概念之间的联结。透过这种方式，研究者可以得知研究主题在学术脉络里的前后关系及定位，也可以使其文献评阅具有更强的逻辑性。不过，这种设计方式的缺点在于其组织与联结文献的宽广度不足。这样的问题可以透过将线性关系图的设计方法纳入树形图或网络图的架构加以解决，就像流程图式设计的解决模式。不过，如果研究性质与设计只需要将概念之间的线性逻辑关系

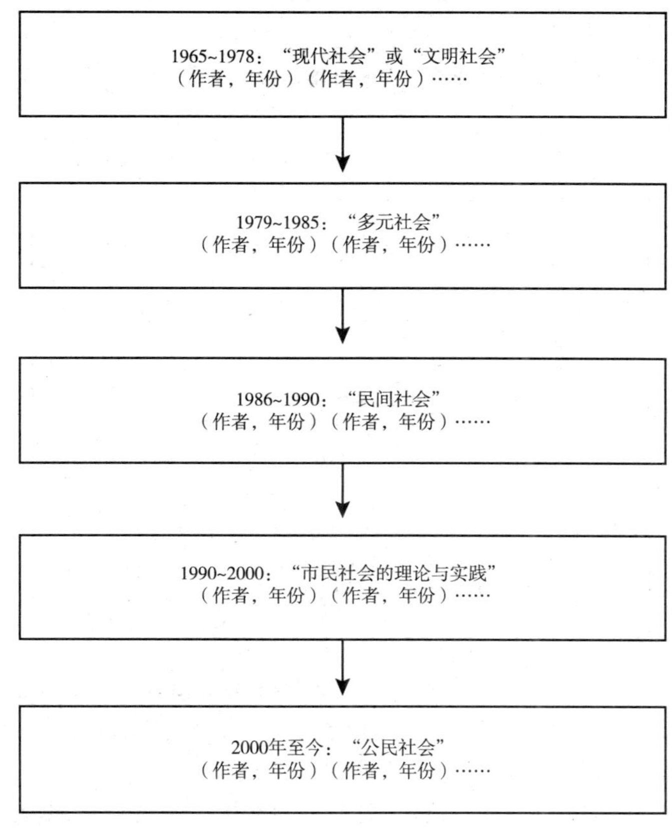

图 4－1 流程图式文献地图范例

资料来源：摘自李丁赞、吴介民（2008：400～429）。

清楚呈现即可，那么线性关系图的设计方式，就是一种简洁且值得采用的文献评阅架构。谢国雄（2003）著作的文献评阅部分，就隐含着此类概念之间的线性关系，笔者尝试将其整理于图 4－2。

3. 树形图的设计方式

第三种文献地图的设计方式是透过树形图的方式。从研究的核心主题向外发展，接次联结到次领域，最后形成一幅以研究主题为根基，从最密切且重要的概念或主题渐层地向次领域发展的树形图。树形图式的文献地图，可以帮助研究者理解其研究主题的学术位置，也可以呈现该研究从抽象到具体、从概念到细节，以及从理论到实证的文献脉络。换言之，研究者可以知道，文献评阅将从哪里开始，又在哪里结束。因为树形图的设计方式具有很

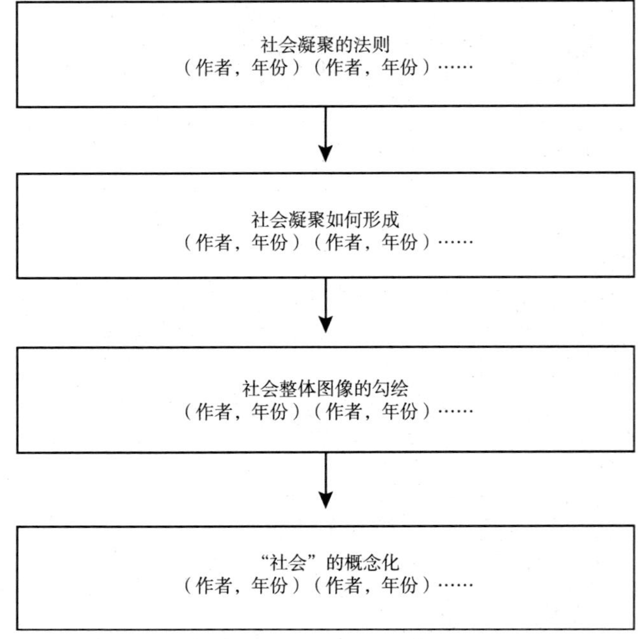

图 4－2　线性关系图式文献地图范例

资料来源：改绘自谢国雄（2003：2～39）的文献评阅内容。

强的阶层性，所以研究者可以照着树形图的架构，一层一层地阶段化进行文献评阅，如此可以更熟悉文献发展的历程与脉络。然而，树状结构往往会因为枝叶繁多而让研究者陷入难以整理分析的困境，所以在文献评阅的进行过程，以及最后的文稿撰写时，必须做适度的修剪，才不致使得文献评阅的部分过于繁复冗长，并导致论文的章节安排结构产生轻重失衡的缺点。尽管最后文稿呈现的只是树形图上最重要的部分，树形图式架构对于文献评阅的构思与分析还是有相当的帮助。在黄崇宪（2008）考察台湾的“国家研究”① 范例的论文里，即透过树形图的架构，整理出既有文献中“已处理”与“尚待处理”的研究议题；关于其树状架构，请参阅图 4－3。

4. 网络图的设计方式

第四种文献地图的设计方式，是将文献之间的网络关系联结起来；在视觉上，是与一般地图最相似的文献地图。这种设计方式，结合了流程图、线

① 此引号为中文简体版编者所加。为了不影响读者阅读，以下此类情况不再加引号。

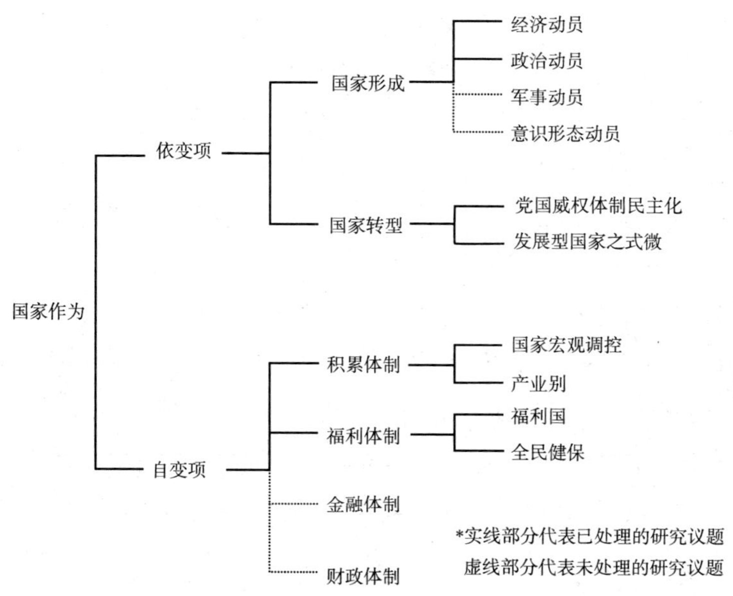

图 4－3　树形图式文献地图范例

资料来源：黄崇宪（2008：361，原始资料扫描图文件）。

性关系图与树形图等设计方式的优点，是整合度最高，但也是最费工夫的设计方式。文献网络图呈现的是既有文献的综览，它能快速地帮助研究者理解该研究主题如何与既有研究产生联结，并清楚标示该研究在学术脉络里的位置（Creswell，2003：39）。网络图式的文献地图，其文献的联结关系往往比树形图式的设计还高，所以在设计网络图，或是将以网络图为依据撰写文稿时，都要将简明清楚的原则谨记在心。同时，也因为网络图式设计的高度复杂性，在绘制此类文献地图时，也要再三斟酌文献之间的位置与关联是否妥适。首先，将先前界定的研究主题，以方框圈起来，置于文献地图的最顶端，再逐层依分类将次领域的主题一一往下位阶层置放（每个次领域也是用方框区隔）。此时，可以得到一幅上下颠倒的文献树形图。接着，研究者标示各个方框的特性、主要文献与年代，将具有时间序列或线性关系的方框连接起来，并且在连接线上写下两个方框的联结属性与强度。最后，研究者可以将各篇文献所提及的“研究建议”整合起来，标记在所属方框中，待完成一幅“后续研究树形图”之后，便可归纳出一些值得研究的学术课题，同时也能检视研究主题与这些尚待研究议题之间的关联（Creswell，2003：40－41）。借此，研究者不仅了解了该研究在学术脉络里的位置，而且可以从文献评阅的过程，推导出研究的核心议题与分析架构。鉴于网络图式文献地图的复杂度，研究论文往往难以将该文献地图直接投射在论文的文献评阅里，否则将冒文献评阅之部分过于肥大的风险。因此，作者仍须视研究的问题意识、分析架构与性质目的，来决定要如何把文献地图上的项目内容呈现在文献评阅上。这是件相当困难的工作，也因而较难从既有文献里找到直接把网络图式文献地图整个投射到文献评阅的范例。诚如图4－4所示，赵鼎新（2007）所整理的“社会运动与革命理论的发展逻辑”架构图，尽管系社会运动理论的完整回顾，而非属于网络式文献地图的全般直接投射，但该图所呈现的网络逻辑，对于此类文献地图的绘制，仍有相当高的参考价值。

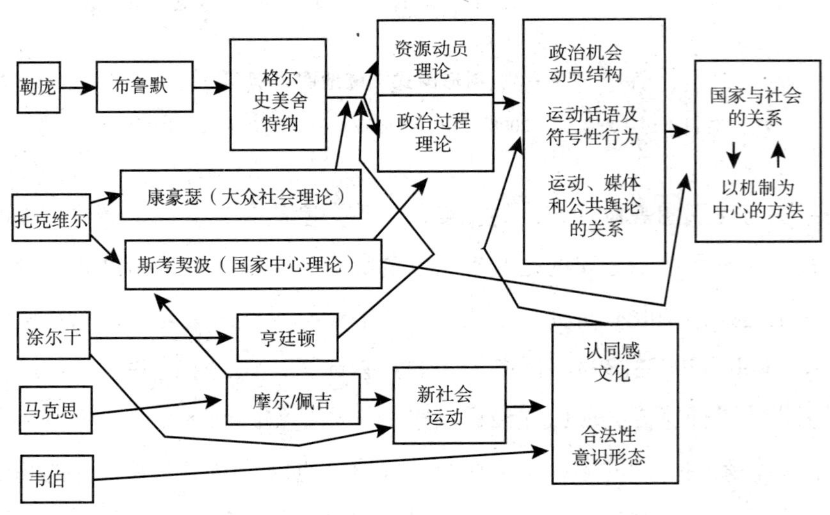

图4－4　类似网络图式文献地图的范例

资料来源：赵鼎新（2007：33，原始资料扫描图文件）。

五　总结

文献评阅是对于特定研究主题之既有文献的整合、分析与批评的叙述整理，这些既有文献可能包含了与研究主题相关的信息、想法、概念、证据或

者特定观点。文献评阅需要指出这些研究成果的性质、特征以及如何推导的理论逻辑。本章探讨了下列相关议题：文献评阅的重要性与目的、不同研究方法的文献评阅方式、进行研究评阅的技术与步骤，以及展现如何绘制文献地图。

首先，本章指出了文献评阅的重要性与目的。文献评阅可以帮助研究者有系统地认识其研究主题的知识传统、建立研究的架构，借以发现新的研究问题，或者透过不同的视角与研究方法来探讨已经被研究过的议题。具体来说，一份好的文献评阅可以帮助研究者界定研究主题在学术脉络里的位置，并阐明研究的对话对象与范围；第二，研究者也可以据以确立研究的核心问题，并建立明晰的分析架构；最后，文献评阅也呈现研究者对于该知识体系与相关文献的熟悉度与整合能力。因此，文献评阅是非常“有用”的，而为了能够“使用”文献评阅，论文叙述必须扣紧研究主题，并且有目标地、有组织地、有架构地呈现出来。

其次，本章透过研究法属性的区分，说明质性、量化与质量并用研究法的文献评阅，其侧重层面与注意要点因各种研究法的特征而有所不同。因为研究途径的多样性及其在文献评阅方面的特质，质性研究的著作评析需要特别注意问题意识、研究目的与研究方法之间的适切性，也需要仔细推敲文献评阅最适合置放的位置与呈现的形式。在量化研究中，文献评阅必须呼应前言的问题意识，阐明此研究议题的重要性，并且据此归纳出其研究假设。至于综合式研究要侧重质性或者量化研究，必须依据研究设计而定。在论文结构方面，每个阶段所采用的研究设计，往往必须跟随这个阶段的文献评阅。

再次，本章介绍了文献评阅的几种进行方式与操作技术。就位置而言，因应研究的性质与目的，文献评阅的章节安排可以置放在三个地方：第一，前言部分、独立章节的文献评阅或是结论之处。当然，如果研究论证确实有其必要，亦得以在两个以上的地方进行文献评阅。第二，就如何规划文献评阅而言，文献评阅的种类与形式因为研究目的与性质的不同而有多种可能性，尽管文献评阅的进行方式并没有固定的步骤，但其过程不外乎始于定义研究主题，最终回归到借由摘述、整合、分析与批评文献，以达到其目的。第三，鉴于文献地图的实用性与重要性，本章另辟专门的部分说明文献地图的设计。文献地图系将文献透过一定法则的编排，以图像形式对文献进行分类与组织，并呈现文献与文献之间的关系，以及该研究文献在学术脉络里的位置。如同文献评阅本身，文献地图的绘制也会因为研究性质的差异而有多样可能性。本章介绍了几种文献地图的设计方式：流程图、线性关系图、树形图以及网络图的设计方式。必须注意的是，各种方法提供的是没有内容的骨架，串起这个骨架的联结关键，必须依照研究需求而定。

参考书目

毕恒达（2005）《教授为什么没告诉我?》，台北：学富。

陈向明（2002）《社会科学质的研究》，台北：五南。

黄崇宪（2008）《利维坦的生成与倾颓：台湾国家研究范例的批判性回顾 1945～2005》，谢国雄（编）《群学争鸣：台湾社会学发展史 1945～2005》（页 321～392），台北：群学。

柯志明（2006）《米糖相克：日本殖民主义下台湾的发展与从属》，台北：群学。

李丁赞、吴介民（2008）《公民社会的概念史考察》，谢国雄（编）《群学争鸣：台湾社会学发展史 1945～2005》（页 393～446），台北：群学。

吴重礼（2007）《分立政府与经济表现：1992 年至 2006 年台湾经验的分析》，《台湾政治学刊》，11（2），53～91。

谢国雄（2003）《茶乡社会志：工资、政府与整体社会范畴》，南港：中研院社会学研究所。

赵鼎新（2007）《社会运动与革命：理论更新与中国经验》，台北：巨流。

Alesina, Alberto, Londregen, John, & Rosenthal, Howard (1993). A model of the political economy of the United States. *American Political Science Review*, *87*, 12－33.

Creswell, John W. (2003). *Research design: Qualitative, quantitative, and mixed method approaches* (2nd ed.). Thousands Oaks, CA: Sage.

Creswell, John W., & Clark, Vicki L. Plano (2007). *Designing and conducting mixed methods research.* Thousands Oaks, CA: Sage.

Cutler, Lloyd (1988). Some reflections about divided government. *Presidential Studies Quarterly*, *18*, 485－492.

Geertz, Clifford (1973). *The interpretation of cultures.* New York: Basic Books.

Geertz, Clifford (1983). *Local knowledge: Further essays in interpretive anthropology.* New York: Basic Books.

Hart, Chris (1998). *Doing a literature review: Releasing the social science research imagination.* London: Sage.

Liu, Ya-ling (1992). Reform from below: The private economy and local politics in the rural industrialization of wenzhou. *China Quarterly*, *130*, 293－316.

Marshall, Catherine, & Rossman, Gretchen B. (2006). *Designing qualitative research* (4th ed.). Thousands Oaks, CA: Sage.

Nachmias, Chava Frankfort, & Nachmias, David (1996). *Research methods in the social sciences* (5th ed.). London: Arnold.

Neuman, William Lawrence (2006). *Social research methods: Qualitative and quantitative approaches* (6th ed.). Boston: Pearson.

Patton, Michael Quinn (2002). *Qualitative research and evaluation methods* (3rd ed.). London: Sage.

Punch, Keith F. (1998). *Introduction to social research: Quantitative and qualitative approaches.* Thousands Oaks, CA: Sage.

Stewart, Charles Ⅲ (1991). Lessons from the Post-Civil War Era. In Gary W. Cox & Samuel Kernell (Eds.), *The politics of divided government.* Boulder, CO: Westview Press.

Weatherford, M. Stephen (1994). Responsiveness and deliberation in divided government: Presidential leadership in tax policy making. *British Journal of Political Science*, *24*, 1–31.

延伸阅读

1. 胡幼慧主编（1996）《质性研究：理论、方法及本土女性研究实例》，台北：巨流。

   该书为台湾社会科学研究者以质性研究为主题的著作，主要分为理论篇与方法篇。理论篇介绍质性研究的意涵和学术典范；方法篇则引介各种研究途径与实例，诸如民族志、参与观察、焦点团体、行动研究、口述历史等。

2. Alford, Robert R. (1998). *The craft of inquiry: Theories, methods, evidence.* New York: Oxford University Press.

   这是一本广受社会科学研究者所肯定与课堂采用的教科书。作者界定了三种社会研究方法的典范，包括多变量（multivariate）、诠释（interpretive）与历史（historical），并透过相对应的经典著作，说明三种典范的主题与研究设计，简要清晰地诠释方法论与研究方法两者之间的复杂关系。

3. May, Tim (2001). *Social research: Issues, methods and process* (3rd ed.). Buckingham and Philadelphia: Open University Press.

   这是一本兼及社会理论与研究方法的操作指南。在文献评阅部分，此书侧重于研究文献的定位、处理与分析，补充了本章因篇幅所限而无法细述的重要面向，例如文献的真实性（authenticity）、可信性（credibility）与代表性（representativeness）等问题。

4. Shively，W. Phillips（2005）. *The craft of political research*（6th ed.）. Upper Saddle River，NJ：Pearson Prentice Hall.

   作者为美国政治学界从事量化研究的知名学者，借由深入浅出的笔触，引领读者理解社会科学研究的本质、理论与研究主题的搭配、变量测量的疑义、因果关系和研究设计，以及初级量化研究的基本概念。借由实际研究案例的介绍，有助于读者结合文献评阅和研究方法。

第五章 实验研究法

一 前言

发掘新知必须有一定的方法与步骤，而这些方法与步骤会随着我们所要掌握新知的程度而异。追求新知的终极目标是要能够解释事情的因果关系，以便据以创造新的事物、影响甚或控制我们所生存的环境。但是解释事情的因果关系是很困难的，也不是一蹴可就的。在掌握事情的因果关系之前，必须先要能够掌握事情的现象（样貌），这有赖系统性的观察；能够掌握事情的现象之后，才能进一步理出事情彼此之间是否有关系；最后再去确认这些关系的因果方向性。

发掘新知必须以科学的方式进行。什么是科学的方式呢？简单地说，就是明确且可由本人及他人重复检验及修正的程序（也就是“实证”的意思），这还涉及必要的逻辑推理与辩论。此外，科学研究的方式是要追求相对简单且具普遍性的原则。因为研究方法的科学性相当重要且基本，所以本章先从科学的意义谈起，然后才介绍实验设计的基本概念，与几种常见的实验设计，最后讨论实验研究法的贡献与限制。

二 科学的意义

（一）知识论

从科学的角度来看，知识是宇宙万事万物（包含人）变化的道理，掌据这种知识有助于人类的永续生存与发展。这样的知识相当程度上是客观的，不具价值判断的，也就是无是非对错，没有应该不该的考虑。这样的知识应该要能归纳成一些普遍性的原则，以便我们可以用来准确地预测及解释事物的变化。这样的知识很难求，因为探求知识的人既是知识的主体也是客体，因此要小心翼翼、点点滴滴、经历很长的时间来探索累积。这样的知识不是天赋的，也不能假借外在不确定的知识体传递，而必须由人类自求。这样的知识是不断变动的，每一个阶段所掌握到的事理都不具有百分之一百的确定性，在未来都有可能被推翻，必须重新建构；但是这样的知识仍必须要有累积的可能。最后，这样的知识并不提供一个最终的答案。

（二）方法论

为了确保知识的相对客观性与可靠性，降低研究者片面主观性的影响，因此科学研究在方法上特别强调明确、可重复检验和修正的程序。这样的程序，以及经由此程序所做的观察，必须公之于世，容许他人执行，以便交互验证这样的程序是否可以获致相同的观察结果。而由于科学研究的最终目的是要掌握宇宙万事万物变化的道理，因此，在方法上必须要提出问题、建构具体可检验的研究假设、设计一套程序以收集可测量得到的资料、对资料进行分析与解释、讨论手中的资料是否符合研究假设的预测，尤其要考虑对同样的资料是否有其他可能的解释。这样的过程必须循环不断，在每个研究中进行。而且，科学的研究意在追求一些普遍性的原则，以便用来准确地预测及解释事物的变化，因此，研究假设的建构不能是支离破碎的，而必须有比较广泛的理论的支撑，从理论中衍生出来。

在前段的方法论中，“资料的可测量性”特别需要澄清与讨论。由于研究者同时为知识的主体与客体、身兼观察者与解释者，观察与解释难免混在一起，影响知识的客观性与可靠性。为了避免这样的困扰，科学的研究必须经由某种相对客观的机制进行观察与资料的收集，这个机制就是明确可靠的测量工具。透过这样的工具，不同研究者所做的观察才能相互比较、交叉验证，进行有效的讨论。测量工具可以很多样，反映量尺的精细程度不一。量尺的精细程度不等于量尺的好坏，研究者需要不同刻度的量尺进行观察，粗略的量尺让我们看到林，精细的量尺让我们看到树。科学的研究既要能够见树，也要能够见林。就方法学而论，关键在于测量工具的客观性以及明确与可靠度。

三 实验设计的基本概念

（一）意义、内容、重要性

实验研究的重点在于收集实验资料验证实验假设，要让收集到的资料可以适切地验证研究者所提出的实验假设，那么在收集实验资料之前，研究者必须根据实验假设审慎地规划出一套具体可行的方案，用来说明实验资料收集的方式，这套收集实验资料的具体方案就是实验设计。因此，原则上只要是和收集资料有关的事项都属于实验设计的内容，但一个实验设计内容基本上必须要能够说明自变项（independent variables）及其操弄的水平（levels）、依变项（dependent variables）及其测量方法、外扰变项（extraneous variables）及其控制的方法，例如受试者选取和分派的方式。良好的实验设计可以合理地安排各种实验因素，严谨地控制实验误差，使得研究者可以运用较少的研究资源（人力、物力、财力、时间）收集到丰富、可靠、有效的实验资料，进而恰当地验证实验假设；相反，有缺陷的实验设计可能会造成不必要的资源浪费，甚至会使研究者收集到无效的实验资料，误导研究者做出错误的因果推论。因此，实验设计是一门相当重要的学问，拥有基本的实验设计概念可以提升研究者之间的沟通效率，具备良好的实验设计能力才能看出实验设计的优劣、评鉴研究的好坏并规划出恰当的实验设计方案，使研究者在比较合乎经济效益的原则下收集到有效的实验资料，从而达成检验因果关系的实验目的。

（二）基本术语

1. 依变项（变量）、自变项（因子）

依变项是研究者所关心、要测量的行为反应。例如，研究者如果想要了解读本的文字大小是否会影响阅读速度这个研究问题时，阅读速度就是实验的依变项。研究者感兴趣的行为反应可能不止一种。例如，除了阅读速度之外，研究者可能也想知道阅读理解的正确性。在实验设计上，只涉及一个依变项的实验称为单变量实验，而涉及多个依变项的实验称为多变量实验。自变项是研究者假设可能造成行为反应差异的原因，是研究者想探索、要操弄的因素（因子）。例如，在上面阅读研究的例子中，读本的文字大小就是该实验的自变项。一个实验可能涉及一个以上的自变项。例如，除了文字大小之外，研究者也假设读本的字体类型也会影响阅读速度。只涉及一个自变项的实验称为单因子实验，涉及多个自变项的实验称为多因子实验。多因子实验中的数个自变项必定是同时操弄的。如果是分开操弄，就只能算是数个单因子实验。

2. 水平、实验情境（处理）

水平是指研究者针对某个自变项所操弄的值（这里所指的“值”不一定是数值，也可以是种类）。例如，文字大小这个因子有大、中、小三个水平，而字体类型这个因子有细明体、标楷体两个水平。单因子实验通常直接以单因子实验称之，而多因子实验则是以每个自变项的水平数目的连乘来表明该实验所涉及的因子数目和水平数目。例如，3×2 因子实验表示实验涉及两个因子，其中一个因子有三个水平，另一个因子有两个水平。实验情境（experimental conditions）或实验处理（experimental treatments）是指各因子水平所交错出来的条件组合，或称细格。在单因子实验中，实验情境的数目相当于水平的数目；在多因子实验中，实验情境的数目等于各因子的水平数目的连乘积，例如：3×2 因子实验涉及 6 个实验情境。

3. 随机选取（随机抽样）、随机分派

随机选取/随机抽样（random selection / sampling）是指利用随机程序，从研究者感兴趣的研究对象的母体中选取出受试者的方法；随机分派（random assignment）是指利用随机程序，将选取到的受试者安排到实验情境的方法。理论上，随机程序的执行可以创造出均等的机会。因此，使用随机选取时，所有研究者感兴趣的对象都有相同的机会被选取成为实验的受试者。换言之，被选取到的这些受试者可以充分代表研究者感兴趣的对象，而这个代表性可以使实验所获得的结果类推到未实际参与实验的那些对象。同理，使用随机分派时，所有的受试者都有相同的机会被安

排到任一个实验情境中。理论上这就表示，在进行实验操弄之前，各实验情境下的受试者在各方面的条件（例如：性别、年龄、智商）是相当的，不会与研究者操弄的自变项产生系统性的共变，混淆因果推论。因此，随机分派是一种控制外扰变项的方法，采用随机分派可以使实验具有内部效度。

4. 受试者间、受试者内

依据受试者参与实验水平的状况，实验因子有受试者间和受试者内之别。如果受试者只参与一个因子内其中一个水平的测量，那么这个因子就是受试者间因子（between-subjects factor）；如果受试者重复参与一个因子内每一个水平的测量，那么这个因子就是受试者内因子（within-subjects factor）。对于受试者间因子而言，不同水平下的受试者是不同的；对于受试者内因子而言，不同水平下的受试者是相同的。在实验设计中，只包含受试者间因子的实验称作受试者间设计，只包含受试者内因子的实验称作受试者内设计，而同时包含受试者间因子和受试者内因子的实验称作混合设计（mixed design）。由于受试者内因子牵涉对相同受试者进行重复测量，因此包含受试者内因子的实验又称作重复量数设计（repeated measure design）。

5. 独立样本、相依样本

实验通常会涉及抽取多个样本，当这些样本的选取彼此互不相干时，这些样本就是所谓的独立样本（independent samples）；当这些样本的选取彼此有关系时，这些样本就是所谓的相依样本（dependent or correlated samples）。举例来说，在受试者内设计中，每一位受试者重复参与各水平的测量，各实验情境涉及选取同一批受试者。由于某一实验情境选取受试者后，另一个实验情境就一定得是同一批受试者，无法任意选取，两个样本的选取有关系存在，因此属于相依样本。在受试者间设计中，每一位受试者只会接受其中一个水平的测量，各实验情境涉及不同的受试者。如果受试者间设计中各实验情境的受试者是透过随机程序选取出来的话，那么理论上这些样本的选取彼此不相干，属于独立样本；如果受试者间设计中各实验情境的受试者是透过配对方式（例如，睡眠时数差不多、性别相同或年龄相当的受试者）选取出来的话，那么这些样本的选取有关系存在，仍属于相依样本。从上面的说明可知，受试者内设计必然属于相依样本设计，但受试者间设计不必然属于独立样本设计，它也有可能是相依样本设计。独立样本与相依样本区分的关键在于受试者的选取是否随机、独立、不相干，不应与受试者间和受试者内的概念混淆。进行资料分析时，独立样本和相依样本所使用的统计分析方法不同，因此两者的区辨很重要。

6. 固定效果、随机效果

依据实验水平的选择方式，各实验因子可以被区分为固定因子和随机因子。当实验因子所包含的水平就是研究者感兴趣的所有水平时，这种因子就是固定因子（fixed factors）；当实验因子的水平是从研究者感兴趣的所有水平之中随机选取出来的一部分时，那么这种因子就是随机因子（random factors）。举例来说，某位研究者操弄第一个词和第二个词出现的时距（SOA）：100 和 300 毫秒两个水平，并测量受试者对第二个词的念名时间。当时距属于固定因子时，就意味着这位研究者只关心在 100 和 300 毫秒这两个时距下念名时间的差异；当时距属于随机因子时，就意味着这位研究者感兴趣的是各种不同时距下的念名时间差异，而实验中所采用的 100 和 300 毫秒是该研究者从各种时距中随机选取出来的。对于随机因子来说，虽然实验没有包含研究者感兴趣的所有水平，但实验所采用那几个水平是随机选取出来的，所以具有代表性，实验结果就可以类推到没有包含在实验中的那些水平；对于固定因子来说，实验水平本身就是研究者所感兴趣的全部水平，是研究者刻意选取来的，所以实验结果不可以也没必要类推到实验之外的那些水平。

7. 变异来源

人与人之间原本就会由于各种因素而造成变异（差异），当研究者操弄某一个实验变项时，其目的是要在这样的基本变异之上，增加额外的变异。基本变异统称为“误差”，额外变异称为“实验效果”。理论上，实验中观察到的行为变异包含基本变异（误差）在里头。而统计分析的作用是在比较实验操弄所造成的变异是否明显地大于基本变异（误差），如果是，才能断定实验效果存在。好的实验设计有降低基本变异的作用，使得实验效果比较容易凸显出来。不同的实验设计可以掌控的变异来源不同，比较复杂的实验设计通常可以掌控的变异来源比较多，但是实务操作上也比较麻烦。学习实验设计其实就是在学习分离变异的来源。

（三）逻辑与手段

以实验法作为研究策略时，其目的在于检验两个事件之间是否存在着因果关系。例如，当一位研究者想要用实验法来探讨喝咖啡是否能集中注意力这个问题时，他无非就是想要知道喝咖啡与注意力集中情况这两个事件是否互有因果关系。要如何才能知道两个事件之间有因果关系呢？逻辑上如果要宣称 A 事件和 B 事件之间有因果关系且 A 事件是（原）因 B 事件是（结）果的话，那么就必须同时满足三个条件。第一，如果 A 事件和 B 事件之间有因果关系就表示 A 事件和 B 事件之间有关联性。A 事件和 B 事件要有关联性，那么 A 事件和 B 事件就必须会共变（covariation），亦即 A 事件和 B 事件之中如果有一个事件的状态发生改变，那么另外一个事件的状态也会发生改变。例如，一向乖巧的小明这个星期常有攻击行为产生，如果小明的攻击行为和暴力影片有关系的话，那么小明在这个星期内就一定得接触过暴力影片。第二，如果 A 事件和 B 事件之间的关联性是属于因果关系的话，那么A 事件和 B 事件发生的时间点必须要有时序关系（time-order relationship），这是因为原因必然发生在结果之前。例如，接触暴力影片如果是造成小明产生攻击行为的原因，那么接触暴力影片就一定得在攻击行为产生之前。除了共变和时序关系两个必要条件之外，因果关系的建立还要有一个充分条件：无他因（no alternative causes）。例如，如果这个星期的天气酷热，或者小明经常酗酒，那么我们就很难判定小明的攻击行为究竟是因为观看暴力影片，或者是天气过热、经常酗酒，还是这些原因一起造成的。唯有在造成攻击行为的其他可能因素被排除的情况下，我们才有办法确定接触暴力影片是造成暴力行为的原因。

进行实验研究时，研究者是透过操弄、控制、测量三个手段来检验共变、时序关系、无他因三个建立因果关系的逻辑条件是否被满足。例如，想要知道喝咖啡是否可以让注意力集中，那么研究者可以找来两组受试者，控制这两组受试者在各方面（尤其是那些会影响注意力集中情况的因素，例如前一晚的睡眠时数）相当，接着操弄一组受试者有喝咖啡另一组受试者没有喝咖啡，然后测量这两组受试者的注意力集中情况是否有所不同。在这个例子中，注意力集中的情况是研究者关心的行为反应，在实验中是被观察、测量的对象称作依变项；喝咖啡是研究者怀疑的原因，在实验中是被操弄的对象称作自变项；喝咖啡的有和无是研究者针对喝咖啡这个自变项所操弄的“值”，代表了不同的实验情境，称作水平；前一晚的睡眠时数是研究者不感兴趣的因素，但是却会影响依变项，在实验中是被控制的对象，称作外扰变项。如果外扰变项没有被恰当地控制住，和自变项一起有系统地影响依变项，那么就会造成因果推论的混淆。例如，研究者没有控制受试者前一晚的睡眠时数，如果喝咖啡的那一组受试者恰巧比没有喝咖啡的那一组受试者前一晚的睡眠时数多，那么研究者就很难判断喝咖啡的那一组受试者注意力集中程度较高是因为喝了咖啡的缘故，还是因为前一晚睡得比较多的缘故。在实验法中，那些会影响依变项但未获控制的外扰变项被称作混淆变项（confounding variables），是研究者想要避免的。因此，研究者是透过控制外扰变项避免转化为混淆变项来满足无他因的条件，透过先操弄自变项后测量依变项的实验模式来满足时序关系的条件，然后再观察自变项和依变项之间是否产生共变现象，以检验两者之间是否具有因果关系。

（四）效度与原则

实验完成之后，研究者通常会根据实验结果做出一些推论。当我们问起这些推论的正确性时，其实就是想要知道这个实验是不是具有效度。依实验推论，研究法中区分出几种不同的效度，其中内部效度和外部效度是两种最常被讨论的实验效度。以下我们将介绍这两种效度的定义，并说明建立一个实验的内部和外部效度的重要原则。

1. 内部效度

内部效度和因果关系推论的正确性有关。内部效度高的实验其因果关系的推论是受肯定的，内部效度低的实验其因果关系的推论是被质疑的。因果关系的建立和自变项的操弄、依变项的测量、外扰变项的控制有关，因此想要设计一个具有内部效度的实验就必须从这三方面着手，把握几个重要原则。

（1）自变项

实验研究的目的在于确认因果关系，共变关系是建立因果关系的必要条件，而操弄自变项是检验共变关系的重要手段。研究者透过操弄自变项的值，创造出不同的实验情境（水平），然后观察受试者在不同的实验情境下或者观察不同情境下的受试者的行为反应（依变项）是否有差异。要达到操弄的目的，自变项必须具备两个特性。第一，最少要有两个水平，另一个水平的存在可以提供操弄的比较标准，借以评定实验操弄的效果。例如，要评估喝了咖啡的受试者注意力集中程度是否提升，可以以不喝咖啡的受试者的注意力集中程度为基准点。第二，可以被操弄，亦即研究者可以操弄的因素。例如，研究者可以决定让受试者喝咖啡或者不喝咖啡。受试者变项（subject variables）是指那些和受试者特征有关的变项（例如：性别、年龄、智力），是受试者原本就具备的，研究者无法任意更改、指定或操弄，因此不适合被当成实验研究的自变项。另外，为了使自变项的操弄能够有效地凸显出依变项在不同水平之间应该有的变化，自变项各水平间的反差要够大。例如，要研究曝光次数（自变项）与吸引力（依变项）的关系，宜操弄5次、10次、15次的曝光次数，不宜操弄1次、2次、3次的曝光次数，这是因为自变项各水平间的反差如果过小，依变项在各水平的差异就会太小不容易区辨。如果这个时候依变项的测量工具的精确度又不怎么高时，这种微小的差异很可能就没有办法被发掘出来，导致共变关系被否定，无法做出正确的因果推论。另外，自变项和依变项之间因果关系的函数形态如果是非线性的话，那么自变项除了各水平间的反差要够大之外，水平数目要够多才能正确地捕捉到自变项和依变项之间的关系。例如，在自由回忆的实验中，研究者一一呈现一些无关的项目给受试者之后，要求受试者不必按照项目原先呈现的顺序尽量回忆出刚刚呈现过的项目。过去研究发现，项目呈现的位置（自变项）会影响自由回忆的表现（依变项）。相较于中间呈现的项目，开头和最后呈现的项目回忆率较高，这就是所谓的序位效应（serial position effect）。如果当初研究者只用了很少的项目，致使项目呈现的位置数很少，可能就没办法发现这个效果了。

（2）依变项

除了自变项的操弄要有效之外，依变项的测量也必须有效，才能正确地检验出自变项和依变项之间的共变关系。要达到这个目的，那么在测量依变项时必须留意两个原则。第一，选用恰当的测量工具。一个恰当的测量工具必须具备几个特性：A. 效度高，可以测量到研究者想要测量的行为或能力；

B. 信度高，可以使测量具有稳定性，降低测量误差，增加测量的可靠性；C. 精确度高，可以使测量具有敏感度，容易捕捉到依变项的变化。第二，妥善地使用测量工具，力求测量程序标准化，以降低测量误差。从统计的观点来看，过大的测量误差会使得操弄效果不容易被检定出来。

参考方块 5-1：水平数究竟要多少才恰当呢？

自变项的水平数过少恐怕没有办法正确地描述出自变项和依变项之间的关系，过多则会造成不必要的研究资源浪费。那么，水平数要多少才算恰当呢？答案的关键在于自变项和依变项之间的函数关系所包含的反曲点数目。原则上，自变项的水平数至少必须是反曲点的数目加2。例如，如果自变项和依变项之间的函数关系是一次方的线性函数（没有反曲点），那么自变项至少要有两个水平；如果是二次方的抛物线函数（一个反曲点），那么自变项至少要有三个水平；如果是三次方的函数（两个反曲点），那么自变项至少要有四个水平。有时候，研究者不见得都能知道自变项和依变项的函数关系形态。原则上，研究者可以根据研究的议题，参考过去的文献获得一些线索。如果是一个崭新的研究议题，那么水平数尽量要多一些，这样才不至于错失洞察新知的契机。

（3）外扰变项

如果除了自变项（例如教学方案）之外，外扰变项（例如智商）也有机会一起影响依变项（例如阅读速度）的话，那么研究者就没有办法判断依变项的变动究竟是哪一个变项造成的。因此，要建立正确的因果关系（内部效度）就必须恰当地控制外扰变项，使外扰变项不会和自变项一起系统性地影响依变项，亦即不会转变成混淆变项。避免混淆变项产生的方法有：

A. 排除法：去除外扰变项对依变项的影响。例如，无论是何种教学方案，全部只以高智商或低智商的学童为受试者，使智商不再是个变项。由于排除法采用了同构型较高的受试者，因此可以减少受试者行为表现（阅读速度）的变异性，但却也因为限制了研究的对象，而大大地降低了实验结果类推到所有受试者的能力。因此，排除法不常被使用。

B. 恒定或配对法：使外扰变项对依变项的影响在各水平相当。例如，在各种教学方案下，高智商和低智商的学童人数比例一样。虽然智商仍旧会影响阅读速度，但这个影响在各种教学方案下是等量的。

C. 纳入法：把外扰变项当成另一个研究的对象，纳入实验设计之内。不同于恒定法，纳入法除了可以控制外扰变项之外，也可以估算出外扰变项对依变项所造成的变异，使这些变异可以从总变异中独立出来，减少统计检定的误差项，提升自变项被检验出来的能力。

D. 统计控制：基于某些现实因素的考虑，研究者无法在实验之前就控制外扰变项（例如，校长不同意让研究者依照受试者的智商分数重新编班），而是等到实验完成之后才透过统计技术控制外扰变项对依变项的影响。共变量分析（analysis of covairance）是一种统计控制法的工具，其基本原理是先利用外扰变项校正依变项以去除外扰变项对依变项的影响，然后再分析自变项对依变项的影响。

E. 随机分派的手段：原则上，避免混淆产生只需要控制会影响依变项（例如阅读速度）的外扰变项（例如智商），不需要控制所有变项（例如头发长度），但要指认出所有的外扰变项并不是一件容易的事。这是因为社会科学研究的对象是人，人的行为是复杂的，影响人的行为因素是多元的。例如，除了智商之外，学童的视力、年级、年龄等都会影响阅读速度。另外，有些外扰变项并非直接、显而易见的，例如父母的社经地位。此外，当需要控制的外扰变项愈多时，控制就会变得愈困难，例如不容易找到智商、视力、年级、年龄、父母的社经地位等都相同的学童。为了让一些潜在、无法被指认出来的外扰变项获得控制，最保险、妥当的方式就是控制所有的变项，让各水平的实验条件（施测对象、时机、程序等）都一样。例如，就施测对象方面的控制，研究者可以透过随机分派的手段将受试者安排到不同的实验情境。虽然各实验情境下的受试者不是同一批人，但是基于概率原则，每位受试者被安排到各实验情境的机会是独立且相等的，因此各实验情境下的受试者，理论上在各方面应该是相同的。当受试者人数愈多时，理论的相等性就会愈接近实际的相等性。

F. 受试者内设计：或者，研究者可以改采用受试者内设计，亦即让同一批受试者参与所有的实验情境。只是，受试者因为参与一种以上的实验情境，在采用受试者内设计时须特别留意各实验情境之间以及各实验情境的顺序给依变项带来的影响。

Campbell 与 Stanley（1963）曾经提出几种可能影响内部效度的因素，在进行实验设计时应多加留意、考虑、评估。以下分别说明之。

A. 历史：这是指时间的变迁过程中所发生的事对实验结果造成影响，因而把原本的实验操弄混淆了，导致结果解释上的困难。譬如，一位教学研究者想探讨某种新的国语教学方式是否比较好，于是他在学期一开始的时候给参与研究的学生先做一次前测，接着以新的教学方式进行教学，为期一个学期，然后给学生做后测，并比较后测的表现是否优于前测。结果他发现学生后测的表现确实优于前测的表现，因此，他宣称新的教学方式有效。这样的实验设计会有历史因素干扰的可能。在前后测之间的间隔时间（一个学期）里，学校刚好宣布期末会有一次国文科的竞试，第一名的班级将获得奖杯一座及免费校外两天一夜的旅游奖励。可能学生因为受到这样的激励，因而变得比较认真，也因此后测的成绩比前测好。这项学校在前后测之间宣布的措施就成为混淆新教学法这个实验操弄的历史事件。

B. 成熟：这个因素和历史因素类似，都涉及时间变迁过程中所发生的非预期中的事，不过，历史因素指的是外在的事件，成熟因素指的是个体内在发生的改变（不一定是生理上的），可以是态度、体力、情绪等。以上例说明，学生在学期初的时候可能还没从暑假的放松生活回复过来，前测表现不好；经过一阵子之后，渐渐地适应，也回复了正常的读书作息，因此，学习的效率提高了，后测的表现也变得比较好了。这个因素混淆了新教学法这个实验操弄。

C. 测量工具：有时候测量工具的稳定性发生了变化，使得测量出来的结果有所不同。如果这个变化是发生在两种实验操弄的情境中，就会混淆实验真正要操弄的因素。譬如，一个磅秤用了一个学期，全校的学生都用它，那么学期末的磅秤和学期初的磅秤的准确度可能因耗损而产生不同。如果研究者探讨某种营养饮食教学的效果，并比较学期初和学期末学生的体重，那么磅秤的准确度的改变就混淆了营养饮食教学这个实验的变因，而使得结果的解释出现不确定性。测量工具不一定是物体，也可以是人，实验或测验的施测者可以看待成测量的工具，在实验的过程也有可能发生非预期的变化。

D. 统计回归：实验设计如果涉及前后测同一个个体的比较时，研究者必须留意资料会有自然的统计回归现象。这是指第一次测量中的极端分数会在第二次测量时出现往平均数方向移动的倾向，也就是变得不那么极端。因此，研究者必须留意前测的分数是否属于极端分数，如果是，那么对于后测分数的改变就有必要小心解释，因为极端分数会发生统计回归，混淆实验所做的操弄。

E. 选择偏差：这是指受试者的分派未能做到真正的随机，以至于受试者的特质在不同实验情境中的分布不均，混淆了实验结果的解释。譬如，研究者设计了两种实验情境，想要比较这两种实验情境对受试者的学习行为是否有不同的影响。可是在做受试者分派的时候，刚好 A 情境的受试者有比较多中等程度的学生，B 情境的受试者大部分是前段或后段的学生。由于前段和后段的学生比较难有进步的空间，因此，如果实验的结果发现 A 组的学生表现的进步量大于 B 组，那么有可能是因为学生的程度不同造成的，而非实验的操弄造成的。

F. 受试者流失：社会行为科学的实验通常都以人为实验的对象（受试者）。但是人有其自主性，研究者必须尊重。有些受试者会因为某些原因而半途终止实验，致使研究者原本安排好的平衡设计出现不平衡的情况。

除了上述外扰变项之外，研究者也要留意实验过程中给受试者的指导语、给受试者处理的实验材料、实验室的安排、实验者的言行等，不能有任何线索让受试者察觉到研究者的真正意图，尤其是研究者期望得到的结果。这些线索统称为实验需求特性（demand characteristics）。受试者察觉到这些线索时，会刻意配合或刻意不配合实验者，致其表现出来的行为并非自然的行为，也就不能做无为检验实验假设的依据了。曾经有一个研究想探讨一种新的管理方式是否可以提升员工的工作士气和工作绩效。员工被分为两组，实验组的员工发现他们所受到的待遇和对照组的员工相当不同，他们觉察到公司这种特别的安排应该是希望他们有不一样的表现，所以他们也刻意配合，表现良好。这样的结果令研究者无法确定实验组员工的良好表现是源自新的管理方式，也许任何一种让员工感到有特别对待的管理方式都会提高他们的士气和绩效。这种非特定性的实验需求效应被称为霍桑效应（Hawthorn effect）。实验需求特性中最常被检视的是实验者效应（experimenter effect）。实验者如果知道实验的假设和预测，那么他们在与受试者接触过程中的言行往往会不自觉地透露出这样的期待，会不自觉地引导受试者做出符合实验假设所预测的行为。这种实验者效应的量小至 0.17，大至 1.73，影响的行为包括认知处理上的反应时间、学习与能力、心理物理的判断、社会人格心理学里的人格测验、对人的知觉印象，甚至动物的学习行为都会受到实验者的预期的影响（Rosenthal & Rubin，1978）。因此，一个严谨的实验往往会要求实验者和受试者都不知道研究的真正目的、假设与预测〔这称为双盲（double blind）的设计〕，不同实验情境的安排也尽量相似（除了被操弄的部分），譬如新药物的临床实验研究中，控制组的病人所吃的安慰剂（placebo）必须制作得和真药在形状、颜色、味道上都接近，令实验者（或其助理）和受试者都不易分辨。

参考方块 5-2：聪明的汉斯

20 世纪初，在德国柏林 Griebenow 街有一匹名闻遐迩的马，名叫汉斯（Der Kluge Hans）。当时很多人都认为它有超凡的智能，因为它可以计算相当复杂的数学题目。例如，当他的主人提问 5×2 等于多少时，它会用前蹄踏地 10 下。然而，当时的心理学家 Oskar Pfungs 却发现，只有提问者知道答案时汉斯才会答对。而且，看不见提问者时汉斯几乎都答错。这些发现显示汉斯的聪明并不在于它有超凡的数理智能，而在于它能解读提问者肢体或脸部所透露出来的细微讯息。例如，当汉斯踏地的次数还不够时，提问者的脸部肌肉可能会不自觉紧绷，当次数刚好时，提问者脸部肌肉的紧绷感可能就消失。聪明汉斯的故事经常被用来说明实验者效应，犹如汉斯的主人，实验者可能也会因为知道实验的内容，对实验结果有某些预期，在不经意之中做出一些行为，引导受试者做出符合预期的行为。

影响实验内部效度的外扰因素其实是无法穷尽地列举的。每个实验所面临的外扰因素不会完全相同。研究者可以预先做好控制，让可以想

得到的外扰变因不会出现。但是，任何一个研究都不可能完美，往往事后会有其他的研究者指出一些早先大家没有想到的变因。因此，科学的研究很重视研究报告的发表，因为这样才能集众人的智慧，把一个阶段的研究缺点找出来，并加以改进。可以说，整个科学研究的过程就是在不断地排除与实验操弄无关的外扰变项，提高实验的内部效度与解释的说服力。

2. 外部效度

外部效度和将实验结果类推到实验室以外的人、事、地、物的正确性有关。一个不具内部效度的实验（亦即因果关系推论错误），自然不具有外部效度。但是一个具有内部效度的实验，不必然具有外部效度。通常，研究者感兴趣的对象（人或物）（母体）范围都相当庞大（例如，一般大学生、所有的中文双字词、各种类型的机器或各种剂量的咖啡），但是基于现实因素的考虑，研究者通常只会从母体中选取出一部分对象（样本）进行实验，然后再将实验结果类推回母体。这种将实验结果类推回母体的正确性就是所谓的外部效度。要使实验结果具有外部效度，就得让这种类推性具有正确性。要使这种类推性具有正确性，那么被选取的样本就必须具有代表性，也就是实验所采用的样本必须要能够充分地代表母体。随机选取/抽样是使样本具有代表性的重要手段，因为随机程序可以使母体内的每一个元素被选取成为样本的机会在理论上相同。另外，社会科学所关心的往往是人在自然状态下所产生的行为。然而，实验总脱离不了操弄，操弄出来的情境（事或地）总是会比较不自然、人工化，而人工化的情境很容易会使得受试者做出一些在自然情境下不会有的行为，那么实验结果当然就没有办法类推到自然情境。例如，实验中的受试者常常会想要猜测实验目的或实验者的想法，刻意做出一些符合实验者所期望的行为。因此，为了使实验结果可以类推到自然的情境，研究者应该降低人工化情境所带来的不自然效应。例如，在上面的例子中，实验者应该要特别谨慎小心，避免将自己的态度及期望在无意之中传达给受试者，或者干脆不要让实验者知道实验目的。总之，随机选取和降低人工化情境所带来的不自然效应是建立外部效度的两大原则。研究者可以透过随机选取不同的受试者重复实验，或者在真实情境下执行实验（现场实验）来检验实验的外部效度。

四　单因子实验设计

定义上，只操弄一个因子（自变项）的实验称为单因子实验（single-factor experiments）。单因子实验的实验情境就是因子的水平，因子的水平最少两个才能达到控制的目的，因此最简单的单因子实验涉及两个实验情境。在设计上，单因子实验设计根据受试者被分派到各实验情境的方式可以区分为完全随机化设计（completely randomized design）和随机化区段设计（randomized block design）两大类。

（一）完全随机化设计

1. 设计简介

所谓的完全随机化设计是指：以完全随机的方式将受试者分派到不同实验情境里的实验设计，系利用随机分派的方法来控制所有可能存在的外扰变项。基于概率原则，各实验情境下的受试者在接受实验处理之前各方面应该都是一样的，如果在接受实验处理之后不同实验情境下的受试者的行为表现有差异的话，那么逻辑上这些差异就是实验处理造成的，亦即自变项和依变项之间有因果关系。在完全随机化设计中，每一位受试者只会参与一种实验情境的测量，因此是一种受试者间设计，或称独立组设计（independent groups design）。各实验情境下的受试者是随机分派决定的，因此是一种随机组设计（random groups design）。实验所取得的样本彼此独立、互不相干，因此是一种独立样本设计。虽然完全随机化设计并没有要求各实验情境下的受试者数一定要一样多，但是以统计分析的角度来看，让各实验情境下受试者数一样多（平衡设计）是一种比较好的设计方式，因为统计分析的结果相对之下比较稳健（robust）。因此，研究者通常会以区段随机法（block randomization）替代。

参考方块　5-3：完全随机分派 vs. 区段随机分派

完全随机分派的方法很多元，以类似抽签的方式为例，若想采用完全随机法把九位受试者分派到A、B、C三个实验情境，那么研究者可以预先准备三颗一样的球，并且在这三颗球上面分别标示出三个实验情境的代号，然后放入袋子里，均匀搅拌后抽出一颗球，这颗球上面的标记就代表第一位受试者所接受的实验情境。然后，把抽出来的那颗球再放回袋内，再均匀搅拌后抽出一颗，以决定第二位受试者所接受的实验情境，依此类推。

C
A
B
投球实验
（取后放回）
A → 受试者1
B → 受试者2
A → 受试者3
B → 受试者4
A → 受试者5
C → 受试者6
A → 受试者7
A → 受试者8
B → 受试者9

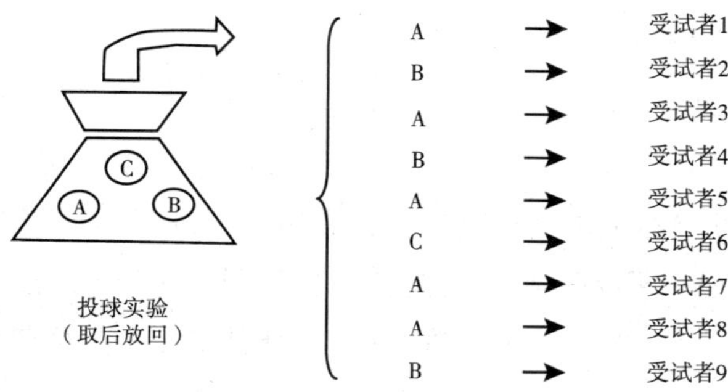

图5－1　采用完全随机法将九位受试者分派到A、B、C三种实验情境

同样是把九位受试者分派到A、B、C三种实验情境，以区段随机法将受试者指派到不同情境则是必须先把所有的实验情境视为一个区段，然后再将区段内的实验情境完全随机化，最后把随机过后的实验情境顺序一个一个指派给不同的受试者，当一个区段指派完毕之后才能再指派另外一个区段。

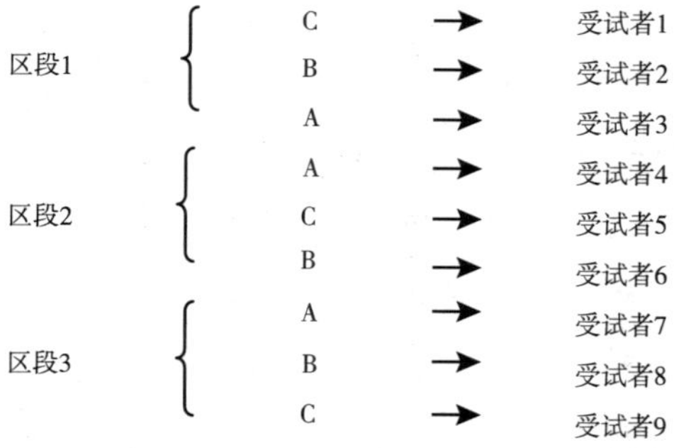

区段1
C → 受试者1
B → 受试者2
A → 受试者3
区段2
A → 受试者4
C → 受试者5
B → 受试者6
区段3
A → 受试者7
B → 受试者8
C → 受试者9

图5－2　采用完全随机法将九位受试者分派到A、B、C三种实验情境

2. 变异来源

在完全随机化实验中，造成不同受试者的行为表现不同的原因（变异来源）有二。第一，实验处理（因子）所造成的变异；第二，其他因素所造成的变异（受试者个别差异和实验测量误差）。在概念上，实验情境（水平）之间的差异反映了实验处理所造成的变异，而实验情境（水平）之内的差异反映了其他因素所造成的变异。对于单因子实验设计而言，不论实验因子是属于随机或固定，进行变异数分析时都是把其他因素所造成的变异当成检定因子效果的统计量数 F 值的误差项（分母）。

3. 研究范例

Klinesmith 等人（2006）探讨了枪支对攻击行为的影响。他们把 30 位男性大学生随机分派成两组，透过描述对象特征的作业，让其中一组受试者把玩枪支 15 分钟，另外一组受试者把玩儿童玩具 15 分钟。接着，受试者得尝一杯添加了一滴红辣酱的水，并评估这杯水的辣度。实验者暂且欺瞒受试者他所喝的那一杯红辣酱水是上一位受试者调制的，所以他也必须为下一位受试者调制一杯红辣酱水，红辣酱的添加量则是由受试者自行决定。事后，实验者测量受试者调制的红辣酱水的重量，以便计算红辣酱的添加量，用以表征攻击行为的强度。实验结果显示，枪支组的红辣酱添加量显著地多于玩具组。这个研究支持了社会心理学中所谓的武器效果（weapons effect），亦即接触武器会提高攻击行为发生的倾向（如表 5－1 所示）。

（二）随机化区段设计

1. 设计简介

典型的随机化区段设计是指：将同构型较高的受试者规划在相同的区段（block），然后再以随机的方式将各区段内的受试者分派到不同实验情境里的实验设计。不同区段间的受试者可以是异质的，但同一区段内的受试者是同质的。其中，每一位受试者只会参与一种实验情境的测量，因此是一种独立组设计。各实验情境下的受试者是配对决定的，因此是一种配对组设计。实验所取得的样本彼此有关系，是一种相依样本设计，分析单因子随机化区段设计实验的资料时宜使用相依样本 t－考验（两种实验情境时）或相依样本单因子变异数分析（两种或超过两种实验情境时）。

表 5-1 单因子完全随机化设计的实验安排

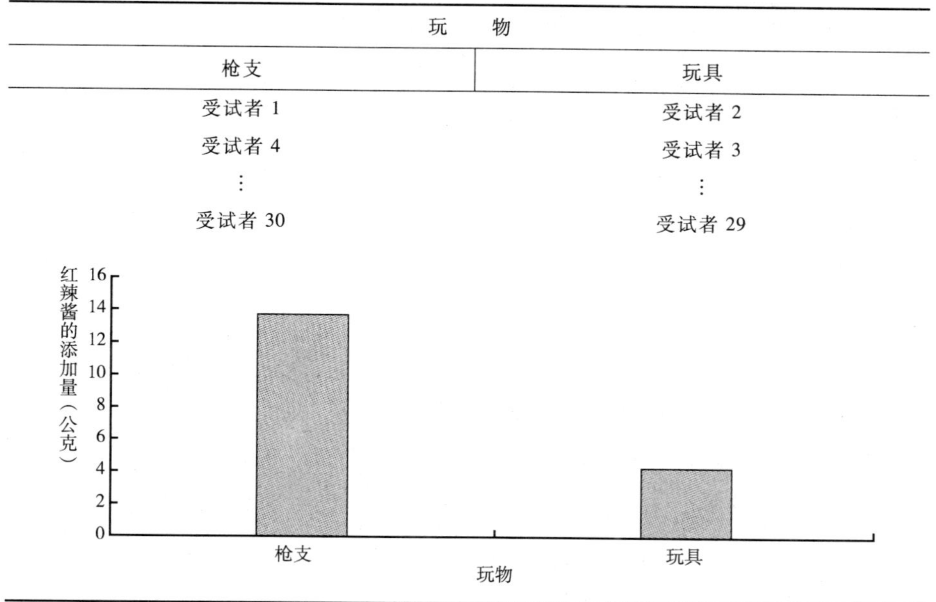

玩物	
枪支	玩具
受试者 1	受试者 2
受试者 4	受试者 3
⋮	⋮
受试者 30	受试者 29

在典型的随机化区段设计中，用来划分区段特性的就是所谓的区段因子（blocking factors），通常是研究者可以明确指认出来并且企图加以控制的外扰变项。因此，典型的随机化区段设计除了采用随机分派在理论上控制潜在的外扰变项之外，也透过形成区段的方式实际控制已知的外扰变项。区段因子既然是一个外扰变项，就表示它是一个会影响依变项的变项，但却不是研究者感兴趣的变项。相较于完全随机化设计，随机化区段设计多了一个区段因子。研究者把区段因子纳入实验设计之内的主要用意是想借此估算出区段因子对依变项所造成的变异，使这些变异可以从总变异中抽离出来，减少统计检定的误差项，提升自变项被检验出来的能力，亦即增加统计检定力（statistical power）或提升实验敏感度。然而，要提高统计检定力有个前提，那就是区段因子和依变项必须高度相关。如果相关性不高，那么形成区段就没有太大的意义，倒不如直接采用完全随机化设计。区段因子可以不止一个，例如拉丁方格设计（latin square design）就是一种包含了两个区段因子的随机化区段设计。理论上，区段因子的数目愈多实验的敏感度就会愈高，但是当区段因子的数目增加时，要找到符合多种实验条件的受试者就会变得

比较困难，因此研究者通常不会轻易将不是很确定的外扰变项纳入实验设计之内，除非这个变项是一个明显的外扰变项（亦即，和依变项的相关极高）。

采用高同构型受试者的终极情况就是采用同一位受试者。因此，重复量数设计也算是一种随机化区段设计，在概念上它是一种以受试者为区段因子的随机化区段设计。一位受试者就代表一个区段，每一位受试者参与了所有的实验情境，而受试者所参与的实验情境的顺序则是以随机程序决定。这种随机程序也算是一种区段随机法，只不过这次是用来决定同一位受试者所接受的实验情境的顺序，而不是决定受试者应该接受哪一种实验情境。重复量数设计以受试者为区段因子，可以把受试者之间的个别差异从总变异中完全切割出来，大幅度提升统计检定力；以区段随机法安排实验情境的顺序，可以避免因为同一位受试者接受多种实验情境所衍生出来的干扰因素，例如练习效果。除了区段随机法之外，实验情境的顺序也可以透过交互平衡法（counterbalancing）来决定。例如，让一半的受试者采用某一种实验情境顺序（例如，ABC），另外一半的受试者采用相反的实验情境顺序（例如，CBA）。不过，这种方法并不适合用于以下两种情况。第一，当练习效果属于非线性模式时；第二，当受试者会预期实验情境出现的顺序，而且这种预期效果会影响受试者的行为表现时。采用重复量数设计所得到的样本也是属于相依样本，因为不同实验情境下的受试者无法任意选取。当某一实验情境下选取了某一位受试者之后，同一个区段内的另外一种实验情境就得是同一位受试者。因此，分析单因子重复量数设计实验的资料时宜使用相依样本t－考验（两种实验情境时）或重复量数变异数分析（两种以上的实验情境时）。

2. 变异来源

在随机化区段实验中，造成不同受试者的行为表现不同的原因（变异来源）有三。第一，实验处理（因子）造成的变异；第二，区段因子（外扰因子或受试者）造成的变异；第三，其他因素造成的变异（实验测量误差）。概念上，水平之间的差异反映了实验因子造成的变异，区段之间的差异反映了区段因子造成的变异，总变异扣除实验因子和区段因子造成的变异后，即反映其他因素造成的变异。进行变异数分析时，其他因素所造成的变异是检验实验因子的误差项（统计量数 F 值的分母）。由于随机化区段设

计进一步将区段因子造成的变异从误差项中独立出来，随机化区段设计的误差项会比完全随机化设计的误差项小。当区段因子和依变项的相关高时；区段因子所造成的变异就会比较大，考验实验因子的误差项就会比较小，统计检定比较容易显著。

3. 研究范例

Stroop（1935）的第二个实验很有名。在这个实验中，实验者每一次会在计算机屏幕上呈现一个刺激物，受试者必须快速且正确地叫出刺激物所呈现的颜色。实验共有 200 次尝试，半数的刺激物是有颜色的方块，半数是有颜色的字。研究关键在于，这些字就是颜色名，而且字义与呈现的颜色不同（例如：红色的 green 字样）。所有受试者都必须接受这 200 次实验尝试，其中色块和色字的顺序以反向交互平衡法处理。亦即，分别将色块（A）和色字（B）尝试折半，半数受试者采 ABBA 顺序，半数受试者采 BAAB 顺序。实验显示，色字的叫色反应比色块的叫色反应慢。这就是著名的史处普干扰效应（stroop interference effect），被用来说明读字是一种自动化的历程，使得叫色速度受到干扰，如表 5－2 所示。

表 5－2　单因子重复量数设计的实验安排

区段（受试者）	刺激物			
	色块		色字	
1	顺序 1	顺序 4	顺序 2	顺序 3
2	顺序 3	顺序 2	顺序 1	顺序 4
⋮	⋮	⋮		⋮
100	顺序 4	顺序 1	顺序 2	顺序 3

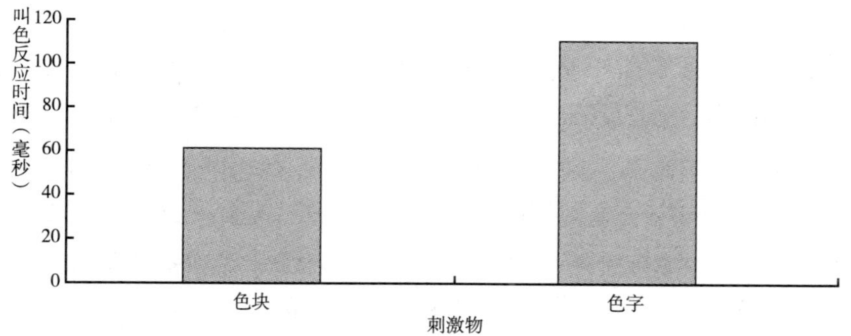

五　多因子实验设计

社会科学研究的议题总是比较复杂，而且研究者感兴趣的变项往往不止一个。因此，研究者通常会在一个实验里同时操弄多个因子，然后观察这些因子对某个依变项的影响，这类实验称作多因子实验（factorial experiments）。最简单的多因子实验是 2×2 因子实验，涉及两个因子，每一个因子都只有两个水平，总共会有四种可能的实验情境。2×2 因子实验的情境安排如下所示，其中 A 因子有 A1、A2 两个水平，B 因子有 B1、B2 两个水平，两个因子交错出 A1B1、A1B2、A2B1、A2B2 四种实验情境。

A 因子	B 因子	
	B1 水平	B2 水平
A1 水平	A1B1 情境	A1B2 情境
A2 水平	A2B1 情境	A2B2 情境

原则上多因子实验可以包含的因子数量没有限制，但是实际上通常只会包含两个或三个，很少超过四个。这是因为因子数量如果太多，实验会过于庞大，所需的受试者人数会倍增，分析会显得复杂，结果会不容易解释。事实上，研究者可以透过执行多个单因子实验来检验不同因子的效果，例如 2×2 因子实验可以拆解成两个单因子实验。

参考方块　5-4：主要效果

主要效果是专门用来指称多因子实验中，个别自变项对依变项的整体影响。例如，在 2（A 因子）×2（B 因子）因子研究中，如果 A 因子会影响依变项，就表示 A 因子有主要效果；如果 B 因子会影响依变项，就表示 B 因子有主要效果。以统计的语言来说，A 因子的主要效果是透过比较 A1 水平下的资料（A1B1、A1B2）和 A2 水平下的资料（A2B1、A2B2）来评定；B 因子的主要效果是透过比较 B1 水平下的资料（A1B1、

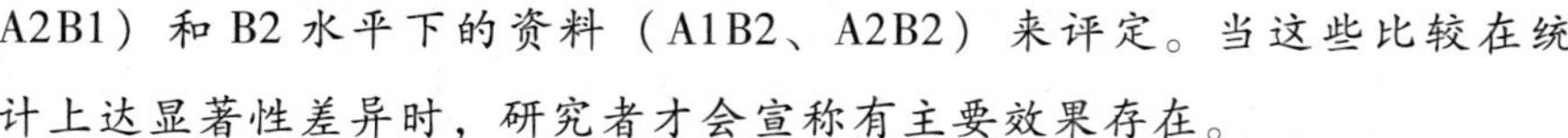

A2B1）和 B2 水平下的资料（A1B2、A2B2）来评定。当这些比较在统计上达显著性差异时，研究者才会宣称有主要效果存在。

A 因子	B 因子	
	B1 水平	B2 水平
A1 水平	A1B1 情境	A1B2 情境
A2 水平	A2B1 情境	A2B2 情境

A 因子	B 因子	
	B1 水平	B2 水平
A1 水平	A1B1 情境	A1B2 情境
A2 水平	A2B1 情境	A2B2 情境

A 因子	
A1 水平	A2 水平
A1 情境	A2 情境

B 因子	
B1 水平	B2 水平
B1 情境	B2 情境

然而，执行一个多因子实验要比执行许多个单因子实验来得好。第一，效率高，因为只需要做一次实验。第二，研究内容丰富，因为除了可以探讨各因子的主要效果之外，也可以探讨各因子之间的交互作用。第三，不同因子的效果可以透过同一组资料来检验。例如，不论考验 A 因子还是 B 因子的效果，都是透过分析 A1B1、A1B2、A2B1、A2B2 这四种实验情境下的资料。第四，研究的外部效度比较高，因为现实生活中的行为反应通常是受到多重因素交互影响，这就是为何交互作用往往比主要效果更令研究者着迷。

参考方块　5-5：交互作用

交互作用是专门用来指称多因子实验中，一个自变项对依变项的影响效果会随着另一个自变项的水平不同而不同的现象。例如，在 2（A 因子）×2（B 因子）因子研究中，如果 A 因子对依变项的影响在 B1 水平和 B2 水平的情况不同，或者 B 因子对依变项的影响在 A1 水平和 A2 水平的情况不同，就表示 A 因子和 B 因子有交互作用。以统计的语言来说，A×B 交互作用是透过比较 A1B1、A1B2、A2B1、A2B2 这四组资料来评定。

A 因子	B 因子	
	B1 水平	B2 水平
A1 水平	A1B1 情境	A1B2 情境
A2 水平	A2B1 情境	A2B2 情境

研究者通常会把各实验情境的平均值绘制成折线图，以便初步评估交互作用存在的可能性。在折线图上，交互作用会以交叉或不并行线条呈现，下面这两张图就是有交互作用的例子。当然，两条线是否真的不平行，或者两个水平之间是否确实有差异，这得透过统计加以考验才行。

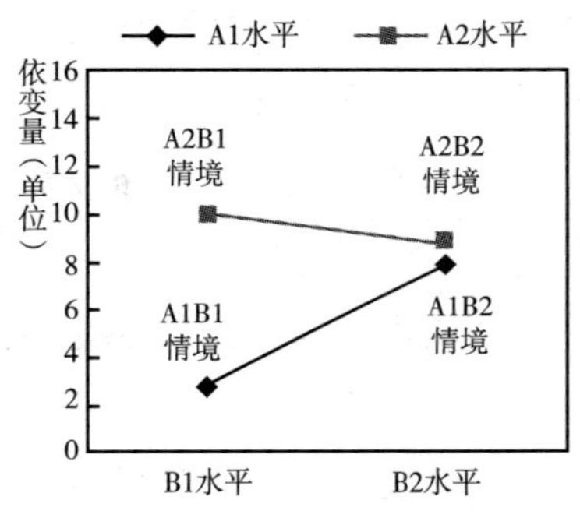

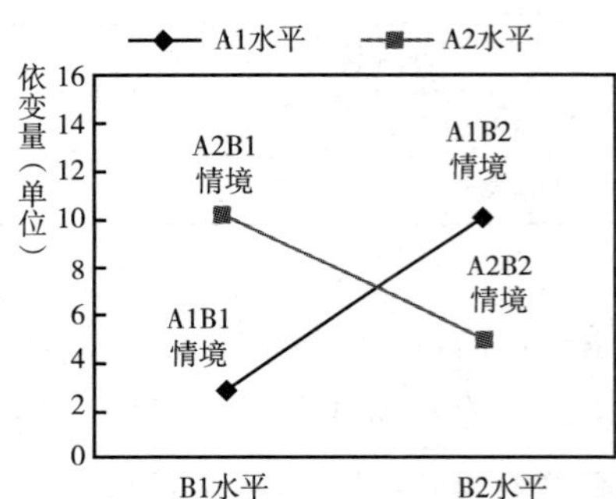

（一）完全随机化设计

1. 设计简介

原则上，多因子完全随机化设计和单因子完全随机化设计的逻辑概念是相同的，两者都是以完全随机的方式将受试者分派到不同的实验情境，使各实验情境下的受试者在接受实验处理之前理论上在各方面是相等的。如果想要避免各实验情境人数不等的问题，研究者也可以用区段随机法来取代完全随机法。在设计上，多因子完全随机化设计和单因子完全随机化设计唯一的差别在于因子数不同。因子数不同，实验情境的安排也就不同。单因子实验只涉及一个因子，所以实验情境就是实验水平；多因子实验涉及多个因子，实验情境是由各个因子的水平所交错出来的条件组合。多因子完全随机化设

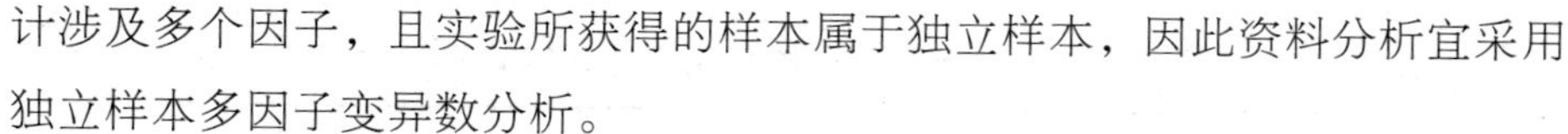

计涉及多个因子，且实验所获得的样本属于独立样本，因此资料分析宜采用独立样本多因子变异数分析。

2. 变异来源

和单因子完全随机化实验一样，造成不同受试者的行为表现不同的原因（变异来源）有二。第一，实验处理（因子）造成的变异；第二，其他因素造成的变异（受试者个别差异和实验测量误差）。和单因子完全随机化实验不同的地方是，多因子实验的实验处理所造成的变异可以进一步再拆解成主要效果和交互作用。对于多因子设计而言，检定各因子效果的统计量数 F 值的误差项（分母）就不再一定是其他因素造成的变异，而是会随着各因子系属随机或固定而有差异。这个部分请读者自行参阅其他统计专书（例如，Kirk，1995）。

3. 研究范例

根据 van Baaren 等人（2004）的研究，模仿他人的姿态可以促进他人的利社会行为。该研究找了 40 位研究生，这些研究生必须针对十则广告一一说出个人的看法。在这个过程中，实验者刻意模仿了半数受试者（随机决定）的行为举止。作业结束后，受试者被告知必须再做另一个作业，进行这个作业之前先领取受试者费，结束后就可以径自离开实验室。其中半数受试者的第二个作业是由原先的实验者来执行，半数受试者的第二个作业是由另一位新的实验者执行。在受试者离开实验室之前，实验者告诉他们学校正在帮一个慈善机构做调查，请他们协助填写一张无需具名的问卷，填完问卷后如果想要捐款可以捐款。实验结果显示，无论第二个作业的实验者是旧的还是新的，有被模仿的受试者比没有被模仿的受试者乐捐的人数多，而且捐款的金额也比较高。这个结果表示，模仿不单纯只是引起被模仿者对模仿者的喜爱，更会诱发被模仿者的助人行为，如表 5－3 所示。

（二）随机化区段设计

1. 设计简介

原则上，多因子随机化区段设计和单因子随机化区段设计的逻辑概念是相同的，都是针对某个明显的外扰变项形成区段（典型的随机化区段设计），或者直接把每一位受试者当成一个区段（重复量数设计），以减少误差项、提高统计检定力或提升实验的敏感度。如果是典型的随机化区段设

表 5－3　二因子完全随机化设计的实验安排

受试者的行为 × 实验者			
被模仿		没有被模仿	
新	旧	新	旧
受试者 1	受试者 3	受试者 4	受试者 2
受试者 4	受试者 2	受试者 1	受试者 3
⋮	⋮	⋮	⋮
受试者 38	受试者 40	受试者 39	受试者 37

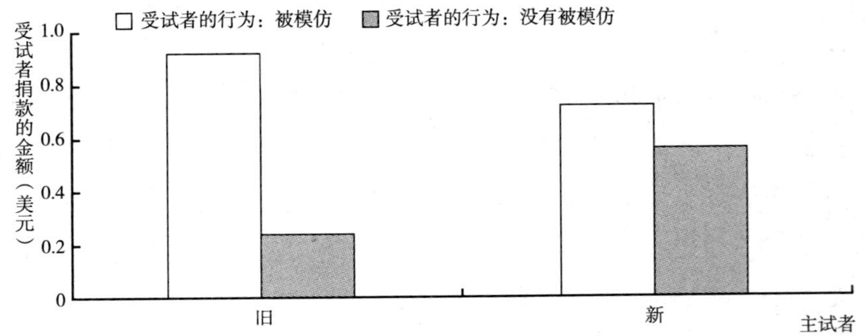

计，受试者是以区段为单位被随机分派到各种不同的实验情境；如果是重复量数设计，受试者所接受的那些实验情境的顺序可以透过区段随机法或交互平衡法决定。如同多因子完全随机化设计和单因子完全随机化设计之间的差异，多因子随机化区段设计和单因子随机化区段设计的差别就只在于因子数的不同，因此实验情境安排不同。多因子完全随机化设计涉及多个因子，且实验所获得的样本属于相依样本，因此资料分析宜采用相依样本多因子变异数分析。

2. 变异来源

和单因子随机化区段实验一样，造成不同受试者的行为表现不同的原因（变异来源）有三。第一，实验处理（因子）造成的变异；第二，区段因子（外扰因子或受试者）造成的变异；第三，其他因素造成的变异（实验测量误差）。和单因子完全随机化实验不同的地方是，多因子实验的实验处理所造成的变异可以进一步再拆解成主要效果和交互作用。

3. 研究范例

Pinkham 等人（2010）的研究在探讨情绪表情对脸孔侦测的影响。该研究以 26 位大学生为受试者，每一位受试者都得看 162 组脸孔，一次一组，一组九张，以 3×3 矩阵排列在计算机屏幕上，受试者以按键的方式快速且正确地判断这九张脸孔的情绪表情是否一致。在 162 组脸孔中，有三分之一是九张脸孔的情绪表情是一致的（例如，全部都是愤怒的、快乐的或者中性的），另外三分之二则是只有一张脸孔的情绪表情（目标情绪）和其他八张脸孔的情绪表情（干扰情绪）不一致。研究者操弄目标情绪和干扰情绪的搭配，共有愤怒/高兴、愤怒/中性、高兴/愤怒、高兴/中性、中性/愤怒、中性/高兴六种组合。实验中，这 162 组脸孔呈现的顺序以随机方式决定。研究结果显示，无论干扰情绪属于中性还是非中性（愤怒和高兴），当目标情绪是愤怒时受试者的反应速度比目标情绪是高兴时来得快，正确率也比较高。换言之，侦测愤怒脸孔比侦测快乐脸孔更快速、更准确。就演化的角度来看 Pinkham 等人的研究结果挺合理的，因为快速侦测出隐藏在环境中高威胁性的东西对于生物体的存活有关键性的影响，如表 5－4 所示。

六　实验研究法与非实验研究法的抉择与争议

实验研究法的特点在于精准地操弄研究假设中的变因及严格地控制与此变因无关的其他因素，借由不同的实验设计分离出实验操弄所造成的变异，和其他与实验操弄无关的系统性和随机性因素造成的变异，使获得的实验结果可以有因果上的合理解释。解释事件和事件之间的因果关系是科学研究所追求的终极目标，因此，实验研究法是科学研究所仰赖的终极方法。

不过，虽然实验研究法是科学研究所仰赖的终极方法，却不是科学家尝试了解这个世界（探求有关人、事、物的道理的知识）的唯一方法。这一方面是因为知识可以有不同的层次（描述性的、相关性的、因果性的），每个层次的知识都是必要的，而且有一定的进程；另一方面是因为并非所有的变项都可以让科学家随意操弄与控制，事实上，可能大多数的变项都无法让科学家随意操弄与控制。这不是科学方法上的问题，而是牵涉研究伦理的哲

表 5－4　二因子重复量数设计的实验安排

区段（受试者）	目标情绪×干扰情绪					
	愤怒		高兴		中性	
	高兴	中性	愤怒	中性	愤怒	高兴
1	顺序 27 … 顺序 4	顺序 105 … 顺序 33	顺序 6 … 顺序 19	顺序 28 … 顺序 34	顺序 66 … 顺序 48	顺序 17 … 顺序 50
2	顺序 18 … 顺序 39	顺序 25 … 顺序 73	顺序 126 … 顺序 48	顺序 115 … 顺序 34	顺序 99 … 顺序 28	顺序 92 … 顺序 45
…	…	…	…	…	…	…
26	顺序 13 … 顺序 2	顺序 102 … 顺序 82	顺序 87 … 顺序 53	顺序 9 … 顺序 37	顺序 73 … 顺序 116	顺序 59 … 顺序 78

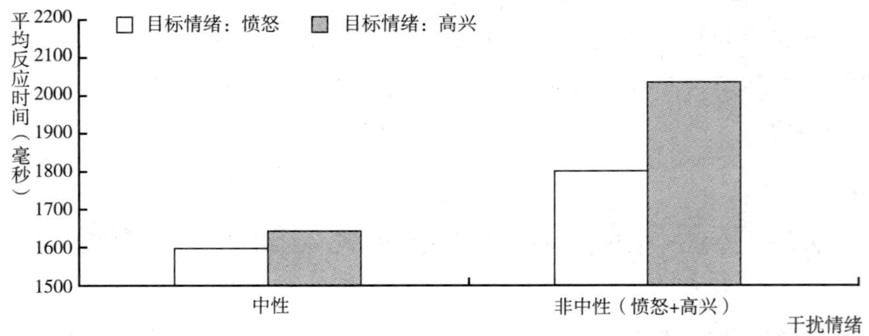

学上的问题，这在社会科学的研究中尤其明显。社会科学研究的对象是人，社会科学家不能任意操弄与人有关的变项。例如，数理空间能力男性是否先天优于女性，而语言能力则女性优于男性？社会科学家对这个问题只能循序渐进地先取得描述性与相关性的理解，却无法进入因果性的解释层次，因为性别不是一个可以被操弄的因素。即便是自然科学家把人当作是客观的物体（生物体）来研究，也不能突破这个限制。科学家能做的是，确立两变项的相关之后，逐步排除其他的中介变因，提高此相关在因果关系上的可能性。譬如，刚刚说的性别差异有无可能是后天的教养与教育方式造成的？当教养与教育方式随着时代改变时，原本观察到的性别差异是否仍然存在或差异减小？如果科学家可以排除教养、教育方式的因素，就有助于将性别差异的解

释往因果方向推进一步。而且，性别差异有无神经生理上的依据？男性的大脑和女性的大脑有无不同，而这样的不同是不是和数理空间或语言的处理有关？如果有，然后科学家又证实环境的因素不会改变人的基因与大脑的生理结构，那么神经生理因素作为解释数理空间与语言能力的性别差异的原因就有较高的可能性。

实验研究法在社会科学的研究中不易被采用的另一个原因是，人是一个变动性、适应性的生物体。在某些条件下观察到的关系（即便是因果的），条件改变之后未必可以成立。换句话说，变项与变项之间往往存在着复杂的交互作用，而与人有关的变项太多，研究者很难在一个研究中同时操弄太多的变项。对未被操弄的变项做全面的控制也不可能。以随机的方式来处理所有未被操弄的变项也有其限制，因为与人有关的研究很难做到抽样上的随机，而影响实验内部效度最关键的随机分派，也因为研究样本通常不大而无法真正发挥预期的平衡效果。

上述的这些问题，使得社会科学的研究特别容易在研究的内部效度与外部效度之间面临顾此失彼的困扰，也会面临实验研究法还是非实验研究法的困难选择。主张实验研究法的学者有时候会过度相信实验研究法在社会科学研究上的效力，而否定了非实验研究法在科学知识探求上的必要性。刚刚提到，社会科学研究的样本往往不够大，因此借由随机分派平衡掉外扰变项影响的做法通常都无法真正达到目的，故即使是实验研究的结果，也会受到一些未知因素的影响而有相当大的变动性。再加上社会科学研究者往往误解、误用虚无假设统计考验的推论手段（见第三册第九章“整合分析”中的说明），致使研究上常有争议不断且治丝益棼的困扰。即便是实验的内部效度无疑，实验研究的结果与结论是否可以延伸到实验情境之外的现实情境也常常遭人质疑。主张非实验研究法的学者也有他们面临的困扰。过分强调外部效度的后果是失去内部效度，而一个缺乏内部效度的研究其实是不可能确保其外部效度的。

平心而论，实验研究法与非实验研究法各有其功能与限制，会有方法上的争辩是因为研究者忘记了科学研究所探求的知识原本就有层次不同的分别，不同的方法可以获得的知识层次不同。但是，不同层次的知识并无孰优孰劣的分别，都是科学探究上的必需知识。虽然研究者最终希望可以把知识的层次推向因果解释的层次，但是描述层次与相关层次的知识却不可能跳过，必须循序渐进。而不同层次的知识也都各有其理论上与现实上的用处。

既然实验研究法与非实验研究法各有其优缺点，那么是否可以有一种折中的办法兼采两种方法的优点并避开各自的缺点呢？实验研究法一般是在控制良好的实验室中实施，如果要顾及实验的外部效度的话，或许可以把实验拉到现实生活情境中进行，这是所谓的现场实验研究。现场实验研究和实验室实验研究在实验设计的本质上并无不同，所不同的只在于可以达成的控制有程度上的不同，因此会有内部效度与外部效度相互消长的情形。现场实验研究增强了实验的外部效度，但是难免会失去一些内部效度。在实务上，现场实验研究是比较难进行的，因此也就比较有可能在实验的控制上因为向现实因素妥协而变得不够严谨，进而影响实验的内部效度。

七　总结

知识可以有不同的层次（描述性的、相关性的、因果性的），要发掘不同层次的知识就得搭配使用不同种类的研究方法。本章所谈论的实验法是一种发掘因果性知识的研究方法，透过自变项的操弄与依变项的测量，研究者可以检验自变项和依变项之间的时序和共变关系是否存在，透过外扰变项的控制，研究者方能确认自变项和依变项之间的共变是一种因果关系。控制是寻求因果关系的必要手段，因此实验法是建立因果性知识的终极方法。

时下有不少人认为采用逻辑上比较严谨的实验法才称得上是好研究，因而藐视采用非实验法的研究。另外，也有不少人认为实验法的控制手段不自然，因此将实验法完全摒除在外。这些争论其实都是错误的迷思导致。不管是何种研究方法，最终的目的都是在建构我们对这个世界的了解，只不过不同的研究方法所探讨的知识层次不同，强调的重点也有差别，各有其强项和弱项，对于建构完整的知识体系都有其存在的必要与价值，不应相互排斥，理当相辅相成。因此，一个研究的好与坏是不能单纯地依据该研究所采用的方法种类而妄加评断。只要研究所采用的方法是科学的（客观、可重复验证），且该方法符合研究所要探讨的问题就是一个好研究。例如，采用质性方法的研究虽然没有所谓的资料，研究者的主观论述若能引起相当程度的共鸣（也就有一定程度的客观性），也堪称好研究；采用量化方法的研究如果只是空有资料，缺乏质性的思考、理论的思辨，也难入好研究之列。

参考书目

Campbell, Donald T., & Stanley, Julian C. (1963). *Experimental and quasi-experimental designs for research.* Boston: Houghton Mifflin.

Eirk, Roger E. (1995). *Experimental design: Procedures for the behavioral sciences* (3rd ed.). Pacific Grove, CA: Brooks/Cole.

Klinesmith, Jennifer, Kasser, Tim, & McAndrew, Francis T. (2006). Guns, testosterone, and aggression: An experimental test of a mediational hypothesis. *Psychological Science*, *17*, 568 - 571.

Pinkham, Amy E., Griffin, Mark, Baron, Robert, Sasson, Noah J., & Gur, Ruben C. (2010). The face in the crowd effect: Anger superiority when using real faces and multiple identities. *Emotion*, *10*, 141 - 146.

Rosenthal, Robert, & Rubin, Donald B. (1978). Issues in summarizing the first 345 studies of interpersonal expectancy effects. *The Behavioral and Brian Sciences*, *3*, 410 - 415.

Stroop, J. Ridley (1935). Studies of interference in serial verbal reactions. *Journal of Experimental Psychology*, *18*, 643 - 662.

Van Baaren, Rick B., Holland, Rob W., Kawakami, Kerry, & van Knippenberg, Ad. (2004). Mimicry and pro-social behavior. *Psychological Science*, *15*, 71 - 74.

延伸阅读

1. Cook, Thomas D., & Campbell, Donald T. (1979). *Quasiexperimentation: Design and analysis issues for field settings.* Chicago: Rand McNally.

   这本书是 Campbell & Stanley（1963）的延伸作品，对于类实验的设计、逻辑和分析方法都有详细的介绍。

2. Falk, A., & Heckman, James J. (2009). Lab experiments are a major source of knowledge in the social science. *Sciences*, *326*, 535 - 538. DOI: 10.1126/science. 1168244.

   在这篇文章中，作者借由比较实验室研究法、非实验性研究法和现场实验法的研究讨论了实验室研究法的优点与限制，并指出，近日许多对实验室研究法的批判与否定是一种误导，实验室研究法反而应该多多被采用。

3. Eirk, Roger E. (1995). *Experimental design: Procedures for the behavioral sciences* (3rd ed.). Pacific Grove, CA: Brooks/Cole.

   这本书介绍了各种类型的实验设计和搭配的统计方法，属于进阶的实验设计专书，比较适合有数理统计基础的人阅读。作者以图表呈现不同类型的实验设计，实验的安排方法清楚易懂，这个部分值得一般读者参考。

4. Shadish, William R., Cook, Thomas D., & Campbell, Donald T. (2002). *Experimental and quasi-experimental designs for generalized casual inference*. Boston: Houghton Mifflin.

   这本书是继 Cook & Campbell（1979）和 Campbell & Stanley（1963）之后的作品，但是重点略有不同。在外部效度方面有比较多的讨论篇幅，且侧重观念的澄清与思辨，鲜少统计分析，适合一般大专生阅读。

5. Webster, Murray Jr., & Sell, Jane (Eds.) (2007). *Laboratory experiments in the social science*. Academic Press/Elsevier, Amsterdam.

   这是一本实验室研究法专书，对于实验室研究法在社会科学研究上的运用有广泛的介绍、深入的探讨。

第六章 个体发展的研究方法

一 前言

（一）个体发展的定义

发展的定义就是变化（change），没有变化就没有发展。变化的方向如果是正向，也就是个体变化的结果比变化发生前，在思考或行为上表现得更精确、更系统化、更成熟，那么我们就称此种个体变化为个体发展。个体的变化基本上可分成量的变化（quantitative change）与质的变化（qualitative change）。所谓量的变化就是个体某种现象的增加或减少，例如，儿童的平均记忆广度、身高体重的变化、脑容量等，具体的例子是，人的工作记忆广度（working memory span）在5岁时平均只有3~4个字，8岁时有4~5个字，11岁时增加到5~6个字，此后持续增加至成人初期。然而，此工作记忆广度也要视记忆的材料性质而定。例如：它是听觉－语文还是视觉－空间刺激？观察量的变化诚然十分重要，因为它有助于让我们了解什么因素会影响这些变化的产生，然而，单只观察量的变化无法让我们了解为什么变化会发生。因此，这时候我们就需要观察个体在质方面的变化。

相对于量的变化，质的变化指的是个体在结构或现象发生历程的变化。举个例子，研究发现随着年龄增长，儿童逐渐懂得使用更多的策略来帮助记忆。5岁的儿童完全不懂得使用策略，12岁懂得使用，成人懂得更多。在这样的发展历程中，从不懂得使用记忆策略到懂得使用固然是质的改变，但是从只能使用少数策略发展到能运用较多的策略却是量的变化。这个例子可以让我们清楚地了解到研究个体发展的两个特征：①需要对行为或现象的量（数量与强度）做观察，也需要对行为或现象的质（结构与历程）做观察；②由于年龄变项是发展研究的当然变项，自然也会成为必然存在的干扰变项，因此量与质的变化界线其实相当模糊，全看研究者采取什么样的角度。

（二）个体发展研究的目标与主题

虽然发展心理学可能是在研究个体的发展历程与发展机制上，提供了最多研究成果的领域，然而，包含生物学者、社会学者、人类学者、教育学者、医学研究者，甚至历史学者在内的各学门领域，事实上也都在我们对于“人之所以为人”的理解上做出许多重要的贡献。这些跨领域的发展学者（developmentalists）采用不同的观点，使用不同的研究方法，其目标却是相同的，那就是想要建构出能够描述与解释人的行为与心智在不同的环境下，是如何发展与表现的。具体而言，他们尝试从研究中找出代表行为或心智发展的特定动作与能力，以及这些行为与能力在实际发展中的功能与限制，其中最重要的，是了解这些发展为何发生、如何发生。

为了达成这样的目标，有两种重要的发展变化是研究者必须分辨与掌握的：生成变化（transformational change）与变异变化（variational change）（Overton，1998）。所谓生成变化包含从婴儿期、幼儿期、儿童期、青少年期、成人期，一直到老年期的生理、认知、性格与社会发展，同时，也涵盖了遗传、出生前与出生时的发展状态。所谓变异变化是指在特定的年龄或发展阶段，个体间或个体内所表现出来的发展变异。例如，同年龄的个体在各种行为与能力的表现上，常有很大的出入，而即使同一个体，在不同环境下也常有不同的表现水准。因此，发展研究必须注意典型、一般性的常态性发展（normative development），也必须注意个别差异的个别性发展（idiographic development）。同时，个体发展有正常的、典型的发展，也会有特殊的、非典型的发展现象，通常这方面的研究我们称为发展心理病理学（developmental psychopathology）的研究，主要针对不同发展阶段的异常发展现象做研究，例如，儿童精神分裂症、自闭症、行为异常、注意力缺损过动症、儿童期焦虑症、饮食异常以及智能障碍等。

至于发展研究的主题，主要看研究者的兴趣，不过，最重要的还是要看主题是否具有发展（developmental）的性质，所谓具有发展性质是指此主题：

（1）具有明显的“发生”现象——新的能力、功能或水平的发生；

（2）兼具连续与非连续性的发展过程；

（3）具有发展方向性（Grigorenko & O'Keefe，2005：318－319）。

二　个体发展的测量

所有发展的研究都受研究者对于发展所持观点，以及选择的研究方法之限制。当然，方法的选择事实上是会在意识或无意识层面，受研究者本身所持发展观点的影响。发展的测量基本上就是对各种能力或行为变化的测量，传统的方法是以年龄为变项，测量特定时间个体的心智或行为状态，然后将其与隔一段时间之后再测量的个体状态做比较（长期追踪设计），或者，以不同年龄层的群体做比较（横断设计），来说明变化的发生。最近的研究因为想要更进一步探索变化的历程与机制，研究者更开发出许多复杂、有创意的方法（请参考 Gottman，1995；Collins & Sayer，2001），以了解发展是自然发生还是需要环境的介入。

（一）测量个体的方法

要测量个体的发展，最通常的方法是设定一个稳定的观察变项，记录下个体在不同时期的状态。最简单的例子当然是许多新手爸爸、妈妈做过的事：记录身高、体重、手印、脚印、乳齿生长与脱落等。许多爸爸、妈妈也会记录婴儿与大人沟通、说话的语言发展，或从翻身、爬坐到站立、走路的动作发展。不过，一位发展研究者所观察的变项自然要比父母们的复杂而细致，测量的方法也要来得精准与合宜。以语言发展而言，从婴儿发声到幼儿牙牙学语到童言童语到说话沟通、演讲表达，研究者选定的观察变项可以是语音识别或发声历程，可以是字汇的个数、语句的长度或复杂度或语言的理解，等等，研究者必须根据个体的发展年龄，做适切的变项选择。例如，语音识别对婴儿是适切的主题，字汇数显然就不是，因此研究者在观察变项或测量指标的选择上都得面对很大的挑战。最重要的是，研究者要能不昧于方法的限制，方不至于对资料做硬性的曲解（例如，问卷法的主观性要素），也要能不囿于方法的限制（例如，观察法的取样），方能看出资料的意义。

通常研究者会从日常观察里选定一种心理特质作为研究概念，例如，神经质、智力、气质、个性等，这个概念最初可能相当笼统与模糊，但是最终却必须转化成有具体心理细节的概念，才能被测量、被研究。换句话说，研究者必须能够界定出个体在这个概念上的特定行为、认知与情绪，才能描述这种心理特质的发展以及个体之间的差异。通常，如果能够将与这种特质相关的情境定义清楚，通常此一个体特质的描述与测量便比较不成问题。举例来说，Kagan（1997）研究气质（temperament），他所定义的新奇情境的行为抑制（behavioral inhibition to novelty）概念很清楚地表示他所研究的行为是不熟悉情境下的焦虑、恐惧与苦恼反应，而不是熟悉情境下的愤怒或任何其他行为。然而，对一个一岁半的幼儿来说，只要一个陌生人就足以诱发出行为抑制的反应；对 3 岁的幼儿来说，这个陌生人可能还得对幼儿做出一些社会性要求，才能诱发出同等程度的行为抑制反应。因此，对于发展研究的研究者而言，在测量个体的心理或行为时，最关键的是要能排除成熟因素的干扰变项，找出研究概念中的核心要素。

（二）测量个体与情境的方法

1. 个体与情境的互倚性：对偶设计

发展研究的主要目标在于探究个体发展的生物根源以及影响发展的环境因素，研究者通常依其兴趣而有偏重。对环境因素感兴趣的研究者通常是希望借由厘清环境如何对个体的发展产生影响，而能改善个体的重要生活情境，例如，家庭、学校、职场等，进而对个体的正向发展有所贡献。

由于 20 世纪后期兴起的系统观点（systems perspectives）以及它所带动的发展科学的影响，个体与情境已逐渐被视为难以切割的、具有互倚性特质的存在，因此，要了解个体的发展，首先就要抽丝剥茧爬网出个体与他周遭不断变动且多层次的情境之间复杂的互动关系。要同时了解个体与情境，最自然而简单的想法当然就是同时测量个体与他的对应情境，也就是所谓的对偶设计。对偶设计虽然周到，但是我们不要忘记，系统观点的主要立场是，任何一方的行为都会影响另一方的行为，因此，除非我们能够准确厘清个别的影响历程，否则还是难以断定这影响是如何发生的。

举一个例子，Milgram 与她的同僚想了解母亲的产后忧郁（postnatal depression，PND）如何影响婴儿的发展（Milgram，Westley，& Gemmill，2004），他们募集了一群刚刚在两周前生产完的母亲，其中包含出现产后忧郁症以及没有产后忧郁症的母亲，从开始进行研究起，定期在婴儿 6 个月大、12 个月大、24 个月大、42 个月大时，分别测量母亲的忧郁状态、对婴儿的反应状态，以及婴儿的气质、智商、认知能力。他们虽然获得清楚的证据，知道母亲的产后忧郁症的确会影响婴儿的认知发展与社会发展，忧郁症母亲与婴儿的正向互动也比非忧郁症母亲少，但由于我们无法断定是婴儿的特质影响亲子互动，还是母亲的特质影响亲子互动，自然也就无法断定母亲的产后忧郁是影响正向互动的原因。

发展研究中的对偶设计虽然可以获得珍贵的实际互动资料，但是在分析对偶资料时，除了前面所述，对因果关系的论断要格外小心之外，尚有两点需要特别注意：第一，对偶间的互动通常是以过去互动经验的累积为基础，因此研究者所观察到的现象可能是过去互动关系所产生的结果；第二，如果这对偶是亲子关系，则研究者所观察到的发展差异，也可能是源自亲子所共有的基因相似性，而非亲子间的互动方式。

2. 测量情境的方法

系统观点的兴起对研究者最直接的影响便是测量方法的多元化与丰富化，因为系统观点的分析单位既不是个体，也不是情境，而是个体与个体的发展情境之关系。随着成长，个体的发展情境自然愈来愈延伸宽广，也愈来愈复杂，个体与情境的互动方式也愈来愈多元与动态，因此研究者应有的体认是，所谓情境（context）的测量，指的并非静态物理环境的描述资料，事实上是要说明个体与其发展系统中相关联的多层次情境之动态关系。

与个体相关联的情境从与个体直接互动的社会团体（例如，母子对偶组合或亲子三人组合等）与微系统（microsystems）（例如，家庭、学校班级内、社团等），一直到间接影响个体与其他系统内社会关系之巨系统（macrosystems）（例如，政策、社会价值等），都是分析的单位。以对偶或三人的小团体关系还是较大团体的关系作为情境测量的单位，基本上是视研究者的理论架构与主要问题而定。例如，如果要测量以依附理论为依据的母子关系，当然是以母子对偶资料为主；如果是要研究青少年的社会关系，那么要测量的通常会是三人以上的小团体关系。然而，关心母子的依附关系可能是单纯关心亲子关系，也可能是关心母子依附关系质量与幼儿在幼儿园行为的关系。换句话说，若是前者，研究者只关心微系统；若是后者，研究者便是关心中系统（mesosystem）了。同样地，本来是微系统研究的青少年同侪关系，在涉及同侪关系对其他社会关系的影响时，便不得不关心中系统了。换句话说，关于情境的测量，可能是家庭、学校、职场，也可能是游乐场、校园、小区，研究者首先必须确定自己的研究范围，再来选择研究的工具。如果选择的是比中系统更大范围的外系统（exosystem）个体与情境的关系，那么所有比个人层次更广的系统性变项都该被考虑、被测量。比如说，如果要看个体与住家附近环境的关系，那么人口密度、犯罪率、公共设施、文教设施、房舍质量等，都是重要的指标。如果选择的是更广的个体与巨系统层次的关系，那么社会中的单亲儿童比率、受虐儿童比率或者社工员人数，便可能都是可以用来解释或评估个人层次行为改变的指标。

为了达成描述发展情境的目标，显然，单一学门领域的方法难以应付上述挑战，因此研究者显然必须整合并应用各学科领域开发的各种独特方法。幸好目前已有许多方法可用来测度上述情境中个体的社会关系，这包含了大家熟悉的自然观察法（natural observation）、参与观察法（participant observation）、民族志（ethnography）等，以及需要安排特定环境的控制观察法（controlled observation）、实验观察法（experimental observation），需要记录特定行为的事件取样（event sampling）或特定时间内行为频率的呼叫器方法（beeper technique），等等。如果研究主题是个体对某种情境的态度或知觉，则问卷、访谈、量表调查也都是适当的方法。

总而言之，根据研究的主题选定情境的层次范围，然后运用适切的方法去搜集资料自然是理想的评估环境的方式，但是除非这些关于环境系统的资料能够与关于个体的资料结合，否则我们仍然无法得到关于个体在这些系统环境中如何发展与改变的图像。也就是说，我们需要了解的是这些情境如何变成个人经验（experience）的资料。然而，如何整合与建立个体和情境的同步关系，并不是那么容易的事。举例来说，在婴儿周岁以后，每周记录婴儿使用字汇量的变化自然是重要的关于个体语言发展的资料，但同时测量语言发展正常的父母的自尊水平，则显然我们不会去测量父母的字汇，也不会以周为时间单位重复去测量，那么，这两个在性质与数量上大有差异的资料该如何配对？如何分析比较？解决的方法之一是，计算出在心理计量特性上相当的个体与情境的差异程度，例如，一方面测量儿童的气质或学习表现，另一方面测量家庭或学校对儿童行为要求的严格程度，以这两种测量分数的差异来作为个体与情境的关系之指标（Lerner，Dowling，& Chaudhuri，2005：194－195）。

（三）以年龄为变项的个体发展研究——长期追踪研究设计、横断设计与连续设计

如果发展研究的目的是在“描述、解释以及优化（optimization）个体生涯发展中的行为变化以及个体间的行为变异”（Baltes，Reese，& Nesselroade，1977：84），则发展的优化意义显然只能从长期的生涯发展观点来看，也因此，个体的生理年龄本身就成为发展研究的天然变项。同时，既然谈变化，则个体在不同生命时间点所表现的能力或行为也会是必要的观察变项，从而关键的时间距离（时距，period）自然成为重要的变项。因此，传统的发展研究基本上就是比较个体在不同年龄的指标行为之差异（例如，个体与情境互动的方式，或个体在某一作业上的表现）：比较不同年龄层个体的行为差异之研究被称为横断研究，比较同一个体在不同年龄的行为差异之研究被称为长期追踪研究。横断研究资料可以提供不同年龄群体在指针行为上的共同特征之讯息；长期追踪研究则一方面可以提供同一个体在指标行为上的年龄变化讯息，另一方面透过个体间的比较也可以确认这些变化的变异。当然，若谈变异，则同世代群体（cohort）（共同经历重要共同事件的同年龄世代）间的世代差异，例如，营养差异、医疗差异、教育差异、社会制度差异等，也会是重要的参照变项，连续设计便是为了厘清交织在年龄变化中的世代差异而产生的。

综而言之，发展研究的主要设计其实就是年龄、世代、测量时距这三个变项的不同组合。在长期追踪设计里，年龄是个体内差异（intraindividual difference），世代变项是个别差异（individual difference），测量时距也是个

体内差异变项。相对而言，横断设计的年龄、世代、测量时距都是个别差异变项，而连续设计则是年龄与测量时距兼有个体内差异与个别差异变项。以下将分别详细说明这几个研究设计的特征与优缺点。

1. 长期追踪研究设计

在发展研究里，最让人感兴趣的问题，是追踪了解一种特定能力或动作技能如何在时间的纵轴里萌芽、表现与发展，也追踪探究这种动作技能与后续发展出来的行为又有何种关联性。例如，我们会想知道语言发展的基础是基因还是环境，语言发展的历程是什么，造成个别差异的关键因素是什么，也会想知道早说话的小孩长大后语言能力是不是比较好。要获得这样的了解，最好的方法莫过于长时间定期追踪观察同一群个体，然后比较各时期所测量到的这些特定能力或行为的资料。要获得这样的资料，我们就必须设计长期追踪研究。

所谓长期追踪研究，顾名思义，就是针对同一群个体，从出生（有时甚至从胚胎期就开始观察与记录）到成熟阶段，进行长期的定期追踪调查。在调查过程中除了观察或测量特定能力或行为之外，情况许可时，也会施予系统化的实验操弄（例如，将同卵双胞胎安排到不同的环境或给予不同的学习经验）。然而，要给长期追踪研究设计下一个明确的定义也是不容易的。例如，Miller 说长期追踪研究设计是“在一段适当的期间里给予重复的测验”（repeated tests that span an appreciable length of time）（Miller，1998：27）。但是，所谓“重复测验”是指“同一”测验还是配合年龄发展的“相同”测验，不同时期的测量之测验等化（measurement equivalence）自然是个不容忽视的问题（Hartmann & George，2005：326－329）。而所谓“适当的期间”对变化程度不同的新生儿、幼儿、儿童、青少年，或成人、老人而言，可能就有不同的时距意涵。不过，从 Miller 的定义来看，如何选取或发展出有效、可靠的测验工具，恐怕还是长期追踪研究最至关紧要的。虽然有些研究者会自行发展测量特定能力或行为的工具，有些研究者会要求研究对象写日记来收集第一手的资料，但是这些方法的信、效度容易受到质疑，因此大部分的研究者还是偏好标准化测验。

长期追踪研究设计在发展研究中最强有力的优势并不在于它能呈现出年龄变化与能力或行为变化的关系（例如，年龄越大记忆力越差），而在于它能描绘出发展的本质，也就是发展的曲线或形式。唯有透过研究个体内发展差异的长期追踪研究设计，才有可能确定某种能力或行为的发展顺序以及发展样式究竟是循线性（linear）或曲线（curved）发展，还是有着跳跃式（saltatory）或阶梯式（stepwise）的发展模式。换句话说，根据长期追踪研究设计所获得的资料，让我们对于特定能力或行为的前期发展与后期发展具有何种关系，是否具有稳定的关系，能够有较清楚的了解。同时，透过长期追踪研究设计，研究者能够比较个体内变化的个别差异，也就是比较不同个体的个人前后期发展差异，从而能够了解各种社会事件或人生事件对个体发展的影响程度与影响范围。

然而，在长期追踪研究设计中，以不同时间点的测量分数之差异作为发展指标，也有它先天上的弱点。第一，两个不可能是百分之百可靠的测验分数相减之后所得出来的差异分数，其指针信度自然更低，更遑论差异分数基本上会受标准偏差或测验项目分布等因素的影响。第二，同一个测验被重复使用时，对受测量的个体而言，显然会因为越来越熟悉而越来越容易，使得测验分数的变异也可能越来越小。因此研究者必须特别注意测验是否太难或太容易，以致无法区辨高低分者，产生地板效应（floor effect）或者天花板效应（ceiling effect）的问题。第三，研究者必须注意高能力者通常在两个时间点的差异会比较小的现象所代表的意义（Grigorenko & O'Keefe，2005：323 - 325）。第四，同一群体样本的资料无法反映世代差异（cohort difference），常常容易混淆了年龄变化与世代环境差异。例如，如果我们在2005年测量一群20岁的年轻人接受“台独”（或统一）的态度，然后在2010年再对此群体（那时他们25岁）重问一次相同的问题，假设我们发现，到了2010年他们对于“台独”（或统一）有更大的接受度，我们无法确定这样的变化是来自从20岁成长到25岁的年龄变化，还是来自这五年间这些人所共同经历的社会事件的影响。

以上这些问题加上前面所提的测验等化等问题，使得长期追踪研究即使能够预先规划测量程序，并证明测验的效度，在预测发展上的个别差异时，也只对定义明确的智力发展与生理发展较有把握，社会与人格特质的研究仍然面临重大的挑战，因为三个大型而长期的追踪研究（large-scale studies of child rearing conducted in Iowa，Massachusetts，and California）结果显示，养育方式与儿童社会、人格的发展几乎不相关，这究竟是理论出了问题，还是研究方法出了问题？这个问题反映出追踪研究最大的魅力与风险之所在，它的结果可以是推翻或建构发展理论最直接、有力的证据，它也可能因为工具或变项选择不当而让长期的努力功亏一篑。

此外，最实际的问题是，长期追踪研究常常需要与研究群体同样长寿的研究机构才能竟其工，最著名的长期追踪研究莫过于 Lewis M. Terman 在 1921 年以 952 名 IQ 分数在 140 以上的儿童为对象，超过一甲子的研究了。除了时间成本外，这当然也意味着大量经费与人力的投资，因此一般研究者均无法也不敢轻易尝试，这也是为什么目前持续做长期追踪研究的机构只有四个：延续 Terman 研究的 Berkeley 与 Fels Institute，以及 Minnesota 与 Harvard。对一般研究者而言，折中之道可能是，选择在个体特定能力或技能的发展历程中，重要事件发生的年龄作为变项，例如 Savage 与 Carless（2005）想厘清何种语音运用能力与阅读能力较有关联，他们选择测量 5 岁儿童对音韵与音素的掌握能力，以及同一儿童 7 岁时的阅读能力。他们之所以选择这两个年龄，是因为 5 岁是正式教育的启蒙时期，而 7 岁是个别差异开始明显化的时期，最重要的，两年是研究者能够投入的时间。

2. 横断设计

虽然长期追踪设计是了解发展历程最具说服力的方法，但是长期追踪设计费时费力，参与者也容易流失，因此一般研究者想要在短时间内了解年龄的长期发展趋势，便只能选择不同年龄层的群体为研究参与者，然后比较这些群体在行为反应或能力作业上的表现差异。举个例子，研究者想研究智力的发展，便可以相同的智力测验，让不同年龄层（例如，7 岁、12 岁、20 岁）的群体分别作反应，然后比较这几个年龄层群体的结果，便能够推测智力的发展状态，此方法取其选取生命发展的几个横断面来比较之意，因此称为横断设计（cross-sectional design）。这个方法背后最主要的假设是，当较大年龄层的群体是来自与较小年龄层群体相同的母群体时，即可从较大年龄层的行为推论出较小年龄层群体的发展趋势。换句话说，研究者不必实际等候特定能力或行为变化的发生，就可以根据前后期行为的关系，推测发展的速度与方向。至于要选取哪些年龄层，就要看研究者默认其研究主题（例如，语言、逻辑能力、道德行为等）的发展变化主要会发生在什么时期。

横断设计比起长期追踪设计自然在时间与人力上节省许多，因此除了在产生发展理论的初步假说或澄清既有的假说上有用之外，许多研究者在建立新测验的信、效度上也常使用此设计。然而，要根据横断设计所收集到的资料来做出长期发展的结论，难免出现很多问题。因为横断设计只能提供不同年龄群体间的差异之资料，无法提供随年龄而变化的行为资料。以前述例子而言，研究者能够知道 7 岁、12 岁、20 岁的智力差异，却无法知道这些差异何时发生、如何发生以及随着时间如何演变。换句话说，横断设计无法回答特定能力或行为在发展上是否具有稳定性的问题。此外，横断设计因为使用群体平均值，也无法回答有关发展变异的问题。另外一个主要的问题是，以横断设计所获得的资料会有世代混淆（cohort confound）的问题，以上面智力发展的例子来说明的话，如果研究对象中的 7 岁儿童都接受了一种新的思考教育的课程，而 12 岁和 20 岁这两组在小学时都没有接受过此课程，那么单纯地比较三个年龄组别，自然就无法知道组间差异是因为年龄差异，还是因为世代差异产生的结果。特别要注意的是，如果比较的是更大的年龄差距（例如，20 岁与 60 岁）时，可能年龄大的组平均受教育年限比较少，社会经济水平也比较低，因此，当研究者在两个年龄层中选取相同受教育程度或经济水平一样的人作为参与者，就会造成选样上的误差。换句话说，在一个年龄层中可能选到不具代表性的样本。当然，横断设计必须面对的基本挑战与长期追踪研究一样，因为要让不同年龄层的研究对象接受相同的实验、测验或问卷，因此需要发展出适合所有年龄层的研究工具。

横断设计本来是希望能以更有效率的方式得到与长期追踪研究相同的关于年龄发展变化的结论，但是 Schaie 对成人智力发展所做的研究却显示，横断研究的结果未必与以相同群体所做的长期追踪研究的结果一致（Schaie，2004；Schaie & Strother，1968）。这样的结果显示出，无论单一群体的长期追踪研究或传统的横断研究似乎都难以对具理论意义的发展问题提供圆满的答案。

3. 连续设计

如上所述，长期追踪设计能提供年龄变化（age change）的资料，横断设计能提供年龄差异（age difference）的资料，但是两者都无法适当解决世代混淆的问题，也无法单独回答发展上的问题，因此，兼具两者特点的连续设计便成为发展研究的另一个选择。

发展研究的连续设计可以是横断连续设计（cross-sectional sequence），也可以是长期追踪连续设计（longitudinal sequence）。横断连续设计是选取两个以上的年龄层，然后在两个以上的时间点，分别对这些年龄层的群体做能力或行为测量。例如，我们在2005年选取25岁、45岁、65岁的三个年龄层的人进行调查，然后在十年后的2015年再选取一批当时为25岁、45岁、65岁的三个年龄层的新样本，进行与2005年相同的调查。而长期追踪连续设计则是以两个以上的世代进行两个以上的长期追踪研究。例如，我们在2005年选取一群25岁的样本开始进行以十年为单位的长期追踪调查，直到样本65岁为止。然后在十年后的2015年再选取一批时为25岁的新样本，也同样开始每隔十年进行一次调查的长期追踪研究，直到新的样本65岁为止，这便是最基本的长期追踪连续设计。简而言之，所谓长期追踪连续设计是长期重复定期追踪调查两个以上相同的群体，而横断连续设计是在两个以上的时间点，针对相同年龄层的两个以上的独立随机样本，各进行一次调查。两种设计最大的差别是，长期追踪连续设计能够获得横断连续设计所无法获得的个体内年龄变化以及变化的个体间差异之资料。

Schaie曾提出一个以系统性方法结合长期追踪连续设计以及横断连续设计，号称最有效率设计（most efficient design）的连续设计模式（Schaie，1965，1994；Schaie & Willis，2002）。所谓最有效率连续设计，首先必须根据研究变项的性质，以及可能需要的测量间距，来挑选适当的年龄范围作为样本人口框架（population frame），当然，这个样本人口的年龄范围尽可能愈大愈好，不过还是应该以配合研究变项的发展历程为主要考虑。例如，想研究语言能力的发展，可能就会选择从出生到10岁作为样本人口的范围，以3个月或半年作为测量间距；想研究性别刻板印象的发展，可能就会选择从10岁到50岁作为样本人口的范围，以5年或10年作为测量间距。至于样本的年龄层通常会配合测量间距，例如，若预定以10岁到50岁作为样本人口的范围，以十年作为测量间距，测量三次，则最简单的设计是，以10岁为最年轻样本，30岁为最年长样本，因为第三次测量时，30岁样本已经50岁了，而样本年龄层的年龄差异通常设定为与测量间距相同的10岁，因

此，开始时只要取样 10 岁、20 岁、30 岁三个年龄层进行测量或调查。

这种连续设计用表 6－1 来说明或许会清楚一些。2005 年开始进行研究，选取分别出生于 1995、1985、1975 年（也就是 10 岁、20 岁、30 岁）的三个年龄层的样本开始进行第一次测量或调查，这时候所收集到的资料显然只能是横断资料。十年后进行第二次测量，由于起始样本已各多了 10 岁，成为 20 岁、30 岁、40 岁，因此比较同群体的第一次测量与第二次测量资料，我们便能够获得第一个从 10 岁到 20 岁、从 20 岁到 30 岁、从 30 岁到 40 岁的十年长期追踪资料。同时，我们还能够获得另一批 20 岁、30 岁、40 岁的横断比较资料。到进行第三次研究时，样本已变成 30 岁、40 岁、50 岁了，因此，我们又获得了宝贵的从 10 岁到 20 岁到 30 岁、从 20 岁到 30 岁到 40 岁、从 30 岁到 40 岁到 50 岁的 20 年长期追踪资料，与此同时，也有了另一个比较 30 岁、40 岁、50 岁的横断资料。细心的读者也许会发现，三次研究当中包含了数个世代不同但年龄相同的群体（表 6－1 中以黑体表示者），例如，第一次研究与第二次研究都有 20 岁的年龄层，第二次与第三次都有 40 岁的年龄层，而三次研究都包含了 30 岁的年龄层，比较这些年龄相同、世代不同的群体，可以获得横断资料与长期追踪资料所无法获得的世代差异资料。

表 6－1　最有效率连续设计取样与测量程序举隅

样本 出生年份	第一次研究 2005 年	第二次研究 2015 年	第三次研究 2025 年		备　注
1995	10 岁	**20 岁**	**30 岁**	⇒	长期追踪资料
(2005)		(10 岁)	(20 岁)		(新样本)
1985	**20 岁**	**30 岁**	**40 岁**	⇒	长期追踪资料
(1995)		(20 岁)	(30 岁)		(新样本)
1975	**30 岁**	**40 岁**	50 岁	⇒	长期追踪资料
(1985)		(30 岁)	(40 岁)		(新样本)
	⇓	⇓	⇓		
备注	横断资料	横断资料	横断资料		

表 6－1 只是最有效率连续设计的一个例子，研究者可以根据研究主题与研究变项，更替表中的样本年龄与研究间距，便能够规划出有用的研究发

展设计。显而易见，连续设计的研究次数愈多，样本愈多，其结果自然愈逼近最真实的发展历程。不过，一般研究者可能无法负荷太多的研究成本，那么最起码的连续设计应包含多少次的研究时点与样本呢？Schaie 认为，最起码的连续设计应至少有三次的研究时间点，以及包含两个年龄层的两个样本群，也就是表 6－1 以灰网表示的部分。简单地说，就是在第一次研究时选定至少两个年龄层（例如，10 岁、20 岁），第二次研究时，再选定另一组与起始样本相同年龄层（10 岁、20 岁）的新样本（表 6－1 以灰网表示者），重复相同的测量程序。必须有两个以上的样本的理由是，唯有年龄层重叠的两个以上的长期追踪资料，才能够让研究者确认单一群体长期追踪资料所显示的发展趋势。在这基本的连续设计之架构上，研究者可斟酌自己的时间、精力、资源，设定研究次数、年龄层与样本数量，以表 6－1 为例，研究者可以在第一次研究时就取样三个年龄层，也可以在第三次研究时引入第三个样本群，更可以增加第四次、第五次甚至更多次之研究。

（四）变化历程的研究

发展研究的最大困难是，研究者通常无法直接观察到特定能力或行为真正正在发生变化的过程，无论横断研究还是长期追踪研究都只是观察到“变化的结果”，而不是“变化的历程”。就像相片一样，它们只能提供各年龄阶段的变化资料，却无法告诉我们变化确实在何时发生，是如何发生的。

参考方块 6－1：以台湾现代化过程中教养价值的变化为主题之连续设计

Gabrenya 等人的研究以长达 21 年的时间观察台湾社会在现代化的过程中，随经济结构转变而异的工作环境与工作经验，对个人的价值观或教养观造成何种影响（Gabrenya，Lin，Hue，Kao，& Na-er，2010）。其取样方式如下图。在 1989 年取样初中生及其父母作为初始样本进行测量；然后在 1998 年再次测量初始样本，此时，十年前的初中生很多都已经是进入职场的成人，因此，同时取样第二样本，也是初中生及其父母，以便比较初始样本与第二样本；最后，在 2009 年针对初始样本与第二样

本分别再次进行第三次与第二次测量之外，也同时取样第三样本。历时20年的研究显示，基本上现代化的程度有代间传递的现象，但是只有教养观的转变与工作环境的改变有关，一般价值观的转变则与工作环境的改变无关。

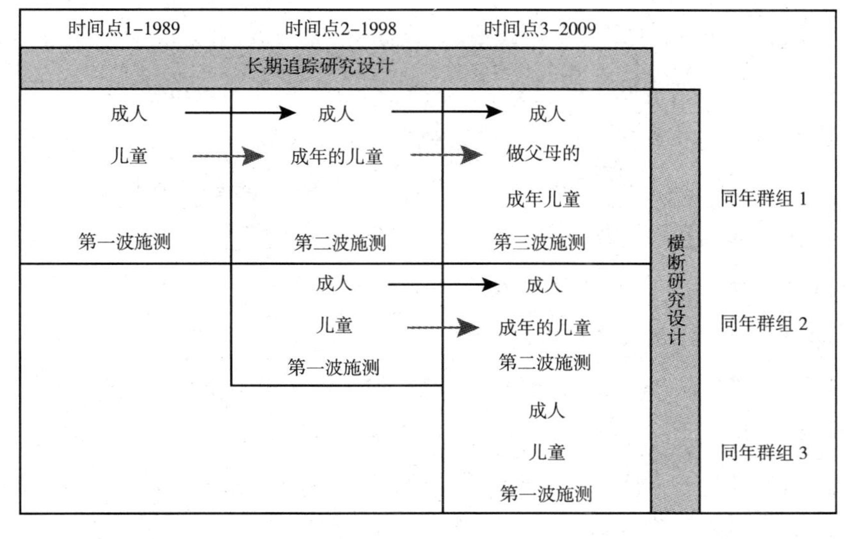

1. 微基因法

微基因法（microgenetic method）顾名思义就是“短期间内，高密度、近距离，观察发展变化的发生”之研究设计。此一研究法的基本假设有二：①唯有聚焦到个体在实际情境中指标行为之具体细节，我们才有可能获得了解变化历程的有用资料；②观察实时（real time）的微细变化是了解发展变化的关键（Lavelli，Pantoja，Hsu，Messinger，& Fogel，2005：42）。由此可知，微基因法的主要目的并非描述各年龄的发展现象，而是尝试掌握特定行为的变化历程。这一方法虽然与长期追踪研究法一样，会以同一个体为对象，多次重复搜集相关资料，但它们之间的差异在于，微基因法通常是在特定变化可能发生期间内，密集性地多次重复取样。例如，儿童语言发展研究者最常采用此方法，研究者通常以周或月为单位，针对同一对象，密集观察儿童的语言使用情况。采用此方法，可以让研究者清楚界定特定行为的发展形式，让他们了解发展是突然发生还是渐进发生的，也让他们知道这特定行为的发展形式与速率是否具有普遍性，也因此，微基因法在个别差异的研究上，自然也是十分重要的方法。

由于微基因法的主要目标是了解发展的变化历程与个别差异，因此它在实施程序上有下列几点特征（Flynn，Pine，& Levis，2006；Lavelli et al.，2005；Siegler & Crowley，1991）：第一，此方法必须在发生发展变化的特定期间内，观察特定个体。换句话说，变化中的个体（changing individual）是微基因法最主要的分析单位。第二，观察必须涵盖特定能力或行为发生急速变化之前、当下、之后（before，during，and after change）的完整时期。换句话说，观察的起点应该是在预期发生变化的时期之前，而观察的终点则是在所有（或大部分）被观察对象都发生特定行为的变化之后。第三，观察的频率应该以特定变化发生的速度为基准设定高密度次数（elevated density），以便获得变化发生前后的各种观察资料。例如，如果预定研究的指标行为会在几个月之内发生变化，那么观察密度应该设定为以周或数天为单位；如果会在几天内发生，那么观察密度便应该设定为以一天或数小时为单位。第四，必须彻底将观察到的资料做最周详、细致的质性与量化分析，否则难以推测出变化发生的实际过程。

基于以上高密度、极深入的研究特性，微基因法的样本数通常较少、观察资料却相对庞大与复杂，因此，在资料分析上自然具有目标性与独特性。Lavelli 与其同僚曾综合整理出微基因法最常被使用的四种分析策略：

（1）基准取向（normative-oriented approach）：此策略是以个体为分析单位，以群体的平均值作为变化的指标。

（2）个案取向（idiographic individual-oriented approach）：此策略虽然也是以个体为分析单位，但是与基准取向不同的是，个体发展变化的分析对象不是群体的平均值，而是单一个体的变化。换句话说，就是多个个案分析的整合结果。

（3）个体成长模式取向（individual growth-modeling approach）：此策略以个体的成长曲线（growth trajectories），以及比较个体间成长曲线为分析重点。

（4）多变项个体取向（multivariate individual-oriented approach）：当研

究单位是个体，必须连续取样，同时观察变项是一个以上时，就必须使用特定的因素分析法（例如，P-technique Factor Analysis）来分析个体发展的变化速率与方向，并比较个体间的发展变化（详细分析方法参见 Lavelli et al.，2005：52－55）。

微基因法因为在个体发展关键时期进行密集观察，对于特定能力或行为的变化历程之理解有它独特的优势：第一，针对特定能力或行为能描绘出清楚的发展曲线，从而能厘清发展上不变的部分与变化的部分；第二，它能说明个体发展出新能力或行为的策略、速率以及发生时间点的个别差异；第三，它能厘清发展所需的情境。然而，带来优势的方法也同样带来限制，由于必须在一段时期内密集重复取样，它先天上也就有了不可避免的限制。首先，同一个体重复做同样的作业或测验，不免有信度上的问题，因为不管是儿童还是成人，都无法保证重复练习的学习效果。其次，密集重复取样所耗费的人力与时间，也不是一般的研究者所能负荷的。同时，就如同此方法的名称所显示的，由于观察入“微”，就要谨防见树不见林，只见细节，不见发展的根本问题。最重要的是，如果研究者无法看出特定变化对于特定能力或行为发展的重要性或相关性，则再辛苦搜集来的资料都可能白费。

2. 行为的观察

无论是研究行为变化的结果还是历程，对行为的观察本身自然是研究中最关键的部分。对于研究者而言，在做任何行为观察之前，都必须先问两个问题：“在哪里观察？”“观察什么？”显然，这两个问题的答案都取决于研究者究竟想要问什么样的问题。就场景而言，一般可分为现场情境（field）或控制情境（controlled setting）两种。现场观察是在研究对象的日常生活场域进行观察，因此能够观察到较自然、较多样的行为模式，例如，研究者可以进到教室里观察特定儿童的行为表现，这种观察可以当场以文字将行为发生频率与形态记录下来，也可以先录音或录像，然后再转誊成文字记录。在最近的研究中，摄影机的使用十分普遍，研究者必须特别留意摄影机本身对观察对象的行为是否造成影响，以及摄影机的放置角度与影音清晰度是否能够保证记录完整。

就观察变项而言，无论在哪里观察，研究者都会选择与自己想验证的假说或理论有关的行为变项作为观察焦点。不过，要做好行为观察，最重要的就是先发展出好的记录分类（coding categories）系统，这个分类系统对于特定行为而言，必须是穷尽且互斥（exhaustive and exclusive），而且是具有信度（reliable）的行为指标。穷尽的意思是能够将观察的行为全都涵盖在内，例如，观察儿童的攻击行为，一位研究者可能选择观察儿童主动攻击的行为（不论攻击的动机为何），另一位研究者可能选择观察儿童在被动情况下的攻击行为，但是就攻击行为而言，主动与被动的分类就能包含所有攻击行为。互斥的意涵则是，任何一个观察到的行为只能够而且只可能被归到其中一类。例如，主动攻击可以被分类为语言攻击及行为攻击，而语言攻击与行为攻击又可以再被细分为是为了自己或是为了别人，如此，任何一种主动攻击行为都能被归为“语言/利己”“语言/利他”“行为/利己”“行为/利他”四种攻击行为中的一种。至于观察的行为是否在分类上具有信度，主要是看两位以上的独立观察者是否会将同一行为分在同一类别。信度这个问题通常在分类系统定义明确、观察者熟悉分类系统却不清楚研究目标时，不会成为大问题。

虽然有不少研究者认为发展研究基本上应该在现场情境做自然行为的观察，但是由于现场观察要在特定时间内观察到特定行为较为困难，大部分的研究者还是选择在研究者控制安排好的情境中进行观察，因为控制情境有几个研究上的优点（Harris，2008：31 - 32）：第一，由于情境的安排是根据研究者的研究问题而设计，例如，想观察儿童在竞争情境下的行为，可以安排牌局或竞争型游戏；想观察儿童的合作行为，则可以选择安排分工游戏或设定共同目标，这样自然就能确保研究者观察得到研究对象在特定情境下的行为反应。第二，由于所有参与者都在相同的控制情境中接受相同的事件或作业，因此参与者的行为反应能够互相做比较。第三，由于情境是事先安排的，能够限定观察对象的反应行为之次数，因而能够预先选择行为类别，容易量化行为指标。

3. 实验法与婴儿研究

在控制情境来观察行为的研究法中，实验法因为对情境的安排与变项的操弄最为严谨，所获得的结果无论是对于变化历程还是关键变项来说都最具解释力。事实上，从最近许多精巧的实验，由于能够清楚呈现发展历程，对于发展理论的验证与问题澄清做出重大贡献看来，实验法确实是发展研究上

不可或缺的重要方法。特别是研究对象为没有语言能力的婴儿时，实验法更显重要。例如，如果我们想知道婴儿能否分辨乐音与噪音，或者婴儿对色彩有没有偏好，光凭访问父母或是观察婴儿恐怕都是无法得到答案的。

实验法有它的优点自然也有它的限制，它的主要限制是：①必须选择婴儿发展能力范围内的行为作为观察的依变项，例如，2 个月大的婴儿大概会吸吮、踢腿、转头；8 个月大的婴儿就可以取物、爬行。②必须选择婴儿所能知觉到、认知到的实验材料，因为在最初几个月，婴儿视觉敏锐度是比较差的。③必须确定婴儿是在警醒的状态（alert state），因为当婴儿累了、病了或饿了时，他们的注意力通常只能维持非常短的时间，容易造成对行为反应的错误解释。不过，虽然有这些限制，只要实验能确实考虑到婴儿的特质，经过精细的设计与精巧的测量，我们会发现婴儿还是可以成为实验法的重要样本群。例如，DeCasper 与 Fifer（1980）利用婴儿天然的吸吮本能，证明三天大的婴儿不只能分辨人的声音、偏好母亲的声音，而且能够了解自己行为的结果与环境的关系。他们用的方法是先测量婴儿的一般吸吮速率作为测量的基线，然后当婴儿的吸吮速率达到研究者默认的水平时，就播放母亲的声音，若未达预设水准，则播放另一个女性的声音。结果发现出生后仅仅 72 个小时的婴儿便能调整吸吮速率，以便多听母亲的声音。这个实验之所以成功主要是因为研究者选择了吸吮行为作为依变项，以及声音的辨识作为实验的刺激材料，对新生儿而言，这些都是发展上合宜的裁量。以下简单介绍几个婴儿研究法的典范，由于篇幅的关系，介绍的重点将放在研究设计的逻辑，而不是技术上的细节。

（1）惯化/去惯化法

所谓惯化法（habituation paradigm）的基本逻辑是，如果婴儿对于两个刺激的反应不同，代表婴儿能知觉并分辨刺激间的相异性。这种方法分为两个阶段，第一个阶段称为惯化阶段（habituation phase），在这个阶段研究者反复提供同一个刺激，并记录婴儿的反应行为。例如，在银幕上呈现一个红色的圆形，然后记录婴儿注视此圆形的时间，如此重复多次，如果婴儿的注视时间逐渐变短，直到完全失去兴趣，不再注视为止，我们称此现象为惯化，代表婴儿对此红色圆形刺激进行了讯息处理，并且知觉到出现的刺激都是同一个刺激。紧接着就进入第二个阶段，也就是测验阶段（test phase）。

研究者先提供一个与前一阶段相同的刺激，确定婴儿对此刺激无反应之后，就提供新的刺激给婴儿，例如说绿色的圆形（改变颜色）或者红色的三角形（改变形状），观察婴儿的反应是否会改变。如果婴儿注视新刺激的时间变长了，这个现象就称为去惯化（dishabituation paradigm），代表婴儿能够区辨新旧刺激的不同，换句话说，能够区辨红色与绿色或者圆形与三角形，同时，对于新刺激显示较高的兴趣与偏好，也因此这个方法又称为新奇偏好法（novelty preference method）。当然，这个方法可以用视觉刺激研究婴儿的视觉知觉，也就可以用听觉刺激研究婴儿的听觉知觉。

参考方块 6-2：惯化法的变化与应用——权变吸吮反应法

惯化法此一研究典范可以有许多的变化与应用。以 Christophe 与 Marton 的研究为例（Christophe & Marton，2002），他们对新生儿在出生 4 天之后，不但能分辨母语与非母语，也同时具有分辨各种外语的能力，但是到了 2 个月大时，虽然还能分辨母语与外语，却失去分辨不同外语能力的现象感兴趣，想要了解其中的发展历程，于是他们采用了权变吸吮反应法（contingent sucking response method）（Hesketh，Christophe，& Dehaene-Lambertz，1997）。此方法是在练习阶段，先让婴儿学会连续三次间隔不超过一秒的高强度吸吮，会引发相同的语音刺激（此为“权变”名称之由来），而正式实验时，就以特定时间内婴儿引发的语音数量作为去惯化的指标。

Christophe 与 Marton 将婴儿的母语（英语）以及三种外语（日语、法语与荷语）分别配对做实验（英语 vs. 日语、法语 vs. 日语、英语 vs. 荷语、荷语 vs. 日语），其中荷语是被认为与英语的语音形态较相近之语言，日语与法语则否。由于惯化法必须以婴儿对不同语言的新奇反应来判断婴儿对语言的区辨能力，但是不同语言必须由不同的人发音，因此，实验者除了必须控制语言句子的音素与长度外，也必须让每一个婴儿都经验①两个不同女性说同一种语言，以及②两个女性说不同语言的状况，以厘清婴儿是对语言还是对说话者做反应。当然，语言与说话者的先后次序也必须做组间对抗平衡之安排。

> 实验时，让婴儿坐在车用安全椅上，嘴里含着联机计算机的特制奶嘴。一个实验者坐在婴儿看不到的地方，戴上耳机（因此听不到实验的语音刺激）确认婴儿在实验进行中均含着奶嘴。另一个实验者在实验室外操作计算机。正式实验时，实验先播放一个句子，若婴儿有连续三次高强度的吸吮反应，则继续给予同一种语言的新句子，若两分钟内无此反应，则给予另一种语言的语句。最后，研究者将每一个婴儿在①语言种类转换，以及②说话者转换，前后两分钟内的句子数目相减，若为正数，则表示婴儿对不同种语言的新奇反应，是因为语言，而不是因为说话者。
>
> Christophe 与 Marton 综合其实验结果，认为婴儿可能在出生至一个月的期间，开始将母语与非母语分类，此时容易将与母语相近的语言与母语混淆（例如，英语与荷语），到了 2 个月大时，婴儿能清楚分辨母语与其他外语，有些婴儿却也同时将所有非母语均归为同类，不做区辨，因而失去对不同种外语的区辨能力，到了 4 个月大时，几乎所有的婴儿都不再能区辨不同种的外语。

（2）视觉偏好法

当婴儿能够区辨不同的事物，比如说，红色与绿色、圆形与三角形，我们可能会追问：婴儿喜欢红色还是绿色？喜欢圆形还是三角形？这时候就可以运用 Robert L. Fantz 发展出来的偏好法了（Fantz，1961；1963）。偏好法是同时提供两个刺激让婴儿观看，然后记录婴儿观看不同刺激的时间。如果婴儿注视其中某一刺激的时间较长，代表婴儿对这刺激有偏好。Fantz 以此方法证明，出生 2 ~ 5 天的婴儿，对于人脸图样就表现出特别的偏好（Fantz，1963）。Goren 与其同僚甚至以出生不到几分钟的婴儿为对象，控制图案的复杂度与图案组合之后，发现新生儿仍然对像人脸的图案较有反应，注视时间显著多于其他图案（Goren，Sarty，& Wu，1975）。像这样，视觉偏好法是一种简单却又十分有效的方法，因此在视觉知觉的研究上，应用十分广泛而普遍。

（3）违反预期法

综合惯化法与偏好法，违反预期法能够非常有效地了解婴儿的内在知

参考方块 6-3：视觉偏好法的认知研究

视觉偏好法不仅对于婴儿在视觉知觉的辨认研究上有用，而且在认知的研究上也有用。例如，林文瑛、王震武、林烘煜、曹峰铭等人在关于人观发展的研究中，先让1岁的婴儿观看同一个人表现亲和笑容及不亲和表情的照片，确定婴儿喜欢亲和的人胜于不亲和的人之后，让婴儿观看同一主角在亲和的表情下表现出恶意的行为，以及在不亲和的表情下表现出善意的行为之影片，然后让婴儿同时观看两张反映情境的照片，并同时以眼球追踪仪记录婴儿注视照片的时间，用以判断婴儿是否能够同时注意人的亲和向度与行为善恶向度，或者，还是只关注亲和向度（Lin，Wang，Lin，& Tsao，2010）。

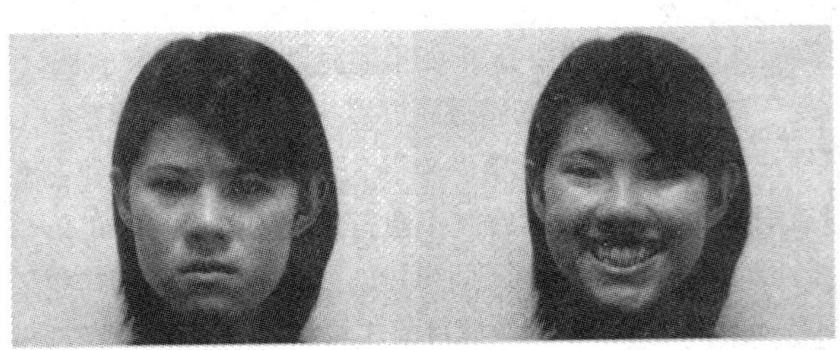
不亲和　　　　亲和

不亲和但善意　　　　亲和但恶意

识。这方法通常设计两个事件：一个是符合预期事件（expected event），另一个是违反预期事件（unexpected event）。若以 Baillargeon 与 DeVos 的经典研究为例，来说明这个方法的设计。第一阶段是惯化阶段，就是先让婴儿熟悉测试情境，例如，在婴儿面前先出现一个屏风，然后让一个高度只及屏风

一半的矮胡萝卜通过屏风后侧，再让一个高度为屏风三分之二的高胡萝卜也通过屏风后侧，由于两者都比屏风低，因此在通过屏风后侧时都会有一段时间被隐蔽，婴儿从正面是看不见的。婴儿对此二事件惯化，不再感兴趣或做反应之后，进入第二阶段的测试阶段：在婴儿面前出现一个在中间上面挖了窗洞的屏风，然后一样让矮胡萝卜与高胡萝卜从屏风后面通过，矮胡萝卜由于高度不及屏风一半，通过屏风时当然是被遮蔽看不见的（此为符合预期事件），但是高胡萝卜通过屏风后侧时，照样也让婴儿从窗洞看不见高胡萝卜通过（此为违反预期事件，因为高胡萝卜的高度比窗洞的边缘要高），如果婴儿具备物体恒存（object permanence）概念，也就是说，如果婴儿知道物体通过屏风后面时，还是存在的，就会对这违反预期事件注视得比符合预期事件来得久。反之，如果婴儿并不具备物体恒存概念，对这两事件的注视反应应该不会有显著的差异。Baillargeon 与 DeVos 以此精巧设计显示，两个半月到三个半月的婴儿都已经具备物体恒存的概念，成功挑战了 Piaget 主张婴儿要到 8 个月大才具备物体恒存概念的研究结果（Baillargeon & DeVos, 1991）。

（4）操作制约典范

此方法的基本程序是先测量婴儿特定行为的基线（baseline），然后在婴儿表现此特定行为之后，马上呈现一个具有增强（reinforcement）性质的刺激。此方法的预设是，如果婴儿了解行为与增强物之间的关联性，行为表现的频率自然就会增加，反之，不会有改变，前节所提 DeCasper 与 Fifer（1980）的研究就是一个很好的例子。Rovee-Collier 与 Shyi 也利用此方法，研究婴儿的记忆力（Rovee-Collier & Shyi, 1992）。首先，在新生儿能表现的有限行为中，他们选择踢腿行为作为反应指标。其次，必须建立行为的基线标准，结果测量到婴儿平均三分钟踢腿一次。接着进入实验阶段，他们将一条线的一端绑在婴儿腿上，一端连到婴儿头部上方的转动式玩具上。只要婴儿一踢腿，就会牵动这条线，使得玩具转动，玩具转动的速度、时间与婴儿踢腿动作成正比，踢得愈用力，转得愈快，踢得愈快，转得愈久。实验阶段是 9 分钟的增强期（因此又称训练阶段），玩具随婴儿踢腿的强度与密度而或快或慢地转动。接着，研究者将线从婴儿腿上解开，以 3 分钟时间测量婴儿踢腿的频率，这 3 分钟内婴儿踢腿速率高于基线标准，表示婴儿不仅了解踢腿行为与玩具转动之关系，且学习到以自己的踢腿来控制玩具的转动。

测量记忆的程序则是在一段时间（几小时或几天）之后，将相同的转动式玩具摆在婴儿上方，再以 3 分钟时间测量婴儿看到玩具后的踢腿行为是否有增加。若增加，代表婴儿仍记得学习到的行为；若与基线行为无差别，代表婴儿并不记得学习到的行为。当然，研究者也能够操弄玩具的样式，来测试婴儿如何看待相似而不相同的玩具，以确认婴儿的“分类”“类化”概念。此方法运用广泛，只要设计得当，从婴儿到成人都是很有用的实验法。

（5）寻找法

对婴儿记忆的研究法中，有一种重要的方法——寻找法（search technique），其实是源自 Piaget 对于婴儿物体恒存概念的实验（Piaget，1951）。他将一个玩具放在婴儿可以拿得到的地方，当婴儿对玩具感兴趣想要伸手去拿时，用一块板子隔在婴儿与玩具之间，然后看婴儿会不会想去“找”玩具，例如，尝试将隔板拨开，或伸头去看玩具。八个月以下的婴儿通常并不会尝试寻找突然失踪的玩具，Piaget 认为是因为婴儿没有物体恒存概念，以为看不见的东西就不存在。后来的研究者利用这种方法来研究婴儿的记忆力，例如，他们先在桌上放了三个杯子，并将一个玩具在婴儿注视下放到其中的一个杯子里，隔短暂时间后，鼓励这婴儿去拿玩具（Reznick，Fueser，& Bosquer，1998）。或者，他们在婴儿注视下，将玩具从第一个杯子移到另一个杯子里，然后看婴儿会到哪一个杯子去寻找玩具（Ahmed & Ruffman，2000），以测验婴儿是否记得玩具的位置。此方法以婴儿的主动找寻作为反应指标，十分有创意，但是它在证明特定能力的存在上比否定能力的存在更有利，因为婴儿“不找”的行为可以有许多选择性的解释。

（6）延宕模仿法

延宕模仿法（deferred imitation）是另一种常被使用来研究婴儿记忆的方法，其程序是先让一位示范者在婴儿面前表现出一系列的行为，延宕一段时间之后（通常是一天或几天后），在相同的情境下，测试婴儿是否能模仿出示范者的行为。根据 Piaget 的研究，延宕模仿的能力要在一岁半之后才会出现，但是 Barr 与其同僚以精巧的设计证明，婴儿在六个月大时就已有延宕模仿的能力（Barr，Dowden，& Hayne，1996）。他们的实验程序是这样的：

A. 示范者取下一只戴在玩偶手上的手套。

B. 示范者摇晃手套，同时手套里的铃铛发出声音。

C. 示范者将手套戴回玩偶手上。一天之后，实验者将戴手套的玩偶拿给婴儿，然后观察婴儿：

（i）是否会重复其中任一项行为；

（ii）是否会重复行为的顺序性。

结果发现，六个月大的婴儿当中，有四分之一的婴儿能够“依序”表现其中两项行为，有四分之三的婴儿至少表现了其中一项行为。此方法在提供婴儿内在表征的信息上，操作容易且十分有效。

三 发展研究的伦理议题

任何研究都应该以照顾到研究参与者的利益为原则，个体发展研究中最常以婴儿或儿童为对象，除了应获得监护者的同意之外，还有许多审慎的考虑。关于以儿童为对象的伦理考虑，儿童发展研究学会（The Society for Research in Child Development，SRCD）详列了研究伦理的指导项目（SRCD Ethical Standards for Research with Children），读者可在其网页上读到全文（www. srcd. org. ）。其中最重要两个原则是：评估研究程序对儿童的影响，以及获得监护者同意的方式。

（一）评估风险与利益：优化原则

所有的人都会同意，我们不应让儿童在研究中受到身体或心理上的伤害。因此，Watson 当年让幼儿受惊吓以证明人们对小动物的恐惧是受环境制约而来的经典研究（Watson，1919；Watson & Rayner，1920），已经被认为是违反伦理，也因此是不应该进行的研究。他们曾经将一只小狗丢进六个月大女婴的婴儿车里，观察女婴的反应。结果原来不怕任何小动物的女婴，因为被吓到而开始对小狗甚至会动的玩具动物产生恐惧感，直到一年后，这个女婴仍然对地板上温驯的小白鼠有强烈的害怕反应。

有些研究方法也许不是那么极端，但是在研究过程中任何可能造成儿童自尊受损、困窘或特殊化的程序，都应该被排除。例如，研究者想研究儿童抵抗诱惑的能力，于是，告诉儿童如果他能正确回答实验者给他的题目，就会给他一个礼物，在儿童开始作答时，实验者刻意让儿童知道正确答案就在实验室后方的柜子里，然后借故离开实验室，并使用隐藏式摄影机，录下儿童的反应。这样的研究是否违反诚信原则？再例如，研究者想了解攻击行为的示范效果，于是安排了一个班级观看暴力影片，另一个班级观看一般影片，然后观察并记录这两个班级的学生在师生互动与同侪互动中的攻击行为是否增加。这样的研究设计是否违反伦理原则？研究者想研究影响大学生人际互动的因素，他可能采取请大学生参与者列出班上他最喜欢与他最不喜欢的同学的名字的方法，这样的方法是否会使本来不受欢迎的同学未来更不受欢迎，以致违反道德原则？

即使一般的访谈，儿童也可能会有一些问题是不想回答的（例如，“你喜欢你弟弟吗？”），但是因为成人的权威压力，使得他必须忍受不自在的经验；或者，儿童必须回答一些他不想让父母或老师知道的事（例如，“你在学校被同学欺负过吗？”）。研究者可能基于善意，希望借由通知父母或老师而让他们提供协助，但是儿童就必须经历隐私不被尊重的经验。再或者，即使只是一般的实验作业，无法如期完成作业的参与者总会经历一段或多或少的挫折经验。

总之，个体发展的研究不像医学研究，对于参与者生理或健康上的影响可能较小，但是由于它对参与者心理层面的影响十分幽微、细致、复杂，因此不容易预测，也不容易评估，从而伤害可能更大。针对这样的风险，现在各级学校或学会、研究机构大都成立了伦理审议委员会（Institutional Review Board，IRB）来为个别的研究计划评估研究的风险与预防之道。委员会基本上是根据风险与利益的相对比例（risks-versus-benefits ratio）原则做审议，也就是将研究对参与者可能造成的不自在、干扰以及心理或生理上的危害，与研究结果可能带来的知识上或生活上的贡献做相对衡量，在尽量减少损害与增加利益的优化原则（optimizing risks and benefits principle）下，做出对研究是否应该进行或如何进行的判断与建议。

（二）参与者本人或父母的同意

所有的研究都应该获得参与者本人的同意，并且允许参与者在研究中途

选择退出。但是由于儿童可能对于研究的理解有限，因此研究若是以儿童为研究对象，则除了儿童本人的同意之外，还需要获得监护人或教师的同意，才能进行研究。成人的同意主要在提供保护的机制，儿童的同意主要提供儿童表达个人意见的机会。研究者不只必须说明要求儿童参与的作业形态，而且必须完整说明研究的目标与预期的可能反应。在研究对象是婴儿的时候，如果婴儿在研究过程中持续表现出不舒服或者不安的状态，研究者应该立刻中止研究程序，并且将婴儿的资料剔除。

（三）付费或给礼物的伦理考虑

IRB 在审度研究计划的伦理议题时，最大的焦点必然是研究程序对参与者所可能带来的风险，其中还包含了研究者提供的金钱或物质报酬，所可能给参与者或研究本身带来的影响。通常研究者所提供的报酬分成两种性质：一种是补偿性报酬（reimbursement payment），通常是用来弥补参与者因为参与研究所带来的自费损失，例如，交通费、停车费等。换句话说，补偿性报酬的目的在于减少参与者参与研究的障碍，因此补偿性报酬的合理金额容易估算，而且比较属于象征性的感谢。另一种则是诱因性报酬（inducement payment），是用来提高参与者参与研究的动机，因此通常高于参与者实际为研究付出的费用。在以婴儿或儿童为研究对象时，由于报酬的给付对象是父母或监护者，因此在评估诱因性报酬的额度时，必须特别考虑下列几项因素。

1. 研究中参与者可能面临的风险

如果是一般、无风险性的研究，报酬金额的多寡可能影响不大，但是研究者仍然必须注意，报酬金额不能高到让父母或监护者将小孩当作获取报酬的工具。尤其是在有风险的生理研究中，高金额的报酬可能使父母或监护者忽视小孩必须面临的风险。由于不想以高金额造成动机上的扭曲，许多研究者以最低工资的工时计算参与研究的报酬，但是这又不可避免地面临另外的问题：最低工资的报酬可能使得应征的参与者多半来自社会的中下阶级，这不仅有取样偏差的问题，而且会有社会正义性的问题。因为取样的同构型使得研究结论可能不具普遍性，而让社会低阶层的婴儿或儿童承受较大的风险则显然是违反社会正义的。在无法解决诱因性报酬给儿童参与者可能带来的危害这一问题前，有些研究者主张只能给补偿性报酬，有些学会干脆禁止研究者给付诱因性报酬（Moreno，2001；Resnik，2001）。

2. 给付报酬的时间点

许多发展研究常常需要研究者重复参与研究，因此研究者常常是每完成一次阶段性实验或调查，就给付参与者报酬，然后在完成所有研究程序后，再给一次奖励性的报酬，感谢参与者完成所有的研究。在研究过程中，只要参与者付出心力与时间来参与研究，给予补偿性报酬是合理且必要的，但是，如果预告完成所有研究程序就会有奖励性报酬，可能使得原想中途退出研究的参与者或监护人，会受到鼓励继续留在研究中，因此，不应该有“完成研究”的奖励性报酬，以确保参与者所获得的报酬是一样的，同时不会因为报酬而影响参与与否的决定。

3. 给付的对象与报酬的形式

报酬给付应该考虑报酬的直接对象而决定报酬的形式。在以成人为对象的研究中，直接付给成人应有的报酬当然是合理的，但是在以儿童或婴儿为对象的研究中，成人付出的通常是时间、劳力与交通费，在这部分给付补偿费给成人虽然是合理的，但实际参与研究的是儿童或婴儿，研究的报酬主要是补偿儿童在研究中的配合与忍耐，自然应该以儿童或婴儿为对象，从而，比起金钱报酬，给予儿童能使用的玩具、书本、影音产品等作为答谢的礼物，可能比较符合报酬的性质与目的，也比较不会扭曲监护者对参与研究的决定。不过，礼物的给付仍然必须考虑到父母的状况，免得造成困扰。例如，如果家里没有光碟机，给儿童 CD 就会让父母很尴尬。

4. 支付报酬的讯息

假设 IRB 已经认可研究者所提报酬的给付、金额与方式，研究者最后必须决定的是，在研究开始前，关于报酬的讯息该告知到何种程度。美国小儿科学会的建议是，如果报酬是给儿童的，在研究进行前最好不要让儿童知道参与研究会有报酬，以确保儿童的参与是出于他自己的意愿，而非受报酬或礼物的吸引。然而，对研究者而言，事后给的报酬事实上就会丢失去作为诱因的性质了，同时，即使研究者不说，父母或监护者也可能会问，或者从其他参与者那里知道。因此，若想让报酬的讯息既能提高参与研究的动机，又不会扭曲参与者的动机，就必须注意将报酬设定在较低的、可预期的水平

范围，同时，不要将报酬设定为完成所有程序才能够获得的“全程”报酬。如此，则可以在参与研究同意书上将此讯息事前告知参与者。

参考书目

Ahmed, Ayesha, & Ruffman, Ted (2000). Why do infants make A not B errors in a search task, yet show memory for the location of hidden objects in a nonsearch task? In Darwin Muir & Alan Slater (Eds.), *Infant development: The essential readings* (pp. 216 - 235). Malden, MA: Blackwell.

Baillargeon, Renée, & DeVos, Julie (1991). Object permanence in young infants: Further evidence. *Child Development*, *62*, 1227 - 1246.

Baltes, Paul B., Reese, Hayne W., & Nesselroade, John R. (1977). *Life-span developmental psychology: Introduction to research methods.* Monterey, CA: Brooks/Cole.

Barr, Rachel, Dowden, Anne, & Hayne, Harlene (1996). Developmental changes in deferred imitation by 6-to 24-month-old infants. *Infant Behavior and Development*, *19*, 159 - 170.

Christophe, Anne, & Marton, John (2002). Is Dutch native English? —Linguistic analysis by 2-month-olds. *Developmental Science*, *1*, 215 - 219.

Collins, Linda M., & Sayer, Aline G. (Eds.) (2001a). *Best methods for the analysis of change.* Washington, DC: APA.

Collins, Linda M., & Sayer, Aline G. (Eds.) (2001b). *New methods for the analysis of change.* Washington, DC: APA.

DeCasper, Anthony J., & Fifer, William P. (1980). Of human bonding: Newborns prefer their mother's voices. *Science*, *208*, 1174 - 1176.

Fantz, Robert L. (1961). The origin or form perception. *Scientific American*, *204*, 66 - 72.

Fantz, Robert L. (1963). Pattern vision in newborn infants. *Science*, *140*, 296 - 297.

Flynn, Emma, Pine, Karen, & Levis, Charlie (2006). The microgenetic method: Time for change? *The Psychologist*, *19*, 152 - 155.

Gabrenya, William, Lin, Wen-ying, Hue, Chih-wei, Kao, Chien-hui, & Na-er, A. (2010). *Are Taiwanese becoming (ever more) modern? —A 21-year longitudinal study.* Paper presented in XXth Congress of International Association for Cross-Cultural Psychology, Melbourne, Australia.

Goren, Carolyn C., Sarty, Merrill, & Wu, Paul Y. K. (1975). Visual following and pattern discrimination of face-like stimuli by newborn infants. *Pediatrics*, *56*, 544 - 549.

Gottman, John M. (Ed.) (1995). *The analysis of change.* Mahwah, NJ: Erlhaum.

Grigorenko, Elena L., & O'Keefe, Paul A. (2005). Dealing with change: Manifestation, measurements and methods. In Andreas Demetriou & Athanassios Raftopoulos (Eds.), *Cognitive developmental change: Theories, models and measurements* (pp. 318 – 353). Cambridge University Press.

Harris, Margaret (2008). *Exploring developmental psychology: Understanding theory and methods.* Los Angeles: Sage Publications.

Hartmann, Donald P., & George, Thomas P. (2005). Design, measurement, and analysis in developmental research. In Marc H. Bornstein & Michael Lamb (Eds.), *Developmental psychology: An advanced textbook* (5th ed) (pp. 326 – 329). Mahwah, NJ: Lawrence Erlbaum Associates.

Hesketh, Sarah, Christophe, Anne, & Dehaene-Lambertz, Ghislaine (1997). Nonnutritive sucking and sentence processing. *Infant Behavior and Development*, *20*, 263 – 269.

Kagan, Jerome (1997). Temperament and the reactions to unfamiliarity. *Child Development*, *68*, 139 – 143.

Kodish, Eric (Ed.) (2005). *Ethics and research with children: A case-based approach.* USA: Oxford University Press.

Lavelli, Manuela, Pantoja, Andréa P. E., Hsu, Hui-chin, Messinger, Daniel, & Fogel, Alan (2005). Using microgentic design to study change process. In Douglas M. Teti (Ed.), *Handbook of research methods in developmental science* (pp. 40 – 65). Malden, MA: Blackwell.

Lerner, Richard M., Dowling, Elizabeth, & Chaudhuri, Jana (2005). Methods of contextual assessment and assessing contextual methods: A developmental systems perspective. In Douglas M. Teti (Ed.), *Handbook of research methods in developmental science* (pp. 183 – 209). Malden, MA: Blackwell.

Lin, Wen-ying, Wang, Jenn-wu, Lin, Hung-yu, & Tsao, F. M. (2010). Development of person perception. Paper presented in 27th International Congress of Applied Psychology, Melbourne, Australia.

Milgram, Jeannette, Westley, Doreen T., & Gemmill, Alan W. (2004). The mediating role of maternal responsiveness in some longer term effects of postnatal depression on infant development. *Infant Behavior & Development*, *27*, 443 – 454.

Miller, Scott A. (1998). *Developmental research methods* (2nd ed.). Upper Saddle River, NJ: Prentice-Hall.

Moreno, Jonathan D. (2001). It's not about the money. *American Journal of Bioethics*, *1*, 46 – 47.

Overton, Willis F. (1998). Developmental psychology: Philosophy, concepts, and methodology. In Richard M. Lerner (Ed.), *Handbook of child psychology* (5th ed. Vol. 1, pp. 107 – 188). New York: Wiley.

Piaget, Jean (1951). *Play, dreams, and imitation in childhood.* New York: Norton. (Originally published 1945)

Resnik, David B. (2001). Research participation and financial inducements. *American Journal of Bioethics*, *1*, 54－56.

Reznick, J. Steven, Fueser, J. Josephine, & Bosquer, Michelle (1998). Self-corrected reaching in a three-location delayed-response search task. *Psychological Science*, *9*, 66－70.

Rovee-Collier, C., & Shyi, G. C. W. (1992). A functional and cognitive analysis of infant long-term memory. In Mark L. Howe, Charles J. Brainerd, & Valerie F. Reyna (Eds.), *Development of long-term retention* (pp. 3－55). New York: Springer-Verlag.

Savage, Robert, & Carless, Sue (2005). Phoneme manipulation not onset-rime manipulation ability is a unique predictor of early reading. *Journal of Child Psychology and Psychiatry*, *46*, 1297－1308.

Schaie, K. Warner (1965). A general model for the study of developmental problems. *Psychological Bulletin*, *64*, 92－107.

Schaie, K. Warner (1994). Developmental designs revisited. In Stanley H. Cohen & Hayne W. Reese (Eds.), *Life-span developmental psychology: Theoretical issues revisited* (pp. 45－64). Hillsdale, NJ: Lawrence Erlbaum Associates.

Schaie, K. Warner (2004). *Developmental influences on adult intelligence: The Seattle longitudinal study*. New York: Oxford University Press.

Schaie, K. Warner, & Strother, Charles R. (1968). A cross-sequential study of age change in cognitive behavior. *Psychological Bulletin*, *70*, 671－680.

Schaie, K. Warner, & Willis, Sherry L. (2002). *Adult development and aging* (5th ed.). New York: Prentice-Hall.

Siegler, Robert S., & Crowley, Kevin (1991). The microgenetic method: A direct means for studying cognitive development. *American Psychologist*, *46*, 606－620.

Sroufe, L. Alan, Egeland, Byron, Carlson, Elizabeth A., & Collins, W. Andrew (2005). *The development of the person: The Minnesota study of risk and adaptation from birth to adulthood*. New York: The Guilford Press.

Sroufe, L. Alan, & Fleeson, June (1986). Attachment and the construction of relationship. In Willard W. Hartup & Zick Rubin (Eds.), *Relationships and development* (pp. 51－71). Hillsdale, NJ: Erlbaum.

Teti, Douglas M. (Ed.) (2005). *Handbook of research methods in development science*. Malden, MA: Blackwell.

Watson, John B. (1919). *Psychology from the standpoint of a behaviorist*. Philadelphia, PA: J. B. Lippincott.

Watson, John B., & Rayner, Rosalie (1920). Conditioned emotional responses. *Journal of Experimental Psychology*, *3*, 1－14.

延伸阅读

1. Teti, Douglas M. (Ed.) (2005). *Handbook of research methods in*

developmental science. Malden，MA：Blackwell.

本书共分五部分，每部分各有五章。第一部分介绍发展的各种研究设计及其优缺点；第二部分介绍发展研究的测量方法及相关议题；第三部分介绍发展性介入的方法；第四部分介绍发展研究的分析方法与问题；第五部分介绍发展研究的新方向。

2. Harris，Margaret（2008）. *Exploring developmental psychology：Understanding theory and methods*. Los Angeles：Sage.

   本书以 13 篇期刊论文当作实例，说明发展研究的设计与方法，随时在论文中做出提醒与补充说明是其特色。全书共六章：（1）发展的本质；（2）发展的研究；（3）观察法与问卷；（4）婴儿与幼儿的实验法；（5）较大儿童的实验研究；（6）非典型发展的研究。

3. Kodish，Eric（Ed.）（2005）. *Ethics and research with children：A case-based approach*. Oxford University Press.

本书除绪论外，分三大部分，分别阐述以健康正常儿童或青少年、高风险儿童及发展异常或生病儿童为研究对象时，研究者该特别留意的伦理议题。以实例作为说明的基础，让读者容易掌握抽象的伦理原则。

第七章

抽样调查研究法

一　前言

早在1950年代，在台湾就有报社从事民意测验，甚至有一个民意测验协会，但是不论在调查方法上以及调查伦理上，都还不是真正的抽样调查（sampling survey）。比较合乎抽样调查标准的还是到1960年末期之后的少数学术调查和1980年中期之后的民意调查。不过，不管抽样调查研究在过去的历史如何，抽样调查研究在台湾社会已经成为政治、经济、社会乃至生活的一部分。由学术机构、民间公司、媒体和各级政府从事的各式各样的抽样调查几乎无日无之。调查的结果产生广泛的影响，民意调查常常影响到政治领导者。例如，民意调查显示民众对“总统”的不满意度一直居高不下，不仅大众都会感受到，连“总统”也感受到，就要想尽办法来提振声望。

抽样调查研究法一直是现代社会科学研究最主要的资料收集方法，是社会科学学生所必修。包括面访、电访、邮寄问卷调查或是网络调查等收集资料的方法和不同的抽样方式，以及一般的调查研究程序等，已有许多调查研究方法的专书，更是社会科学研究方法教科书不可或缺的一章（如瞿海源，2007）。在这部社会科学研究方法专书中，本章不拟重复各种研究法甚至调查研究方法教科书已经详加介绍的内容，而是侧重探究抽样调查的问题与如何提升调查的品质。本章将探讨抽样误差、资料推估与加权、调查访谈成功的因素、调查访谈质量的控制与提升以及调查伦理。文中也尽可能针对在台湾社会进行抽样调查的状况和问题提出讨论。

二 抽样过程中的误差来源

根源于抽样设计与执行的缘故，以至于调查样本不能代表母体，造成母体推估的误差，统称为抽样误差。抽样误差多半由抽样底册（sampling frame，近似母群体的抽样架构）的母体涵盖率偏低、抽样设计与样本无回应率偏高引起。

（一）抽样涵盖率

无论哪一种抽样方法，完整的抽样底册是成功进行抽样的第一步。在台湾，户籍资料和电话号码是主要的抽样底册来源，地址或地理小区亦是可行的底册来源。利用户籍资料抽取样本，常面临母体涵盖正确性的问题。主要是约有 20% 的成年民众并不居住在户籍地（李隆安等，1996）。“籍在人不在”与“人在籍不在”两种现象，造成涵盖率仅约八成的问题，至今未获有效解决。

电话号码相关的涵盖误差与电话普及率有关。除此之外，由于难以根据电话号码区辨住宅、公司、传真机或商业电话，亦是误差的另一来源。一户拥有多个电话或手机号码的比例愈来愈高，会造成重复样本。这些现象是世界各国依赖电话号码进行抽样调查时共同面临的困难，而采用的补救办法亦大致相同。例如，解决无法涵盖到非住宅电话号码的策略是对住户电话号码进行末尾二到四码的随机拨号（Random Digital Dialing，RDD），但也因此产生了另一种涵盖误差，亦即有一定比例的空号与不合格的电话样本。目前并没有更好的解决对策。

（二）样本响应

面访在台湾虽然常发生户籍登记不实而无法找到真正受访者的问题，根据经验，只要能接触到名单上的受访对象，见面三分情，仍然是完访率最高的调查方法。接触到样本名单的受访者是成功访视的第一步。本段将讨论抽样执行如何有可能影响到对样本的接触机会。

我们认为最重要的观念是，抽样设计不能停于室内作业，因为抽中的地

区、访问的工具和访员，都有可能影响到接触样本的几率，进而影响样本响应的几率，以至于改变原有抽样设计的样本几率，产生抽样误差。所以调查执行负责人需要对抽样地区的特性有所掌握，同时考虑如何调配访员以配合访问方法和地区特性，以期达到高接触率和高完访率。具体而言，在台湾的大型调查中，以政大选举研究中心于1986～1998年间进行的11项各种选举的面访调查来看，接触率则在70%左右变化（郑夙芬、陈陆辉，2001）。由中研院调查研究中心执行的台湾社会变迁基本调查（面访），接触率多在85%以上（杜素豪，2003；2007），接触到受访名单的比率能稳定，其关键在于前置作业对于抽中的受访地区特性的掌握，并搭配合适的访员和各种激励措施。中研院调查研究专题中心累积多年全台访问调查经验后，清楚地知道有些地方是“超级战（艰困）区”，虽然受访者集中，但成功敲开受访者大门的几率较低，访员很容易受挫而流失，需要派资深访员担纲；有些地方地理位置偏远，受访者居住点分散在辽阔的山区，各户间的距离远，然而，一旦到达该址，被拒绝的几率极低。访员的时间和精力成本极高，特别需要吃苦耐劳，加上特别加给，才能完成任务。因应低受访率须在调查执行前对各地样本回应率做适切的估计，进而调整样本数，这是抽样规划非常重要的一环。

至于电话访问，因着各种民意调查、市场调查和选举调查愈来愈多，民众配合访谈的意愿也可能因此降低。电话录音机或来电显示功能更方便一般民众过滤电话、传真机愈来愈多都是大幅降低电访接触率的重要因素。邮寄或网络调查不必透过访员直接与受访者交谈，属于自愿性的调查参与，其完访率更低（Shih & Fan，2008）。

三　抽样调查资料的推估与加权

调查结果是否能有效且正确地回推到母群体，是抽样调查的核心课题。加权这个动作是为确保调查结果能正确地进行母体推估（population estimation）的必要步骤，可以从抽样加权和成功样本加权两个轴线分开讨论。

抽样加权指的是依中选几率而计算权数。抽样调查中，除了立意抽样无从计算权数而无法加权外，大部分几率抽样并无法确保样本个案被抽中的几率相等。当样本个案被抽中的几率不相等时，推估抽样调查结果则需考虑以加权处理。以从每一电话家户中选取一位成员进行访谈的户中抽样为例，由于家户人数可能从一人到多人不等，不同家户中哪一位被抽中的几率会有所不同。中选几率的计算会因采用的户中抽样方法而异。若采用无随机原则的“任意成人法”与“配额法”是无法计算中选几率的。常用的户中抽样法是依据人口结构及户中抽样表进行。户中抽样表最早是美国密歇根大学 Kish 教授依随机原则发展的。在台湾，由洪永泰教授根据本土状况，将之延伸而成“户中随机抽样表”。综上，因为得以计算个别被抽中的几率，故而可以用中选几率的倒数作为中选样本的权数，以代表其他未中选的样本。

参考方块 7－1：不等几率加权

假设有一个“台湾小学学童营养健康状况调查”的抽样设计进入了各抽中的学校中需再以简单随机法抽出 24 名学生的阶段。表7－1列出五个学校示范不等几率加权。其中，每一学校学生的权数即是其中选几率的倒数。

表 7－1 不等几率加权

学校编号	学生人数	抽中人数	抽中几率	权 数
1	1440	24	0.017	58.82
2	1200	24	0.020	50.00
3	480	24	0.050	20.00
4	960	24	0.025	40.00
5	720	24	0.033	30.30

样本资料回收之后，必须检查失败样本与成功样本在人口特征上的分布特性，并利用成功样本进行代表性检定。常用来代表性检定的变项是地区、性别、年龄与受教育程度。检定后即可运用不同的加权方法，使样本在这些变项上的分布接近于母体。加权的结果可能是扩大或缩小成功样本个案的权重，调整后即得到可以代表母体的加权样本，也因此可解决母体涵盖率过低

或过高，以及样本回应率过低的问题。常用的成功样本加权方法有事后分层加权（post-stratification）、多变项反复加权（raking）或其他延伸的模式加权法。

（一）事后分层加权

“事后分层加权”主要是将几个人口特征变项进行交叉分类，交叉分类后得数个交叉格，每一个交叉格即是一个分层。然后计算每一分层样本数占总成功样本数的比例，以及每一分层中母体数占总母体数的比例。最后将所占总母体数的比例除以所占总成功样本数的比例即得每一分层的权数。

参考方块 7－2：事后分层加权

假设一项抽样调查回收的有效样本数是1225，所欲推估之母体总数是17336。我们要用性别与五个年龄层进行事后分层加权。首先，需先确定样本与母体的性别与年龄层交叉后十个分层的样本数与对应的母体数，见表7－2中每一分层的数字包含样本数与样本百分比以及母体数与母体比例。其次是计算样本百分比与母体百分比，分别见表7－2中男与女两栏中每一年龄层的样本百分比与母体百分比计算式，例如，男性70岁以上者的样本数是92，除以总样本数1225后得其所占总样本的比例是7.51%。母体百分比的算法与样本百分比相同。最后，每一分层的权数即是母体百分比除以样本百分比，例如，男性70岁以上者的权数是0.9214。

表7－2　以性别与年龄进行事后分层加权

	男			女			总　计		
	样本数÷1225＝样本%(A)	母体数÷17336＝母体%(B)	权数(B)÷(A)	样本数÷1225＝样本%(C)	母体数÷17336＝母体%(D)	权数(D)÷(C)	样本数÷1225＝样本%(E)	母体数÷17336＝母体%(F)	权数(F)÷(E)
70岁及以上	92 .0751	1200 .0692	.9214	130 .1061	1800 .1038	.9783	222 .1815	2857 .1648	.9080

续表

	男			女			总计		
	样本数÷1225=样本%（*A*）	母体数÷17336=母体%（*B*）	权数（*B*）÷（*A*）	样本数÷1225=样本%（*C*）	母体数÷17336=母体%（*D*）	权数（*D*）÷（*C*）	样本数÷1225=样本%（*E*）	母体数÷17336=母体%（*F*）	权数（*F*）÷（*E*）
50～69岁	140 .1143	1190 .0686	.6002	116 .0947	1300 .0750	.7820	256 .2090	2661 .1535	.7344
40～49岁	130 .1061	1700 .0981	.9246	100 .0816	1600 .0923	1.1310	230 .1878	3720 .2146	1.1427
30～39岁	100 .0816	1846 .1065	1305	145 .1184	2100 .1211	1.0228	245 .2000	3639 .2099	1.0495
20～29岁	150 .1124	2500 .1142	1.0161	122 .0996	1800 .1038	1.0422	272 .2220	4459 .2572	1.1586
总计	620 .5061	8736 .5039	.9957	605 .4939	8600 .4961	1.0045	1225	17336	

（二）多变项反复加权

事后分层加权的限制是，经几个人口特征的交叉分类后的任何一个分层中的样本数不能太小或等于零；当母体在各人口特征上的交叉分布资料有缺值时亦不适用（Srinath et al.，2009）。此时可采用多变项反复加权法，只需靠每一人口特征的分布资料。亦即，选择第一个人口特征以事后分层法产生第一套权数，然后对经此套权数经加权处理后的第二个人口特征分布进行样本代表性检定。若不通过检定则需产生第二套权数，第二套权数是第一套权数乘以第二个人口特征事后分层权数的结果。再对第二套权数加权后的第一、第二与下一个人口特征分布进行样本代表性检定。是否需要以相同原理与方法继续对所有需加权处理的人口变项进行反复加权，端视检定通过与否（Berry et al.，1996）。

参考方块 7－3：多变项反复加权

同样利用参考方块7－2事后分层加权所用的范例资料。假设我们没

有母体在性别与五个年龄层交叉的分布资料。其步骤如下：

1. 先选择一个人口特征进行事后分层权数调整。此例中我们选择年龄。调整的结果即表 7－2 最后一栏总计的权数〔即是（F）÷（E）〕，这是反复加权所产生的第一套权数，以变量 Wt1 来表示。

2. 以 Wt1 产生加权后性别分布，并对性别进行样本代表性检定，若未达统计显著性表示通过检定，即可采 Wt1，不必再进行反复加权。

3. 若检定未通过则需对以 Wt1 加权后的性别分布进行事后分层加权，产生第二套权数 Wt2。Wt2 事实上等于未加权之性别分布经事后分层的权数（亦即表 7－2 最下面一列，总计中的男生权数 0.9957 与女生权数 1.0045）乘以 Wt1 的结果。

4. 检定 Wt2 加权后的样本年龄与性别分布，若通过即可停止多变项反复加权，否则再对以 Wt2 加权后的年龄同样进行加权与样本代表性检定，产生第三套权数 Wt3。直到统计检定证实这两人口特征的样本分布与母体分布一致为止。

（三）线性加权

除了以上两种加权方法之外，尚有 GREG 法（generalised regression estimation）和线性加权法（linear weighting）。GREG 法与线性加权法的原理源自事后分层或多变项反复加权，只是增加了回归模型建立的步骤。需要选定用来预测要推估之目标变项（target variable）的辅助变项（auxiliary variables），依据是回归推估的结果，对辅助变项进行权数调整（就是需加权处理的人口特征变项）。权数的计算完全依照模型推估的结果，与目标变项没有关系。事实上线性加权法是 GREG 的特例，其差异是前者的辅助变项只能是类别形式，而后者则不限（Bethlehem & Keller，1987；Bethlehem，1988；Kalton & Flores-Cervantes，2003）。

（四）入选几率值调整法

以上的加权法仍有所不足，最主要的问题在于权数调整人口特征的结果只是将样本的人口特征资料接近母体，其他尤其是行为或态度相关的变项，可能仍与母体相距甚远。例如刘从苇与陈光辉（2005）利用选举研究的实证资料分析就发现，面访调查经加权处理后，其投票率和政党得票率与母体参数相距还是很大。针对以上的问题，晚近学者提出入选几率值调整法（propensity scores adjustment，PSA），纳入非人口特征，做更准确的母体推估（洪永泰，2006）。这是一种利用 logit 回归模式预测响应几率（response probability），进而将响应几率做样本与参考样本（或参考母体）相同之分群，然后在每一分群中依照包含之样本人数比例来调整成功样本个案的权数。PSA 的步骤源自生物实验研究，其原理是利用上面提到的共变项（辅助变项）加以预测相对于控制组时，个案入选实验组的几率值（propensity scores，PS）。将此几率值用配对、平均或其他方法加以分群，每一分群则分别包含了一定数目的实验组与控制组的个案，透过对实验组与控制组在每一分群之权重的调整，得以推估实验效果（Rosenbaum，2005）。此法的关键在于将入选几率值平均分布在各分群中（balancing propensity scores），每一分群中无论来自实验组或控制组的个案均有相似的共变特征，因为这共通的特性而可获得准确的推估。应用在样本加权则是将研究样本与参考样本共有的人口与非人口特征（尤其包含与推估变项有相关的认知、态度与行为变项）纳入回归模型中，产生预测研究样本在相对于参考样本时的入选几率值，将此几率值做次样本分群，依据每一分群中研究样本与参考样本的比例进行最后案数的调整，加总后即得研究样本的估计值（Lee & Valliant，2008）。

参考方块　7－4：入选几率值调整法

利用杜素豪、罗婉云、洪永泰（2009）的研究部分结果，说明要调整电访调查中“总统”选举投票意向的推估时，以入选几率值调整法的基本步骤：

1. 选定理想的参考样本或拟母体。

2. 合并研究样本与参考样本：产生可以分析相对于参考样本（此例中是面访样本）之电访入选几率值的资料。

3. 产生入选几率值（propensity score，PS）：来自对合并样本进行逻辑斯蒂回归模型（logistic regression model）所推估的结果。

4. 产生次样本分群的修正系数（fraction of correction，*fc*）：将入选几率值由小到大排序，按排序结果再将样本平均地分为五个次样本分群。例如在表7－3中的面访参考样本第一群为97案，电访样本第一群为103案，故第一群的修正系数（*fc*）＝（97/200）/（103/800）＝3.76699。

5. 以修正系数（*fc*）调整电访样本“投票行为”估计值：例如表7－3中，第一分群中投陈吕人数的估计值是33×3.76699＝124.31，投连宋人数估计值是24×3.76699＝90.41。

6. 加总各分群的估计值即样本估计值，例如表7－3中“投陈吕”（$fc \times y1$）为0.36（调整前估计值为0.32），“投连宋”（$fc \times y2$）为0.25（调整前估计值为0.36）。

表7－3 入选几率值调整法对“总统”投票意向的估计值

			电访样本				
次样本分群	面访参考样本数	电访样本数	分组的修正系数(*fc*)	*y*1 投陈吕(人数)	$fc \times y1$	*y*2 投连宋(人数)	$fc \times y2$
1	97	103	3.76699	33	124.31	24	90.41
2	55	145	1.51724	67	101.66	24	36.41
3	30	170	0.70588	63	44.47	58	40.94
4	14	186	0.30108	56	16.86	66	19.87
5	4	196	0.08163	37	3.02	114	9.31
总计	200	800		256	290.32	286	196.94
y 估计值(第一次模拟结果)			0.32	0.36	0.36	0.25	

资料来源：杜素豪、罗婉云、洪永泰（2009）。

PSA的优点是要推估的依变项（如“总统”投票回答）与入选几率值是无关的，因为PSA只是间接地透过选定之共变项所预测出的入选几率值加以分群，借此平均分群的结果也因此不受回归模式之共变数的影响，不必靠依变项与共变数的关系来了解某些个案为何被分到某一分群中（Zanutto，2006）。换言之，研究个案是否该被涵盖到研究样本中（相对于参考样本），不会受到共变项的影响（Lee & Valliant，2008）。

应用此法需有几个前提。因为在现实中可以包含人口与非人口特征的完整母体不易寻得，选择理想的参考样本变成关键。好的参考样本需至少比研究样本：

（1）有较高的母体涵盖率与回收率；

（2）有较理想的抽样设计；

（3）是透过严密调查执行所得的高质量的调查资料；

（4）包含了与研究样本相同，而且用相同模式分析入选几率值的共变项，亦即前面说明的辅助变项（Lee & Valliant，2009）。

除此之外，为了能精准推估，纳入 logit 回归模式的共变项需足以代表未被纳入的其他变项，而且无论研究样本还是参考样本均需来自非零几率抽样。入选几率值调整法在美国已经引起热烈讨论，其主题多是透过仿真分析或电访与网络调查的比较，检验此法是否可超越传统的加权方法，解决样本代表性只考虑人口特征而仍失真的问题。

四　成功访谈：接触机会与访员能力

一般而言，面访的完访率最高，电访次之，邮寄最小。访谈成功率逐年下降的趋势在世界各国都一样（洪永泰，1989；Smith，1995；Tourangeau et al.，2000）。完访率下降主要是因为接触率降低及拒访率升高。郑夙芬与陈陆辉（2001）指出，政大选举研究中心于 1986～1998 年进行的 11 项各种选举的面访调查来看，完访率在 12 年内从超过 60% 降到剩下三成左右，拒访率则从 5.3% 升到 13.9% 之多。杜素豪（2003，2007）以“台湾社会变迁基本调查”为例，亦指出类似趋势：1995～2001 年完访率在 45%～55% 之间，而拒访率则从 1995 年的 8.9% 升到 2001 年的 13.5%。台湾学术性调查确实观察到完访率下降以及拒访率增加的趋势。

（一）影响成功接触的因素

要进行问卷调查访问必须先经过接触，而陌生人间的接触有一定的困难度。影响接触难易以及接触成功与否的因素大体上包括：①接触次数（或称拜访次数与追踪次数）与接触困难度；②访问时段与受访者在家模式；以及③社会环境、受访者特征与访员特质。

第一次接触互动是影响受访者是否接受访问的关键，可以预测后续接触或访谈可否成功（Groves & Couper，1996）。在美国的研究发现电话访问在第一次接触家户时，户中抽样后马上能找到受访者的比例近五成（Morton-Williams，1993）。第二次接触后的完访率会大幅降低（Kveder & Vehovar，1999）。在无法完访者当中，约有八成在第一次接触时就可预期得到（Groves & Couper，1998）。接触次数的多寡也是重要的因素，尤其在电话访问中特别明显。文献建议要有效提高完访率时的最适拨号次数少则三次即可（Kulka & Weeks，1988）。台湾大型调查显示，面访拜访最适次数大约是三次，第四次之后的效率便大大减低。而电访的最适拨号次数则是约五次，第六次之后电话拨通率增加得很有限（杜素豪，2003）。

美国的研究显示受访者于星期一到五傍晚在家的比例最高（Piazza，1993），最容易找到受访者的时间是下午 6 ~ 7 点。星期日、星期一与星期二下午 5 点到晚上 8 点、星期三晚上、星期六整天到晚上 8 点进行访问调查较理想。几乎一半以上的完访数是在星期日，比任何其他一天都要理想。在台湾的面访下午以后找到人的几率较大，尤其晚上。周末下午比较容易找到人。若从完访率来看，晚上成功完访的比例较高。周休二日实施之后，周末两天下午的完访率比较高。在电访方面，周三晚上的接触率最高，其次是周日下午，然后是周四晚上。在完访率方面，周三、四的完访率最高，其次是周一、二、五晚上（杜素豪，2003）。

一般来说，高都市化地区的接触率会比较低（Weeks et al.，1987）；没有工作或工作时数较少者、女性、寡居、老人、已婚夫妇、家中人口较多或有小孩的家户、配偶没工作者比较容易被找到（Keeter et al.，2000）。台湾的经验显示，在面访中，受教育程度愈高者、年龄愈低者、有工作者需要多次拜访才能成功。男性与未婚者也较不容易接触到。至于电访调查亦有类似的状况：男性、年轻、受教育程度较高或有工作者需要多拨几次电话才容易找到（杜素豪，2003）。

除了受访者特质之外，访员的特征、经验与技巧以及工作态度也与接触成功与否有密切关系。年纪较大或访谈经验较多年，对说服愈有信心或愈不给受访者太多自愿空间的访员成功找到受访者的几率比较高（Tu，2008）。

（二）谁是合作的受访者

能否成功访谈主要在于受访者的合作意愿。然哪些人比较愿意合作、容易接受访问呢？文献指出通常是女性、年龄较大或受教育程度较高的受访者比较有意愿接受访问（李隆安等，1996；黄毅志，1997）。少数或弱势的族群合作意愿比较低。至于社经地位与合作意愿，属于中产阶级或白领阶层的受访者的合作意愿最高（Johnson et al.，2002）。受访者的人格、态度与过去经验亦影响参与问卷调查的意愿：利他人格倾向的人，比较乐意助人，因此较乐于接受访问；自我防卫性高，较在乎隐私权者则较容易拒绝访问（Groves，1999）。

受访者对访问的主题的有所了解或有所注意时，较自信有能力回答，则拒访的几率愈小。相反，不了解调查访问的目的、对于内容不以为然、问卷主题会造成受访者回答的负担、无法与访员用共同的语言沟通，则合作意愿会降低。对于调查抱持负面态度或者曾经被访问时有不愉快经验的人会拒访的几率比较大。以台湾政治性议题为例，与“两岸关系”主题比较时，“选举”主题的拒访率相对较低，且此趋势多年来不变（郑夙芬、陈陆辉，2001），多少因为一般民众对“选举”主题较为熟习所致。

居住地区的特性亦影响受访意愿。近年最常碰到的状况是设有警卫的小区或大楼，住户管理委员会通常以安全理由，要求警卫管理进出，因而较难接触到住在有管理员的大楼中的家户，进而降低成功完访的比例。一般而言，住在都市地区、小区的治安较差、小区环境紊乱、较担心治安问题或对人没有信任感，因此较容易拒访。乡村居民接受访谈的成功率通常比都市居民还要高。

参考方块 7-5：影响访谈成功的因素

根据台湾社会变迁基本调查（第二期第五次），在都市化程度愈高的地区，访谈成功率愈低；男性愿意配合访谈的比例较低，40 岁以上者比 40 岁以下者的访谈成功率还要高。

	访谈成功率(%)	失败率(%)
都市化等级(高 = 都市化)		
1~2 级	48.2	51.8
3~4 级	46.5	53.5
5~6 级	40.9	59.1
7~8 级	40.5	59.5
受访者性别		
男	39.5	61.5
女	45.0	55.0
年　龄		
50~64 岁	43.6	56.4
40~49	44.4	55.6
30~39	41.7	58.3
20~29	39.3	60.7

资料来源：黄毅志（1997）。

（三）有助于提高成功访谈率的因素

受访者的人口、心理或是居住地区的特性以及调查的主题内容，是所有调查研究者在执行调查时必须面对的状况，调查者可以思考以及可以介入的是，如何撤除受访者的心防，提高受访者的受访意愿。根据相关文献以及作者们的经验，可以从以下三个大方向着手。

1. 增强访员的专业能力和说服力

完访与否决定于受访者和访员双方的互动质量。不同文化背景的人由于互相沟通的模式不同，这种类似社会距离的因素，对于受访者决定是否参与访问调查有明显的影响。良性的互动基本上与访员特征，受访者特征，问卷的性质，长度与难度，以及采用的调查方法息息相关。在此互动黑箱中，以种族敏感的问卷访问为例，访员与受访者之间种族差异愈大，完访率愈低。尤其是受教育程度会与种族产生交互作用。例如，低受教育程度的黑人与高受教育程度的白人较易因访员的种族不同而拒访（Weeks & Moore，1981）。文献指出，女性、年轻、已婚或工作经验较丰富的访员能成功完成访问的机会较大（Blohm et al.，2006）。访员对所参与问卷的了解、意见或期待愈正面，则所得到的完访率愈高（Singer，1983）。

2. 调查执行单位的声望与合法性

访员面对最大的挑战在于要获取陌生人（样本名单上的受访者）的信任，同意拨出时间，提供个人的信息和态度看法。除了访员应受的训练外，如何将访员介绍给受访者亦是一大学问。访员不仅身上要有个人身份证明（访员证），包括访员的大名、调查的计划名称和执行单位，而且手上还需要带有说明为何需要进行这个调查、如何处理资料并保护受访者的个人隐私、受访者有疑问时可以如何联络到计划主持人和其所属机关等信函。相关的资料亦同时给地方警政单位和所属机关，以备受访者联络时，警政和所属机关能确认调查的合法性。这种铺天盖地似的安排，目的就是为了协助访员取得受访者的信任，能顺利进入田野，进行调查访问。

3. 调查设计的因素

受访者决定是否参与访问是一种理性的抉择（rational choice），亦即是考虑了利弊得失之后才愿意接受访问，若受访者觉得参与的成本太高（例如，太花时间、没什么实质报酬等）会倾向拒绝接受访问（Goyder，1987）。研究也发现，礼品或礼金的价值或金额愈高，面访的完访率愈高（Singer & Bossarte，2006）。不过在针对非面对面调查的研究却显示礼金的效用不如假设预期。预付给电访受访者的礼金从 5 美元提高到 10 美元有利于提高完访率，但仅增加 4%（Curtin et al.，2007）。在邮寄问卷调查中预付礼金 1 美元的回收率比不提供礼金者高出 11%，也比预付 5 美元的礼金高 7%（Petrolia & Bhattacharjee，2009）。提供学生样本回答网络调查的研究则显示，无论是针对男生还是女生，抑或是用学校 e-mail 账号或其他 e-mail 账号的调查对象中，有提供抽奖机会时的回收率均比较高（Heerwegh，2006）。

五 影响调查访谈回答质量的因素

受访者回答问卷之问题是一个复杂的心理和社会互动的过程。受访者对访员所问的问题经过认知/理解、搜寻/回忆、判断/调整和决定/回答等一系列的心理历程，最后的答案质量好坏取决于访谈心理历程各个系列阶段的状况。Cannell、Miller与Oksenberg（1981）从认知心理学观点提出双轨并行的访答历程。在第一轨心理历程中，受访者会经历五个可能的回答阶段，包括：①对问卷题目的充分了解；②回答内容的认知、为了回答的信息搜寻、评估与选择以及可能回答方式的整理；③评估可能回答内容的正确性；④对可能回答内容是否符合预期的评估；以及⑤决定最后提供的回答内容。

第二轨心理历程是指在第一轨心理历程的任一阶段中，受访者可能会根据访问情境（包括第三人在场，访员的外表、举止与行为）、问卷题目与前一题的关联性以及自己的信念、价值观与态度，直接修改本来要回答的内容。最后提供不正确或不完整的答案。

现实中的访答历程并不如前述那么复杂，因而不完全能依据双轨心理历程的阶段性预测回答行为。Tourangeau、Rips与Rasinski（2000）因而将回答历程简化为四个基本步骤：①对问卷题目的理解；②思索回答所需的相关信息；③充分利用相关信息进行必要的判断；以及④决定最后的回答内容。在这较简单的认知心理历程中允许两步骤之间发生的行为是可以重叠的，例如，在搜寻帮助回答之信息的同时，受访者可能仍然处在理解题目的阶段。换言之，这四步骤不见得依序发生，在任何步骤都有可能回到更早的步骤或跳到更后面的步骤。这个新修改的回答历程较能解释受访者也许不理解或不知该如何回答，但是仍然回答，或是受访者一开始抱着拒绝却仍勉强合作的心态，则很可能回答时不假思索或敷衍了事。

不过，Cannell等人提出的第二轨心理历程，强调受访者会因外在的其他人或环境随时调整原定的回答，仍然值得注意。受访者最后的回答除了可决定于自我认知与态度之外，也可能受到他人特质与态度及非人因素（如地点）的影响改变自己的行为与态度。从另一角度来看，受访者也可能依据其对成本效益的理性评估作抉择，除了依据个人主观喜好与态度之外，也受到访问沟通的顺畅、访问情境的配合与社会环境的暗示。若受访者认为真实回答的代价高时则容易降低其回答或正确回答的意愿。

根据双轨的心理访谈历程的提醒，绝大部分的调查访问都因此依据一些特定规则进行一问一答的标准化访谈。访员必须经过严谨的训练，在访谈时逐题依序询问受访者，不得任意更动问卷用字。访员必须确定单独的访谈情境，选择适当的访谈时间和地点，访谈时保持客观中立，营造并维持良好的访谈气氛与和谐的访答关系。访员也必须遵循调查的专业伦理和规范，保障受访者隐私并忠实记录受访者的回答。

标准化的访谈历程是在确保每一个受访者都被问到完全一模一样的题目。目的是获得高质量的回答结果，就是减少如不知道、拒答、无意见、遗漏等无响应反应（item nonresponse）、多报或少报（over report，under report）以及包括社会期望回答（social desirability）、制式回答（response set）与回答模式（response style）等之回答偏误（response bias）。其中，制式回答与回答模式理论上是心理历程深浅不同而产生的两种表象。制式回答是比较透过理性思索后的回答。最常发生在敏感、威胁或道德规范性的题目上，受访者的回答是为了符合社会预期的方向。相对而言，回答模式则属于较浅意识，较不是理性思考的回答结果，亦即无论问卷题目内容是否敏感或社会规范暗示，受访者总是倾向于选择某一个回答选项。不过，这两种回答行为，常被混淆着用，尤其是在心理学文献中讨论到默许的产生与控制时（Ray，1984）。

（一）影响访答质量的因素（Ⅰ）

访答质量会因受访者个人背景及接受访问的动机与态度而有所不同。受教育程度较低、年纪较大、女性与农林渔牧或无业待业者的无效回答比例较高。在台湾，客家和原住民受访者也有类似情况（盛治仁，2000）。以政治敏感性题目为例，低受教育程度的受访者由于对政治问题的认知无论在广度还是深度上都很有限而倾向于回答不知道。通常女性对政治议题较无兴趣因而回答不知道的比例较高。不同政党支持者之间拒答或无意见比例有显著的差异，国民党支持者无回应的比例较无党籍或其他党籍支持者为低（刘义周，1985）。此外，不透露政党倾向者多半不愿意在选举民调中表态（盛治仁，2000；郑夙芬、陈陆辉，2001）。

心理学者很早就研究发现受访者的回答模式影响访谈质量至巨。通常回答模式有“极端回答”“中立回答”和“默许”三种。通常比较无法忍受事情模糊状态的人会倾向于选择极端回答的选项，因为他们比较希望其回答是有较明确意涵的。默许（acquiescence）的产生可以从动机与认知两心理历程加以解释。默许可被视为偏离正常之回答历程的结果，容易默许的人多为理解问卷题目之后无法进一步思考该如何回答的人，因此默许者通常比较不表态、敷衍或没耐心回答，不过为了配合访员，这群人的回答速度较快且会寻找容易的内容作答。女性、低受教育程度者、低家庭收入者与弱势族群也都容易有极端回答和默许的倾向。

（二）影响访答质量的因素（Ⅱ）

访答质量也受到以下四大类因素的影响：①问卷的设计与使用方法；②与访员相关的因素；③访问关系；以及④访谈情境。这些因素的影响可能发生在访答心理历程中任一阶段的任何时间点。

1. 问卷的设计与使用方法

在调查设计相关的因素中，会影响访答质量的问卷题目通常有三大类。第一类是敏感性题目，例如，受访者在投票行为或投票对象的表态上会有被暴露给陌生人的疑虑而扭曲回答（Tourangeau et al.，2000）。第二类是威胁性题目，例如，由于题目所问及的行为不合法或不寻常（如吸毒）而容易引起受访者的焦虑与防卫心理。第三类是社会规范暗示性题目，亦即牵涉受访者有社会道德上心理预期的题目，例如，堕胎与婚外情这类题目。

2. 与访员相关的因素

访员对访问工作的了解、表现与态度，包括性别、省籍、婚姻状态、受教育程度、年龄、访问经验、访员的用语与对访谈的态度以及访员对问卷的了解程度等。由于一般人多有基本的防卫心理，遇到自己在乎而不愿让人知道的事，通常会拒绝表达。因此访问中确保受访者无隐私侵犯之虞的责任首先落在访员身上。

受访者会有选择某一特定回答选项的行为，除了受到本身的人格特质、认知能力或所处的社会地位的影响之外，受到访员特征影响的机制可以从调查访问中受访者回答的访问情境来解释（Cannell et al.，1981；Reinecke，

1993；杜素豪，2004）。当受访者观察到访员访问时表现出应付的态度，因此随之敷衍，选择容易且不太花时间沟通的回答选项。由于调查访问是由访员提问与主导，受访者在访谈过程中通常处于被动状态，除非面对的是非常有经验、不随便引导问题、能保持客观中立态度的访员，受访者的作答难免会受到访员特征、表情或态度的影响。

3. 访问关系

1960 年代末期有些研究将“研究关系”定位为友好关系的研究，但因友好关系的定义分歧难以厘清，而且访问友好关系不见得会降低回答偏差。研究逐渐转向以社会距离为研究的架构。实证研究中，受访者和访员的社会距离，是以性别、年龄层、种族（美国）、社会地位、婚姻状态或日常语言等面向来衡量。目前的研究指出社会距离对访答质量、有效回答、回答偏差等都造成相当的影响，而在敏感调查议题上，影响尤为显著。举例而言，面对不同种族的访员与种族相关主题的问卷时，受访者会为了免于恐惧会倾向于一般人对某一种族刻板印象的那个方向回答；社会地位的差异会造成受访者在回答政治经济方面的问卷题目时，偏向于表达较保守的不激进或反种族隔离的态度；在药物滥用或肢体或性虐待方面的隐私题目中，受访者的回答可能受到访员特征的影响而会有回答不诚实的情形。

年轻女性访员访问年轻女性时，性别相关的问题上有效回答比例最高；比例最低者发生在年轻男性访问年轻男性的情况下。在女性避孕知识方面的题目中，同性访问同性的回答质量优于异性访问的组合（Becker et al.，1995）。近期的研究则发现在性态度与性行为题目中无效回答的总次数较多者，多发生在：①访员与受访者均已婚（相对于其他婚姻状态的配对）；②省籍距离愈大；以及③受访者比访员年轻或者受教育水平比访员高时（Tu & Liao，2007）。同性配对的有效回答比例比较高且回答被扭曲的比例也比较低（Webster，1996）。

再从回答偏差来看，双方女性的访问组合中较多比例的回答是倾向于现代化的性别角色态度（Huddy et al.，1997）。而针对家庭教养态度的研究则发现，访员与受访者之间教育与职业特征的差异愈大时受访者默许的比例愈大。Fendrich 等人（1999）利用针对美国 12 个城市青少年的问卷调查资料分析的结果显示，若受访者与访员都是西班牙后裔时，回答有吸食大麻的比

例明显高于当西班牙后裔被白人访问时。但是，这种较诚实回答的倾向却不见得发生在黑人访问黑人时。

关于政治敏感题，属于低收入的受访者在接受高收入访员的访问时倾向于表达保守而非自由解放的政治态度；但他（她）们面对与自己一样是低收入的访员时则比较敢于表达被政治或种族隔离的感觉。美国研究证实接受黑人访员访问的黑人倾向于多报（overreport）投票参与行为；而接受黑人访问的白人则倾向于回答将会投票给受到较多白人支持的候选人（Finkel et al.，1991）。在政治意识与态度方面，美国黑人比较会对白人说谎或表示沉默。在接受白人访问者中，黑人比白人有扭曲回答的倾向，对异族情感较亲近、种族距离或冲突感较低（Campbell，1981）。

4. 访谈情境

访谈情境指的是问卷执行方式、访问地点、访问时间与第三者在场等。研究证实问卷执行方式（如：访填与自填）与访员以外的第三人在场对访谈都有明显的影响。当被问及投票对象与政党倾向时，比起自填的受访者，接受访填的受访者拒答或回答不记得的比例较高，而所回答的收入金额也相对比较低（田芳华，1996）。

在敏感或社会规范性题目的访谈中有访员以外的人在场时，回答有效性可能降低而回答偏差可能提高。偏偏在现实中第三人在场并不是随机发生的，多半是在访问无职业者、已婚者、有偶者或有小孩的成人时。在场者是小孩或是成人亦会造成不同的影响。例如，有小孩在场时，受访者在家庭观念上的态度比较保守，若是配偶在场则回答的倾向正好相反；当有配偶在场时，受访者所回答的配偶每周的工作时间比配偶不在场时还要高2～3小时；年纪较大的第三人在场时，若有配偶或小孩同时在场时，受访者也比较会有不实回答的倾向。当在场第三人不是配偶时，亦有类似的影响，例如，过去文献发现，访问中有其他的成人在场时，在较具威胁性题目上，所得到的拒访率较高；没去投票的受访者较有不实回答的倾向；个人或家庭收入都比无他人在场时为低；对艾滋病的态度的答题质量也有不良的影响（Hartmann，1994）。值得注意的是，学者亦指出第三人在场效应不如预期的显著，在婚姻关系、自我健康评估、人际互信相关的题目上的第三人在场效应较显著（Smith，1997）。

参考方块　7－6：影响访答质量的因素

在选举与收入两类敏感性题目中，回答质量在不同受访者性别、访问执行与访问情境之间有明显的差异。女性回答不知道的比例高于男性10%之多。访填时拒答与回答不记得者的比例也高出约10%。在访谈时，受访者平均的个人月收入低约7000元；而访问情境中有任何一类型第三人在场时，个人月平均收入可低7000～11000元不等，其中以只有小孩在场的受访者月收入最低。

	选举意向：不知道（%）[1]	立委选举政党投票：拒答或不记得（%）[2]	个人平均月收入（NT＄）[2,3]
男	7.67		
女	17.98		
访填		21.5	24310
自填		9.4	31406
无第三人在场			41200
有小孩在场			29500
有成人在场			30800
有小孩与成人在场			32800

资料来源：1 刘义周（1985：71）；2 田芳华（1996：71）；3 杜素豪（2001：91）。

六　如何控制访员访谈的质量——访员训练的必要性

大体上抽样调查从研究问题的提出、问卷主题的确定、问卷题目的拟定、访员的实地访谈、资料的整理与建文件，在这一系列完整的研究调查过程中每一个过程或阶段都攸关抽样调查的成败。在每一个阶段研究者都必须以严谨的态度和优良的技术给出最佳的结果。在研究问题的提出到问卷拟订的过程，研究者的学识、对相关研究主题的全面和深入的理解与掌握，以及思考问题的功力，乃至智慧与灵感，再加上拟订问卷的技术，是拟订良好问

卷的必要条件。一份问卷必须经过研究者募得有能力，经过良好训练，可以有效执行标准化访谈的访员实地一个一个跟个案接触，努力完成访谈，记录下正确的讨论结果，才能在最后提供可资研究分析的资料。访员访谈本身就是一个重要的社会互动过程，在与受访者实际互动下，获得问卷每一题的答案。这个访谈过程只能有一次，不能重来，即使访员访谈中有影响访谈结果的不良或不利状况，产生有问题的访谈结果，也都无法补救。因此要努力提升访员的素质才能确保我们可以获得良好质量的问卷资料。不论是面访或电访的访员都不是专职的，访谈工作大部分都是由兼职者担任。但抽样调查不论是在对研究主题和问卷题目的理解、依抽样找到正确的受访者、开始说服受访者接受访问、实际的问卷访谈，乃至与陌生的受访者合作来完成访谈，以及正确记录受访者的答案和意见，都需要专业性的技巧和遵守专业伦理规范，这些技巧和规范并不是不学就会的。访员必须经过访员训练才能学会访谈的种种技巧，才能了解并遵守访谈的专业规范。访员训练的重要性显而易见，但做好访员训练并不是容易的事。到目前为止，研究访员因素对问卷调查影响的研究非常多。然而，对访员训练本身从事实际经验性深入的研究极少，大约只有 Fowler 与 Mangione（1990）研究了访员训练与督导对资料的影响。

（一）访员训练的效果

访员训练的内容相当多，一个调查计划往往需要一天以上的访员训练课程。Fowler 与 Mangione（1990）比较了一天、两天、五天与十天四种训练课程之间访员在六项指标上的表现。如果就“访员表现优良或令人满意”而论，最重要的发现是训练两天在各种指针上，除了记录封闭性答案以外，都比只训练一天的显著地好很多。在“逐字念出题目”上，只接受一天访训者只有30%获得肯定，而接受两天访训的访员就突然增加到83%，比参加五天访训的还高11%，而和接受十天训练的相差仅仅1%。在“无偏误的人际关系”上，接受两天访训者表现最佳，在“记录开放性题目”上，两天的训练也不比五天以上者差多少。唯独在“追问开放性题目”上，两天的训练不如五天的将近8%，比十天等差25%。“追问开放性题目”显然需要更好的技巧，需要多一点时间的训练。综合各个指标，两天的访员训练应该是最佳的。在现实面，两天的访训也是很理想的，因为它不比更多天训练的效果差，而时间又少了许多。相对地，台湾针对一般性社会议题或政治议题的面访调查，多规划一到两天的访员训练。训练的时间其实是不够的，因为“很难给可能毫无经验的访员足够的知识和心理准备”。这可以从刘义周（1996）的研究发现访员拜访样本时按电铃的焦虑得知。

Fowler与Mangione在研究访员训练的影响时，进一步探讨在访员训练之后，访员在前后不同时间所做的访谈有没有差异，原来预想访员到后来愈来愈有经验，应该会做更好的访谈，结果却发现并非如此“……访员在整个研究中，其访问的技巧并无多大的改进”。因此，“在结束训练时访员所表现的能力水平就是他们会有的最佳状况”。这也更凸显访员训练本身的重要性，尤其是在访训中对访谈技术的训练是正式访谈成功的最重要的基础。Fowler与Mangione甚至引用Bradburn与Sudman（1979）的研究，指出访员愈有经验，愈有自信，反而容易偏离标准化的要求，即愈不会逐字念出题目。

（二）访员训练的内容

根据Oishi（2003），“访员身负三大重任：提高回答率、说服受访者乐意接受访问以及进行适切的访谈”。据此，访员的三个主要角色是找到受访者并取得受访者的合作，训练受访者作为一个好的受访者，能依研究目标问问题、记录答案以及有效追问不完整的答案。训练的内容中尤其重要的是如何说服受访者接受访问且继续接受访问，在进行敏感性问卷调查时尤其需要注意。总之，访员需要能够有耐心、有毅力地面对交通的劳累、问卷的单调与民众的反感；能够降低拒访率；掌握好人际接触以及自我介绍的技巧；在面对陌生人时能不讨人厌地说服样本个案并引发其接受访问的意愿。一旦进入访谈阶段时，访员还需要能够保持中立客观的态度与受访者交谈；懂得保护受访者回答内容的隐私；忠实地传达问题的原意以及记录受访者的回答。访问结束之后，访员需要有文书记录的能力，切实地记录样本拜访的结果以及简单描述访问过程，等等（杜素豪，2007）。

中研院调查研究专题中心的《面访员训练手册》和《电访员训练手册》（中研院调查研究专题中心，2006a；2006b）对访员训练课程有详细的规

划，主要包括抽样说明、研究主题与问卷的说明、访问的基本原则、访问技巧、答案的记录，还包括了访员酬劳、督导评估、访员契约等事务性的事项说明。在访问基本原则方面，面访和电访并没有什么不同。在表7－4中，可以看到两者都强调“找到正确的受访者”“完全依照问卷上的文字念出题目”“遵照问卷题目及选项的顺序逐一询问”“保持中立立场”“坚守访员职业道德和伦理”和“尊重受访者拒访的权利”。归纳起来，就在于依抽样找到正确的受访者，以中立的立场遵守专业伦理进行“标准化”的访谈。在手册中又另有专章强调访问的技巧（面访）或接触技巧及应对方法（电访），在表7－4中我们摘录了大部分项目，至于具体的技巧读者可以进一步参阅手册。

表7－4　中研院调查研究专题中心访员训练内容

面　访	电　访
访问的基本原则	
1. 找到正确的受访者	找到正确的受访者
2. 完全依照问卷上的文字念出题目	完全依照问卷上的文字念出题目
3. 遵照问卷题目及选项的顺序逐一询问	依照问卷题目及选项的顺序逐一询问，不可任意跳跃
4. 保持中立立场	保持中立立场
5. 尽量单独访问且不记录非受访者意见	
6. 坚守访员职业道德和伦理	电访员的学术伦理
7. 尊重受访者拒访的权利	尊重受访者拒访的权利
访员的工作态度	
1. 出发前的准备	正确的工作态度
2. 了解调查内容与目的、自我介绍与访问说明的预习、访问前多复习问卷、做好心理准备、检查装备、规划访问路线、了解风俗民情	对调查研究计划及问卷内容了如指掌
3. 注意自身安全	
4. 注意自己的服装和仪容、先到访问处探查、告知家人行踪、自备饮料、自备防身器材	不疾不徐、从容不迫
5. 维持礼貌、诚恳的态度	理智礼貌的态度，维持执行单位的形象
6. 消除受访者的疑惧心理	
7. 四德：保密、诚实、负责、准时	

续表

面　访	电　访
8. 三态：中立客观、亲和有礼、坚持到底	
如何找到个案	
1. 请村里长、邻长协助，带公文至警局、村里办公室	无户中抽样、需户中抽样、指定受访者
2. 请求确认姓名住址，一时找不到受访者要设法请家人、邻居、管理员帮忙	
3. 开场 先说明身份、来意，出示证件，访员自我介绍 要简短、积极及自信，强调受访者不可取代性	简单明了的开场白——音调颇有精神、态度有礼貌
4. 为什么要做这项访问？	推辞受访（太忙、没时间、不懂、没兴趣）
5. 我们老师……	不能随便找其他人、不会耽误太久、等会或明后天再、想知道一般人的想法……
6. 谁告诉你我们的姓名及地址？	为何知道我家电话？
7. 依“内政部”规定取得……	电话号码抽样
8. 这个我不懂，去问别人！	质疑是诈骗集团
9. 想知道每个人的想法……	可打电话查询……
10. 我很忙，你去问别人！	为何要问年龄、收入？……
11. 不能随便换人、不会耽误你太久、等会或明天再来、你的意见很重要、约下一次	
面对题目	
1. 受访者不愿回答某些题目	受访者在题目未念完时抢答
2. 受访者在题目未念完时抢答	答案明显前后矛盾
3. 答案明显前后矛盾	批评或质疑问卷内容
4. 批评或质疑问卷内容	高谈阔论或离题太久
5. 高谈阔论或离题太久	

七　调查研究伦理

学术界从事抽样调查取得可靠而真实的资料，据以研究分析建构学术论述和理论；从事民意调查和市场调查也需要经由调查获得可靠而精确的资料，作为评估乃至预测民意或市场的依据。要取得具有信度和效度的调查结果，参与调查者就必须要有从事调查研究的专业能力，而在所有的调查里，

参与研究的人员都必然要与受访者有直接和间接的互动，于是调查研究人员就必须尊重受访者的权益。抽样调查的结果多要向公众公布，或是必须向委托者报告，在公布和报告时也必须遵守一些规范。为了维护调查研究的公信力，从事调查研究的机关和团体乃至个人，先进国家已组织联合性的自治组织，订定和执行调查的伦理原则。例如，美国民意调查研究协会（American Association for Public Opinion Research，AAPOR）订有专业伦理与实作守则（AAPOR，2010）；美国调查研究组织联合会（Council for American Survey Research Organization，CASRO）订定了调查研究标准与伦理守则（CASRO，2010）；欧洲市场调查组织（European Society for Opinion and Marketing Research，ESOMAR）订有国际市场及社会调查守则；而世界民意调查协会（WAPOR）则和欧洲市场调查组织（ESOMAR）联合订定了国际调查伦理守则。

大体上，调查伦理规范应该包括三个部分：第一部分就是调查研究者必须具有专业能力；第二则是要尊重调查相关人士的权利，包括受访者和委托者；第三重要部分则在规范如何诠释资料并公布调查结果。

美国民意调查研究协会订定的《调查伦理守则》，开宗明义指出：

> 我们誓言在执行调查、分析和报告调查资料时维持高水平的科学专业能力、诚正和透明；建立与维持与调查受访者和委托者良好关系；以及与可能使用调查研究做决策者和一般公众有效沟通。我们进一步宣誓拒绝接受与本协会调查伦理守则有违之所有工作和委托。(AAPOR，2010)

美国调查研究组织联合会也宣称要严格遵守该会所订定的调查伦理守则以强化调查研究的形象，并保护公众的权益和隐私，要维护调查业界的自律，要强力支持优质的调查研究机构并使危害调查业声誉的劣质的调查机构边缘化（CASRO，2010）。

在专业能力的要求上，这些国际调查伦理守则都强调调查研究者必须尽其专业之所能保证调查结果的信度与效度，对调查的方法和调查发现做精确详尽的说明。就调查专业而言，长期以来，抽样调查研究就一直经历不断的创新与改进，不论就抽样的理论与方法、问卷设计还是问问题的科技、分析与预测，甚至于调查伦理本身有大量严谨、具创意的研究持续不断地在进行。调查研究者必须具备与时俱进随时改进专业调查的能力。

在对待与调查研究相关的对象上，最主要的是对受访者的尊重和个人资料的全面卫护。至于和委托者之间，大体上是以保证专业研究能力与产出，以及签约和约定事项的遵守。几个国际民意调查伦理守则就保障受访者权益提出下列几项：

（1）绝不伤害、危害、羞辱或严重误导受访者；

（2）尊重受访者的意愿，不勉强受访者回答某些问题；

（3）调查者必须提供充分的信息让受访者知道调查计划的目的，以便自由选择是否接受访问；

（4）不利用调查从事其他的活动；

（5）绝不以欺骗或伪装从事调查；

（6）即使在法律要求下也不可提供有关受访者个人的资料；

（7）要尽量采用或发展技术减低受访者的不便与不适。

大多数民意调查和部分学术抽样调查研究都会公布调查结果，许多媒体也都会加以报道，甚至成为影响社会的重大新闻。例如，大选和政府首长声望的民意调查，都是常常上媒体而且很受注意的。除了要公布有关调查的讯息本身就应该合乎伦理规范外，更由于公布调查结果对公众乃至国家社会的影响至巨，调查研究机构宣布调查结果资料时就必须严守相关的伦理守则。

我们特地将 AAPOR、CASRO 和 ESOMAR 所订定的有关守则整理并列在表 7－5 中。对照上述七项最低限度必须公布的，三个组织都要求公布的还有访问方式、指示语和任何解释、抽样架构、选取样本过程、访问完成率以及结果精确性的讨论（包括抽样误差、加权或推估过程）。有些是要加强有关样本取得的程序，大体上应该可以包括在样本说明项下，也就是公布时最好对抽样有详尽的交代。至于调查者若能就结果进行更精确的分析，和讨论对公众了解调查结果的意义，应该是值得鼓励的。但调查者，尤其是受委托进行调查者，可能也不一定有能力做到。至于有一些（只有一两个调查联合组织）要求，在公布调查结果时需列出有关调查进一步的信息，倒不是完全必要。相较之下，还是前述七项最起码要提出说明的比较重要，是不可或缺的。

表 7－5　国际重要调查联合组织关于公布调查结果的要求

公布调查结果上的要求	AAPOR	CASRO	ESOMAR
1. 调查的资助者或业主	V	V	V
2. 访问的目的、日期、方式	V	V	V
3. 抽样架构、取样母体、样本大小、选取样本过程	V	V	V
4. 完整问卷、指示语和任何解释	V	V	V
5. 调查执行者、访问完成率、筛选标准和过程	V	V	V
6. 结果精确性的讨论，包括抽样误差、加权或推估过程	V	V	V
7. 访问地点	V	V	
8. 确保抽样设计可执行的步骤		V	V
9. 访员及过录员的特质与训练		V	V
10. 分清楚调查结果本身和研究者的解释与建议		V	
11. 委托调查和参与工作之顾问		V	V
12. 样本的地理分布			V
13. 控制调查质量方法		V	V
14. 差异的统计显著水平			V

资料来源：http：//www. aapor. org/AAPOR_ Code. htm，http：//www. casro. org/codeofstandards. cfm http：//www. esomar. org/index. php/codes – guidelines. html。

欧洲市场调查组织亦提出七项最起码必须公告的内容，包括：

（1）调查研究的委托者或出资者；

（2）调查研究的目的；

（3）样本说明及样本大小；

（4）资料收集的时间；

（5）执行调查研究的机构；

（6）问卷题目本文；

（7）任何其他一般人要评鉴该调查所需的信息。

在台湾，虽然自 1980 年代中各种调查日益增多乃至蓬勃发展，但至今未有联合性组织订定并执行调查伦理守则。原则上，调查研究者就应遵守国际的调查伦理守则，而民众也可以依据这些国际伦理守则来检验台湾的各种调查。然现实上，由于从事调查研究者并没有一个共同遵守的规范，更没有联合性的专业组织来监督，不时会有调查者违反专业调查伦理的现象。在可见的未来，我们可以采取几个国际调查组织所订定的伦理守则来规范和检验台湾的各种调查。由于调查多需经过媒体报道，各个媒体，不论是报纸、电视还是电台应该可以参酌国际重要的调查伦理守则，尤其是在调查研究结果的发布方面就七项最起码的项目，进行检验，只报道合乎调查伦理规范的调查结果。

八　总结

抽样调查是社会科学主要的研究方法，整个调查研究的过程都必须非常严谨，每一个步骤都要遵守严格的标准。由于国内外有关抽样调查研究方法的专书，包括各级教科书和学术专书都不少，在这一章就不重复其他有关调查研究书籍中的内容，我们试图整理有关抽样调查研究本身的研究，再考虑实际研究的需求，特地就抽样误差和加权、访问成功率、访谈质量的控制与提升，乃至调查伦理进行讨论。根据大量的有关研究，我们提出以上的报告和论述。在这里，我们就有关研究的发现以及在台湾从事抽样调查所碰到的问题，提出一些建议。

在抽样方面，研究者必须就研究需要选择适当的抽样方法，要确定抽样底册是否接近于母体，以及确定抽样的几率是多少。若属大型抽样调查，免不了需采用复杂抽样方法，这时对于何时该采分层或丛集抽样，甚或更复杂的抽样方法，均需有基本的认识。抽样底册的选择也需慎重考虑到涵盖率。若要执行面访调查且利用户籍资料，由于其最多只能涵盖到八成的民众，那么面临的问题是要不要继续引用或有何解决办法。若不引用，以地址资料再进行户中抽样是办法，但因属不等几率抽样，需事后加权处理。若继续引用，则需花更多时间与经费以样本追踪的方式，找到迁移样本加以访问。不论是学术性的调查研究还是民意调查都必须经过几率抽样的调查，依抽样原理做好抽样工作是很重要的基础工作。调查研究者最好自己能做好以上几点，若自己无法确定做好抽样工作，应请教统计学者。

即使抽样做得很好，也一定会有抽样误差，在进行抽样调查资料分析时需要进行加权。尤其是要确定成功样本与母体在人口特征上的差异，若差异小而不显著，表示样本代表性高，资料分析可不用加权处理；但若发现有显著差异，即表示样本单位之间的抽中几率不相等，在进行资料分析前就需先

做抽样加权。失败样本与成功样本通常会有差异，因此需再进行成功样本加权。大体上，传统的加权方法多只考虑客观的人口特征，许多研究变项仍然没有因加权而有较佳的代表性，研究者就需考虑利用非人口特征来进行加权，也就可采用PSA。

抽样调查必须找到被抽到的对象进行访谈，不可更换样本名册内的受访者。调查研究者要尽量在以下几方面努力提升访谈成功率。在研究问卷设计上控制问卷题目的困难度，所有题目都应该适合受访者回答。在敏感性与具威胁性的题目上要做更细腻的研拟，以减低受访者的心理压力与抗拒。此外，研究者需选择适当的礼品或礼金，以降低拒访率。

访员是直接与受访者互动而获得受访者响应的关键，访谈成败的重要影响因素是访员。研究者必须施行严格的访员训练，训练访员对问卷充分了解进行标准化的访谈，也要训练访员维护与受访者适当的友好关系，要有能力说服受访者配合回答。根据研究，在造访受访者时，选择适当的时间与地点进行访谈也是很重要的，访员应该尽量做最好的安排。一般来说，访谈经验较丰富、工作态度良好、个性正面积极又有耐性的访员有较高的接触率与完访率，研究者要特别加强甄选有这些特质的访员。

接下来，调查研究者就要尽力提升调查访谈回答质量。在实际访谈中，研究设计、访员特质与访谈能力，以及受访者的特质都是决定访谈质量的关键因素。问卷题目与选项应该尽量口语化、结构化、简短与易读、顺序合逻辑。问卷题目要尽量少引导性、敏感性，侵害隐私的问法或难懂的专有名词，态度量表题目的设计需注意是否会造成受访者无意识或刻意的扭曲回答。在访谈过程中访员必须遵循标准访问方法，亦即保持中立态度，不提示回答方向，逐字念题目，必要时重念题目但不任意离题，需要时适当追问以便厘清回答的正确性。访谈时，访员要跟受访者维持一定的友好关系，用心拿捏互相的距离；尽量减少受访者以外的其他人在场，以免误导受访者的回答。至于受访者，虽然受访者特质会影响到访谈结果，但研究者没得选择，访员只能就受访者状况尽量调适，尽可能减少受访者因素的不良影响。

要能找到受访者成功地做好高质量的调查访谈，调查设计固然重要，更重要、更关键的是“访员”。一般而言，调查研究的访员大多不是专业专职的，所以访员训练就格外重要。访员必须充分了解问卷和抽样，学会访问的技巧，调整好工作的态度，确实遵守调查专业伦理。

最后，抽样调查研究经历研究主题的拟订、抽样、问卷设计、招募访员、访员训练与实习、访谈、整理资料一系列的程序。每一个程序都影响到研究调查的成败和质量，于是参与各阶段的研究工作人员必须恪尽专业职责并恪遵调查专业伦理规范。现在以及在可见的未来并无调查研究的联合组织订定并执行调查伦理规范，调查研究者应遵从国际重要调查研究联合组织的伦理守则，媒体和大众也可参照这些守则来检验各种调查研究。

参考书目

杜素豪（2001）《问卷访问中的第三者在场的访答效应》，《调查研究》，9，73～102。

杜素豪（2003）《调查访问的接触次数与完访率：访问时段、接触难度与访问方法效应之分析》，“国科会”专题研究计划执行报告。

杜素豪（2004）《投票意向问题不同类型项目无反应之分析：以 2000 年“总统”大选为例》，《选举研究》，11（2），111～131。

杜素豪（2007）《失败样本的访员效应：面访与电访的比较（Ⅰ）》，“国科会”专题研究计划执行报告。

杜素豪、罗婉云、洪永泰（2009）《以人选几率调整法修正调查推估偏差的成效评估》，《政治科学论丛》，41，151～176。

洪永泰（1989）《抽样调查中访问失败问题的处理》，《社会科学论丛》，37，33～52。

洪永泰（2006）《台湾地区电话访问调查资料加权处理之探讨》，《第六届调查研究方法与应用国际学术研讨会》，台北：中研院人文社会科学研究中心暨调查研究专题中心。

黄毅志（1997）《抽样调查中访问失败的问题之探讨：以台湾地区社会变迁调查为例作说明》，《调查研究》，4，113～129。

李隆安、韩成业（2008）“The study of weights by the raking method”，《2008 年度中国统计学社学术研讨会》，台北：中国统计学社。

李隆安、黄朗文、潘忠鹏（1996）《台湾地区社会变迁基本调查计划访视失败原因之探讨》，《第一届调查方法研讨会》，台北，南港：中研院调查研究工作室。

刘从苇、陈光辉（2005）“Is weighting a routine or something that needs to be justified?”，《选举研究》，12（2），149～187。

刘义周（1985）《调查研究中“不知道”选项问题之分析》，《政治大学学报》，52，65～90。

刘义周（1996）《测不到的误差：访员执行访问时的偏误》，《调查研究》，2，35～58。

瞿海源主编（2007）《调查研究方法》，台北：三民书局。

盛治仁（2000）《“总统”选举预测探讨：以情感温度计预测未表态选民的应用》，《选举研究》，7（2），75～105。

田芳华（1996）《自填与访填对答题效应之影响》，《调查研究》，2：59～88。

郑夙芬、陈陆辉（2001）《台湾地区民众参与调查研究态度的变迁：1986～1998》，《选举研究》，7（1），115～138。

中研院调查研究专题中心主编（2006a）《电访员训练手册》，台北，南港：中研院人文社会科学研究中心调查研究专题中心。

中研院调查研究专题中心主编（2006b）《面访员训练手册》，台北，南港：中研院人文社会科学研究中心调查研究专题中心。

AAPOR（2010）. http：//www. aapor. org/AAPOR.

Becker, Stan, Feyisetan, Kale, & Makinwa-Adebusoye, Paulina（1995）. The effect of the sex of interviewers on the quality of data in a Nigerian family planning questionnaires. *Studies in Family Planning*, *26*（4）, 233－240.

Berry, Chareles C., Shirley Flatt, W. & Peirce, John P.（1996）. Correcting unit nonresponse via response modeling and raking in the California tobacco survey. *Journal of Official Statistics*, *12*（4）, 349－363.

Bethlehem, Jelke G.（1988）. Reduction of nonresponse bias through regression estimation. *Journal of Official Statistics*, *4*（3）, 251－260.

Bethlehem, Jelke G., & Keller, Wouter J.（1987）. Linear weighting of sample survey data. *Journal of Official Statistics*, *3*（2）, 141－153.

Blohm, Michael, Hox, Joop, & Koch, Achim（2006）. The influence of interviewers' contact behavior on the contact and cooperation rate in face-to-face household surveys. *International Journal of Public Opinion Research*, *19*（1）, 97－111.

Bradburn, Norman M., & Sudman, Seymour（1979）. *Improving interview method and questionnaire design*. San Francisco：Jossey-Bass.

Campbell, Bruce A.（1981）. Race-of-interviewer effects among southern adolescents. *The Public Opinion Quarterly*, *45*（2）, 231－244.

Cannell, Charks F., Miller, Peter V., & Oksenberg, Lois（1981）. Research on interviewing techniques. In S. Leinhardt（Ed.）, *Sociological Methodology*. San Francisco：Jossey-Bass.

CASRO（2010）. http：//www. casro. org/codeofstandards. cfm.

Curtin, Richard, Singer, Eleanor, & Presser, Stanley（2007）. Incentives in random digit dial telephone surveys：A replication and extension. *Journal of Official Statistics*, *23*（1）, 91－105.

ESOMAR（2010）. http：//www. esomar. org/index. php/codes-guidelines. html.

Fendrich, Michael, Johnson, Timothy P., Sgakugran, Chitra, & Wislar, Joseph S.（1999）. The impact of interviewer characteristics on drug use reporting by male juvenile arrestees. *Journal of Drug Issues*, *29*（1）, 37－58.

Finkel, Steven E., Guterbock, Thomas J., & Borg, Marian J. (1991). Race-of-interviewer effects in a preelection poll. *Public Opinion Quarterly*, *55* (3), 313 – 330.

Fowler, Jr. Floyd J., & Mangione, Thomans W. (1990). *Standardized survey interviewing: Minimizing interviewer-related error.* Newbury Park: Sage Publication.

Goyder, John (1987). *The silent minority.* Boulder, Colorado: Westview Press.

Groves, Robert M. (1999). Survey error models and cognitive theories of response behavior. In Monroe G. Sirken et al. (Eds.), *Cognition and survey research* (pp. 235 – 250). New York: Wiley & Sons.

Groves, Robert M., & Couper, Mick P. (1996). Contact-level influences on cooperation in face-to-face surveys. *Journal of Official Statistics*, *12* (1), 63 – 83.

Groves, Robert M., & Couper, Mick P. (1998). *Nonresponse in household interview survey.* New York: John Wiley & Sons, Inc.

Hartmann, Petra (1994). Interviewing when the spouse is present. *International Journal of Public Opinion Research*, *6* (3), 298 – 306.

Heerwegh, Dirk (2006). An investigation of the effect of lotteries on web survey response rate. *Field Methods*, *18* (2), 205 – 220.

Huddy, Leonie et al. (1997). The effect of interviewer gender on the survey response. *Political Behavior*, *19*, 197 – 220.

Johnson, Timothy P. et al. (2002). Culture and survey nonresponse. In Robert M. Groves et al. (Eds.), *Survey nonresponse* (pp. 55 – 70). New York: John Wiley.

Kalton, Graham, & Flores-Cervantes, Ismael (2003). Weighting methods. *Journal of Official Statistics*, *19* (2), 81 – 97.

Keeter, Scott et al. (2000). Consequences of reducing nonresponse in a national telephone survey. *Public Opinion Quarterly*, *64*, 125 – 148.

Kulka, Richard A., & Weeks, Michael F. (1988). Toward the development of optimal calling protocols for telephone surveys: A conditional probabilities approach. *Journal of Official Statistics*, *4* (4), 319 – 332.

Kveder, Andrej, & Vehovar, Vasja (1999). *An elaborated calling strategy does it make enough difference?* Paper presented in International Conference on Survey Nonresponse.

Lee, Sunghee, & Valliant, Richard (2008). Weighting telephone samples using propensity scores. In James M. Lepkowske et al. (Eds.), *Advances in telephone survey methodology* (pp. 170 – 183). New York: John Wiley & Sons.

Lee, Sunghee, & Valliant, Richard (2009). Estimation for volunteer panel web surveys using propensity score adjustment and calibration adjustment. *Sociological Methods & Research*, *37* (3), 319 – 343.

Morton-Williams, Jean (1993). *Interviewer approaches.* Cambridge, Dartmouth Publishing Company Ltd.

Oishi, Sabine M. (2003). *How to conduct in-person interviews for surveys.* London: Sage

Publication.

Petrolia, Daniel R., & Bhattacharjee, Sanjoy (2009). Revisiting incentive effects: Evidence from a random-sample mail survey on consumer preferences for fuel ethanol. *Public Opinion Quarterly*, *73* (3), 537 - 550.

Piazza, Thomas (1993). Meeting the challenge of answering machines. *Public Opinion Quarterly*, *57*, 219 - 231.

Ray, John J. (1984). Reinventing the wheel: Winkler, kanouse, and ware on acquiescent response set. *Journal of Applied Psychology*, *19* (2), 353 - 355.

Reinecke, Jost (1993). Explanations of social desirability and interviewer effects. In Dagmar Krebs and Peter Schmidt (Eds.), *New directions in attitude measurement* (pp. 315 - 337). Berlin: Walter de Cruyter & Co.

Rosenbaum, Paul R. (2005). Observational study. In Brian Everitt S. and David Howell C. (Eds.), *Encyclopedia of statistics in behavioral science* (Volume 3: 1451 - 1462). New York: John Wiley & Sons.

Shih, Tse-hua, & Fan, Xitao (2008). Comparing response rates from web and mail surveys: A meta analysis. *Field Methods*, *20*, 249 - 271.

Singer, Eleanor, & Bossarte, Robert M. (2006). Incentives for survey participation: When are they coercive? *American Journal of Preventive Medicine*, *31* (5), 411 - 418.

Smith, Tom W. (1995). Trends in non-response rates. *International Journal of Public Opinion Research*, *7* (2), 157 - 171.

Singer, Eleanor et al. (1983). The effect of interviewer characteristics and expectations on response. *Public Opinion Quarterly*, *47*, 68 - 83.

Smith, Tom W. (1997). The impact of the presence of others on a respondent's answers to questions. *International Journal of Public Opinion Research*, *9* (1), 33 - 47.

Srinath, Pavan K. et al. (2009). Compensating for noncoverage of nontelephone households in random-digit-dialing surveys: A comparison of adjustments based on propensity scores and interruptions in telephone service. *Journal of Official Statistics*, *25* (1), 77 - 98.

Tourangeau, Roger, Rips, Lance J., & Rasinski, Kenneth A. (2000). *The psychology of survey response.* U. K.: Cambridge University Press.

Tu, Su-hao (2008). *The effects of interviewer attitudes toward surveys on unit nonresponse: A model comparison.* Paper presented in Interims Meeting of the ISA RC33 on Logic and Methodology in Sociology, September 1 - 5, Naples Italy.

Tu, Su-hao, & Liao, Pei-shan (2007). Social distance, respondent cooperation and item nonresponse in sex survey. *Quality & Quantity*, *41*, 177 - 199.

Webster, Cynthia (1996). Hispanic and Anglo interviewer and respondent ethnicity and fender: The impact on survey response quality. *Journal of Marketing Research*, *33* (1), 62 - 72.

Weeks, Michael F., Kulka, Richard A. et al. (1987). Optimal call scheduling for a telephone survey. *Public Opinion Quarterly*, *51* (4), 540 – 549.

Weeks, Micheal F. , & Moore, Paul R. (1981) . Ethnicity-of-interviewer effects on ethinic respondents. *Public Opinion Quarterly*, *45* (2), 245 – 249.

Zanutto, Elaine L. (2006) . A comparison of propensity score and linear regression analysis of complex survey data. *Journal of Data Science*, *4*, 67 – 91.

延伸阅读

1. Groves, Robert M. et al. (2009). *Survey methodology*. New York: John Wiley & Sons.

   本书介绍调查执行过程中各步骤的内容与注意事项，全书不仅提供深入理论性的说明，而且利用经验研究加以佐证，每一章节中也提供具体的范例与练习。最后更辟了专章，列出执行调查研究者常面临的问题以及其解决办法。

2. 瞿海源（2007）《调查研究方法》，台北：三民书局。

   本书根据学理对调查研究的每个正规过程做完整的叙介，也特别辟专章说明认知访谈、资料档建立以及调查资料库。

3. Levy, Paul S. (2008). *Sampling of populations: Methods and applications*. New York: John Wiley & Sons.

   本书说明几种主要常用的抽样设计，以及每一抽样设计中的加权与母体推估方式。着重在加强应用与练习的说明，并介绍相关的统计软件与程序。本书也讨论了资料遗漏与调查无响应对推估的影响，以及针对电访抽样与技巧的说明。

4. Särndal, Carl-Erik, & Lundström, Sixten (2005). *Estimation in surveys with nonresponse*. New York: John Wiley & Sons.

   本书系统性地介绍可能可以解决无响应误差问题的推估方法，包括样本加权与资料插补。内容包括确定可以用来推估之辅助变项的选定原则、理想的推估方法、针对无反应的加权与分析方法、母体推估的实例。

第八章
调查资料库之运用

一 前言

各种形式的问卷调查资料是社会科学量化研究最重要的素材。为了符合统计上的基本需求，并配合人口特性的考虑，至少都需要一千以上的样本数，如果希望某些特定类别的人口也可以达到一定的样本数，动辄两千以上的样本是相当基本的要求。推动一个调查计划，从问卷设计、预试、正式施测、资料过录，乃至建立可以进行后续分析的资料档，不论是在研究经费还是操作技术上，都非一般的研究，可凭借个人或少数人之力所能达成。虽然有不少专书或论文，系亲身参与调查计划所获致的成果，不过我们也可以看到，有许多学者或博士班研究生，是利用既有的资料档完成他们的学术论文。之所以能够这样，主要是因为许多国家都开始推动以"学术界公共使用"为目标的调查研究计划，并建置储存、释出与管理这些调研资料的学术研究单位，在资料使用的层面上，更是日益开放与便利。

过去要找到一笔适合自己分析的调查资料，并非等闲轻易之事，但是在电脑软硬件的快速发展之下，各大重要资料库都纷纷建立性能良好的检索系统，甚至还开发出线上分析的软件。有的资料库可供免费使用，有的则是在索费甚低的情况下，即可提供申请者所需的资料。有时候，大家会质疑资料档已经过时，慨叹资料档中的调查资料，并不完全符合自己的需求，不能充分满足自己原先设定的理论架构。但不可否认的是，二手资料不但可以作为前导研究，也可以用其比较不同社会与时间点之社会现象的异同，往往不是个别研究者穷其一生，就能够透过单打独斗的方式独力收集而得（Steward，1993/2000；胡克威，2007）。再者，由于是运用既有的资料，更需在概念上有所创新，才能提出足以服人的研究成果。因此，具备量化能力的研究者，若可以充分且恰当地利用既有的调查资料库，就可以做出别具意义的研究。本文分成两大部分：首先介绍资料库的发展与概况，并简介欧美与东亚的重要资料库；其次则透过具体的研究案例，说明资料库的使用方式与相关注意事项。

二　调查资料库的发展与概况

（一）社会科学资料库的建立与发展

最早的社会科学资料库出现于1940年代，Elmo B. Roper（现代民意调查开创者之一）将他累积了十几年的调查资料在威廉斯学院（Williams College，位于美国麻州）建立库藏，并在1946年于该校正式设立罗波民意研究中心（The Roper Center for Public Opinion Research）。其他的民意调查机构主持者，如George H. Gallup与Archibald Crossley，也相继贡献其调查资料给罗波民意研究中心（Rockwell，2001）。目前该中心设置于康乃迪克大学。

紧接着在1960年之后，欧美设置调研资料库的热潮风行。首先是创设于德国科隆的经验社会研究中央资料库（The Central Archive for Empirical Social Research，ZA）；接下来则是美国密歇根大学社会研究所（Institute for Social Research，ISR）建置的大学校际政治研究联盟（Inter-University Consortium for Political Research，ICPR），以及荷兰阿姆斯特丹的史坦麦兹资料库（Steinmetz Archive），1970年代也另有几个资料库在欧洲设立（Rockwell，2001；胡克威，2007）。特别值得一提的是，欧洲亦有设立和美国ICPR性质相近的欧洲政治研究联盟（European Consortium of Political Research），它是以英国的艾塞斯大学（The University of Essex）为总部，艾塞斯大学也同时设置系统化的训练课程及极具规模的资料库（Miller，1989）。于是，在1960~1970年代欧美社会科学界的合作氛围下，国际社会

科学界彼此共享资料的共识逐渐形成，各国/地区资料库的正式建立与运作，更嘉惠诸多国内外的量化研究学者。

美国当前闻名于世的大学校际政治社会研究联盟（Inter-University Consortium for Political and Social Research，ICPSR），其前身即为 ICPR。最初，ICPR 之设立，一方面奠基于美国政治学界在选举调查研究方面累积的成果，率先推展训练课程；另一方面则是密歇根大学的调查研究中心采用了瑞典学者 Stein Rokkan 在 1957 年提供福特基金会报告中，对建立有助于比较研究的调查资料库的建议。1950 和 1960 年代，密歇根大学在社会科学研究委员会资助的两次研讨会中，除了有关调查研究分析的课程之外，欧美社会科学界的重要学者也汇聚一堂，针对资料的收集和资料库的建立密切交换意见。再者，国际政治科学协会（International Political Science Association，IPSA）的政治社会学委员会（The Committee on Political Sociology）和国际社会学学会（International Sociological Association，ISA）也汇聚欧美政治与社会学界的重量级学者，针对此一议题加以讨论。在这种国际交流的氛围之下，各国学者开始产生共识。由于高质量的调查成本高、获得补助的机会有限，学者想要使用这样的资料并不容易，国际学界必须正视当时大型调查研究资料得之不易的困境；此外，大家也同时深刻体会到，如果大型调查研究计划的主持人和参与者，无法充分利用这些大费周章取得的调查资料，而且在资料分析的一两年之后就将其束诸高阁，着实是一件十分可惜的事（Crewe，1989；Kasse，1989，2001；Miller，1989；Rockwell，2001）。于是在推动各项调查之外，以公共财的观点促成调查研究资料的共享，隐然已成为时势所趋，调查资料库的设置也因此应运而生。

亚洲社会调查研究资料库的发展，多少都受到欧美学界的影响。台湾中研院的学术调查研究资料库（Survey Research Data Archive，SRDA）的建设，目前是中研院人文社会科学研究中心下辖调查研究专题中心（The Center for Survey Research，Academic Sinica）的主要工作之一。中研院民族学研究所于 1984 和 1985 年两年间，执行首次全台代表性样本的台湾社会变迁基本调查，建立台湾第一个公开释出的资料档。为推动社会变迁基本调查，中研院于 1993 年成立调查研究工作室，设有调查组和资料组，资料组除了释出社会变迁基本调查的问卷资料之外，亦透过学者自愿捐赠的方式，逐步建立并累积学术调查资料库的内容。随后，它更与“国科会”人文处具体签订协议，凡由“国科会”资助的问卷调查资料，都必须以非专属授权的方式，无偿提供给调查研究工作室。经过多年的努力，政府各部门（包含“环保署”“主计处”和“内政部”）也授权释出其所属的调查资料库。

中研院人文社会科学研究中心辖下的调查研究专题中心，设有资料管理组，负责维护学术调查研究资料库（Survey Research Data Archive，SRDA）。此一资料库于 1994 年开始建置，系时为“调查研究工作室”的两项重点工作之一，收录的内容是以“台湾社会变迁基本调查”之资料，及其他受赠资料（包括联合报社的调查资料）为基础。1997 年起，开始纳入台湾生育力（KAP）调查资料，又与“国科会”签订《专题研究计划档案授权开放合约》，凡“国科会”补助之调查研究计划，都应于商定年限内授权给学术调查研究资料库，接着它又与“环保署”签约，并逐步争取到“内政部”与“主计处”的重要调查资料。

SRDA 收集的资料可区分为以下三种类型：第一是“学术调查资料”，截至 2009 年 6 月，计有 1000 笔以上的资料档，包含“国科会”及“卫生署”补助之调查计划的资料档，领域涵盖经济、社会、教育、心理、管理、政治、区域研究、公共卫生等。重要的调查资料，包括“台湾世界价值观调查”“台湾家庭与生育力调查系列”“台湾社会意向调查系列”“台湾社会变迁基本调查系列”“台湾青少年成长历程研究系列”“台湾高等教育资料库”“台湾基因体意向调查”“台湾选举调查资料系列”“国民营养状况变迁调查系列”“华人家庭动态资料库”以及“台湾教育长期追踪资料库”。

第二是“政府抽样调查资料”，系由“国科会”社会科学研究中心与调查研究专题中心共同建置，截至 2009 年 6 月有将近 1000 笔的资料档。重要的资料包含“主计处人力资源附带项目调查”“家庭收支调查”“社会发展趋势调查”“各项受雇调查”“工商普查”“农林渔业普查”“户口与住宅普查”，另外也有“内政部”统计处的调查资料，未来也拟加入“卫生署国民健康局”的统计资料。过去学者想要使用政府单位之调查资料，都因申请过程不易，使这批资料无法得到良好的运用，此一政府抽样调查资料库的设立，对于学界而言，可谓十分便利。

第三则是“报社民意调查资料”，截至 2009 年 6 月有 1161 笔。《联合报》的调查资料，包含 1987 ~ 1997 年的原始调查资料；《中国时报》则包括 1989 ~ 1992 年及 1994 年的资料，但仅有问卷及次数分配，并没有更详细的资料。后来由于报社另有考虑，未能持续提供后续的各项资料。

SRDA 于 2003 年开始建立会员制，区分为“一般会员”（公私立教学研究机构人员、政府机构相关研究人员、捐赠资料之个人或单位代表）、“临时会员”（公私立大专院校学生，以及公私立研究单位、大学院校与政府机构之临时研究人员）。“一般会员”每两年固定校正会籍资料一次，只要确认就可以延续会员资格；“临时会员”则以一年为期，如仍符合“临时会员”的资格，可在期限前主动提出证明文件，即可延长使用一年。符合以上资格者皆可上网登录，申请时需要提供“会员约定条款同意书”（含签名）及“在职在学文件影本”，此二项书面资料可以邮寄正本，或以传真和扫描电子文件的方式传送，各项资料都可直接在线下载。“学术调查资料库”提供字段检索和全文检索的功能，社会变迁与家庭动态的资料，甚至还可以进行在线分析，“政府抽样调查资料库”亦具备上述三种功能。两大资料库都可以在线浏览问卷、报告书和次数分配。

调查研究工作室在 2004 年改名为调查研究专题中心，目前隶属于人文社会科学研究中心，其学术调查资料库可说是亚洲最具规模者。日本和韩国在推动综合性社会调查之后，同时亦考虑到建置调查资料库之必要性，于是日本在 1996 年设立社会科学日本资料库（Social Science Japan Data Archive，SSJDA）（章英华，2001），韩国则在 1983 年成立其学术界共同支持的社会调查资料库，并于 2006 年与韩国社会科学图书馆合并为韩国社会科学资料院（Korean Social Science Data Archive，KOSSDA）。

在 1950 ~ 1970 年代，社会科学资料库在欧美国家逐渐推展之际，计算机仍处于大型处理器的时代，资料是以卡片处理，需要透过信息中心的专业人员协助，才能顺利取得资料。在那样的年代，社会科学家们愿意建立资料库，就是因为大型资料收集计划的推动，需要投注大量的人力与财力，而这些资料必须提供给众多学者共同使用，才能发挥资料的功能和实用价值。在 1980 年代以后，计算机个人化、储存与运算功能的大幅提升，使资料库建置的门槛为之降低不少，再加上计算机网络的无远弗届，在线传输与资料取得也日趋便利，世界各地社会科学资料库的发展更是一日千里，甚至还进一步发展出线上分析的功能（胡克威，2007）。透过欧洲社会科学资料库委员会网站（http://www.cessda.org/）中的其他资料库（other data archives）的信息，可以浏览主要学术资料库在世界各地的分布情形；参考方块 8－3 亦提供了一些重要调查资料库的链接讯息。接下来将分别介绍三个欧美和两个东亚国家的重要资料库。

参考方块 8－1：欧洲社会科学资料库委员会

1970 年代，欧洲各国的社会科学资料库为了增进教学研究人员和学生取得研究资料，组成了欧洲社会科学资料库委员会（Council of European Social Science Data Archives，CESSDA）。截至 2010 年中，会员包括奥地利、捷克、丹麦、立陶宛、芬兰、法国、希腊、德国、匈牙利、爱尔兰、意大利、卢森堡、荷兰、挪威、罗马尼亚、斯洛维尼亚、瑞典、瑞士和英国等国家的资料库。

透过其资料目录（包括主题、关键词或资料发行者搜寻），可以确认并取得各会员国资料库的资料档。点选其他资料库则可链接全球其他地区的主资料库。该委员会欢迎教学研究人员将资料档挂上其目录。该委员会提供资料建置与管理的咨询，让资料提供者，在建置资料时，能够采用合乎规范的管理计划，让挂上的资料易于使用。该委员会每年都举办社会科学调查资料建置、管理与应用的研讨会，并提供欧洲各地开设有关社会科学方法与资料分析研习营的信息。此外，亦长年推动研究计划，针对调查资料的后设处理（metadata management）以及在线统计分析。

（二）欧美与东亚国家重要调查资料库之概况

1. 美国：大学校际政治社会研究联盟

大学校际政治社会研究联盟（Inter-University Consortium for Political and Social Research，ICPSR）成立于 1962 年，以社会科学研究资料的提供，以及量化研究方法夏令课程闻名于世，早期在“福特基金会”的资助下成立，

隶属于美国密歇根大学的社会研究所。截至 2009 年，拥有超过 7500 种研究资料，50 万笔资料档。每年都会增加四五百种的新资料，全球共有 10 万左右的使用者，每年约有 800 位学生参加其量化研究方法的夏令课程。

ICPSR 拥有的资料涵盖社会学、政治学、犯罪学、历史学、教育学、人口学、老年学、国际关系、公共卫生、经济学与心理学等的课题。在其总目录之外，也有某些特殊议题的专题资料档，并将某一专题下的资料汇集起来，提供使用的技巧，甚至是分析的工具。这些主题文件包括：儿童照顾与早期教育研究链接（Child Care and Early Education Research Connections）、人口研究资料分享（Data Sharing for Demographic Research，DSDR）、健康与医疗照顾资料库（Health and Medical Care Archive，HMCA）、老年电子资料国家档案（National Archive of Computerized Data on Aging，NACDA）、犯罪司法资料国家档案（National Archive of Criminal Justice Data，NACJD）、少数族群资料资源中心（Resource Center for Minority Data，RCMD）、药物滥用与心理卫生资料库（Substance Abuse and Mental Health Data Archive，SAMHDA）等。

另外几个长期调查计划，亦有其专属网页，除了收入动态固定样本追踪调查（Panel Study of Income Dynamics，PSID，http：//psidonline.isr.umich.edu/），以及所得福利方案参与调查（Survey of Income and Program Participation，SIPP，http：//www.census.gov/sipp/）之外，还包括自 1972 年开始进行的年度综合社会调查（General Social Survey，GSS）和美国全国选举研究（American National Election Study，ANES），以上两种调查资料皆可透过美国加州大学伯克利分校（University of California，Berkeley）所建置的 SDA 资料库（Survey Documentation and Analysis，http：//sda.berkeley.edu/archive.htm）取得。

ICPSR 采会员制，除了个别机构之外，美国国内的数所大学或学术机构可以集结在一起成为联盟会员（federations）；其他学术机构，亦可结合其国家/地区需要此一调查资料库的大学或研究机构，共同缴费注册，申请成为会员。截至 2009 年，大约已有 700 个大学、学术机构和政府机关加入会员。会员机构内的成员可以透过 ICPSR Direct，直接在线下载所需的资料。

除了种类繁多、主题庞杂的各色资料库以外，ICPSR 还开设量化研究方法的夏令课程，课程内容涵盖研究设计、统计、资料分析、一般的社会科学方法以及特定领域的研究方法，从初阶到进阶的课程皆有提供，并在量化方法的引介中配合实际的研究议题。其授课教师来自世界各地，均系一时之选，具备丰富的研究经验，授课时间由 3 ~5 天以至 4 个星期，这样有系统而完整的量化研究方法课程，不是单一大学所能独力提供的。有兴趣报名参加者，可以直接进入社会研究量化方法夏令课程（Summer Program in Quantitative Methods of Social Research）的网站（http://www.icpsr.umich.edu/icpsrweb/sumprog/），进一步了解课程大纲、师资与申请方式。

参考方块 8-2：大学校际政治社会联盟（ICPSR）世界重要调查资料目录与台湾资料

ICPSR 建置了全世界重要调查资料档的信息，清楚标示这些资料是否能够从 ICPSR 下载。一进入其网站，即有发现与分析资料（Find & Analize Data）字段，有“在线分析、主题、调查者、地区”及“系列”等字段。点选地区，再以附图点选亚洲，我们可以看到和台湾有关的 51 笔资料档的说明，其中列举的资料包括台湾社会变迁基本调查（Taiwan Social Change Survey）、亚洲民主动态调查（Asian Barometer），此两者都无法直接从 ICPSR 下载。除此之外，台湾省家庭计划研究所（目前则为“卫生署国民健康局”）所执行的生育率调查（Knowledge, Attitudes, and Practice of Contraception in Taiwan, KAP），以及盖洛普机构的调查（Gallup International Association）等，则可从其系统下载。

最值得一提的是，澳洲天主教大学（Australian Catholic University, ACU）的名誉教授顾浩定（Wolfgang L. Grichting），在台湾访问辅仁大学和台湾大学社会学系时，曾于 1970 年执行“The Value System in Taiwan, 1970”研究计划，进行了可能是在台湾最早由学术界进行的全台抽样调查，在台湾除了说明该调查结果的专书《台湾的价值体系，1970》（*The Value System in Taiwan, 1970*）之外，未见其原始资料档，但是却可以在 ICPSR 下载取得。

2. 德国：GESIS 社会科学资料库

位于德国科隆的莱布尼兹社会科学研究所（Leibniz Institute for the Social Sciences），即 The Gesellschaft Sozialwissenschaftlicher Infrastructureinrichtungen（GESIS），成立于 1996 年，其前身为经验社会研究中央资料库（ZA），是储存与释出德国调查研究资料最重要的学术机构。ZA 成立于 1960 年，时间还早于 ICPSR，都是在学者交流讨论的激荡下，最早成立于欧美的资料库之一。2008 年，ZA 正式转型为研究中心 ZA - EUROLAB。而 GESIS 也历经调整，下设六个部门，其中包含社会科学资料库部门（Dept. Data Archive for the Social Sciences），以 ZACAT 为其调查研究资料的主要入口网站。

此一资料库以搜罗社会和政治相关之“全国与国际比较调查资料档”为其任务，资料都经过加工，以利进行跨时间或跨地域的比较。所储存的资料，包括欧洲的各项选举研究，如欧洲选举研究（European Election Study，EES）、选举体系比较研究（Comparative Studies of Electoral Systems，CSES）、东欧选举研究（Election Studies from Eastern Europe）和欧洲选民研究（European Voter Data Base），以及一些重要的跨国研究，如国际社会调查研究计划（International Social Survey Programm，ISSP）、世界价值调查（World Values Survey，WVS）、欧洲价值调查（European Values Survey，EVS）、欧洲测候（Eurobarometers）的各次调查等。特别值得一提的是，四十几个国家/地区同步进行的国际社会调查研究计划（International Social Survey Program，ISSP）（台湾自 2003 年起也是会员之一），是以 ZACAT 为其资料储存与释出的基地。在 GESIS 的社会资料库中，另有 ALLBUS 入口网站，主要收集德国综合社会调查（Germany General Social Survey）的资料。

ZACAT 的资料都可在在线下载，其资料档都以资料管理软件 NESSTAR 加以处理，提供浏览问卷、过录编码簿和次数分配以及在线进行回归分析等功能。有兴趣者可以在线注册，无需缴交注册费，但若要下载取得资料，必须支付特定金额的费用。其资料档依释出的条件分为四类：

（1）0 类别：对所有的人释出。

（2）A 类别：对学术研究与教学目的者释出。

（3）B 类别：对学术研究与教学目的者释出，但分析的结果不能出版，如果要出版论文，或是想针对分析结果做任何进一步的处理，必须获得资料库主管者的同意。

（4）C 类别：经资料储存者同意之后，资料才能提供学术研究与教学。资料使用者在其计划执行完成之后，必须告知资料库当局，资料是否需要删除或将其设定为只读档，如果仍需再度使用该笔资料，也必须重新申请。

3. 英国：联合王国资料库

联合王国资料库（UK Data Archive，UKDA，http：//www. esds. ac. uk/）于 1967 年在艾塞斯大学（The University of Essex）成立，是英国最重要且最具规模的资料库，除了问卷资料档之外，也同时诸存相关的质性资料。此一资料库是由英国的经济与社会研究委员会（The Economic and Social Research Council，ESRC）、高等教育拨款委员会的联合信息系统委员会（The Joint Information Systems Committee，JISC）及艾塞斯大学共同资助而成。该资料库的任务包括以下两者：

（1）整合并经营经济与社会资料服务（The Economic and Social Data Service，ESDS）提供的各项资料，并致力于资料的加工、保存和释出。

（2）直接经营质性资料库（ESDS Qualidata）和纵贯资料库（ESDS Longitudinal）。

ESDS Qualidata 收集的资料，包括当代以纯粹质性或混合方法产生，以及以英国为对象之经典研究的资料。凡是政府补助的研究计划，主持人都必须将研究资料交付 ESDS 保存与释出。该资料库会与研究人员密切合作，以力求产生高质量且记录良好的质性资料。ESDS Qualidata 有建置相关的资料目录（Data Catalogue），让研究者能够快速找到所需的资料。它同时也保存重要的纸本资料，并将之电子化。这些电子资料档经过整理之后，就会一并列出重要的背景说明，并提供在线公开使用。UKDA 也同时提供训练课程，让学术研究人员和学生能够充分利用其丰富的资料。

ESDS Longitudinal 是由 UKDA 与经济和社会研究委员会辖下的联合

王国纵贯研究中心（The UK Longitudinal Studies Centre，ULSC）共同经营。主要收集的资料包含：英国1970年出生人口追踪调查（1970 British Cohort Study，BCS70）、英国家户固定样本追踪研究（British Household Panel Survey，BHPS）、英国老化纵贯研究（English Longitudinal Study of Ageing，ELSA）、家庭与儿童研究（Families and Children Study，FACS）、英格兰青年纵贯研究（Longitudinal Study of Young People in England，LSYPE）、千禧年出生人口追踪调查（Millennium Cohort Study，MCS）、全国儿童发展研究（National Child Development Study，NCDS）等。

这些资料经过加工处理后，会创造出一些样本档（sampler files），让使用者透过NESSTAR软件了解该项资料的内容。除了清理资料之外，系统也会进行加值的工作，包括加权、缺失值的说明以及一些统计上的调整，让研究者能够迅速上手，很快就能运用这些资料。这些资料都可以透过在线取得，“ESDS Longitudinal”也提供相关的训练课程，介绍其搜罗整理的资料，并训练对特定资料的运用方法。

此外，UKDA所架构的ESDS International上，还提供了方便的链接：第一是国际总体资料档［International Aggregate（macro）Datasets］，借此链接就可迅速取得国际能源总署（IEA）、国际货币基金会（IMF）、国际经济合作组织（OECD）和联合国工业发展组织（UNIDO）等单位的统计资料。第二是国际调查资料档，用户可以透过链接，直接取得某些重要的国际调查资料档，如欧洲测候（Eurobarometers）、欧洲选举研究（European Election Study）、欧洲社会调查（European Social Survey）等调查计划资料。另外，也提供与欧洲资料库（European Data Archives）、北美资料库（North American Data Archives）以及世界各国资料库的链接。

ESDS Government提供大规模的政府调查资料，包括一般家户调查（General Household Survey）与劳动力调查（Labor Force Survey）。另外，UKDA也是英国历史资料服务（Historical Data Service）以及普查资料档（http：//Census. ac. uk）的基地，保有普查资料档、教区登记资料以及地方或商务指引（directories）。

阅览 UKDA 的资料目录或在线文件（如问卷等），不需要注册登记，英国以外的使用者也可以申请账号，但是非英国高等教育或进修教育机构成员，则无法使用“国际总体资料”与“普查资料档”。

4. 日本：社会科学日本资料库

东京大学社会科学研究所于 1996 年设立日本社会情报研究中心（Information Center for Social Science Research on Japan，ICSSRJ），其下的调查情报解析部门（Research and Information Analysis），其任务之一，就是与大阪商业大学联合推动日本综合社会调查（Japanese General Social Survey，JGSS），其二则是经营日本社会科学资料库（Social Science Japan Data Archive，SSJDA），收集日本调查访问的电子资料档，整理保存并提供学术界公开使用。日本综合社会调查自 1999 年预试以来的各笔资料档，均由 SSJDA 释出。相对于欧美已开发国家，日本在社会科学资料档的公开流通方面较为落后。在设立之初，所收集的资料档，大部分是财团法人研究机构所执行的计划成果，罕有学术机构或政府机关所提供的资料（章英华，2001）。即便如此，SSJDA 的成立及日本综合社会调查资料档的公开释出，已可以说是日本学术界资料共享的重要里程碑。

在 2000 年时，该资料库大约拥有 409 笔资料，时间横跨 1960 ~ 1990 年代，直至 2009 年时，已经有超过 1000 笔的资料。综合资料档的目录中，包含 625 笔资料，主题涵盖家庭、职业与工作状况、企业概况、青少年和选举等项目。比较重要者如全国家族调查（日本家族社会学会）、职业与生活经历调查（劳动政策研究所）、1995 年社会阶层与社会流动调查（SSM Survey）、全国高龄者固定样本追踪调查（东京老人总合研究所与密歇根大学）、日本综合社会调查、1996 年日本选举与民主研究、2000 年日本社会资本与民主认知研究，以及 21 世纪全国投票行为长期调查研究，2001 ~ 2005 等。社会科学研究所目前执行以下三项固定样本的追踪调查：高中毕业生、青年与壮年，将来的资料档亦将同步纳入 SSJDA。此外还有主题调查资料档：包括“小学生、初中生和高中生观念态度与行为调查”资料档，共计 90 笔，以及神户大学名誉教授三宅一郎，自美国罗波民意研究中心收藏的日本调查资料中，所整理公开的政

治意识调查资料档，此项资料的收集时点，大致都在 1950 ~ 1970 年代间，计有 169 笔。

SSJDA 免费提供资料给以下几类对象：大学或研究机构的研究人员、研究生，以及进行学术研究又有教授推荐的大学生。原本规定每次只能申请两笔资料，但在 2009 年已废止此一限制，若需申请大量资料则需提出说明。计划使用以一年为期，一年之后必须将资料销毁，但是有少数的资料（如“日本综合社会调查”）就不受此限。日本以外的使用者，必须透过书面的方式提出申请，并支付国际回邮的相关费用。

5. 韩国：韩国社会科学资料院

2006 年成立的韩国社会科学资料院（Korea Social Science Data Archive，KOSSDA），是一个非营利的社会科学资料库。1983 年起，Esquire 学术文化财团（Esquire Foundation）开始资助以下两个独立运营的单位：韩国社会科学图书馆（Korea Social Science Library）与韩国社会调查资料库（Korean Social Survey Data Archive），合并成韩国社会科学资料院。该机构与一般图书馆或资料中心相比，另有提供两项特别且专门的服务。首先，它专门收集韩国国内外和韩国社会科学研究相关的资料（包含量化、质性及文献等资料）。其次，透过在线检索服务，也可以让用户实时取得这些珍贵的资料。

为了让这种结合“图书馆”与“资料中心”的复合式服务，能够更有效率地整合起来，韩国社会科学资料院与韩国国内许多收集资料的研究机构，进行密切的合作结盟（包括各大学研究单位、政府研究机构及法人研究所等），并将各单位的调查资料，建构成数字化的资料库。在 KOSSDA 的组织内，设有“量化资料小组”“质性资料小组”“文献资料小组”“服务开发小组”及“资料系统管理室”等五个工作小组，能提供专门且有效率的服务。

韩国社会科学资料院所收集的资料，涵盖政治、经济、社会、心理、文化等各大领域，与韩国国内或韩国相关的各种量化、质性及文献资料。至 2008 年 6 月为止，该机构总共收集量化方面的统计与调查资料约 700 笔。重要的调查档包括：“韩国综合社会调查”（KGSS）、“韩国犯罪与被害的相关调查”“青少年综合状况调查”“转型期韩国社会调查”“不平等与公平性调查”“国民意识调查”“经济危机与家族相关调查”以及“外国人劳动力调查”等。

在 KOSSDA 资料的使用及取得方面，在该机构的网页上，可以进行不分资料类别的统合资料检索，亦可依照不同资料类型，例如量化、质性或文献等，进行个别项目的检索，可以针对不同的检索用语，依主题、调查资料名称或调查变量等分类方式，进行专门的检索。透过检索搜寻到的量化资料，KOSSDA 皆可提供免费的资料概要、问卷、编码方式等档案的下载服务。但是若想使用在线统计分析系统（NESSTAR）以及完整的档案下载服务，则要先行注册，登录成为“机关会员”或是“个人会员”。“个人会员”分为“一般会员”及“学生会员”两种；“一般会员”的年费为 10 万韩币，“学生会员”则为 5 万韩币。“机关会员”则按机关人数多寡（全职研究生及全职研究员的人数），收取 20 万到 300 万元不等的年费。虽说可透过注册的方式，下载取得相关完整资料，不过下载的资料件数也是有所限制的。KOSSDA 规定一年最多只能下载 30 件，如果预计会超出此一数目，就必须先向 KOSSDA 提出请求协议。下载资料的使用期限为一年，如果想要继续使用的话，必须再次提出申请。

参考方块 8－3：世界各国/地区主要调查研究资料库一览表

国别/地区	资料库缩写	资料库名称	网址
澳洲	ANU	Australian National University ，Canberra Coombsweb：ANU Asian and the Pacific Studies Server	http://www.coombs.anu.edu.au/
	ASSDA	Australian Social Science Data Archive	http://assda.anu.edu.au/
加拿大		University of Alberta Data Library	http://www.library.ualberta.ca/datalibrary/
	BCIRDC	British Columbia Inter-University Research Data Centre	http://data.library.ubc.ca/rdc/
	TDR	TriUniversity Data Resources	http://tdr.tug-libraries.on.ca/
	DRL	Data Resources Library（The University of Western Ontario）	http://ssnds.uwo.ca/drl.html

续表

国别/地区	资料库缩写	资料库名称	网 址
丹麦	DDA	The Danish Data Archive	http://www. dda. dk/
法国	CDSP	Centre for Socio-political Data	http://cdsp. sciences-po. fr/
德国	GESIS	Data for the Social Sciences (Leibniz Institute for the Social Sciences)	http://www. gesis. org/en/services/data/
香港(中国)	DCS	Databank for China Studies 中国研究资料库	http://www. usc. cuhk. edu. hk/databank. asp
以色列	ISDC	Israel Social Sciences Data Center	http://isdc. huji. ac. il/
日本	SSJDA	Social Science Japan Data Archive	http://ssjda. iss. u-tokyo. ac. jp
韩国	KOSSDA	Korea Social Science Data Archive	http://www. kossda. or. kr
	KSDC	Korean Social Science Data Center	http://www. ksdc. re. kr
荷兰	NARCIS	The Netherlands Institute for Scientific Information Services	http://www. narcis. info/
挪威	NSD	Norwegian Social Science Data Services	http://www. nsd. uib. no/
菲律宾		Social Weather Station	http://www. sws. org. ph/
南非	SADA	South African Data Archive	http://www. nrf. ac. za/sada
瑞典	SND	Swedish National Data Service	http://www. ssd. gu. se/enghome. html
英国	MIMAS	Services Manchester Information & Associated	http://www. mimas. ac. uk/
	UKDA	UK Data Archive	http://www. data-archive. ac. uk/
美国	ICPSR	Inter-university Consortium for Political and Social Research (Michigan)	http://www. icpsr. umich. edu
	NDACAN	National Data Archive on Child Abuse and Neglect	http://www. ndacan. cornell. edu
	DISC	Data & Information Service Center	http://www. disc. wisc. edu
	SSDC	San Diego Social Science Data Center	http://ssdc. ucsd. edu
	HMDC	Harvard-MIT Data Center	http://www. hmdc. harvard. edu/
	IHIS	Integrated Health Interview Series	http://www. ihis. us/ihis/
	Roper Center	The Roper Center for Public Opinion Research	http://www. ropercenter. uconn. edu/
欧盟	CESSDA	Council of European Social Science Data Archives	http://www. cessda. org/
法国		Réseau Quetelet	http://www. centre. quetelet. cnrs. fr/

资料来源：中研院学术调查研究资料库，2009 年 9 月制表。

三　资料使用的方式

（一）一般使用

1. 教学使用

很多研究方法或资料分析的课程都会要求学生亲自找一份资料实地分析，这是资料分析相当重要的启蒙仪式。部分统计软件有时也会附加一些实例，以便使用者作为练习之用。但是最好的方式仍是让学生就现代的社会现象，找寻其深感兴趣的议题，由之发展出一些命题，再根据实际的资料进行分析。Babbie 等人在编写教导人们使用 SPSS 的专书（Babbie et al.，2000）中，就根据 1998 年的“综合社会调查资料”建立两套资料档，以供读者练习之用。陈正昌等人（2003）编写的《多变量分析方法——统计软件应用》中的多元回归分析（Multiple Regression Analysis）单元，就以 1999 年“台湾社会变迁基本调查”中的几个变项为例，教导人们如何使用这样的资料进行分析。在主成分分析（Principal Component Analysis）和因素分析（Factor Analysis）的应用章节中，更是以公共秩序题组的十个题目为资料，示范如何透过 SPSS 软件进行统计的过程。在目前因特网发达的年代，教科书可以直接取用资料库中的资料档作为例证，在相关的课程中，更可以让学生直接进入资料库，根据自己感兴趣的主题出发，找寻适合的资料档。从下载资料，到建立自己的资料档，最后再实际进行统计分析，有些学生从中发展出学士、硕士或博士论文，甚至还可以衍生发展另外的调查研究议题。

2. 背景与佐证资料

曾经有一位传播学者想要提一个研究计划，探讨“因特网的使用”与“孤独和寂寞感”之间的关联。他就在“台湾社会变迁基本调查”资料库中，寻找过去是否曾经询问过与“孤独和寂寞感”相关的问题。正好在三期三次的“网络组”题组中，问及填答者“过去一周的生活感受”，就包含：“感到孤独？1. 经常有 2. 有时有 3. 偶尔有 4. 没有”的题干与答项；四期二次的“家庭组”问卷中，在类似的题组中，也有题干与答项是：“觉得很寂寞（孤单、没伴）？1. 没有 2. 很少（只有一天）3. 有时候会（2～3

天）4. 经常或一直（四天以上）”。于是，这位传播学者可以先检视两个不同年代中，具孤独感者的次数分配各自为何，衡量孤独感是否可能进行后续的统计分析。如果次数分配显示有相当比例的人口皆为孤独感所盘踞时，他可以借此强调其研究的可行性。若他觉得这样的研究议题还不够反映实际感受的话，可以针对原来的问项与次数分配，讨论其不足或不当之处，据此提出他认为比较恰当的问卷题干与答项，并用在他自己的问卷调查中。

而且，不只是在拟订研究计划的层面，在撰写议论性的文章时，也经常需要相关的经验研究资料，来铺陈资料分析时点的现状与趋势，然后再进行深入的讨论。譬如，就贫富差距而言，我们可以借由“主计处”的家计调查和劳动力调查，分析高所得与低所得者之间的比值变化，而在“台湾社会变迁基本调查”的综合性调查问卷，以及有关阶层和社会问题的问卷中，另有受访者对贫富差距的主观评估，如果加上这样的经验资料，先具体讨论所得差距与感受的连带变化之后，再切入议题的讨论，应该会使文章的整体铺陈更为生动有力。

再者，某些质性研究往往因为样本数太少的缘故，而备受“样本偏误”的质疑，如果可以适度从资料库中，找寻并截取相关的经验资料，对研究对象加以清楚定位，或可解除这样的疑虑。在比较美国和法国中上阶层文化时，Lamont（1992）就强调虽然局限于特定职业类属的有限样本，但其研究发现应可作为了解两国文化差异的最终根据。只要可能的话，就会以全国性的资料来进行比较，以呼应她的论点。全国性的资料，除了可以从先行研究中获得之外，也可以仰赖既有的调查资料库。Lamont 在全书第二章分析道德边界（moral boundary）时，就多处引用 1981 年的欧洲价值调查资料（European Value Survey）和美国天主教应用研究中心（The Center for Applied Research in the Apostolate，CARA，附属于乔治敦大学）的调查资料。譬如，当从访谈资料中发现，美国受访者在诚实的内涵上，很重视十诫中有关男女关系的戒律，而法国的受访者则不甚在意时，她就引用调查资料，来说明法国的样本中，有为数 31% 的受访者认为十诫中的戒律已经过时，而美国则只有 5%。而且在法国男性专业人士、经理和企业人士的样本中，45% 认为这些戒律适用于自己，但美国的相应样本却高达 80%。她在同一章也运用调查资料，来证明法国人的工作取向不如美国人那么强烈；法国人不太强调工作的弹性以及与同事的合作关系，法国人参与志愿组织的比例也远不及美国人高。

3. 特定现象的分析

问卷调查的种类和议题各异，但都有其针对的特殊现象。譬如“台湾社会变迁基本调查”是五年期的计划，在第一年的综合性调查问卷之后，接下来的四年，每年分别执行两个主题，四年总计八个主题的问卷调查，其目的就在于为学界提供了解重要社会现象及其变迁的基本素材。利用第一期和第二期资料撰写论文，并在研讨会之后所出版的两部专书（张苙云、吕玉瑕、王甫昌，1997；杨国枢、瞿海源，1988），都是运用这些资料的具体范例。

过去有许多问卷调查计划的执行和参与者，都利用其所收集的问卷资料完成相关主题的学术论文，但是这些资料却非仅限于“一次性的使用”，仍有供后学者继续使用的潜力。譬如“台湾社会变迁基本调查”，最初的设定虽然是“非经济的调查”，但是经济学家同样也可以自由运用这类素材。邹孟文与刘锦添（Tsou & Liu，2001）便运用二期五次的两份问卷，这两份问卷分别探讨“生活整体快乐感”（宗教组）以及“对生活不同面向之满意感”（文化价值组），其关怀重点涵盖婚姻生活、亲子关系、工作状况、财务状况、休闲生活与文化活动。他们以年龄、受教育程度、婚姻状况、个人收入、健康状况与社会关系作为变项，探讨影响个人快乐感与生活满意度的因素为何，并对照晚近西方同类型的研究发现，这样的研究设计不仅别出新意，也证明有些研究议题可能并非调查资料库与问卷原始设计者所能预先设想。此外，有一篇传播学的博士论文（Chen，2001），则是利用三期一次问卷一的题目，讨论传播行为对国家认同的影响。由于每期第一年的综合问卷，包含了跨学科的主题，在原初设计时，旨在提供各种重要社会现象发展的趋势。国家认同通常是“政治文化或政治参与”主题问卷中的子题之一，传播方面的变项并非其焦点所在，而在传播主题的问卷中，却很少出现涉及国家认同的题组。综合性的问卷不只让跨学科的议题得以同时呈现，当研究者想探讨“传播行为”与“国家认同”之间的关联时，刚好也可以在跨学科的问卷设计中，找到支持其研究架构的资料，“台湾社会变迁基本调查”第三期

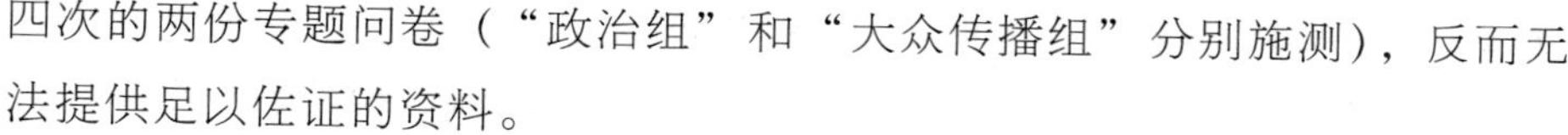

四次的两份专题问卷（“政治组”和“大众传播组”分别施测），反而无法提供足以佐证的资料。

4. 特定类别人口的分析

问卷调查产生的各种资料都可以将样本区分成许多特定类别的人口。譬如，不同年龄层的人口、族群和职业类别，甚至是有手机和没有手机者，使用因特网和不使用因特网者，以便进行后续的比较分析。比较不同类别人群之间的异同，本来就是社会科学问卷资料分析的重点，有时候还可以针对某些特殊类别进行深入的分析。譬如台湾的不同族群之间，在教育获得、职业获得及社会关系上的差异，一直是社会学研究的重要课题，“台湾社会变迁基本调查”针对此一议题深入探讨的相关论文可说甚多（蔡淑铃，1988；Tsay，1996；陈婉琪，2005；黄毅志、章英华，2005；谢雨生、陈怡茜，2009）。我们也看到运用“台湾社会变迁基本调查”及其他调查研究资料来讨论特定人群的研究发现，如女性（Tsai et al.，1994；Yu，1999）、小头家（熊瑞梅、黄毅志，1992；许嘉猷、黄毅志，2002），甚至是中小学教师（赖威岑，2002）。

在问卷设计之初，设计者应该从来没有想到过，这些问卷的资料竟然可以用来探讨中小学教师的心理幸福特质，只可惜样本数太少，这样的主题多少仍局限于探索性的研究。若是研究者在样本数充足的情况下，使用“台湾社会变迁基本调查”的题组问卷，另外进行有关教师特质的调查，并同时运用变迁资料库所取得的资料，来对照彰显中小学教师的特质，就可以针对此一主题进行更为细致的分析。瞿海源（2006）就曾以1999年台湾社会变迁基本调查“宗教组”的问卷为基础，于2000年用之于新兴宗教团体成员的调查，并且合并变迁与新兴宗教团体成员的问卷资料（共计2463个样本），经过统计分析之后，讨论不同新兴宗教团体成员间，在宗教行为和宗教态度上有何具体差异。

5. 跨国/地区研究比较

调查资料库之所以在欧美广为建置，政治行为和选举行为的跨国/地区研究，可说是非常重要的促因，相关的跨国/地区调查计划不但随之而生，台湾的调查研究也逐渐被纳入此一国际调查的学术网络之中。从1995年开始，“世界价值观调查”（World Values Survey）就包含台湾的代表性样本。“台湾社会变迁基本调查”在1996年三期二次的“东亚组”问卷中，以工作史为主轴，和中国大陆与韩国皆采用同一问卷施测，自2001年参加了国际社会调查研究计划（International Social Survey Program，ISSP），自2002年开始，以同一问卷题组，与其他38个会员，在各自国家/地区同步进行15分钟的问卷访问，这当然为我们提供了进行国际比较的基础。同一时期也与日本、韩国、中国香港和中国内地，一起建立东亚社会调查计划（East Asia Social Survey，EASS），每隔两年皆会以同样的主题问卷进行施测，这些资料也会透过各大资料库公开释出，让学者可以申请使用。这些跨国/地区性的问卷调查计划，因为是以相同的问卷题组展开施测，自然可以为跨国/地区比较提供相当便利的基础。研究者可依照个人的兴趣，在资料库中寻找虽然来自不同国家或地区，但主题近似的调查资料，从而进行跨国/地区的比较分析。除了这些同步进行的跨社会调查研究计划之外，学者还可以找寻其他地区的问卷资料，与台湾相似的资料进行比较讨论。

例如喻维欣（Yu，1999）的博士论文，就针对甲地与乙地的“两性阶层化”，以不平等就业与事业途径（career path），作为其跨国/地区比较的主轴。她利用三期二次的问卷资料，以及甲地1995年“社会阶层与社会流动”（SSM）调查的资料，两者都包含了现职、过去的各项职业、谋职的方法、工作责任与热忱、家务分工与两性态度等。在她撰写博士论文期间，1995年甲地SSM的问卷档，还需要透过特殊的管道才能顺利取得，目前则已可以直接获得。本文所介绍几个欧美和东亚社会的重要调查资料库，都可以让其他国家/地区的学者，透过一定的申请管道取得资料，这使得利用调查资料进行跨国/地区比较研究的潜力大为增加。

（二）多种资料的使用

1. 合并样本的分析

一般的面访调查，若能够有2000个左右的样本就已经可说是颇具规模，如果可以收集到四五千个样本，就可以算是大规模的调查研究了。“台湾社会变迁基本调查”每份问卷的样本数，都在2000份上下，对于进行一般的统计分析而言，应该已经相当足够。但是由于某些类别的人口，在样本中所占据的比例甚少，因此，若希望在统计分析时，也能同时呈现这些类别人口的某些行为或特质，研究者可以在尽可能的情况下，尝试合并多次的样本。

我们可以看到台湾社会科学界在分析族群差异时，往往必须合并多笔资料才能够满足分析的基本需求。不妨以受教育程度、职业和婚配的分析为例，当我们想了解台湾不同族群在受教育程度、职业与婚配态度上的差异，闽南人占总体人口的七成五左右，可以有 1500 份左右的样本，在分析上并无困难。可是因为外省籍与客家籍者占人口的比例各只有 12% 上下，在 2000 份样本中，也才有 200 ~ 300 个样本。若还要进一步区分成不同年龄和受教育程度的类别，往往在“年长者的高受教育程度类别”或“专业人员类别”中，只有十几个样本而已，在分析的过程中，很可能会因为样本数太少的关系，而无法获得可靠的结果。由于大多数人，其最高学位与生命中的第一个职业，往往在 25 岁时已经获得，而每个人的职业在两三年之内，变化的可能性应该不大，再加上每个人第一次婚姻的时间点，也多半都与特定的时间点有关，因此，研究者可以合并具有受教育程度、初职、现职与初婚的问卷资料，做进一步的统计与分析。

譬如，章英华、薛承泰与黄毅志（1996）三人有关“分流教育”的研究，在教育机会的分析中，合并了二期三次与二期四次的三份问卷资料，合计共 6287 份样本；在初职与现职的分析中，合并了二期一次至二期三次不同份的问卷资料。蔡淑铃（Tsai，et al.，1994）在探讨台湾女性教育变迁时，合并了 1991 年的两份问卷资料，得到 2866 份有效样本。陈婉琪（2005）为了探讨教育成就的省籍差异，合并了 1990 ~ 2002 年的 15 笔资料，选择包含了 15 岁或 18 岁居住地及父亲职业的样本，共得 26207 份样本。谢雨生与陈怡茜（2009）有关跨族群婚姻的研究，则是合并了 1992 ~ 2005 年的九个资料档，经过特殊条件的考虑，最后使用的样本数为 11275 份。

2. 对“社会现象长期变迁”与“社会整体变迁”的观察

若单以个人之力，想要亲自取得不同年代的横剖面资料，不是一件容易的事，当研究者需探讨某种社会现象的长期变迁，必须建构复杂的指标时，单一类别的调查资料，很难满足这类研究者的需求。美国政治学家 Robert D. Putnam（2000）的《保龄独戏》（*Bowling Alone*）一书，利用大量长期的横剖面调查资料，探讨美国1950年以来的社会变迁，即为此种尝试的经典性范例。

Putnam透过“社会资本”的概念，描述美国社会自1950年以来的变迁趋势，在1950～1970年代呈现上升的趋势，但之后却逐渐衰退。“社会资本”的理论核心要点之一，就是“社会网络”是有其存在价值的，人与人之间的契约会影响个人与团体的生产力。“社会资本”涉及人际关联，包括“社会网络”、相互关系的规范以及伴随前二者而生的信任感。社会关联与网络，意味着相互的责任，我会为你这么做，是期望你也会这样回报我。在此一概念的引导之下，他观察的现象包括：公共领域、小区活动与非正式活动的参与，以及信任与利他模式等变项。

《保龄独戏》探讨的课题，单一研究者很难独力收集到适当的资料，而必须仰赖过去的各种问卷调查资料，Putnam运用四笔重要的资料档才完成这项研究。他首先考虑到美国两个重要的长期调查——全国选举研究（NES）和综合社会调查。全国选举研究只提供一些选举行为的数据，综合社会调查则提供“正式团体成员身份”“教会参与”与“社会信任”等变项的相关资料。但是和生活形态或日常活动有关的资料，就非以上两个资料库所能提供。

很幸运的是，他在研究的过程中，发现罗波民意研究中心的“社会政治趋势”资料档，可以提供公民参与的纵贯资料。该调查采取面访的方式，每年调查2000份样本，共累积达41万受试者的资料。此外，他也同时发现“DDB Needman生活形态调查”资料档，该调查自1975年开始进行，每年完成3500～4000份样本，至1999年，大约累积了87000份样本的资料。这个调查问卷所涵盖的主题，包括媒体使用、经济困扰、社会与政治态度、自尊、阅读、旅行、运动、休闲活动、家庭生活与小区参与等。对“DDB Needman生活形态调查”而言，这些数据有助于规划营销策略、界定市场对象以及草拟广告策略，但是Putnam却用以建构具“社会资本”意涵的小区与非正式活动参与。

3. 特定对象的综合分析

以下是另一个运用多种资料完成研究的例子。谢宇和他的合作者（Xie & Shauman，2003）进行女性科学家的研究时，采取生命历程的研究取径，

想得知男女高中生是否存在数学与科学成绩上的差异。在进入大学科学与工程系所、取得学士与硕士学位抑或在职业生涯上，男女究竟有何不同；在进入学术职场之后，学术生产力又是否会因不同性别而异。面对此一连串的议题，这类研究绝非使用一般的固定样本追踪调查，就可以轻易达成。原因在于科学家属于人口中极少数的一群，很难取得足够的样本数，而两位作者的因应方式，则是应用不同年龄别的相关调查资料，建构出以生命历程作为理解基础的理论架构。

对男女教育轨迹的铺陈，有关大学以前，特别是高中阶段数学与科学的表现，他们大量使用“1972 年全国高三学生纵贯研究”（NLS－72）、“高三生及其高中后研究”（HSBSr）、“高二生及其高中后研究”（HSBSo）、“美国青少年纵贯研究：十年级”（LSAY1）、“七年级”（LSAY2）、“1988 全国八年级生纵贯研究”（NELS）的资料；对于进入大学科学与工程学系的期望，运用 National Education Longitudinal Study（NELS）的资料；对取得科学学士学位的分析，根据的是“高二生及其高中后研究”的资料。对职业生涯的轨迹，以及在取得工程或科学相关学、硕士学位之后的工作发展，则是以新进人员调查（NES）和学士及学士之后纵贯研究（B&B）的资料为根据；有关科学与工程师的人口特性和劳动力概况，是以 1960～1990 年普查公共使用之个人资料（Public Use Microdata Samples）和 1982～1989 年自然与社会科学家及工程师调查（SSE）的资料，来观察其概况与变迁；学术生产力的长期趋势则运用“1968～1969 年卡内基全国高等教育”（Carnegie－1969）、“1972～1973 年美国教育委员教学人员研究”（ACE－1973）、“1988 与 1993 年全国后中等教育教师调查”（NSPF－1988 和 NSPF－1993）的资料；在了解科学家与工程师的地理流动，和自外国移入的科学家或工程师方面，则根据 1990 年“普查公共使用之个人资料”。

利用这类来源各异的大量资料进行分析，他们的研究发现是：男女学生数学成绩的差异不大，同时差距还一直在缩减当中；男女在数学科目上的平均成就，或高成就上的差异性，都不足以解释男性较女性更可能进入数学与科学系所；女性和男性参与数理课程的情况相近，女性在这方面的成绩甚至还优于男性；女性科学家地理流动性较低或学术生产力较低，并不是因为婚姻的关系，而是因为生子。透过良好的资料分析和佐证，这些发现驳斥了学术界和一般民众习以为常的看法，也针对哈佛大学校长 Lawrence Summers 对女性教员语带歧视的宣称，提供了全然不同的说法，并且也强调家庭生活对女性的关键影响力，此研究对福利政策因此亦有直接的贡献。

四　资料使用的注意事项

各大资料库储存的资料档，对用户而言，由于并不是依据自己的研究目的或概念架构而发展，很容易觉得欠缺自己想要的变项，或变项的测量距离并不完全符合自己的需要。胡克威在介绍资料库的发展与应用时，引用国际社会科学资料库联盟（International Federation of Data Organizations for Social Science，IFDO）执行长 Ekkehard Mochmann 的说法：

> 自己拥有的资料不是自己所想要的资料，而想要的资料又不是研究上最适合的资料，而最适合的资料又都是得不到的。（Mochmann & De Guchteneire，2002，转引自胡克威，2007）

很多二手调查资料的用户可能都有着同样的感受，研究者有时的确会受限于资料的类型，而被迫改变自己的研究架构，甚至必须放弃原来的研究发想。但是，拥有全新的概念构想，想对过去的社会现象做进一步的探讨，想要了解某些现象的长期发展趋势，这些关照都和历史研究一样，善用前人既有的丰富资料，可说是无可避免之事。就像 Bourdieu（1984）为了了解法国不同阶级的生活形态与惯行，除了使用自己问卷调查的结果外，还采用法国许多重要调查的成果。Putnam（2000）在《保龄独戏》的前言中提到，他的研究“就和气象学家研究‘暖化现象’一样，虽然知道应该要什么样的资料，但却无法回到过去。想要了解自己身处的社会和父辈社会的异同，只能从所有可能发现的事证中做出不完美的推论”。其实在社会科学的研究中，想要得到全然完美的资料，几乎是不可能的事，何况是应用别人执行的调查资料呢？我们只能在知道资料有所限制的情况下，进行适当的研究。以下就提供一些运用二手调查资料时，所应该特别注意的事项。

（一）样本架构的了解

每一项问卷调查，都有其选取样本的特殊考虑，使用这些资料时，必须对抽样的架构有所了解。首先要考虑样本的代表性。例如美国是一个可以自由买卖枪支的国家，如果一项以“全国来复枪协会”会员为主的抽样调查，发现80%的受访者反对枪支管制，这样的结果是很难推论到全部人口的。某些调查虽然是以全体民众作为研究的对象，但却并非以随机抽样方式取得（Steward，1993/2000）。在Putnam（2000）使用“DDB Needman生活形态调查资料”时，就面对抽样上的难题。该调查是根据商业邮寄名单中介公司所提供的名单（来自交通监理处、电话簿和其他来源），公司就其原来的名单，以邮寄方式询问名单中的民众，是否愿意接受邮寄或电话问卷调查。经过检视之后，这样的样本只能反映居中80%～90%人口的特质，但是对少数族群、穷人、富人和经常流动的人口，就可能有样本比例偏低的情形。Putnam发现，DDB和美国“综合社会调查”有十多个问项是相似的，且在相同年次施测，于是他针对这些题项，细部比较两项调查研究的结果，得到几乎是近似的比例分配。在这样的基础上，他决定用DDB的资料进行某些生活形态项目的趋势分析。

以上虽然可能是比较极端的例子，但对一些声称是代表性抽样的调查，也必须特别注意。有些调查虽然整体上是代表性的样本，但是因为某些特殊的考虑，却给予部分特殊人口群超过其人口比例的样本。以1970年“台湾价值体系调查”为例，台东地区的样本数就有特别增加的情况。在美国“综合社会调查”或“收入动态调查”中，少数族群抽样的比例也超过其人口的比例。再者，各项调查可能有着不同的年龄范围，像“台湾社会变迁基本调查”已行之多年，每次调查样本的年龄范围都不尽相同，有以20～64岁民众为受访者，最高年龄也曾经改为70～75岁，最后则改为没有年龄的上限。虽然每年度所完成的调查，都具有相当程度的代表性，但是如果要使用不同年度的相同题目，来了解某一社会现象的长程发展趋势，仍然要考虑年龄分布不一致的情形。碰到这类型的样本，研究者必须事先说明处理的方式，让读者能够加以判断，评估其研究据此加以推论，究竟是否适当。

（二）问卷内容、问项与答项的了解

若想运用资料库中的资料档进行分析，第二步就要对问卷设计的目的、主题以及整体内容有所了解。某些长期推动的大规模调查研究计划，从抽样、问卷设计、实地访谈的推动到简单的次数分配，都会有详细的说明。一些特殊的变项，如调查点、居住地代码、行职业代码等相关信息，每一次“台湾社会变迁基本调查”计划出版执行报告，都会包含以上的信息。此外，若先前已有学者利用同样的档案进行分析，事先审阅这些文献，对于进行后续的资料分析，可谓是研究的基础功夫。由于研究者分析的目的，和问卷的原始设计往往并不相同，若能深入了解问卷设计的背景信息，当能有助于决定是否必须对变项进行重新调整。

以台湾政党的历史发展为例，身处台湾的研究者可能对这二三十年来的政党变迁了如指掌，当问卷对于政党的询问，从加入国民党与否，转变到国民党与民进党，然后又加上了新党和亲民党，最后新党和亲民党却又消失在问卷中，而且在政党党籍的询问之外，往往也会询问受访者究竟倾向泛蓝还是泛绿。这些题组和问项对一位外籍研究者，或二三十年后的研究者而言，可能就必须先透过问卷的说明，并阅读其他学者的相关著作，才能正确进行解读分析。

在进行跨国/地区比较研究时，也经常遇到问项与答项分类适当与否的难题。以喻维欣（Yu，1999）对甲、乙两地的“两性阶层化”研究为例，她使用的是甲、乙两地问卷调查的资料。职业发展的轨迹是其研究的核心，但是两地在“工作变换”上的记录不尽相同。甲地的问卷包括在同一单位内的职位变迁，而乙地的问卷仅涉及转换工作单位的情形，对在同一单位工作者，会记录其进入时的职位和离开时的职位。最后，她决定以“变换工作单位”来作为“工作变换”的指标。如果未曾经过这样的摸索和深入了解，一开始就贸然以两地“工作变换”的记录去进行统计和分析，所获得的结果应该就会大不相同。

在社会科学的问卷中，经常会碰到不同的问卷，虽然问项完全或几乎相同，但是在答项上，有的较为复杂，有的却较为简单，研究者若要同时使用这几份问卷资料，就必须进行并项的工作，上述甲地和乙地问

卷在“工作变换”此一问项上的差异，就是透过并项的方式处理的。像受教育程度的题目常会因为教育体制的变化，不同时期的问卷就会有不同的答项。在使用问卷资料处理长期教育变迁的议题时，研究者就必须透过并项，来建构适用于不同时点问卷的教育类别。再者，在社会科学的问卷中，大部分都采用李克特量表（Likert scale），要求受访者以“同意与否”“赞成与否”“符合与否”“重要与否”的程度来设计答项，有时是三点：“赞成”“不赞成”或“无意见”，有时是四点：“很赞成”“赞成”“不赞成”“很不赞成”，有时再加个“无意见”或“很难说”，就可以成为五点量表，也可增加到七点或八点。有时则要受访者打分数，从 1 到 10 分或 1 到 100 分。经常碰到的问题是，问项完全或几乎相同，但答项都不尽相同，当运用几种不同的问卷资料进行比较时，就会碰到这样的问题，这个困难也必须事先处理。有的只要将答项较多的部分进行并项即可，但是当有些问卷的答项有中点，有的却没有中点时，显然就很容易陷入困境。

笔者比较特殊的经验是，在分析 2002 年“国际社会调查研究计划”（ISSP）有关性别角色态度的问题时，发现在五点量表中，甲地第五点的百分比远高于第四点，或者第一点的百分比远高于第二点，意味着极端值大于中间值，并非趋似“常态分配”的情况；乙地的资料则是中间值大于极端值，甲地受访者的回答，显然与一般的经验不符。我们再进一步检视甲地的问卷，发现其答项为：“我这么认为”“我比较（大概）这么认为”“很难说”“我比较（大概）不这么认为”“我不这么认为”；乙地则是与英文近似的“非常同意”“同意”“无意见”“不同意”“非常不同意”。甲地文字的极端值并没有那么极端的意味，且比较近似一般的日常用语，因此回答的比例高于中间值，也不足为怪。因此在深入了解之后，我们只能将答项区分为同意、无意见和不同意三类。以上的例子意味着，同样是从英文翻译的答项，但意义都很有可能极不相似。此一事例也同时提醒我们，当发现不同问卷中的相同问题，却有不相对等的答案时，必须重新检视问卷题目，或考虑是否有其他因素的影响。在确认可能的因素后，才能进一步分析和推论，避免直接使用原始数据，仓促且不经审视地给出解释。

（三）概念建立与资料的调整

运用既有的调查资料进行研究时，我们不能单只是自我宣称发掘了新的现象，或以资料的新颖度来彰显研究的特性，反而应该强调的是尚未为人注意的趋势或现象，并从新的理论观点或概念框架，来诠释已然发生的社会现象。在使用调查资料的过程中，从自己的概念或理论架构出发，如何找到适当的变项或调整答项，是很基本的学术训练。

以《保龄独戏》一书为例，作者想要以“社会资本”的概念来理解1950年代以降，美国社会凝聚力与凝聚模式的变迁。他从“社会资本”的概念出发，找出某些可以反映“社会资本”概念的现象以及相关的指标：

（1）公共领域的参与：选举参与、政党活动、地方公共事务、投书与请愿等。

（2）小区制度中的参与情形：亲师会、俱乐部、小区社团、宗教团体与工作相关的组织（工会或职业结社）等的参与，以及担任各种团体干部的比例。

（3）非正式活动参与：桥牌会、保龄球会、酒友会、球赛、野餐会、派对。

（4）信任与利他模式：慈善活动、志愿工作的参与以及人际信任。

各种参与公共事务的现象及其可以转成指标的各种活动，就成为Putnam运用各种调查资料库（如稍前说明的）的依据。在分析之后，他指出各种指标所反映的活动参与及人际关系模式，在1950～1970年代达到高峰状态之后，便持续下降衰颓。1970年代以后，美国人彼此之间的相互关联度日渐疲弱，虽然对公共事务仍然保持关心，但是旁观多于实际参与。而且在公共讨论的场合，也很难见到朋友或邻居，不若过去那么慷慨捐输时间与金钱，也不再热情善待陌生人。但是这一切并不意味着所有的社会网络都随之减弱，只是反映出“单线、表面的互动”，逐渐取代了“紧密、多重且经常维持的关系”“地缘基础”的社会资本，也同时为“功能取向”的社会资本所取代。

以上是研究者以自己的概念架构出发，并从资料库中寻求适当资料的研究例证。上述谢宇与Shauman有关女性科学家的研究（Xie & Shauman,

2003)，是以科学家生命历程的观点出发，以之作为其选择相关资料的依据，我们再以此项研究，具体说明问卷答项究竟应该如何调整，才能符合研究的需求。在讨论女性科学家时，虽然已经限缩到自然科学与工程的领域，但还必须考虑到不同类型女性科学家的境域可能会有所不同。在大学或硕士主修学门方面，可以区分成生命科学（Biological Science)、工程(Engineering)、数学与信息科学（Mathematical and Computer Science）及物理科学（Physical Science)。当作者们在以普查资料档分析女性科学家的职业生涯时，发现1960～1990年四个不同时段的普查，有着不同的职业分类，他们必须进行重新组合。于是在该书附录中，提供四大类别所包含每年度各项小类别的职业名称，一方面这是他们并项的依据，另一方面也告诉读者他们是如何进行并项的。读者可以据此了解他们如何建构分析变项，以便检证他们的研究发现是否妥切无误。

本文举此为例是企图提醒大家，有些复杂的答项通常不会在问卷中出现，而且在实际调查时，往往都只呈现在调查或督导手册中。当检视二手调查资料的过录码时，要特别注意某些复杂变项的附加说明或表列，如果缺乏这样的资料，就无法根据变项的内容重新分类了。

五　总结

当调查研究资料库在欧美各国陆续建立之时，资料的电子化虽已日见可能，但因特网尚不发达，调查资料库的使用亦非如此容易。像Bourdieu（1984）在1970年代撰写*Distinction*一书时，很多既有的调查研究资料，都是由原调查机构提供表格，他再据此讨论或进一步分析，并不是根据原始资料档分析的。而Putnam（2000）在1980年代开始其美国“社会资本”的研究之时，已能使用ICPSR和罗波民意研究中心的资料档，来配合其理论观点与概念框架，最后再加上DDB消费行为的资料档，就可以根据这些原始资料，来作为分析讨论的主要基础。谢宇和Shauman（Xie & Shauman，2003）在1990年代有关女性科学家的研究，更可以直接从ICPSR资料库中获取他们所需要的调查资料档。

在20世纪后半叶，随着时间的流逝，资料库的整理与公开释出也愈见友善，利用调查资料库来从事学术研究，也可说日趋便利。研究者有其理论构想时，也不必局限于自己国家的资料，而是可以从世界各地的主要资料库中，寻找最适合自己的资料档来进行分析。虽然不是根据自己构想出发的既存调查资料，一定会有其资料上的限制，不见得能完全符合个人的需求，但是了解社会长程变迁的现象与潮流已成为大势所趋，导致我们必须学会如何善用二手调查资料，并且在了解其资料限制的情况之下，进行不完美的推论，这也是当前的社会科学研究者所不得不面对的具体课题。

参考书目

蔡淑铃（1988）《社会地位取得：山地、闽客及外省之比较》，杨国枢、瞿海源（编）《变迁中的台湾社会》（页 1～44），台北：中研院民族学研究所。

陈婉琪（2005）《族群、性别与阶级：再探教育成就的省籍差异》，《台湾社会学》，10，1～40。

陈正昌、程炳林、陈新丰、刘子键（2003）《多变量分析方法——统计软件应用》，台北：五南。

胡克威（2007）《调查资料库的发展与应用》，瞿海源（编）《调查研究方法》（页407～453），台北：三民。

黄毅志、章英华（2005）《台湾地区族群交友界限之变迁：1970 年与 1997 年的比较》，《台湾社会学刊》，35，127～179。

赖威岑（2002）《台湾地区中小学教师心理幸福特质之探讨——与其他职业做比较》，台东师范学院教育研究所硕士论文。

瞿海源（2006）《台湾新兴宗教信徒之态度与行为特征》，《宗教、术数与社会变迁：一》（页 189～222），台北：桂冠图书。

谢雨生、陈怡蒨（2009）《跨族群婚姻之代间影响与变迁》，《台湾社会学刊》，42，1～53。

熊瑞梅、黄毅志（1992）《社会资本与小资产阶级》，《中国社会学刊》，16，107～138。

许嘉猷、黄毅志（2002）《跨越阶级界线？——兼证黑手变头家的实证研究结果及与欧美社会的一些比较》，《台湾社会学刊》，27，1～59。

杨国枢、瞿海源（1988）《变迁中的台湾社会：第一次社会变迁基本调查资料的分析》，台北：中研院民族学研究所。

张苙云、吕玉瑕、王甫昌编（1997）《九〇年代的台湾社会：社会变迁基本调查研究系列二》，台北：中研院社会学研究所。

章英华（2001）《东京大学社会科学研究所及其日本社会研究情报中心》，《调查研究》，9，125～131。

章英华、薛承泰、黄毅志（1996）《教育分流与社会经济地位——兼论对技职教育改革的政策意涵》（教改丛刊 AB09），台北："行政院"教育改革委员会。

Babbie, Earl R., Halley, Fred, & Zaino, Jeanne (2000). *Adventures in social research: Data analysis using SPSS for Windows 95/98*. Thousand Oaks, CL: Pine Forge.

Bourdieu, Pierre (1984). *Distinction: A social critique of the judgement of taste*. Trans, Richard Nice. Cambridge, MA: Harvard University Press.

Chen, Pin-hao (2001). *National identity and media*. Unpublished doctoral dissertation, College of Communication, Pennsylvania State University, College Park, Pennsylvania.

Crewe, Ivor (1989). Innovation: Individuals, ideas, and institutions. In Heinz Eulau (Ed.), *Crossroads of social sciences: The ICPSR 25th anniversary volume* (pp. 161 – 165). New York: Agathon Press.

Grichting, Wolfgang L. (1971). *The value system in Taiwan, 1970: A preliminary report*. Taipei: W. L. Grichting.

Kasse, Max (1989). Infrastuctures for comparative political research. In Heinz Eulau (Ed.), *Crossroads of social sciences: The ICPSR 25th anniversary volume* (pp. 166 – 174). New York: Agathon Press.

Kasse, Max (2001). *Data base, core: Political science and political behavior*. In Neil J. Smelser & Paul B. Baltes (Eds.), *International encyclopedia of the social and behavioral sciences*. (pp. 3251 – 3255). Oxford: Elssevier Science Ltd.

Lamont, Michèle (1992). *Money, morals, & manners: The culture of the French and the American upper-middle class*. Chicago: University of Chicago Press.

Miller, Warren E. (1989). Research life as a collection of intersecting probability distributions. In Heinz Eulau (Ed.), *Crossroads of social sciences: The ICPSR 25th anniversary volume* (pp. 147 – 160). New York: Agathon Press.

Putnam, Robert D. (2000). *Bowling alone: The collapse and revival of American community*. New York: Touchstone Book.

Rockwell, Richard C. (2001). Data archives: International. In Neil J. Smelser & Paul B. Baltes (Eds.), *International encyclopedia of the social and behavioral sciences* (pp. 3225 – 3230). Oxford: Elssevier Science Ltd.

Steward, David W. (1993/2000)《次级资料研究法》(*Secondary research information sources and methods*)（董旭英、黄仪娟译），台北：弘智文化。

Tsai, Shu-ling, Chiu, Hei-yuan, & Gates, Hill (1994). Schooling Taiwan's women: Educational attainment in the mid-twentieth century. *Sociology of Education*, *67*, 243 – 263.

Tsay, Ray-ming (1996). Who marries whom? —The association between wives'and husbands' education attainment and class in Taiwan. *Proceedings of the National Science Council: Humanities and Social Sciences*, *6* (2), 258 – 277.

Tsou, Meng-wen, & Liu, Jin-tan (2001). Happiness and domain satisfaction in Taiwan. *Journal of Happiness Study*, *2*, 269 – 288.

Xie, Yu, & Shauman, Kimberlee A. (2003). *Women in science, career processes and outcomes.* Cambridge, MA: Harvard University Press.

Yu, Wei-hsin (1999). *Unequal employment, diverse career paths: Gender stratification in Japan and Taiwan.* Unpublished doctoral dissertation, Department of Sociology, the University of Chicago, Chicago, Illinois.

延伸阅读

1. 胡克威（2007）《调查资料库的发展与应用》，瞿海源（编）《调查研究方法》（页407～453），台北：三民。

   该文介绍了资料库的发展情形，特别是针对“社会科学后设资料”系统的建立给予很好的说明，并以ICPSR为例，说明经过后设资料处理之后，所提供的在线查阅与分析功能。

2. 章英华（2007）《调查设计》，瞿海源（编）《调查研究方法》（页93～131），台北：三民。

   该文对调查设计给予系统性的说明，并简单介绍了欧美、东亚及台湾几个重要的“横剖面长期纵贯调查”与“固定样本追踪调查计划”。

3. Bourdieu, Pierre (1984). *Distinction: A social critique of the judgement of taste.* trans., Richard Nice. Cambridge, MA: Harvard University Press.

   该书的附录一（第503～518页）名为“对方法的反思”（Some Reflections on the Method），除了介绍自己的调查资料之外，对其使用的其他主要资料档的限制也给予说明。配合该书的前言，可以作为使用多种调查资料的例证。

4. Putnam, Robert D. (2000). *Bowling alone: The collapse and revival of American community.* New York: Touchstone Book.

   该书的附录一（第415～424页）名为“测度社会变迁”（Measuring social change），附录二则是对图、表资料来源的详细对照。作者对其探讨社会变迁在资料质量上的一些考虑，以及如何证明资料的可靠性，给予相当实际的说明。配合其前言的阅读，对应用调查资料档的量化研究，提供很好的范例。

第九章
焦点团体研究法

一　前言

（一）焦点团体研究法的历史与发展

焦点团体研究法（Focus Group）是一种质性研究法，在过去的二三十年中，受到国外学术界广泛的注意与应用，然而此一研究方法的起源，却可以追溯到 1930 年的晚期。根据记录，当时美国社会科学界对于传统问卷访谈方法的精确性产生质疑，认为问卷访问仅提供受访者限定之选项，而且也可能因为访员的疏失而对结果造成影响，有必要思考另外一种可行的研究方法，于是一种研究者退居较不具支配性及主控性角色的研究策略，而让受访者能够对于他们认为最重要的领域发表自己意见的研究方法，逐渐形成，称之为非支配性访问（nondirective interview）（Krueger & Casey，2000）。

1941 年，美国哥伦比亚大学教授 Robert K. Merton 与 Paul Lazarsfeld 接受美国军方的委托，研究听众对一些鼓舞士气的广播节目的反应。此项研究的做法是一次找来大约 12 名听众，请他们在收听节目时，听到他们认为是正面或负面的内容时，分别按下不同颜色的按钮，然后再请问他们如此反应的原因。后来，Merton 又接受军方委托，以团体访问的方式，研究军人对一些特别的训练影片及士气影片的反应。许多焦点团体的程序，是在这个计划以及 Merton 与 Frank Capra 等人后续在应用社会研究处（Bureau of Applied Social Research）的工作中发展出来的。1943 年时，Merton 等人又将团体访问的方法应用在一项集体行为与大众劝说的社会网络之研究上。Merton 等人的研究是社会科学家将非支配性访问技巧用于团体访谈的开始，也是焦点团体研究法发展的开端。1956 年 The Free Press 将 Merton、Fiske 与 Kendall 等人油印本的 *The Focused Interview—A Manual* 正式出版。在这本书中，团体访谈的一些重要概念、基本程序及阐述的原理已经确立（Merton et al.，1956/1990；Merton，1987；Krueger & Casey，2000）。

但是由于当时对量化方法的热衷以及相信数字的社会倾向等因素，焦点团体研究方法并未广为社会科学界所接受。虽然学术界对焦点团体没有太大的兴趣，然而强调实用的市场营销研究社群，于 1950 年代开始采用焦点团体研究法。Greenbaum 指出，在 1960 年代晚期，焦点团体研究法已普遍应用在市场营销研究上，而且从此逐年更加受到欢迎（Greenbaum，1998：167）。焦点团体研究法之所以广为市场营销研究者所接受的主要原因，在于这个方法能以合理的成本得到可信的结果，符合成本及资料质量的考虑，而且许多对于产品的设计、包装或广告等策略的修正，可以从焦点团体的资料中得到（Krueger & Casey，2000；Bloor et al.，2001）。到了 1980 年代，学术界开始重新探索的焦点团体研究法，反而是学习自市场研究。不过，因为一些商业上惯用的方式，在学术领域的应用情况不甚理想，有些学者如 Richard A. Krueger、David L. Morgan 与 Edward F. Fern 等人，开始将一些引用自市场营销研究的技巧，回归到 Merton 等人所设定的方式，从而发展出较符合学术需求的程序与分析方法，并严谨地将焦点团体的应用及诠释置于理论脉络中，让焦点团体研究法成为一种科学性的研究方法（Stewart & Shamdasani，1990；Krueger，1994；Morgan，1996，1997）。Morgan 即指出，现代焦点团体研究法的历史，同时兼具了借用与创新（Morgan，1997：2）。

（二）焦点团体的定义

焦点团体研究法是由社会科学家发展出来，但却由市场营销研究加以发扬光大，不过在 1980 年代后期学术界重新发展的焦点团体，与实务的市场营销有所不同。市场研究的焦点团体在参与人数、主持方式、参与形式、资料处理与分析等各方面，都与学术性焦点团体有所不同。对于学术性的焦点团体研究法，Barbour 与 Kitzinger（1999）的定义是："以团体讨论的方式探

索一组特定的议题。”（p. 4）；Beek 等人对焦点团体的描述是：“由经过选择出来的人士，针对眼前情境有关的主题，彼此进行非正式的讨论。”（转引自 Vaughn et al.，1996/1999：5）Krueger 与 Casey（2000）则较为完整地定义了焦点团体研究法的形态、特点、执行与目的为：

> 一群具有某些特定特质的人，于一个轻松舒适的环境里，在主持人带领之下，透过团体讨论的方式，提供与研究主题相关之质性资料的一种研究方法，其目的是去探索人们对某个特定主题的态度或感觉，从而了解隐藏在其行为背后的原因。（p. 4）

从上述的定义中，可以将焦点团体归纳为一种“具有特定目的、大小、组成分子及程序的特殊形态团体”。

同时，学者们也特别指出，焦点团体必须将讨论聚焦在设定的主题之上，并进行团体的“讨论”，若缺乏讨论的过程，则仅是一种“团体访问”；而且焦点团体的目的是搜集资料，因此在焦点团体执行时，强调鼓励每位参与的个人表达观点及意见，但主持人不能对个人的意见进行道德或价值判断；另外“达成共识”并不是焦点团体的目的，这是焦点团体与一般“会议”的最大区别（Morgan，1998a；Vaughn et al.，1996/1999）。

（三）焦点团体的特质与功能

由焦点团体研究的定义，更进一步而言，焦点团体研究法的特质在于：参与者必须具有某种相同的特质（例如人口学特征、性格特征、经验、态度、信仰或行为），以营造心理上可以分享经验及意见的舒适环境；而团体主持人（moderator）不是参与者，其工作是依照设定的讨论主题，提出问题让参与者讨论，而且必须注意将讨论维持在研究所设定的主轴与方向上；再者，焦点团体必须是一种团体讨论的形式，研究者方能观察意见的形成过程及撷取团体互动的效果；同时，团体讨论产生的资料是质性资料，必须经过仔细谨慎且系统化的分析，这些资料才能提供一个意见、态度如何形塑的过程，及发现探究其内在的解释因素（郑夙芬，2005；Vaughn et al.，1996/1999）。

焦点团体研究方法的精神在于透过讨论的集体行为，来搜集与人们意见及行为有关的信息。学者指出，焦点团体非常适合用于探索人们的经验、意见、期望及关心的事，而在以焦点团体搜集资料的过程中，焦点团体让研究者得以观察参与者如何响应问题、人们彼此间的互动，也可以看到意见形成或变化的过程（Byers & Wilcox，1991；Kitzinger & Barbour，1999）。Morgan则认为由焦点团体参与者直接的互动结果所产生之资料，除了可以探索及了解人们复杂的行为之外，甚至可以了解其动机；而团体成员间的互动，也为理解参与者间的一致性或差异性，提供有价值的资料；再者，研究者可以经由所提问的问题，让参与者依自己的经验及观点，提供比较参与者之间是否有所差异，以及提供解释因素，而不仅是研究者由资料中所做的诠释（Morgan，1996）。因此，以焦点团体研究法所搜集的资料，相当符合质性资料在发现探索新事物（exploration and discovery）、了解意见态度的背景脉络及深度（context and depth）以及提供诠释事件之信息（interpretation）等三方面的特长（Morgan，1998a）。

（四）焦点团体的适用范围与形态

近年来，焦点团体研究法受到学术界的广泛注意与应用，许多关于焦点团体研究法的书籍与文章都指出，焦点团体是学术界最经常用来搜集质性资料的研究方法之一（Byers & Wilcox，1991；Morgan，1996；Greenburm，1998；Barbour & Kitzinger，1999；Krueger & Casey，2000）。Morgan 也曾经指出，仅仅在 1994 年一年之中，在 *Sociological Abstracts*、*Psychological Abstracts* 与 *Science Citation Index* 等期刊目录中，便有超过一百篇使用焦点团体研究法的实证性文章；而他对于 *Sociological Abstracts* 的内容分析研究也发现："在过去的十年中，超过 60% 使用焦点团体的实证性研究，也合并使用其他研究方法，但近年来纯粹使用焦点团体的研究也在逐渐增加当中。"（Morgan，1996：130）。

焦点团体研究法在应用上的多元性，也是此一研究方法受到欢迎的原因之一。由于焦点团体是一种适用性很强的研究方法，可以满足多种领域的需求，但其用途基本上端视研究目的而定。Morgan 列出了焦点团体在四种领域中不同研究阶段的基本用途，如表 9－1 所示。

表 9-1　焦点团体的四种基本用途

	学术研究(Academic Research)	产品营销(Product Marketing)	研究评估(Evaluation Research)	质量提升(Quality Improvement)
问题的确认(Problem Identification)	研究问题的产生(Generating Research Questions)	产生新产品的概念(Generating New Product Idea)	需求评估(Needs Assessment)	确认机会(Identifying Opportunities)
筹备(Planning)	研究设计(Research Design)	开发新产品(Developing New Products)	计划发展(Program Development)	筹划介入方法(Planning Interventions)
执行(Implementation)	资料搜集(Data Collection)	测试顾客的反应(Monitoring Customer Response)	程序评估(Process Evaluation)	执行介入方法(Implementing Interventions)
评估(Assessment)	资料分析(Data Analysis)	提升产品营销(Refining Product of Marketing)	产出评估(Outcome Evaluation)	评估的重新设计(Assessment Redesign)

资料来源：引自 Morgan，1998a：14。

同时，Morgan 认为焦点团体研究法在应用上有三种不同的层次：首先，可以是一种独立（self-contained）的资料搜集方式，即研究的资料搜集完全借由焦点团体的访谈取得，而成为一个完整的研究之基础，研究成果则完全基于焦点团体的资料。其次，焦点团体研究法可以是一个补助性（supplementary）的资料搜集方法，经常在以量化方法为主的研究中，作为一种提供辅助性资料的来源，例如，提供调查研究问卷设计所需的资料，或为发展应用计划及发明提供所需之具体内容；也可以作为一种为主要研究方法提供后续资料的来源，例如可以在对调查结果了解甚少时，作为继续追查的方法，或以之评估一个计划或发明的成果。再次，焦点团体研究法可以是一个采用多重研究法（multimethod）搜集资料的研究案中，所采用的研究方法之一。因为采用多重研究法的目的，在于撷取各种研究法对于帮助研究者了解研究中的各种现象，所能提供的个别贡献，而焦点团体在此一混合性方法的研究中之相对地位，取决于研究者对资料的需求、研究环境的情况与限制等因素（Morgan，1997：2-3）。

Fern 则更进一步指出，焦点团体研究法可依其研究目的、所产生的资讯及知识形态、科学地位（scientific status）以及方法论的因素而区分为探索型（exploratory）、经验型（experiential）及诊断型（clinical）三种不同形态的研究设计。每一种形态可以再分为理论性（theory applications）及效用性（effects application）焦点团体，因此总共可以组合成六种不同的团体组合。探索型焦点团体的研究目的主要在于创造、搜集、辨别、发现、解释、引发见解、情感及行为。经验型焦点团体是让研究者可以去观察我们日常生活中视为理所当然的行为，以对人们的语言、知识及经验有好的理解，从而可以用来对策略、程序、概念或习惯进行评估。诊断型焦点团体则通常用于动机研究，其主要研究兴趣在于那些个人隐藏或未知行为的动机，目的则在于由交谈中带出这些信息（Fern，2001：5－9）。

（五）焦点团体研究法的优缺点

由焦点团体研究法的本质与执行过程来看，此一研究法大致有下列六种优点（Stewart & Shamdasani，1990；Byers & Wilcox，1991；Morgan，1996；Edmunds，1999）：

（1）参与者可以较不受限制地发表意见：通常焦点团体鼓励参与者公开及自由地发表其观点、经验及态度，让研究者得到更深入的信息。

（2）主持人有较大的弹性：相较于个别访问，焦点团体的主持人可以就列举的主题去倾听、思考、探索、发掘及形塑参与者的直觉及意见；主持人也可以视团体讨论现场之情况，若有问卷上所列之外的重要问题出现时，临场反应再深入加以探索。

（3）研究对象及主题的广泛性：焦点团体可以针对各种不同背景的参与者，探讨各种范围主题，也是少数可以从儿童或不识字者等特殊背景的研究对象，得到研究资料的研究方法之一；甚至一些主题较为敏感性（如性行为）或研究对象较为特殊（如同性恋者）的研究，焦点团体参与者同构型的特质，有时反而较能得到参与者的合作与得到较可靠的资料。

（4）节省时间：同时找来多位参与者在一至两个小时的时间内进行访谈，比起个别访谈同样数目的受访者，在时间上较有效率。

（5）资料的可诠释性：虽然焦点团体资料通常包含相当广泛的回答，可以提供研究者理解参与者意见、立场及其可能的原因，有时也能得到解释一致性及差异性的宝贵资料；而研究者也可以透过与团体的直接互动或观

察，探索意见的形成或改变的过程与原因。

（6）提供基本的探索性信息：对于所要研究的对象所知甚少时，借由研究对象本身在焦点团体中提供的信息，可以让研究者作为建构研究问题及假设的基础。

至于对焦点团体研究法的批评，集中在：

（1）成本问题：进行焦点团体的支出，包括了参与者的出席费、提供的餐饮费用、录音录像耗材、录音资料转换成书面资料的费用，甚至可能还需支付主持人的费用、场地的租用费、资料处理及分析费等，也需要相当的经费。

（2）主持人对团体讨论的影响：在焦点团体的讨论中，主导讨论议程及主题的是主持人而不是团体本身，有时主持人对于焦点团体讨论的控制，可能会过度主导讨论方向或干扰团体的互动；但主持人若未能有效掌握研究的主轴，而使团体的讨论偏向不相干的方向，或沦为无意义的闲聊时，所得到资料会过于片断，甚或完全无法使用。

（3）团体效应的产生：参与者可能因为团体产生的规范，而比较倾向符合社会道德的响应，或者因为团体中多数人持同一意见，即使自己有不同的看法，也转而附和多数人的意见；此外，参与者的态度也有可能会因团体的讨论而改变、强化或两极化。

（4）分析结果不适合用于推论：焦点团体的参与者是自愿性的，有可能比一般以抽样而来的受访者具有较为外向、坦率或较喜爱与人交际的特质，若以焦点团体资料的分析结果来进行推论，会有偏差的结果产生。

（5）不适用于某些主题之研究：团体的互动有时须涉及参与成员之间互相的“自我暴露”，所以不可否认，有些主题并无法被参与者接受为讨论的项目。

二　规划焦点团体

（一）确定焦点团体是否为适用的研究方法

焦点团体研究法固然是一种适用性相当广泛的研究方法，但是如同所有的研究方法一般，焦点团体研究法也有其长处及弱点，因此在决定是否采用此一研究法的考虑上，则必须视此一研究法的优点是否能使研究有优化的效果，或者应如何减少其缺点对研究可能造成的损害，就是考虑的重点（Stewart & Shamdasani，1990；Morgan，1998a；Krueger & Casey，2000）。当研究目的为想获得某种主题或某些人的一般性背景资料、探讨人们对于某些事物或主题的不同看法与意见、探讨不同类型的人在某些观点上的差异及原因、探讨较复杂的行为及其动机、探索新的想法或其他创见，或者评估某些新政策、计划或做法，焦点团体研究法可以是一种选择。

然而，在研究主题对参与者过于敏感、可能会伤害参与者或超乎他们的能力范围，参与讨论的团体成员，可能因为彼此的身份背景或立场，而无法自在地交谈，还有可能因为发表的意见而给个人带来不良的后果、研究对象期待研究结果可以为他们发声，但研究者可能没有此种能力、研究者无法承诺确保资料或参与者身份的保密性，或者研究者需要量化的统计资料等的情况下，焦点团体研究法可能较不适用。

（二）考虑研究资源是否充足

进行研究时，通常必须考虑研究设计与研究资源之间的平衡，最理想的状况是以有限的研究资源，达到最大的效果。在规划焦点团体的执行时，研究者必须考虑研究的时间、经费及人力等因素，依研究主题之复杂程度妥善规划研究时程、依研究经费的多寡决定纳入多少类型的团体，以及每种类型应该进行多少场次，以得到研究所需的资料；同时也要仔细调配可以应用的研究团队人力，以进行各阶段的研究工作。

（三）确认参与者类型及其来源与数量

参与团体讨论的参与者是资料的提供者，因此如何找到可以提供研究者所需资料的参与者，是研究者的重要任务，也通常是研究者最常遭遇的困难。在规划的阶段，研究者就必须考虑如何明确定义参与者的特质及类型、如何找到所设定的参与者，以及研究对象的数量是否足够。尤其是研究牵涉敏感性主题或对象时，可能不容易找到适当的参与者，数量可能也不多，参与意愿可能更是问题，这些问题都必须加以解决，研究才能继续。

三　焦点团体的研究设计

（一）动态的研究过程

焦点团体研究法的特点之一，就是在执行的过程中，可以就资料搜集的实际情况，随时弹性地修正各项研究设计，所以焦点团体研究法的执行过程是一种“动态”的过程（如图 9 - 1 所示），可以在研究进行当中，依实际讨论之情况，对研究设计进行修改，例如有团体分类不恰当、团体数不够、问卷不够周延、问卷效度不彰等情况发生，或各团体之讨论内容产生饱和（saturation）时，弹性地修改讨论问卷或改变研究设计以得到其他的资料。其方式是在研究进行的过程中，将资料的搜集工作分为几个阶段进行，在第一阶段先进行几个场次的团体讨论，每一个团体讨论完毕，也同时进行资料处理及分析，如果分析结果显示第一阶段的研究设计之中，有任何需要加以修正的部分，则可以随时加以修改；修正后就进入第二阶段的资料搜集工作，同样地也是一面讨论一面分析资料，并依分析结果决定有没有需要再进行修正。此一动态的进行程序可以协助研究者得到更适当及更丰富的资料。

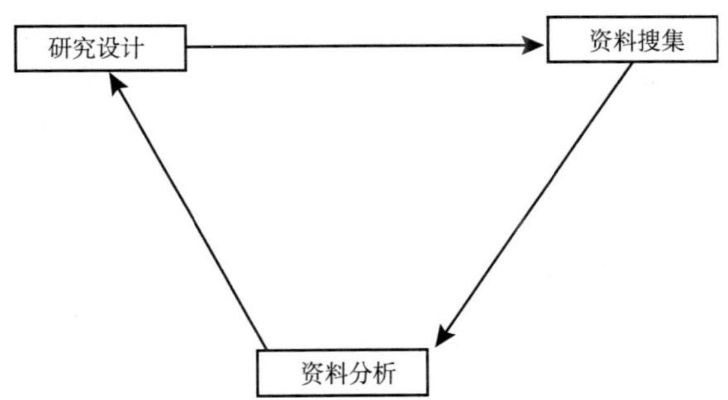

图 9 - 1　焦点团体研究法的动态过程

（二）团体结构的决定

团体的结构决定产生的资料之方向与类型，也和研究的目的息息相关。Morgan 就焦点团体的形式及目的，将团体的结构分为下列三种（Morgan，1998b：43 - 53）：第一种是低结构性团体（less structured group），此种团体着重于从参与者的讨论中，探索参与者对研究主题的看法并产生新的见解。此种团体的主持人通常没有条例式的问卷，仅有一些与研究目的相关之讨论主题，通常称为“提问主题”（topic guide），依临场讨论的状况及内容决定后续的讨论方向。采用低结构团体的优点是可以得到广泛的信息，但其缺点也在于不同团体的讨论焦点可能相当分散，而增加分析及比较的困难。第二种是结构性团体（structured group），此种团体着重于研究者的考虑及兴趣所在，将讨论完全集中于研究者想要参与者讨论的事物上面。结构性团体必须设计一份问卷，通常称为“结构性提问”（questioning route），让主持人依问题顺序逐一提出讨论。采用结构性团体的优点是所搜集的资料较集中于研究者的目标，但缺点是可能会限制可搜集的资料方向与数量。第三种是混合性结构团体（moderately structured group），采用此种形式的目的在于研究者希望同时探索参与者对某些问题的看法，以及讨论一些研究者希望参与者讨论的问题。混合性结构有部分问题是事先设计好的题目，部分则是由主持人就临场讨论情况提出问题。采用混合性结构，可以兼具上述两种结构的优点，但也可能同时产生两种结构的缺点，研究者必须妥善地规划。

参考方块 9-1

提问主题（topic guide）：

参与者对台湾民主政治实行的满意程度及原因。

结构性提问（questioning route）：

如果用0~10分来表示您对台湾目前民主政治实行的满意程度，0分表示非常不满意，10分表示非常满意，请问，0~10分您会给多少？您给这个分数的主要原因是什么？

（三）团体的分组原则

如何妥善地进行焦点团体的分类，是研究者经常遇到的问题。不正确或不适当的分类方式，除了可能使讨论的过程窒碍难行，也可能无法得到可以分析或比较的资料。团体分类最重要的原则在于：同一团体中的同构型及不

同团体间的异质性。研究者在决定团体内成员的组合时，最关键的考虑因素是兼容性（compatibility）。因为影响焦点团体讨论的最重要因素是参与者是否能够舒适地与其他人谈话，因此必须创造一个舒适且有建设性的讨论环境。团体内的同质性不仅有助于创造参与者愿意对谈的环境，而且也使研究者可以进行团体间的比较。团体间的异质性则是让研究者可以听到不同面向的意见，强调的是从研究者的角度，来决定需要听取多少不同类型的参与者之意见、想要了解何种相似点及差异处、遗漏某种类型可能导致的后果，因此，在决定团体的类别时，必须周延地选择符合研究目的的类型。

至于经常用来作为团体分类（group segment）的标准包括：

(1) 人口变项：如性别、年龄、受教育程度、籍贯、居住地区、职业、收入、婚姻状态、家庭形态、就读科系等。

(2) 参与者对某些事物之经验或行为：如有没有参加过某种社团、有没有参加过社会运动、有没有去过某个国家或地区、有没有购买或使用过某种产品、有没有投票给某个政党或候选人等。

(3) 参与者对某些事物的态度、意见、偏好或信仰：如支不支持环保运动、支持台湾独立还是中国统一、支不支持同性恋婚姻、支持哪个政党、信仰什么宗教、赞不赞成死刑等。

参考方块　9－2

政党偏好研究以政党倾向（泛蓝、泛绿、中立三分类）及地区差异（南、北二分类）作为团体分类标准，政党与地区交叉合计六个讨论团体。此种分类方法除了想探讨不同政党支持者之间的差异，同时也想探讨不同地区的民众对政党是否也有不同看法。因此，以此种分类方式可以同时进行不同地区及不同政党支持者的差异性分析。

团体分组表

团　体　别	团　体　别
北部泛绿民众	南部泛绿民众
北部泛蓝民众	南部泛蓝民众
北部中立民众	南部中立民众

（四）团体数及团体大小

一个研究应该进行多少场焦点团体，是研究者必须思考及规划的重要问题。当场数太少时，可能会遗漏重要信息，场数太多则可能造成时间及经费上的浪费。Morgan 建议一个典型的研究只需 3～5 个团体，然而如何决定场数，并没有定论或一定的原则，大致上可以依下列几种状况来决定（Morgan，1998b：77－83）：

（1）研究主题的复杂性：如果所要探讨的主题相当复杂，则必须有较多的团体，以得到更多的信息。

（2）“团体分类”是重要的决定因素：每一种类型至少应进行一场讨论，因此通常需要进行 3～5 场团体讨论，然后再依资料搜集实际情况决定是否增加或删减场数。

（3）研究的资源：如有多少经费与时间、有没有适合的场地、有没有足够的主持人等问题，必须将所有的资源做最有效的分配，来决定最合宜的场数。

（4）意见的饱和（saturation）程度：在进行了三、五场讨论之后，仍然有新的意见不断产生时，就必须考虑再增加场数；但如果发现讨论已经不再有新的意见或资料时，可以依原定计划结束讨论，甚至可以考虑减少预定的场数（Morgan，1998b；Krueger & Casey，2000）。

至于焦点团体的成员数通常是 6～10 人（Morgan，1998b），也有人认为以 8～12 人为宜（Merton et al.，1956/1990），有时也会见到少至 5 人或多到 20 人的团体（Fern，1982），通常少于 5 位参与者的焦点团体是为小团体，10 人以上为大团体。团体的参与者人数太少时，资料数量及质量可能较差；但参与人数太多时，现场情况将较难掌控，而且会减低每位参与者的责任感（例如可能认为反正有别人会发言，自己就不一定要发表看法）及谈话的机会（Fern，1982；Morgan，1998b）。

Morgan 认为决定团体大小的原则与研究目的及招募的条件有关。通常小团体适用于：参与者对研究主题有较深的参与或理解、参与者可能会对研究主题有情绪反应、研究主题较具争议性或较复杂、研究目的为想了解细节或参与者个人的详细情况以及招募上有所限制（例如合格参与者很少，或选定的时间很难凑齐人数）。适合大团体的条件则在于：当参与者对主题所知或参与程度不深、研究目的是为了解很多不同类型的简要看法或建议，但不需要深入的讨论意见，或招募上有所限制（例如以某既存团体为对象，参与者能够到齐的时间有限，只能选择多数的参与者能够同时出席的时间进行访谈）。因此，学术性的焦点团体为了深入探讨参与者意见或态度的动机与成因，通常倾向于采用少于10人的团体，而市场营销研究或商业用途的焦点团体，为了广泛搜集顾客的意见或需求，比较倾向于采用大团体（Morgan，1998b）。

（五）焦点团体的问卷设计

焦点团体的进行方式基本上强调参与者的互相讨论，因此通常都是由主持人提问，要求参与者表达各自的看法并和他人讨论，所以焦点团体的问题设计，和问卷调查及深入访谈有所不同。以下分别就问卷的用语、问题的顺序及问题的格式加以介绍。

1. 问卷的用语

一般而言，焦点团体的问题用语有下列的原则（Krueger，1998a；Krueger & Casey，2000）：

（1）问题尽量像是日常会话：尽量不要让参与者感觉像是在接受访问，以建立及维持一个舒适的谈话环境。

（2）使用参与者可以理解的语词：除非参与者都是该研究主题的专家，在问题中尽量避免使用太多的专业术语，而应转换成一般人通用的说法，或参与者可以理解的语言。

（3）容易念：写起来通顺的句子可能不容易念，问题设计完毕后，必须测试是否能够流畅地读出。

（4）问题必须清楚及简单：以免主持人必须花费太多时间解释而减少团体讨论的时间，或者解释太多而限制了参与者的思考。

（5）尽量使用开放式问题：让参与者可以提出自己的看法或意见，使研究者得到这些看法或意见的深入解释因素。

（6）一次只问一件事情：避免在同一问题中问参与者一件以上的事情，以免参与者无法掌握问题真正的重点所在。

（7）要求参与者回想过去经验：此种问题要求参与者回想个人经验，以针对特定问题做出回应，同时也听取他人的经验及意见，以进行信念或观点的意见交换。

（8）避免问“为什么”：“为什么”的问法听起来较为尖锐或较像质问，较易让人们因为不安或防卫心态，而给予一个立即的响应或较没有经过理性思考的答案。若一定要问，可以改成“是什么（what）原因”，或对该事物“觉得如何（how）”等较间接但却是研究者想要知道的特定面向之问法，让人们较详细描述其想法或意见的成因，研究者从而能够得到意见或行为背后更深入的动机或解释因素。例如：将“你为什么支持××党”改成“是什么原因使你支持××党”或“你觉得××党有什么特色让你支持它”。

（9）举例必须小心：举例虽然可以给参与者提供一些回答的线索，但也可能引导或限制参与者的思考方向及范围。

（10）必须包含清楚及考虑周全的答题指示：如果问题中包含要求参与者进行言语讨论以外的行为，如画图、看影片、试用产品、填答等，必须同时设计让参与者容易明白的答题指示。

2. 问题的顺序

在焦点团体的问卷中，不论是何种结构的团体，问题的提问顺序，原则上应该让参与者由广泛的问题开始进入讨论的情境，然后再将讨论重点逐渐收拢至核心的讨论重点。基本上问题的顺序通常是（Krueger，1998a）：

（1）开场白：通常是向参与者介绍研究主题及团体讨论进行的方式，鼓励大家参与讨论，并请参与者自我介绍，每人30秒至1分钟。

（2）引言问题：提出一些与研究主题相关但较为广泛的问题，主要目的是将讨论主题带出，或让参与者提供相关经验。此类问题有一两题，每题讨论以不超过5分钟为原则。

（3）转换问题：此种问题比引言问题更接近研究主题，其目的是让参与者比较能够体会研究主题真正的重点所在，而且这时他们可能也开始察觉其他参与者对此一研究主题的看法。此类问题为1～2题，每题讨论5～10分钟。

（4）关键问题：是整个焦点团体讨论的重心。大约在团体讨论开始进

行到三分之一或一半时，进入关键问题。这些题目是研究的真正焦点，因此参与者对这些题目的意见，将来也是资料分析的首要重点。此类问题有两三题，每个题目讨论时间应较长，每题讨论至少 10～15 分钟以上。

（5）特定问题：视研究需要，研究者有时会针对某些事项，要求参与者讨论在该研究主题上具有特殊意义或研究者特别有兴趣的问题。最好不要超过两题，讨论时间为 10～15 分钟。

（6）结束问题：要求参与者再考虑所讨论问题的重要性或者总结讨论内容并要求参与者确认。此类问题约一题，讨论 3～5 分钟。

（7）最后问题：为避免遗漏，可要求参与者就讨论主题提供建议及意见，例如："有没有什么您觉得我们应该讨论，但却没有讨论到的事情?"大约一题即可，讨论时间一般 3～5 钟，但可视当时情况决定何时结束。

以此顺序提问的问卷，透过问题的特性，让参与者的讨论范围，从将主题带出的广泛性问题，愈来愈集中到研究的关键及对该主题的特殊探讨，结构上会呈现漏斗状（参见图 9－2），此种漏斗式访问结构（funnel-based interview）的策略，有助于让研究者在讨论的前半段听到参与者对研究主题的自身观点，同时也可以由后半段的讨论中，听见参与者对研究者所关注的研究重点之意见，此一结构尤其在运用于混合性问卷形式的团体时效果最佳（Morgan，1997）。

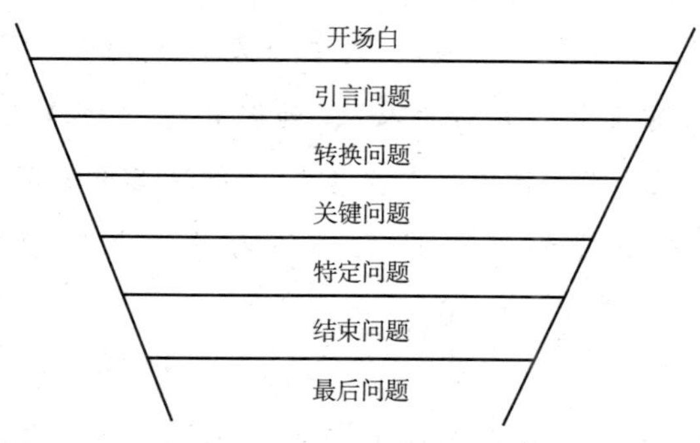

图 9－2　漏斗式访问结构图

3. 问题的格式

焦点团体问题不见得一定得以语言表示，研究者可以用一些心思，让问题变得轻松有趣，反而经常能产生更丰富多元的资料，例如用图片、条例或选项等不同的方式提供参与者信息；回答的方式也可以是透过画图、填充、评估、配对、造句、拼图、选择（项目、图片）、模拟、归类、比喻、想象等方式来呈现（Krueger，1998a）。

参考方块　9－3：漏斗式访问结构问卷——以“国家认同”与“统独问题”研究为例

（引言问题）

1. 我们常常在说“国家”这两个字，我想首先请教的是：当您听到或是看到“国家”这两个字的时候，您想到的是什么？（5分钟）

（转换问题）

2. 现在各位手上都拿到一张纸，上面有四个名词，分别是：“我们的国家”“中国”“中华民国”和“台湾”。我们想请各位以画不同颜色圈圈的方式，来表示您想法中这四个名词彼此之间的关系。这些圈圈之间可以各自分开，可以有交叉或部分重叠，也可以完全重叠，也可以大的包住小的。待会我想请大家说明一下您这样画的想法是什么？（10分钟）

（关键问题）

3. 现在大家看一下黑板，左边有三个名词：“我国人民”“中国人”“台湾人”，右边有甲、乙、丙三个图。甲图是“包括大陆与台湾上的人”，乙图只有“大陆的人”，丙图只有“台湾的人”。依您的看法，“我国人民”“中国人”“台湾人”分别指的是哪一个图？或者如果您觉得这三个图都不能代表您的看法，也麻烦您说明一下。（10～15分钟）

（关键问题）

4. 平常在社会上，有人会说自己是“台湾人”，有人会说自己是“中国人”，有人会说“都是”，各位觉得自己是“台湾人”“中国人”，还是两者皆是？您这样觉得的原因什么？（15～20分钟）

（关键问题）

5. 我们社会上对于未来台湾和中国大陆的关系应该怎样走，大家的看法不同。有人主张台湾独立，有人主张两岸统一，也有人主张维持现

状，请问您比较偏哪一种？如果您认为这三种看法，都无法充分形容您所主张的未来两岸关系，那么也请说明您的意见。(15～20分钟)

(特定问题)

6. 刚才各位对于未来的两岸关系，不管是“台湾独立”“两岸统一”“维持现状”或者“其他”的选择，都表达了自己的主张。我现在想请教的是：各位大概是从什么时候开始有这样的主张？这样的主张从以前到现在有没有改变过？如果曾经有改变过的话，那您原来的主张是什么？您是在哪一种情形下才改变您的主张？(15分钟)

(最后问题)

7. 对于我们今天讨论的问题，您认为有没有什么我们应该讨论，却还没有讨论到的？也请您提出来。(5分钟)

四　招募焦点团体参与者

(一) 寻找焦点团体参与者的策略

适当的团体组成方能产生流畅的讨论，提供有用的研究资料；不适当的团体组成，可能会将无法互相讨论的人放在一起，或者即使是参与者讨论热烈，但内容却并非研究者所需的资料。因此招募“适当的参与者”(right participants)是焦点团体成功的重要因素之一，因为成功的招募重点不在于可以找到多少人，而在于参与者是否能够舒适地与其他人相处，并使讨论具有建设性。另外，焦点团体的研究目的并不在于以参与者的意见来推论其所代表的母体，而是希望借由听取参与者的讨论，来了解人们的想法与意见，尤其大部分焦点团体的研究设计，参与讨论的人数不多，无法用以代表母体。基本上焦点团体的招募对象为立意样本(purposive sample)，即依研究目的招募参与者，以便达到建设性讨论的目的(Morgan，1998b)。

(二) 焦点团体参与者的来源

Morgan指出焦点团体的参与者可以有下列五种来源(Morgan，1998b:

86－91）：

（1）既有之名册：例如顾客名单、团体会员名册或因特殊用途搜集的名册等，是焦点团体最常用的招募来源。在使用既有名单时，还必须注意名册的来源是否有问题、名册有多新、名册的信息有多详细、是否混合了不想要招募的对象。最好也采取随机选择（random selection）的方式，由名册中采用系统抽样的方法，抽出几套样本来招募，以减少误差。同时，如果重复使用参与者名册时，必须注意那些以前曾经参与焦点团体者，因为他们先前的参与经验有可能会有所影响。另外，与参与者接触时，他们通常都会关心名册的来源，必须给予合理的解释。

（2）随机抽样：与调查研究的抽样方式相似，经常是采取电话随机拨号方式（random digital dialing，RDD），直到找到足够的参与者为止。RDD虽然涵盖率较佳，但可能会有许多空号或非住宅电话，尤其当研究对象是特定或稀有族群时，可能必须耗费可观的预算及时间来进行。

（3）推荐名册：焦点团体的招募必须根据参与者的某些特质，因此可以请一些已掌握到的参与者，提供可能的名单，例如，滚雪球抽样（snowball sampling），此种方法可以善用社会网络的优点，透过已找到的参与者，再扩展到其所认识的亲友或关系网络中的其他人。

（4）路上招揽：在焦点团体讨论进行的地点，以拦下路人的方式寻找可能的参与者，常用的方式是在百货公司、购物中心等人潮聚集或某些可能有合格参与者的地点，设立一个广告牌，公告一些条件（如20～30岁的女性、某种厂牌手机的使用者、有学龄以下幼儿的家长等），询问经过的人们，如果有符合招募条件的人，再邀请他们参与团体讨论。

（5）公开招募：在媒体或网络上刊登招募的广告，也是一种常用的方式，尤其适用于当研究者不知如何才能找到合格的参与者时。使用这种方式的缺点在于这些自发性的参与者，在动机或态度上，有可能会与对公开广告没有响应的其他合格者有所不同，因应之道是最好能够再由其他来源招募参与者，并比较其差异。

（三）焦点团体成员的组成

团体成员彼此认识或者部分是相识者时，可能会影响保密性，尤其当所

讨论的主题可能会有后续的影响时，有些人就比较不愿表达意见，或者可能产生搭档（pair up）效应——互相附和或者都不发言；但有时相识者一起参加团体，可以因共同的经验或情境，而引发更多的想法与创意。团体成员是否应该全部选择陌生人或相识者，并没有一定的准则，有些主题比较适合采用陌生人团体，尤其是为了让参与者免于担心不良后果（Bloor et al.，2001）；有些主题并不需在意参与者是否互相认识。但真正的问题在于有时研究者没有选择，尤其当研究的对象属于同一个机构或单位时，参与者互相认识的情况无法避免。陌生人团体及相识者团体各有其优缺点，因此，研究者可以依研究目的或研究主题决定团体成员的组合（Morgan，1998b）。

（四）提供参与的诱因

通常在招募参与者时，研究者必须提供一些诱因，以增加参与的动机与意愿，诱因的形式可以有很多种，金钱报酬是最常用且最直接的方式，但不见得是最有影响力的因素，因为对某些人而言，时间、隐私或其他因素可能比金钱报酬更重要。研究者可以考虑的另一种报酬形式，是针对参与者的一些特质，提供金钱之外的实质报酬，例如，知名餐厅的餐饮、网络货币、特殊意义的礼物等。此外，有时招募人员所提供的相关研究信息，会使有些人因赞同研究本身的意义，或者研究结果的成效而愿意参加；也可能是因为参与者对研究主题有些想法或经验，愿意提供作为参考或想要和其他人分享。最重要的是研究者在提供诱因时，必须信守承诺，不要因为想要说服人们来参与，而做出无法达成的诺言，尤其当参与者的期待是参与团体讨论，会对于自身或他人的情况或政府的政策能有实质的改善或影响时，研究者必须谨慎及诚实地告知可能的结果（Morgan，1998b）。

（五）系统化的招募程序

Morgan 认为招募（recruitment）必须是一种系统化的程序，基本上有三个步骤：接触参与者、寄送确认信及前一天的确认电话（Morgan，1998b：85）。通常接触参与者至少在两个星期之前开始进行，招募人员不仅必须具有良好的沟通技巧，而且需经过训练，以确认招募人员能正确地向招募对象说明焦点团体的目的及进行方式，如研究目的、什么样的人将会参与、需要参与者做什么、可能提供的报酬，还必须向他们传达他们的参与对研究的重要性，以说服人们来参与讨论。确认信则最好在进行焦点团体之前的一个星期前寄达，确认信内容除感谢参与者的协助之外，另一目的是提供参与者包括讨论主题、日期、时间、讨论地点（包括地图）的详细书面信息，以提醒及协助参与者出席。另一个重要的步骤是在焦点团体召开的前一天再打电话给每一个参与者，除了提醒参与者之外，还可再次确认出席状况，若出席者可能会太少或太多时，能有足够的时间做应变的处置。

五　召开及主持焦点团体

（一）召开团体的准备工作

焦点团体成功与否，可谓需要“天时、人和及地利”的配合。针对不同的团体组合，必须选择参与者时间许可的时间举行，例如，以就业人口为对象的团体，就必须配合工作及生活作息的动态，不能挑选可能影响工作的时间或下班后无法赶上的时间来举办。若遇到恶劣的天候情况，如台风警报等情况可能发生时，应事先拟订应变的方案。举办地点的交通便利性，是影响参与者参与意愿的因素之一，同时也会影响讨论是否能够准时开始或结束。除了挑选较便利参与者抵达的地点，也应注意地点是否容易寻获，最好事先附上详细地图，以便参与者容易抵达。再者，不舒适的场地设施与安排，也可能会影响参与者的心情及参与讨论的意愿，因此准备用品及布置场地时，也必须注意排除可能会干扰讨论或录音质量的因素，例如，不使用玻璃杯盘及食用时易发出声音的餐点，或事先置换会发出声响的桌椅，等等。录音及录像设施是否正常运作，与后续资料的处理和分析密切相关，也应事先加以测试，尤其是如果需要到外地召开团体讨论时，必需的用品最好事先列表，逐一检查后再出发（Morgan，1998b）。

（二）主持人的角色

在焦点团体的讨论中，主持人（moderator）的态度与技巧，对团体的成功与否，有相当大的影响。在主持团体时，主持人必须营造谈话气氛、提

出讨论的主题、维系参与者之间的和谐关系，以及在讨论偏离主题时，有技巧地将讨论导回正题，而且在必要时，对参与者的发言再做追问，以厘清其意见；另外，主持人也应有能力分辨对研究主题有特殊或重要贡献的意见，必要时应再做进一步的追问（probe），以增加资料的丰富性及可诠释性。

此外，大部分的参与者可能没有参与焦点团体的经验，主持人在讨论开始前，必须很清楚地设立讨论规则，以便让参与者有遵循的依据，除了可以维系和谐气氛，也可以避免情况失控。建议可以先为参与者设立规则，强调团体的讨论鼓励参与者发表意见，但为避免录音受到干扰，必须请参与者不要两人同时发言；也希望所有参与者对别人的发言有不同意见时应予尊重，等别人发言完毕时再提出自己的看法；另外，可以请求参与者将移动电话或呼叫器关机，以免影响讨论的进行。再者，在大部分的情况下，焦点团体必须进行录音及录像，因此主持人有义务向参与者说明其隐私权，最好能够请参与者签下同意录音、录像的同意书，但主持人可以不必过于强调录音及录像设施的存在，以免引起参与者的不安（Krueger，1998b）。

（三）主持焦点团体的原则与技巧

焦点团体的主持人是团体讨论能否成功的关键，有效主持焦点团体的原则，最重要的是表现对参与者的尊重，Morgan 认为焦点团体是一种“倾听与学习”（listening and learning）的方法（Morgan，1998a：9），主持人必须相信每一位参与者，不论他们的受教育程度、经验或背景如何，都能提供有用的资料，因此主持人必须愿意倾听每一位参与者的意见，让参与者觉得主持人重视他们的意见，才能提高参与者表达意见的意愿。主持人也应选择适合主持的团体，因为焦点团体强调的舒适环境，也包含主持人是否能让参与者愿意予以配合，并提出自己的见解或和他人讨论。主持人是否适任，不完全是因为主持人的口才、说话方式或外貌，通常与性别、语言、种族、年龄、社经特征、特殊技术或专业知识等较为有关，例如讨论主题若涉及专门技术或知识时，缺乏该项专业背景的主持人，可能无法和具专业背景的参与者充分沟通；或者在种族问题的主题上，与参与者不同种族的主持人，可能会降低参与者发言的意愿，或影响真实意见的表达。

主持人在焦点团体中的角色，应定位在提出讨论的问题及倾听参与者的讨论，但不加入讨论或分享观点，不可以试图塑造讨论的结果。如同调查访问中的访员效应一般，主持人若提出自己的意见，可能会影响参与者的意见或限制他们的思考方向，而且如果主持人涉入讨论的程度太深，或提供过多信息，就比较会有影响讨论的危机发生。同时，主持人必须保持中立立场，在听到与自己立场不同或一些令人不愉快的观点时，不应有任何表面上或情绪性的反应，尤其是研究人员担任主持人时，必须特别注意务必要超脱自己的意见，而专注于发掘团体参与者的观点。

再者，作为一个主持人，必须开放心胸接受新观念，时时提醒自己，不要受到自己既有的意见或想法的限制，对参与者提出的新概念、方法及建议，应予以鼓励及接受，才能让讨论产生的资料更为丰富。主持人还必须不断学习主持技巧及发展自己的风格，基本上，主持的技巧并没有一个放诸四海皆准的标准，有些技巧适合某些主持人，但不一定适合另一位主持人，成为一位称职的主持人除了必须经常练习之外，还应该多观察其他主持人的主持情况，学习他人的长处，并寻找适合自己的风格及技巧，以发展出自身适用的主持策略（Krueger，1998b；Krueger & Casey，2000）。

（四）如何响应参与者的问题与意见

许多焦点团体的参与者过去并没有参与焦点团体讨论的经验，因此可能会对讨论的进行方式或主题提出问题，对于参与者这类问题，主持人回答的策略是应尽量提供足够的信息，让参与者可安心参加，但不要提供任何可能造成误导讨论方向的信息；至于在讨论当中，如果参与者提出一些问题，需要主持人厘清题目或概念，或者要求主持人担任仲裁的角色，主持人可以依问题性质决定是立即回答还是延到后面再处理，有时把问题转回给参与者们讨论是一个很有用的技巧。

主持人应鼓励参与者发表意见，但对于发言的响应必须有所技巧，重点在于参与者觉得主持人的确专心倾听及重视其发言的内容，比较好的响应方式是以平和缓慢的语气说："好""谢谢"或"嗯哼"，应避免使用"正确""太好了""不对""奇怪"等对参与者意见有价值判断的用语。另外，主持人的点头响应也必须有技巧，缓慢地点头代表"我在听着"，快速地点头会让参与者误以为是一种赞许，而且如果主持人不是对每一个人的发言都点

头，可能会让其他人以为主持人不赞成他的意见（Greenbaum，1998；Krueger，1998b）。

（五）召开焦点团体时可能遭遇的突发问题

焦点团体讨论的举行必须有完善的筹备程序，但研究者也必须要有心理准备，可能会面临一些突发的状况，常见的问题有（Krueger & Casey，2000：115－119）：

（1）天灾或其他紧急状况：团体的招募通常是在举办之前的一个月左右就会开始，但在预定召开的当天，可能会有台风等天灾，或其他紧急状况（如主持人等工作人员因交通意外而无法到达会场），而使得团体无法召开或必须延期时，应明快地处置，尽快通知参与者及相关人士，并在最短的时间内通知后续的处理方式。

（2）场地不适合：如果需要借用他人或外地的场地来进行团体讨论，主持人及工作人员应提早抵达会场，以确认场地是否适合。若有任何问题时，必须立刻采取补救措施；若必须更换场地时，也应立刻通知参与者或采取其他方式让参与者能够出席

（3）参与者带小孩来：此种状况发生时，主持人首先可以和参与者沟通可能的解决方法，若参与者无法接受，可能就只能请参与者打道回府。接着主持人可以就小孩的年龄来决定是否让小孩留在会场。通常如参与者带来的是还不会走路的婴儿，可以让婴儿留在场内，但如果婴儿哭闹时，可能必须请参与者暂时离席或回家；如果是已经有行动能力的儿童，让他们留在场内可能会严重干扰讨论的进行，解决方式是由工作人员充当临时保姆，或事先准备一些童书或玩具。

（4）参与者带了其他人来：有时参与者的家人或朋友，因为对研究主题有兴趣，也想要来参与讨论，由于每一个团体的参与者都具有某种特质，因此，如果主持人无法确定参与者所带来的人是否也具有此一同构型，最好不要同意让其他人参与，以免影响讨论的进行。

（5）讨论太投入而不愿结束：有时团体因为讨论气氛和谐或者意见丰富，而使参与者忘记时间，如果讨论的内容仍具有意义，主持人可以视场地及时间的状况，让团体讨论继续，而在必要时才予以结束；但如果参与者的

讨论已偏离主轴，可以适时介入，谢谢他们的参与，但不愿耽误他们的时间，或者说明因时间及场地有所限制，必须结束讨论。

六　分析焦点团体资料

（一）资料的种类与形式

焦点团体研究法的资料，主要是由团体的讨论中产生，但焦点团体中的言语应答，甚至肢体语言或情绪也是观察的重点，而且有些题目的答题方式，可能是文字或图画，因此焦点团体的资料有下列几种来源及形式：

（1）主持人的摘要笔记及记忆：主持人与助理主持人在团体进行中，立即记录的简短内容及重点，最好在讨论结束时立即整理。

（2）录音资料：视研究目的决定完全转换成文字资料，或仅摘录重点。若决定仅摘录录音内容之重点，最好由主持人或研究人员进行，以免遗漏重要之资讯。

（3）参与者的填答纸：应依讨论之场次分别与其他类型资料一同置放。

（4）录像资料：视研究所需决定是否剪辑或保留完整记录。

（二）处理资料的方法

焦点团体研究法的主要优点之一，就在于团体成员的发言可以提供丰富、复杂及庞大的资料，对于焦点团体资料处理方式，通常学术研究的焦点团体，首先会将每一场团体讨论的所有讨论内容转成书面之文字记录（或称为逐字稿，transcript），以避免在筛选的过程中遗漏重要资料，或者有选择性错误产生，因为许多资料的潜在优点都因为没有适当的分析而流失，因此保留完整的书面资料是必要的，方能保证所有的资料都有被进行系统性分析的机会（Frankland & Bloor，1990）。

在将讨论内容转换成逐字稿的文字记录时，应尽量保持资料之完整性及真实性，最好能把握下列的原则：

（1）全面性翔实记录：不仅逐字逐句记录参与者发表之所有内容，也应包括不完整的句子、发语词、语尾助词、笑声、插话等。

（2）原“音”重现：当受访者使用方言或外语时，记录者也应以方言或外语记录，以免因翻译而造成语意失真。

（3）现场情况之描述：记录现场之特殊情况，如参与者间的互动（争论、劝说、妥协、插话等）或参与者的情绪反应（激动、愤怒、玩笑等）。

（4）发言不予润饰或编辑：记录者不需为了增加流畅性，而对任何发言文句或语词加以润饰或编辑，应完整保留发言的真实面貌。

在逐字稿完成后，后续的分析工作，坊间已有许多辅助的计算机软件可以使用，例如 WinMax、ATLAS. ti、NUD. IST、Ethnography、QSR N6、EndNote8、AQUAD、HyperRESEARCH 等，其中许多软件也有处理影像及声音的功能。基本上这一类的软件通常都具有搜寻、编码的功能，有一些可以将概念间的关系，以图形方式建立网络图。但这类的计算机软件可能相当昂贵，或是研究者可能必有相当的计算机功力，或者必须受过训练才能使用，并非所有人都能够跨越这些限制。此时，传统的资料处理方式“长表法”（Long-Table Approach）是一种不错的选择。顾名思义，长表法是以一张大表格容纳所有重要团体讨论内容的方法。长表法主要在于将讨论的内容去芜存菁、找出类别（categories），并决定这些论点及主题的比重，以作为比较的基础。此一过程也可以被视为一种制作索引（indexing）的工作。

具体而言，长表法的工作程序，首先是将资料全部读过一遍，由内容中重新熟悉重点所在，标记资料中一些重复出现的模式或主题。在阅读及分类团体讨论内容的过程中，必须特别注意（Krueger & Casey，2000：136－141）：

（1）频率（frequency）：有些事情及意见可能会在讨论中一再被提起，但它们却不见得就是最重要的；Kitzinger 与 Barbour 也认为：“焦点团体不是口述调查（oral survey），因此参与者的发言不应予以计分、计数，或在处理资料时与其产生背景脱离。”（Kitzinger & Barbour，1999：17）但事情或意见的频率仍然有其解释上意义。

（2）特殊性（specificity）：注意参与者是否提及特别的意见或事情，也要注意其发言所提到的细节。

（3）情绪（emotion）：参与者是否对某些事表现了情绪性、狂热、激情或强烈的反应。

（4）广泛性（extensiveness）：频率是指某件事被说到的次数（有时可能是同一个人说的），但广泛性则在于多少不同的人说了同一件事。

接着，再读一次资料，同时开始进行编码及为每一个编码定标题的工作。编索引码的目的是将该特别主题的所有资料（讨论意见）加以分门别类，并给予不同之编码，以便进行比较。在刚开始的阶段，索引码应是相当广泛及普遍的，并不对每一则资料指定一个唯一的编码，相反，有些资料有可能会被编成许多个索引码，因为其所包含的内容可能可以被归类为数个分析主题，所以编索引码时强调的是该编码类目的包容性（inclusiveness），而不是排他性。

编码的程序应是循序性的，有时在读到后续的资料时，先前的索引码可以与后来的资料合并，而形成新的索引码，研究者此时应回到之前的资料上，将新的索引码加上，所以在编索引码的初始阶段，每一则资料的索引码并不一定就是最后的诠释项目，而仅是一个可能可以分析的项目，最后的诠释应谨慎地延后到所有带有相同性质的编码，都归纳到同一个项目之下，而能和其他类别的索引码进行系统性比较时（Frankland & Bloor，1990）。

所有的索引码确定后，一次处理一个团体，将每一则带有编码的资料剪下，并依索引码分类，贴到预先准备好的海报纸的表格上（如表 9－2 所示），并将该团体出现的所有索引码（及其标题）写在表上预留的字段上，此一做法的优点在于当所有团体的资料处理完毕时，由“编码”字段已经可以大致看到团体之间在意见类别上的差异。

表 9－2　长表的形式

第 X 题　对某政党的正负面印象		
团体别	编　码	发言内容
A 团体	正面印象	
	P01 理念接近	“我支持党的理念，因为……” “这个党的理念和我个人比较接近……”
	P02 促进经济	“这五十年来它有贡献，把台湾的经济拉得很好……”
	负面印象	
	N01 黑金	“就是说黑金方面真的是非常的糟糕……” “咱台湾咱卡早会卡册国民党，就是册黑金嘛……”
	N03 戒严	“用强压或是戒严的管制。”

续表

团体别	编　码	发言内容
B 团体	正面印象	
	P02 促进经济	“那经济方面还是算蛮不错了。”
	P03 人才多	“人才是很多,真正人才很多……”
	负面印象	
	N01 黑金	“黑金,没办法,太离谱了,让这个人反感。”
	N02 腐败	“长期执政会造成绝对权力及腐败。”
C 团体		
D 团体		

参考方块　9－4：政党形象研究之民进党形象编码表

民进党正面形象(DP)		民进党负面形象(DN)	
DP01	民主改革	DN01	暴力激进
DP02	本土	DN02	派系多
DP03	清廉	DN03	爱内斗
DP04	了解人民需求	DN04	支持独立
DP05	人才好	DN05	没有执政经验
DP06	理念好	DN06	反外省人
DP07	重视基层	DN07	没人才
DP08	清新	DN08	反商
DP09	反黑金	DN09	政策反复
		DN10	就是不喜欢

上述处理过程都需经过多位研究者的同意后确立，此一过程可以视为对内容效度的交叉检验（cross check），以减少对资料内容的分类及编码可能仅是个人主观认定之偏差。

长表法的原理在于有系统地将资料经过不断比较及对照的过程，透过将资料加以分割、排序及归类。借由这种方法，研究者可以找出每一个团体讨论内容的主轴或意见之类别。长表法的另一个优点是可以将资料转换成一种视觉上可见的程序，此一程序对于后续的分析将会有相当大的帮助（Krueger & Casey，2000）。

（三）焦点团体资料的分析

焦点团体研究法所产生的资料，通常在数量上相当庞大，而且多为质性资料，在资料处理的阶段，研究者可以运用长表法或计算机软件，对资料进行初步处理，以去芜存菁及进行归类。经过处理的资料，可以比喻为从市场买回来的素材，会因为不同厨师的不同做法，而烹调出各种不同的菜色。同样地，不同的研究者面对这些资料，也会因为本身的专业背景或研究方向，而有不同的分析结果，因此焦点团体资料的分析，并没有任何一种特定的方法是最理想的。但在进行分析时，必须注意的是对质性资料的分析与诠释，通常都涉及相当程度的主观判断，因此有许多对焦点团体资料的怀疑，都集中在其主观性及诠释的困难上。然而，焦点团体资料分析，其实可以是相当系统化、实证性及具有可验证性的，甚至可以是量化的（不过在大部分情况下，量化不是焦点团体研究法的专长与目的），因此，对于如何分析焦点团体资料的建议，在于从研究的性质、目的以及相关理论着手，以客观超然的态度及采取科学的方法进行。

七　总结

焦点团体研究法的起源，来自对量化的调查研究法的反省，试图以团体访谈的方式，来补充及改良调查访问的缺点，但其搜集资料的许多原则与方法，基本上仍是承袭自调查研究法，因此，虽然焦点团体研究法是一种质性研究方法，但也延续量化调查研究法的严谨规范，使得焦点团体研究法和量化方法有良好的融合性，而且又能兼顾质性研究的长处，在20世纪的晚期，社会科学界量化与质性研究学者开始合作之际，经过学术界再精炼的焦点团体研究法，在许多研究中成功地扮演了量化研究与质性研究二者之间的界面，是少数能与量化研究合作无间的质性研究方法。另外，焦点团体研究法在发展过程中，无心插柳地成为商业上市场研究不可或缺的一种研究方式，

此种在学术界与实务界都能发挥的特性，也奠定了焦点团体研究法在社会科学研究领域的特殊地位。

参考书目

郑夙芬（2005）《焦点团体研究法的理论与应用》，《选举研究》，12（1），211～239。

Barbour, Rosaline S., & Kitzinger, Jenny (Eds.) (1999). *Developing focus group research*. London: Sage.

Bloor, Michael, Frankland, Jane, Thomas, Michelle, & Robson, Kate (2001). *Groups in social research*. Thousand Oaks, California: Sage.

Byers, Peggy Yuhas, & Wilcox, James R. (1991). Focus groups: A qualitative opportunity for researchers. *The Journal of Business Communication*, *28* (1), 63–78.

Edmunds, Holly (1999). *The focus group research handbook*. Lincolnwood, Illinois: NTC Business Books.

Fern, Edward F. (1982). The use of focus groups for idea generation: The effects of group size, acquaintanceship, and moderator on response quantity and quality. *Journal of Marketing Research*, *XIX*, 1–13.

Fern, Edward F. (2001). *Advanced focus group research*. Thousand Oaks, California: Sage.

Frankland, Jane, & Bloor, Michael (1990). Some issues arising in the systematic analysis of focus group materials. In Rosaline S. Barbour & Jenny Kitzinger (Eds.), *Developing focus group research* (pp. 144–155). London: Sage.

Greenbaum, Thomas L. (1998). *The handbook for focus group research* (2nd ed.). Thousand Oaks, California: Sage.

Kitzinger, Jenny, & Barbour, Rosaline S. (1999). Introduction: The challenge and promise of focus group. In Rosaline S. Barbour & Jenny Kitzinger (Eds.), *Developing focus group research* (pp. 1–20). London: Sage.

Krueger, Richard A. (1994). *Focus groups*. Thousand Oaks, California: Sage.

Krueger, Richard A. (1998a). *Developing questions for focus groups* (Focus Group Kit 3). Thousand Oaks, California: Sage.

Krueger, Richard A. (1998b). *Moderating focus groups* (Focus Group Kit 4). Thousand Oaks, California: Sage.

Krueger, Richard A., & Casey, Mary Anne (2000). *Focus group—A practical guide for applied research*. Thousand Oaks, California: Sage.

Merton, Robert K. (1987). The focussed interview and focus groups: Continuities and discontinuities. *Public Opinion Quarterly*, *51* (4), 550–566.

Merton, Robert K., Fiske, Marjorie, & Kendall, Patricia L. (1956/1990). *The focused* interview. New York：The Free Press.

Morgan，David L.（1996）. Focus groups. *Annual Review of Sociology*，22，129 – 152.

Morgan，David L.（1997）. *Focus groups as qualitative research.* Newbury Park，California：Sage.

Morgan，David L.（1998a）. *The focus group guidebook*（Focus Group Kit 1）. Thousand Oaks，California：Sage.

Morgan，David L.（1998b）. *Planning focus froups*（Focus Group Kit 2）. Thousand Oaks，California：Sage.

Stewart，David W.，& Shamdasani，Prem N.（1990）. *Focus groups：Theory and practice.* Newbury Park，California：Sage.

Vaughn，Sharon，Schumm，Jeanne Shay，& Sinagub，Jane（1996/1999）：《焦点团体访谈：教育与心理学适用》（*Focus group interviews in education and psychology*），（王文科、王智弘译），台北：五南，1999。

延伸阅读

1. Morgan，David L.（1997）. *Focus group as qualitative research*. Newbury Park，California：Sage.

   本书是 Sage 的 Qualitative Research Methods 系列中的畅销书。Morgan 在书中详尽地介绍了焦点团体研究法作为一种质性研究的特性与优缺点，焦点团体研究法的应用、研究设计、执行与分析，以及一些可能的问题与解决之道，是焦点团体研究法必读的入门书之一。

2. Krueger，Richard，A.，& Morgan，David L.（1998）. *Focus group kit*. Thousand Oaks，California：Sage.

   这一套由两位焦点团体研究法大师所撰写，以六册的篇幅全面性地包含了焦点团体研究法的理论、研究设计、执行过程、资料分析及报告撰写，内容巨细靡遗，文字浅显易懂，并提供丰富的实例以及各种应用技巧；另一特点是在书页中巧妙地应用各种图示，指引读者同时阅读他册中的相关内容，或点出关键问题及提供有益的提示，是焦点团体研究法使用者必读的书籍，也是必备的工具书。

3. Morgan，David L.（Ed.）（1993）. *Successful focus groups*. Newbury Park，California：Sage.

   本书集结了许多学者应用焦点团体研究法的研究心得与经验，包括

对焦点团体方法论的创新及对研究过程的改进，因此有助于让焦点团体研究法的初学者，较不易犯错而进行较有质量的研究；对于较有经验的应用者则可能会因而有许多研究构想的触发。本书的另一个目的是借由提供练达的方法论，让焦点团体研究法在社会科学研究方法中占有一席之地。

4. Greenbaum，Thomas L. （2000）. *Moderating focus groups*. Thousand Oaks，California：Sage.

如何有效地主持焦点团体，是许多应用此一研究方法者的共同问题。本书提供关于团体访谈或个人深入访谈的基本原则及方法、讨论主持人的角色及技巧、提供可能遭遇的问题及解决方式。但值得注意的是，本书主要是从商业性访谈的角度出发，有些原则与技巧可能不适用于学术研究。

第十章
古典测量理论

一 前言

社会科学研究采心理量表或调查问卷收集资料十分普遍，是量化研究中探讨受试或受访者讯息最方便、直接的方法。量表和问卷都需经过量化才能提供研究分析，量化本身就是一种测量的过程，测量就必须要有理论的依据。心理学者、教育学者和统计学者在 20 世纪初开始建构测量理论，1960 年代发展成熟，并成为研究人类行为和心理的重要基础，故称之为“古典测量理论”；直到今日，量化研究仍然是以古典测量理论为基础。根据古典测量理论假设和模式，研究者可客观地筛选问卷内容，并设计实用的调查工具①。量表或问卷的设计衍生后序资料分析采用的方法及结果诠释，以台湾社会变迁基本调查的内容为例，受访者对生活的满意度，可采下列不同的方式提问：

1. 想想您的生活，整体来说，您觉得满不满意？

（1）很满意；（2）还算满意；（3）不太满意；（4）很不满意。

2. 整体来说，您对自己目前的生活满意吗？（1）是；（2）否。

3. 整体来说您觉得自己生活满意的程度可以得几分（以 100 分为最满意）？

---

① 作者感谢美国匹兹堡大学教育学院许择基教授对初稿提供许多专业修改建议，使得本章在论述及分节讨论方面得以改进。

原调查问卷采次序性选项标示语如“很满意、还算满意、不太满意、很不满意”等，但相同提问内容可采名目尺度标示语如“是、否”，或连续性的分数。古典测量理论的假设多适用在量表答对题数或问卷满意度总分为一连续量，且各题得分和总分的关系，可用线性函数表示。选择古典理论分析量表，量表的作答等级以连续性为最佳（方式 3），次序性且选项间为等距其次（方式 1），名目尺度较不适合（方式 2）。调查研究借由选项分析探讨次序或名目尺度之间的关系，或透过问卷探讨某心理特质属名目或次序性时，可参考本书第一册第十一章“试题反应理论”。例如生活满意度的量表采次序性选项设计，但名目假设的反应模式较次序性假设或许更能合理解释受访者资料（模式适配度较佳），也就是受访者对生活的满意度出现“是”或“否”的两极反应，而无程度上的差别。

（一）探讨的课题

量表或问卷设计是否适当，决定研究的可信度及效度。古典测量理论讨论的课题包括：试题选项分析及试题的预试及筛选、量表的信度及施测后量表分数的使用（例如分数等化）或分数诠释的效度。发展新量表的流程中，首先必须依据蓝图设计预试的试题，蓝图中清楚地界定施测目标，试题则依据分项目标设计完成。例如，教育及心理量表常沿用 Bloom 的能力阶层设计蓝图（Bloom，1956；Krathwohl，Bloom，& Masia，1964），在阶层下详列内容目标。预试题数大约为量表题数的十倍，也就是根据预试资料筛选十分之一的试题编制量表。古典测量理论选题的主要原则在拉开高分组及低分组之间的差距，以提升试题鉴别度及量表信度。能力量表中试题的正确选项，必须能吸引高分受试者选答，而错误选项必须能吸引低分受试者选答。量表在预试过程中，可借修改选项设计达到提升试题鉴别度的目的。但选项修订的前提为试题间满足内部一致性假设，否则高分组及低分组无法明确界定。

调查研究使用的量表或问卷并无正确选项，而且测量的内容多数为多元的特质，所以和能力量表的编制不同。一般而言，社会调查问卷和量表的编制需有清楚的标示语以及运用因素分析的技术来帮助筛选题目。选项标示语设计及分析可参考文献、专家意见；试题筛选过程中，专家效度、认知访谈、应用“试题反应理论”做选项分析，或透过验证性因素分析观察量表内部结构等，皆有助于量表或问卷质量的提升。效度为一种客观证据，佐证实际量测的潜在结构及量表分数的实用性。古典测量理论将效度的证据区分为内容、建构及效标参照三种。内容效度又称为表面效度（face validity），也就是试题内容合乎量表发展的目标。效标参照效度属相关研究，主要探讨量表分数和其他测量相同特质工具之间的关联；例如学生语文能力分数和教师主观评分之间的相关。建构效度则直接探讨量表潜在能力特质，视为所有效度的基础（Messick，1980；Adcock & Collier，2001）。任何客观证据能证明量表量测的特质，皆可视为建构效度的证据，所以内容、专家及效标参照效度皆为建立量表建构效度的手段。由于量表的潜在结构需经过命名（例如基本智能），潜在特质的命名直接影响分数的诠释及将受试者贴上标签，所以建构效度将分数使用的伦理议题也纳入效度范畴。

古典测量理论中试题的筛选及选项分析，主要依据内部一致性假设，选项分析的工具也较适合常态的分数分配。目前量表或问卷的发展多借助“试题反应理论”的模式进行选项分析；此外，反应理论有多种模式可以选择，适用的量表或问卷种类范围也较广。传统建构效度的分析偏重在计量或统计方法，目前脑科学的研究工具已多元化，采先进的工具可将潜在特质具体化为大脑运作历程，所以目前先进的研究工具配合心理或能力量表施测，已成为实验的典范。例如文献中已采功能性磁共振造影探讨传统智力量表的效度（Yousem et al.，2009）及采脑电波探讨显性及隐性焦虑量表的效度（吴孟佑，2010）等。本章限于篇幅，内容将着重古典理论的假设、模式及两者衍生的信度估计方法。至于试题筛选及效度的取证过程仅做重点提示，对古典理论其他课题有兴趣的读者，可参考本章延伸阅读中介绍的书籍及文章。

（二）理论的源起

20 世纪初期心理学家 Charles Spearman 在研究智能量表时，观察到量表的测量误差（measurement error），开启了古典测量理论的发展（1904；1927）；早期的工作不仅推动测量误差的概念，使得原始分数的随机性获得普遍认同（资料分析时，可将原始分数视为随机变项），并于 1907 年发表了衰减校正（correction for attenuation）公式，该公式修正两变项相关值，以

适当反映变项间校正测量误差后的潜在关联强度。Spearman 稍后又发表了折半信度系数，相关的理论证明则由 William Brown（1910）完成；之后的 20 年，心理学家持续采实验研究验证折半信度的实用性。Truman Lee Kelley 命名信度指标（index of reliability）为真分数和原始分数的相关，并首次将信度理论纳入统计方法学专书中（1916；1923）。折半信度的缺点在于量表折半的方式随量表题数成倍数增长，不同方式得到的信度系数值也不同，George F. Kuder 与 Marion Richardson 建议直接采试题彼此的相关来估计信度，并发表了 KR20 及 KR21 信度系数（1937）；Louis Guttman（1945）将“信度系数”定义为真分数变异数及原始分数变异数的比值，并提出六个信度的下限指标，文献中多以“内部一致性系数”称此六个下限指标，其中包含 KR20 及 α 系数（Cronbach，1951）。Louis Leon Thurstone（1932）与 Harold Gulliksen（1950）撰写的古典测量理论专书，详尽介绍早期测量理论的发展及相关研究，为测量理论发展历史的重要参考文献。

Frederic M. Lord（1952；1953）最早提出和量表真分数对立的能力值，并假设能力和答对试题的几率可以常态肩形（normal ogive）函数表示，能力的取值范围为正、负无穷大，不受样本及量表题数的限制；Allan Birnbaum 在 1957 及 1958 年两篇未出版的技术报告中，建议采逻辑斯蒂函数逼近常态肩形函数，在早期计算机运算不盛行的年代，可解决肩形函数参数的估计问题。Lord 与 Melvin R. Novick 撰写的测量理论专书，有系统地整理量表分析的统计基础（1968），书中并收集了 Birnbaum 未出版的技术报告；逻辑斯蒂函数的应用往后逐渐发展为“试题反应理论”，并脱离古典测量理论，在试题分析及题库适性施测方面成功地发挥更大的功能。研究古典理论的学者仍秉持 Lord 与 Novick 规划的统计模式，拓展古典方法的应用。本章的内容主要也以该书为蓝本，并加入新近的发展。

由于古典理论的假设以原始分数为出发点，原始分数可作为分发学校或班级排名的依据，所以现今教育测验或智力量表仍沿用古典理论分析资料或报告考生成绩。社会调查研究多依据受访样本进行母体推论，无需解释或报告个别受访者态度或意见，所以可选择“试题反应理论”模式分析选项资料，并将受访者潜在特质和背景变项做相关分析。古典测量理论的发展源自分析智力量表及教育测验，本章在叙述及举例上也以教育测验及智力量表为主。Roderick P. McDonald（1999）将古典理论及试题反应理论归纳为共同因素模式（common factor model）的特例；古典理论为线性因素模式，试题反应理论为非线性因素模式。本章将应用 McDonald 理论介绍社会调查研究如何采古典理论，提升问卷工具的信、效度，也将介绍和信度系数有关的组内相关（intraclass correlation）及 Kappa 系数。读者在阅读本章时，可同时参考本书第一册第十一章“试题反应理论”、第三册第一章“因素分析”及第三册第四章“结构方程模型”各章。

参考方块　10－1：真分数理论的源起

Charles Spearman 于 1904 年发表两篇重要论文：第一篇阐明如何借由受试者资料，探讨不同量表是否测量一个共同因素，第二篇则说明如何估计量表分数中测量误差的部分。前者推动了因素分析理论的发展，后者则奠基古典真分数理论。

（三）应用限制

古典测量理论假设受试者之间在量测的特质上有极大的差异，所以实用的量表或问卷应能有效地鉴别受试者之间在能力或态度上的差异，原始分数的“变异数”成为选题或鉴别量表质量的主要依据。根据分数的变异数所设计的选题策略或信、效度指标又称为心理计量标准（psychometric dimension）（Carver，1974），量表若依照此标准发展，较适合分辨受试者间的差异。量表若是实验研究中测量依变项的工具，在 ANOVA 分析中受试者间的差异将转化为组内离均差的主要来源。组内离均差过大时，会影响组间离均差的统计检定。例如，美国著名的“教育机会均等”报告，在比较黑人及白人学校在能力性向测验上表现的差异时，发现能力性向分数差异最主要的来源，为学校内学生能力之间的差异，而学校之间的差异皆未达统计显著（Coleman et al.，1966）；该报告结论为无证据显示学习机会受种族因素的影响。该研究使用的性向测验在发展过程中完全依据心理计量标准，所以测验本身对受试者彼此间的差异较敏感，造成较大的组内离均差，反而影响组间（黑人及白人学校）差异的检定（Carver，1975）。研究者若要发展对组间差异较敏感的量表工具，可参考较不依赖原始分数变异数的其他量表发展工具（Hambleton et al.，1978；Subkoviak，1988）。

二　真分数理论

（一）弱势假设

古典真分数理论落实在倾向分配（propensity distribution）的假设；所谓倾向分配是对某受试者重复施测同一量表，所观察到量表总分的分配。施测同一量表多次并无应用上的意义，但此假设意涵受试者原始得分含有误差的成分，所以每次施测结果可能不同。古典理论中的弱势假设（weak assumption）将误差视为随机，且倾向分配的平均数为受试者的真分数（本章以希腊字母 τ 来代表）。对每位受试者，真分数代表受试者真实的能力或特质，为一常数，倾向分配的变异来自测量误差，倾向分配的标准偏差称为“测量标准误”（standard error of measurement）。古典理论只定义真分数并假设误差为随机；根据此定义及假设，理论上可直接引申出许多量表的理论性质，这些性质在文献中常被解读为古典理论的假设；例如，受试者母群体中真分数和误差彼此无相关，不同量表的误差彼此无相关及原始分数和真分数的期望值相等，这些理论性质只能算是真分数假设所引申的定理。

若以 X 代表某量表原始得分，E 代表误差，古典测量理论中此二者的关系可表示为：

$$X = \tau + E \tag{10-1}$$

上式中 τ 为 X 的期望值。由于真分数和误差彼此无相关，所以 X 的变异数等于真分数变异数和误差变异数相加，

$$\mathrm{Var}(X) = \mathrm{Var}(\tau) + \mathrm{Var}(E) \tag{10-2}$$

真分数在倾向分配中为常数，但母群体中每个受试者皆有自己的倾向分配及自己的 τ 值，式中 $\mathrm{Var}(\tau)$ 为母群体中 τ 值的变异数。Spearman 早期提出测

量误差的概念，并建议采两个相似能力量表的相关作为信度指标，所以文献中有关信度最早的定义为“两平行量表的相关”。所谓平行量表就是两个量表皆测量相同的心理特质或能力，而且每个受试者在两个量表的倾向分配必须有相同的真分数及变异数。假设 X 和 X' 为两平行量表，其真分数相等且误差的变异数也相等，所以彼此的相关 ρ 可表示为

$$\rho_{XX'} = \frac{\mathrm{Cov}(X,X')}{\sqrt{\mathrm{Var}(X)\ \mathrm{Var}(X')}} = \frac{\mathrm{Cov}(\tau+E,\tau+E')}{\sqrt{\mathrm{Var}(X)\mathrm{Var}(X')}} = \frac{\mathrm{Var}(\tau)}{\mathrm{Var}(X)} \qquad (10-3)$$

古典理论假设误差和真分数无关，并引申出不同量表间的误差彼此无关，式（10－3）中分子的原始分数共变量可简化为真分数的变异数；也就是 $\mathrm{Cov}(E,\ E') = \mathrm{Cov}(\tau,\ E) = \mathrm{Cov}(\tau,\ E') = 0$。$\mathrm{Var}(X)$ 为母体中原始分数的变异数，变异来源包括两部分：“受试者倾向分配的变异数在母体中的平均值”，加上“倾向分配平均值在母体中的变异数”；前者称为“测量变异误”，后者为真分数的变异数〔见式（10－2）〕。上式说明两量表之间的共变量仅包含真分数讯息，而量表的变异数才包含误差的讯息。式(10－3)在古典测量理论中被称为“信度系数”（Guttman，1945），也就是原始分数的变异数中，真分数变异数所占的比率。信度系数理论上等于原始分数和真分数相关的平方（Kelley，1916）或 1 减去误差和原始分数相关的平方：

$$\rho_{XX'} = \rho^2_{\tau X} = 1 - \rho^2_{EX} \qquad (10-4)$$

相关系数须取平方后才可解释为两变项变异数之间重叠的比率，但信度系数已属比率量测，应用上无需再取“平方”；例如 $\rho_{XX'} = 0.8$ 代表原始分数的变异中有 80% 反映受试者真分数的差异，而测量误差只占 20%。

真分数假设除了估计测量信度外，尚可推广至其他应用；例如因素分析发展的理论基础在于假设“共同因素”为观察变项中较稳定的成分，其讯息主要潜藏在变项的真分数中，所以因素萃取主要依据变项之间的共变量，而变异数包含共同因素、测量误差及变项特有的成分（uniqueness）；执行因素分析第一步须先估计变异数中与测量误差无关的部分（communality）。另一个例子为遗传的相关性研究，同卵双胞胎有相同的遗传型（genotype），但彼此受环境影响出现表现型（phenotype）差异。所以双胞胎表现型的相

关（$\rho_{PP'}$）代表遗传型和表现型相关的平方，应用上无需再对相关值取平方（Jensen，1972），便可直接解释遗传的影响力。

Spearman 的衰减校正公式为估计变项间真分数的相关（1907），例如 X 及 Y 变项的真分数相关 $\rho_{\tau_X \tau_Y}$ 可表示为：

$$\rho_{\tau_X \tau_Y} = \frac{\mathrm{Cov}(\tau_X, \tau_Y)}{\sqrt{\mathrm{Var}(\tau_X)\mathrm{Var}(\tau_Y)}} = \frac{\mathrm{Cov}(X,Y)}{\sqrt{\mathrm{Var}(X)\rho_{xx}'}\sqrt{\mathrm{Var}(Y)\rho_{yy}'}} = \frac{\rho_{xy}}{\sqrt{\rho_{xx}'}\sqrt{\rho_{yy}'}} \tag{10-5}$$

上式中 τ_X、τ_Y 为 X 及 Y 的真分数，其相关等于原始分数的相关除以 X 及 Y 信度的平方根。由于相关系数取值于 ± 1，下列不等式可由式（10－5）的最后一项推算：

$$|\rho_{XY}| \leqslant \sqrt{\rho_{xx}'}\sqrt{\rho_{yy}'} \tag{10-6}$$

古典理论中效度的量测多数采相关研究，也就是量表原始分数和效标（工作表现）之间的相关。若将 ρ_{XY} 的绝对值视为量表效度系数，也就是将 X 视为量表，Y 视为效标，则式（10－6）说明测量的效度永远无法高于信度，所以提升量表效度的首要工作，为改进其信度。校正公式的理论意义大于实际应用，且式中的信度及效度系数必须一致；举例来说，X 及 Y 变项可能包含的误差有量表本身的测量误差、量测特质的稳定度（stability）及访员的信度等。信度系数须真实反映 X 及 Y 的误差，否则有可能高估或低估真分数相关。

实验研究中常将量表前、后测的差值视为实验操作后的效果，并检定此差值的统计显著性。假设 X_1 为前测，X_2 为后测，其差值为 $D = X_2 - X_1$。若将前、后测的变异数设为相等时，此差值的信度可表示为：

$$\rho_{DD'} = \left(\frac{\rho_{X_1X_1'} + \rho_{X_2X_2'}}{2} - \rho_{X_1X_2}\right) \Big/ (1 - \rho_{X_1X_2}) \tag{10-7}$$

上式中 $\rho_{X_1X_1'}$ 及 $\rho_{X_2X_2'}$ 为前、后测的信度，$\rho_{X_1X_2}$ 为两次施测量表的相关，此相关值愈高时 D 值的信度愈低。实验研究使用的前后测工具多为内容相似的平行量表，彼此相关偏高，所以 D 值为较不稳定的量测。一般采前后测的实验，可依据前测将受试者分区（block），再进行区集设计实验（randomized block design）；另一种选择为将前测视为共变量，并采 ANCOVA 检定实验组及控制组后测分数的差异。

相反，若将两个量表的值相加为 $M = X_2 + X_1$，此相加分数的信度为：

$$\rho_{MM'} = \left(\frac{\rho_{X_1X_1'} + \rho_{X_2X_2'}}{2} + \rho_{X_1X_2}\right) \Big/ (1 + \rho_{X_1X_2}) \tag{10-8}$$

倘若 X_1 及 X_2 为平行量表，式（10－8）可简化为：

$$\rho_{MM'} = \frac{2\rho_{XX'}}{1 + \rho_{XX'}} \tag{10-9}$$

此简化公式又称为 Spearman-Brown 折半信度，也就是将 X_1 及 X_2 视为两内容相似的分量表，将其相关值代入式（10－9）后，可得总量表 $X_2 + X_1$ 的信度值。由于信度取值在 0 与 1 之间，式（10－9）显示总量表的信度永远高于分量表的信度，下节讨论内部一致性系数时，将折半信度推广至 K 个分量表，并再次验证信度随着 K 值增加而提高。

（二）强势假设

真分数理论的假设十分简单，除了名目尺度的问卷外，几乎所有教育测验及心理量表皆可采真分数假设估计信度，只是信度值的参考性随量测的特质有异。但真分数假设未必能协助处理复杂的应用问题。例如，某量表施测后，拟估计每个受试者的真分数及测量标准误。古典理论中也包含强势假设（strong assumption）的模式，例如“试题反应理论”也属强势假设的模式之一。古典理论中的弱势假设，仅包含倾向分配的平均数（真分数）及标准偏差（测量标准误），若进一步对倾向分配的密度函数做强势假设，则可将真分数理论推广，配合应用需求。例如假设测量误差的密度函数为常态分配（normal density）：

$$f(E \mid \tau) = \frac{1}{\sqrt{2\pi \mathrm{Var}(E)}} \exp\left(-\frac{E^2}{2\mathrm{Var}(E)}\right) \tag{10-10}$$

式中 E 为误差、τ 为真分数、$\mathrm{Var}(E)$ 为测量误的变异数，此处并假设不同 τ 值的标准误皆相等。Lord 与 Novick（1968：500）对 τ 值在母体中的分配做了简单假设（例如一次微分存在），并证明每个原始分数误差的期望值 $\mu(E \mid X)$ 为：

$$\mu(E \mid X) = -\operatorname{Var}(E)\frac{f'(X)}{f(X)} \tag{10-11}$$

量表的信度若已知，则可采式（10－3）估计 $\operatorname{Var}(E)$，式中 $f(X)$ 为原始得分 X 的比例，$f'(X)$ 为此比例的一次微分。应用时可采平滑函数先逼近 $f(X)$，再计算此函数的一次微分。将估计值代入式（10－11），则可预测每个原始分数的真分数

$$\hat{\tau} = X - \mu(E \mid X) \tag{10-12}$$

式（10－12）为真分数对原始分数的回归预测模式（regression of τ on X）。

为了说明强势假设的用途，此处以台湾“大学入学考试中心”1990 年度英文科预试的 60 题测验原始总分分配为例。图 10－1 为该分配的直方图，该测验共施测了 58054 位考生，信度估计值达 0.94。图 10－2 为根据式（10－12）估算真分数对原始分数的回归线，此回归线为一非线性的递增函数。图 10－2 中高分考生的真分数较原始分数低，但低分考生的真分数较原始分数高，所以真分数分布的范围较原始分数窄。测量信度愈低时真分数愈集中，此现象又称为回归均值（regression toward the mean）。图 10－2 同时显示原始分数测量标准误的期望值，此期望标准误可将式（10－11）稍做修改估计：

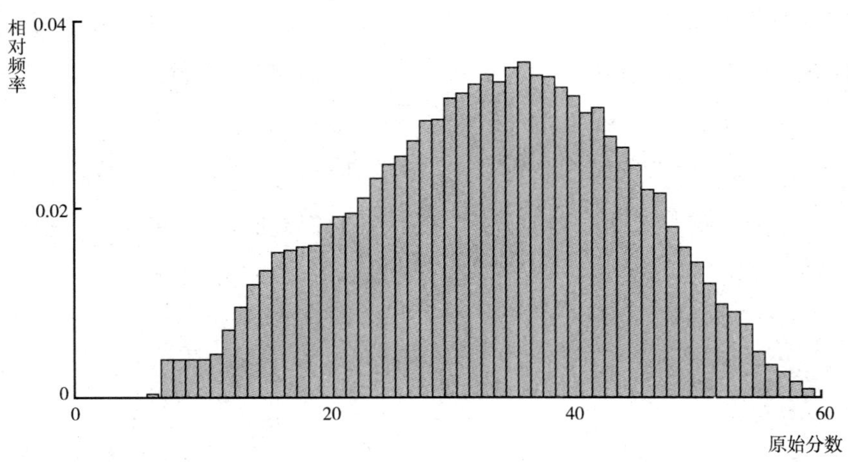

图 10－1　58054 位考生在英文语言测验原始总分上的分配
（平均数＝33.63，变异数＝112.92）

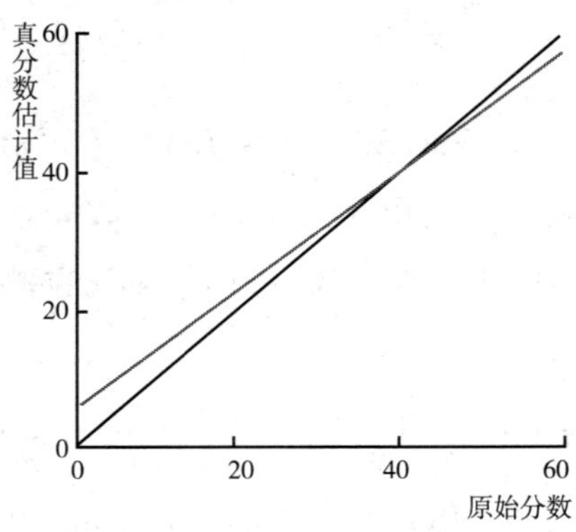

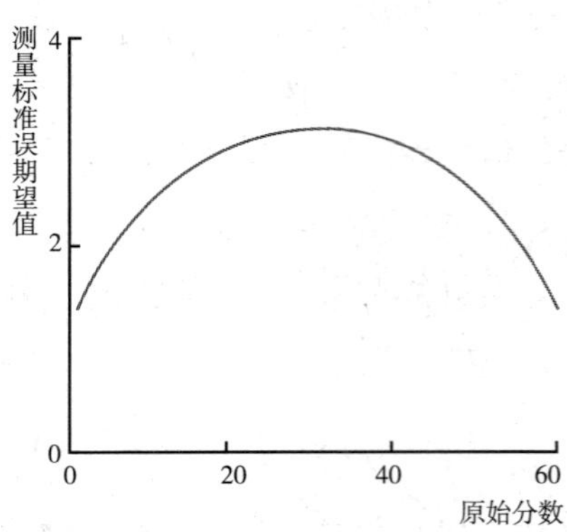

图 10－2　根据原始总分估计的真分数及期望的测量标准误
（图中对角直线为标准线，愈接近标准线的原始分数误差愈小）

$$\mu(E^2 \mid X) = \mathrm{Var}(E) + \mathrm{Var}^2(E)\frac{f''(X)}{f(X)} \qquad (10-13)$$

上式中 $f''(X)$ 为 $f(X)$ 的二次微分。结合式（10－11）及（10－12）可估计测量标准误：

$$\sqrt{\mathrm{Var}(E \mid X)} = \sqrt{\mu(E^2 \mid X) - [\mu(E \mid X)]^2}$$

图 10－1 的分配显示，考生的原始分数集中在 28～42 分之间，在受限的考分范围内要鉴别众多考生能力的高低，误差较大，所以测量标准误也反映此现象，较大误差集中在中间考分。高分、低分的考生较少，鉴别考生能力相对较容易，测量标准误也较小。测量标准误可经统计的稳定化处理（stablization），使得测量标准误彼此近似，不致因为原始考分的落点影响公平性，台湾“初中基本学力测验”将原始分数做正弦反函数转换（arcsine transformation）成为量尺分数，即为一考虑标准误稳定性的措施。

参考方块　10－2：真分数理论

真分数理论提供的是一个架构，无所谓有用或无用，在理论架构下建立的模式，将原始分数、真分数及测量误差进行特殊的函数链接；吾人可采施测的资料，验证不同模式何者有用。

三 内部一致性系数

应用上采“平行量表”估计信度缺乏实用性，且两次施测时间间隔若过长，量表量测特质的稳定性也会影响信度估计。本节介绍的内部一致性系数，在量表施测一次后可直接估计，但多数仅作为信度的下限指标；量表试题若满足必要的假设，内部一致性系数也可作为信度指标，且有一定的参考价值。本节除介绍内部一致性系数及相关假设外，并讨论如何检定样本估计的内部一致性系数是否达统计显著。

（一）内部一致性假设

假设某心理量表含 K 个分量表（或 K 个试题），第 i 个分量表的原始得分可表示为：

$$X_i = \tau_i + E_i$$

设量表总分 M 为分量表总分相加，总分的真分数 τ_M 为分量表真分数相加，误差则为分量表误差 Ei 相加。总量表和分量表真分数的关系可假设为线性：

$$\tau_i = \lambda_i \tau_M + c_i \tag{10 - 14}$$

λ_i 取值在 0 与 1 之间，且和 c_i 皆为常数项，不受个别倾向分配的影响；此外，为了确认参数值，且在不影响内部一致性系数估计下，可设 K 个 λ 值相加为 1，且 K 个 c 值相加为 0，所以满足 $\tau_M = \sum_i \tau_i$ 。根据此假设，分量表的变异数及彼此的共变量可表示为：

$$\begin{aligned} \mathrm{Var}(X_i) &= \lambda_i^2 \mathrm{Var}(\tau_M) + \mathrm{Var}(E_i) \\ \mathrm{Cov}(X_i, X_j) &= \lambda_i \lambda_j \mathrm{Var}(\tau_M) \end{aligned} \tag{10 - 15}$$

式（10 - 15）的分量表模式在古典理论中又称为同属性（congeneric）假设，内部一致性系数皆为同属性的特殊例子。同属性模式中需估计的参数有 K 个 λ_i，K 个 $\mathrm{Var}(E_i)$ 及量表总分真分数的变异数 $\mathrm{Var}(\tau_M)$。但在式（10 - 15）中，分量表原始分数间的变异数及彼此的共变量仅提供 $K(K+1)$ /2 个已知数，外加一个 λ 值相加为 1 的限制。所以同属性模式等于采 $K(K +$

1）/2 +1 个已知方程式，估计 $2K+1$ 个未知参数（c_i 在母体中为常数项，不影响变异数的估计）。已知方程式的个数必须多于未知参数，否则参数无解，所以式（10 - 15）中 K 值必须大于或等于 3。应用上，检查同属性假设最直接的方法为观察分量表之间的共变量矩阵，矩阵中的非对角线元素必须为正；若许多分量表共变量为负值或接近零，同属性假设应不成立。此节介绍同属性模式的一些特殊例子及引申的信度系数。

1. 强平行

分量表如果满足强平行（strictly parallel）假设，除量测相同的心理特质外，受试者在分量表的倾向分配必须有相同的真分数，且 K 个分配的变异数也必须相等，所以分量表的信度值必须相等。强平行假设易和互换性（interchangeable）假设混淆，前者要求倾向分配的第一、二级动差必须相等，后者则要求所有动差皆相等；如果倾向分配为常态分配，则两者意义相同。编制平行量表的要求十分严格，除每一试题量测的心理特质或能力必须清楚界定外，平行量表的题目也必须有一对一的关系。以算术测验为例，甲量表若考一题分数相加的题目且分母无需通分，乙量表中对应的题目包含分母先通分再相加，即使两试题难度相同，甲、乙量表也无法满足强平行假设。访问调查研究应用平行量表的时机较少，但文献中根据平行假设发展了许多应用的公式，可协助研究者预估适当的量表题数，使得编制的量表可以达预期的信度值。

强平行假设将式（10 - 15）中 K 个 τ 值设为相等（$\tau_1=\cdots=\tau_k=1/K$），且 K 个 $\mathrm{Var}(E_i)$ 也设为相等，同属性模式中的未知参数仅剩（$1/K$）$\mathrm{Var}(E_i)=\mathrm{Var}(E)$ 及 $\mathrm{Var}(\tau_M)$。强平行模式的未知参数的解并非唯一。例如，将任何两分量表的共变数代入式（10 - 15）中皆可估计 $\mathrm{Var}(\tau_M)$。此处仅说明 Spearman-Brown 折半信度的推广系数，

$$\rho_{MM}{}' = \frac{K\rho_{XX'}}{1+(K-1)\rho_{XX'}} \tag{10 - 16}$$

上式中 $\rho_{MM'}$ 为总量表的信度，$\rho_{XX'}$ 为分量表的信度。此推广系数的用途并非估计信度，而是借此公式表明题数和信度的关系。例如，某心理特质量表含 20 个试题，信度为 0.7；若拟将测量信度提升至 0.9（将 0.9 及 0.7 分别带入公式中等号的左、右侧，解出 K = 3.86），则量表必须再增加 3.86 倍的题

数（约施测 77 题）。式（10－16）也可表示为：

$$\rho_{XX}{}' = \frac{\frac{1}{K}\rho_{MM'}}{1+(\frac{1}{K}-1)\rho_{MM'}} \tag{10-17}$$

由于量表施测题数愈多信度愈高，若欲得知两个不同题数的量表何者较可靠，可将量表信度 $\rho_{MM'}$ 带入式（10－17），估计平均每一题的信度，或称为内涵信度（intrinsic reliability），并比较两量表内涵信度是否有异。例如前述 20 题的量表信度为 0.7，内涵信度为 0.10；另有一测量相同心理特质的 50 题量表信度为 0.85，内涵信度也为 0.10，所以两量表测量该心理特质应该一样可靠。

> **参考方块　10－3：量表题数**
>
> 量表题数增加 K 倍后，预估原始分数的平均数将增加 K 倍，原始分数的变异数将增加 $K+K(K-1)\rho_{XX}{}'$ 倍（$\rho_{XX}{}'$ 为原量表信度），真分数的变异数将增加 K^2 倍，误差的变异数将增加 K 倍。

2. 等 τ 性

两个量表如果满足等 τ 性（τ equivalent）假设（τ 代表真分数），则受试者在两个量表的倾向分配必须有相同的 τ 值或真分数，但变异数可以不等，也就是分量表可以有不同的信度值。相较于强平行假设，量表或问卷较易满足等 τ 性假设。社会科学研究常使用的 α 系数，系根据等 τ 性假设发展的信度指标。该假设将式（10－15）中 K 个 τ 值设为相等（$\tau_1=\cdots=\tau_k=1/K$），但每个 $\mathrm{Var}(E_i)$ 可不相等，同属性模式中的未知参数为 $\mathrm{Var}(\tau_M)$ 及 K 个 $\mathrm{Var}(E_i)$。当 $K>3$ 时，等 τ 性模式的未知参数解也非唯一，此处介绍社会人文研究常使用的 α 系数：

$$\alpha \equiv \rho_{MM'} = \frac{K}{K-1}\left(1-\frac{\sum_i \mathrm{Var}(X_i)}{\mathrm{Var}(M)}\right) \tag{10-18}$$

式（10－18）中括号内分数的分子为分量表共变数矩阵的对角线元素相加，

分母为矩阵中所有元素相加。Lord 与 Novick（1968）一书中详细证明 α 系数永远小于或等于量表的信度，所以应用上将 α 系数视为信度的下限指标。系数值高代表量表有较强的内部一致性，量表总分在解释上较无争议。但若 α 系数值偏低，则无法直接推论量表不可靠，有可能分量表并非量测单一特质，应用上必须再采其他方法验证信度。

3. 本质等 τ 性

本质等 τ 性（essentially τ equivalent）允许量表的倾向分配可有不同的真分数，但差别仅限于一个常数项，所以式（10－14）中的模式可改写为 $\tau_i = (1/k)\ \tau_M + c_i$；对母体中所有受试者，此常数为恒等，且倾向分配的变异数可以不等。信度指标系根据变异数所定义，不受加减常数项的影响，所以等 τ 性的信度指标皆可用于本质等 τ 性假设。应用上若分量表的题数不等，但试题满足内部一致性假设，则本质等 τ 性较适合诠释量表真分数，且皆可采 α 系数或其他等 τ 性系数估计信度。

4. 同属性

古典理论中较符合实际应用的假设为同属性；一如前述，不论强平行或等 τ 性假设皆为同属性的特例。当 K 大于 3 时，同属性模式的参数也无唯一解，Lord 与 Novick（1968）一书中并未提出同属性模式参数的封闭解（closed-form solution）及信度系数。理论上分量表够多时，可采最大概似法或最小平方法估计模式参数。此处仅介绍文献中最早提出的一组封闭解：

$$\rho_L \equiv \rho_{MM'} = \frac{1}{1 - \sum_i \lambda_i^2}\left(1 - \frac{\sum_i \mathrm{Var}(X_i)}{\mathrm{Var}(M)}\right) \tag{10－19}$$

上式和 α 系数的差别仅在估计不同的 λ_i 值，其估计式如下：

$$\lambda_1 = \frac{\sum_j \mathrm{Cov}(X_1, X_j)}{\mathrm{Var}(M)}$$

$$\vdots$$

$$\lambda_K = \frac{\sum_j \mathrm{Cov}(X_K, X_j)}{\mathrm{Var}(M)}$$

上式中每个 λ_i 值系取分量表共变数矩阵中第 i 列的元素相加后，除以总分的变异数；将估计值取平方后代入式（10－19），即可估计同属性系数。

试题若满足内部一致性假设，同属性系数恒大于或等于 α 系数。同属性模式中 λ 值相对的大小，代表分量表对总量表信度的贡献，值愈大贡献愈大，对同属性系数的其他封闭解有兴趣的读者可参考 Liou（1989）。同属性模式也可用来估计评分员信度；例如，每个受试者同时由 K 个评分员评分，每个评分员的给分方式不同，评分集中、偏高或偏低者，λ 值较低，代表评分员无法有效鉴别受试者差异，ρ_L 系数则为受试者综合得分的信度值。

此处以中文版的智能筛检量表（CASI－2.0；Cognitive Ability Screening Instrument；Teng et al.，1994）为例，说明内部一致性系数的计算方式。该量表为临床检测智能退化的诊断量表，包含的九个分量表分别为：

（1）旧记忆（Remote memory，取分 0～10 分），

（2）新记忆（Recent memory，0－12 分），

（3）注意力（Attention，0－8 分），

（4）心智操作与心算（Concentration / mental manipulation，0－10 分），

（5）定向感（Orientation，0－18 分），

（6）抽象概念与判断（Abstraction and judgement，0－12 分），

（7）语言（Language，0－10 分），

（8）绘图（Visual construction，0－10 分），

（9）思绪流畅（List-generating fluency，0－10 分）等。

每个分量表题数不同，所以仅“本质等 τ 性”及“同属性”假设可能成立；CASI 分量表在多数研究中，皆呈现单一的共同因素（Tsai，Lin，Wang，& Liu，2007）。表 10－1 为根据 1656 个受试样本所计算的分量表共变量矩阵，由于共变数值皆呈现正值，所以未违背内部一致性假设。① 各量表估计的 λ 值分别为 0.10、0.13、0.06、0.12、0.22、0.09、0.08、0.11 及 0.10。“定向感”分量表由于试题较多，估计的 λ 值也较高，换句话说，此分量表对信度的贡献最大；相反，“注意力”分量表估计的 λ 值最低，该量表有可能较不可靠，或测量的特质和其他分量表不同。根据此共变量矩阵估计的 α 系数为 0.869，同属性的 ρ_L 系数为 0.886。

---

① 感谢荣总神经内科刘秀枝教授提供受试样本资料。

（二）内部一致性系数的检定

应用上若根据有限样本估计信度值，该样本估计值须透过统计检定以推论母群体真值；文献中检定样本 α 系数的相关研究较多，例如检定系数值是否显著大于零（Feldt，1969）、两相依样本受测不同量表的 α 系数是否相等（Feldt，1980）及多个独立样本受测相同量表的 α 系数是否相等（Hakstian & Whalen，1976）。读者若想了解不同检定方法的差别及相对优缺点，可参考 Kim 与 Feldt（2008）。下节讨论因素分析和真分数假设的关系时，将介绍如何采共变量结构分析法分析同属性模式，并估计及检定信度系数。此处介绍如何采自助重抽法（bootstrap method）估计样本信度的抽样分配，并计算样本误差。应用上采自助法的优点在于适用于任何模式，唯一的限制在于方法依赖计算机产生随机数，并执行重复取样。以智能筛检量表为例，重抽法将在原样本中随机选取 1656 笔资料（九个分量表分数），并重新计算 α 值或其他内部一致性系数；由于抽样为置回式（with replacement），自助样本中将出现重复资料。重抽法须循环 B 次（自助法应用多取 $B=1000$），每次重新回到原样本中抽取 1656 笔资料并计算内部一致性系数。上例中根据 1000 个自助样本计算的 α 系数，其平均值为 0.869，标准偏差为 0.006；1000 个估计值分配中第 2.5 分位数及 97.5 分位数分别为（0.858，0.887）。由于此信赖区间未包含 0.00，所以在控制第一类型误差为 0.05 时，样本估计值显著大于零。同样的自助样本计算的 ρ_L 系数，其平均值为 0.886，

表 10－1　中文版的智能筛检量表九个分量表的共变数矩阵

旧记忆	新记忆	注意力	心智操作与心算	定向感	抽象概念与判断	语言	绘图	思绪流畅
6.22								
4.42	14.87							
2.18	2.02	3.95						
4.69	4.54	2.68	9.85					
8.55	14.75	3.78	9.29	29.44				
3.56	3.54	2.47	4.24	6.11	6.13			
3.20	2.17	2.39	4.55	4.95	3.41	5.95		
3.86	2.97	2.45	6.17	7.10	3.97	5.09	12.62	
3.71	4.55	2.25	4.42	8.26	3.49	3.12	3.95	6.73

标准偏差为 0.005；1000 个估计值分配中第 2.5 分位数及 97.5 分位数分别为（0.875，0.896）。由于样本数够大，所以估计误差较小，信赖区间取值的范围窄，此区间未包含 0.00，所以样本估计值也显著大于零。

四　其他相关理论

（一）真分数因素结构

Spearman（1904）不仅最早提出测量误差的概念，而且开启了古典测量理论的发展，早期更探讨不同心理量表是否量测相同的特质或共同因素，后者也成功地推动因素分析理论及应用的发展。古典测量理论中分量表之间的共变量仅包含真分数讯息，不受误差的影响；因素分析理论中，分量表之间的共变量为共同因素的变异来源。由于两者理论假设一致，McDonald（1999）将古典测量理论及因素分析结合，并定义古典理论的信度系数为共同因素解释的变异量和原始分数变异量的比值。上节中总量表的原始分数可以采向量及矩阵的符号表示如下：

$$\begin{aligned} M &= \mathbf{1}'\underline{X} = \mathbf{1}'\underline{\tau} + \mathbf{1}'\underline{\varepsilon} \\ &= \mathbf{1}'\Lambda\underline{\eta} + \mathbf{1}'\underline{c} + \mathbf{1}'\underline{\varepsilon} \end{aligned} \quad (10-20)$$

上式中$\underline{X}$为分量表原始得分的向量，$\underline{\tau}$及$\underline{\varepsilon}$分别为分量表真分数及误差的向量，$\mathbf{1}'$为 K 维的单位向量转置（transpose），主要将分量表分数相加；分量表的真分数为共同因素可解释的部分，包含因素负载矩阵 Λ，及共同因素向量$\underline{\eta}$；同属性假设中包含常数项$\underline{c}$以反映分量表不同试题数。总量表的原始分数的变异数可表示为：

$$\mathrm{Var}(M) = \mathbf{1}'\Lambda\Psi\Lambda'\mathbf{1} + \mathbf{1}'\Theta\mathbf{1}$$

式中 Ψ 为共同因素之间的共变量矩阵，Θ 为误差之间的共变量矩阵。误差之间的共变量矩阵多数为对角线矩阵，但如果模式允许相依误差（correlated errors），则 Θ 可为一般对称矩阵；例如，亲子关系量表中，同一个家庭的父亲和母亲填写的量表，会出现相依的误差。McDonald 定义原始总分的信度为：

$$\omega = \frac{1'\Lambda\Psi\Lambda'1}{1'\Lambda\Psi\Lambda'1 + 1'\Theta 1} \qquad (10-21)$$

如果分量表只测量单一因素，上式可以简化为：

$$\omega = \frac{(\sum_{i=1}^{K}\lambda_i)^2}{Var(M)} \qquad (10-22)$$

上式中 λ_i 为分量表在共同因素上的负载值。Lucke（2005）详细比较 ω 系数和内部一致性系数的理论性质差异，文献中也有许多研究探讨如何借由共变量结构分析软件（例如 LISREL8.8；Jöreskog & Sörbom，2006）估计信度，并做不同样本之间的差异检定。以表 10－1 中智能筛检量表九个分量表为例，若假设分量表测量一个共同因素，并采 LISREL8.8 及最大概似法估计因素负载值，代入式（10－22）得同属性系数为 0.801；若假设 λ_i 值相等（同 τ 性假设），估计的等 τ 性系数为 0.810。此例中最大概似法估计的同属性或等 τ 性系数，皆较古典理论估计的 ρ_L 或 α 系数低。仿真资料研究发现，采验证性因素分析估计信度时，因素模式若界定错误（因素个数过少），估计的信度值会出现较大的偏误；但若模式正确，信度估计值则十分正确可靠（Yang & Green，2010）。社会科学研究使用的心理量表或调查问卷，多数量测多元特质，上节讨论的内部一致性系数在量表选题过程中，可提供一个快速检测试题质量及量表特性的工具，但研究必须确认问卷量测的为单一或多元特质，并选取正确的因素模式。采因素模式估计信度，可同时检查相同量表在异质团体中是否出现不同的能力结构效度，也就是可同时进行信度及效度检测。

（二）组内相关

组内相关（ICC）和积差相关不同；两个变项（X，Y）之间的积差相关，考虑是否能将其中之一变项，以线性转换表示成另一变项，也就是 $Y = aX + b$。组内相关则考虑是否能将其中之一变项，以加成的转换表示成另一变项，也就是 $Y = X + b$。如果 X 及 Y 的变异数不同时，会影响 ICC 但不会影响积差相关。表 10－2 列举两个量表（各施测两题）和三位受试者之间所形成的得分 X_{ij} 矩阵（subjects by items matrix），不论量表甲或乙，两题得分的积差相关皆为 1（例子摘自 McGraw & Wong，1996）。此例子采 ANOVA

估计 ICC，表中全体离均差为表中所有分数偏离总平均数的平方和，此平方和可拆解成受试者间及试题间两个离均差来源及两者之外的残差。采 ANOVA 估计信度和前述的古典理论估计信度方式早已平行发展（Hoyt, 1941），量表甲中两题的平均分数不等，但标准偏差相同，残差值为 0；量表乙中两题的平均分数相等，但标准偏差不同，试题之间的均差为 0，但残差值不为 0。组内相关系数又可再分为一致性系数（C；consistency index）及谐和系数（A；agreement index）：

$$\mathrm{ICC}(C,1) = \frac{MS_{受试者} - MS_{残差}}{MS_{受试者} - (K-1)MS_{残差}} \tag{10-23}$$

$$\mathrm{ICC}(A,1) = \frac{MS_{受试者} - MS_{残差}}{MS_{受试者} + (K-1)MS_{残差} + \frac{K}{N}(MS_{试题} - MS_{残差})} \tag{10-24}$$

上式中（C，1）代表量表平均每一题的一致性系数（如前述的内涵信度），K 为量表的试题数，N 为受试者人数。表 10－2 中，量表甲的一致性系数为 1，谐和系数为 0.67；量表乙的一致性系数为 0.385，谐和系数为 0.484。所以当试题的变异数皆相等时，一致性系数和积差相关意义相同；此时，谐和系数可以反映试题平均数的差异。当试题的变异数不相等时，一致性系数可适当反映此差异；相较之下，谐和系数可同时反映试题平均数及变异数的差异。式（10－23）及（10－24）为量表平均每一题的 ICC 系数，K 个试题平均分数的一致性及谐和系数可表示为：

$$\mathrm{ICC}(C,K) = \frac{MS_{受试者} - MS_{残差}}{MS_{受试者}} \tag{10-25}$$

$$\mathrm{ICC}(A,K) = \frac{MS_{受试者} - MS_{残差}}{MS_{受试者} + \frac{I}{N}(MS_{试题} - MS_{残差})} \tag{10-26}$$

式（10－25）与等 τ 性的 α 系数相等，主要反映试题变异数之间的差异，此和等 τ 性假设一致；所以上节讨论的内部一致性系数也可以 ANOVA 的均差来表示。表 10－2 中量表甲的一致性系数为 1，谐和系数为 0.8；量表乙的一致性系数为 0.56，谐和系数为 0.652。应用上，测量变项之间的关联性，除积差相关之外，ICC 提供另一种选择。积差相关对变项之平均数及变异数的差异，不够敏锐；一致性系数对变异数的差异敏锐，但对平均数不敏锐；谐和系数可以同时反映变项平均数及变异数的差异。例如，父母及子女 IQ 的积差相关可高达 0.89，若仅以积差相关呈现遗传和环境的影响力，则显示遗传的影响较大；相反，若子女的平均 IQ 高于父母一个标准偏差且谐和系数仅为 0.45，则显示环境有不可忽视的影响力。研究若是想同时呈现遗传及环境的影响力，可采 ICC 中的谐和系数，来计算父母及子女 IQ 的相关。

表 10－2　受试者在不同量表的得分情况及受试者、试题、残差值的均差

量表甲				量表乙			
受试者	题 1	题 2	$X_{i.}$	受试者	题 1	题 2	$X_{i.}$
1	2	4	6	1	0	4	4
2	4	6	10	2	5	5	10
3	6	8	14	3	10	6	16
$X_{.j}$	12	18	30	$X_{.j}$	15	15	30
平均数	4	6		平均数	5	5	
标准差	2	2		标准差	5	1	

量表甲：

$\sum (X_{ij})^2 = 172$　$\sum (X_{..})^2 = 900$

$\sum (X_{i.})^2 = 332$　$\sum (X_{.j})^2 = 486$

离均差平方和(SS)

全体 = 172 − 900/6 = 22

受试者间 = 332/3 − 900/6 = 16

试题间 = 486/2 − 900/6 = 6

残差 = 22 − 16 − 6 = 0

均差(MS)

受试者间 = 16/2 = 8

试题间 = 6

残差 = 0/2 = 0

量表乙：

$\sum (X_{ij})^2 = 202$　$\sum (X_{..})^2 = 900$

$\sum (X_{i.})^2 = 372$　$\sum (X_{.j})^2 = 450$

离均差平方和(SS)

全体 = 202 − 900/6 = 52

受试者间 = 372/3 − 900/6 = 36

试题间 = 450/2 − 900/6 = 0

残差 = 52 − 36 = 16

均差(MS)

受试者间 = 36/2 = 18

试题间 = 0

残差 = 16/2 = 8

参考方块　10－4：试题与分量表

除了试题或分量表之间有强平行、等 τ 性及同属性假设外，变项之间的关系，也可仿类似假设，皮尔森积差相关适合同属性假设的变项，组内相关则适合强平行或等 τ 性假设的变项。

量表施测过程中，测量误差的来源除量表试题外，尚可能包括评分员信度、测量特质在跨时间施测的稳定度及施测方式等，设计量表须探讨不同误差来源对信度的影响。概化理论（generalizability theory）为 ICC 的广义理论，当测量误差的来源增多时，前述的真分数理论所引申的信度系数将不敷使用，概化理论为分析不同误差来源的有效工具。概化理论假设试题存在一全局或母群体（universe），量表试题为母群体的观察样本，不论 ICC 或概化理论，皆假设受试者及试题为随机样本，概化系数为估计受试者在量表平均得分和全局平均得分（universe scores）相关的平方。当试题为测量误差的唯一来源时，概化系数等同于 ICC。当来源增多时，概化理论可估计不同来源的概化系数。限于篇幅，本章将不详细说明概化系数的计算公式。读者可参考 Brennan（1992）所发表的技术报告，该报告详细刊载不同量表施测情境（包括受试者、试题、评分员、施测方式等），及计算不同误差源的均差或概化系数公式。概化系数的诠释方式和信度指标相同，取值在 0 与 1 之间，值愈高代表误差愈小；例如量表预试过程中，发现试题及评分员的概化系数分别为 0.8 及 0.25，则评分员为误差的主要来源，研究必须透过评分员训练或筛选，改善评分信度。

（三）Kappa 系数

本章介绍的信度指标适用的情况为量表试题答对、答错或问卷试题勾选满意、赞成的程度可视为连续量。如果量表选项纯粹为名目选项（例如临床医师判别病患为忧郁症或精神官能症），则 Kappa 系数可作为信度的参考指标（Cohen，1960）。Kappa 系数最早用来量测两个评分员彼此评分标准的一致性，Fleiss（1971）将其推广至多个评分员的一致性。假设 K 评分员同时诊断 N 个受试者，并将受试者依状况分为 J 个类别组；n_{ij}为第 i 个受试者被评到第 j 个类别的次数，所有类别的次数加总后为 K，例如表 10－3 中三位临床医师对五位病患的诊断结果，第三位受试者的 $n_{31}=1$，且 $n_{31}+n_{32}+n_{33}=3$。一般来说，第 i 个受试者在 K（$K-1$）个配对中，评分员彼此诊断相同的比率为：

$$P_{i\cdot}=\frac{1}{K(K-1)}\sum_{j=1}^{J}n_{ij}(n_{ij}-1)$$

例如表 10－3 中，评分员诊断第三位病患的一致性为［1(1－1)+2(2－1)］/6=0.33，且 N 个受试者的平均值为：

$$P_A = \left(\sum_{i=1}^{N} P_{i.}\right)/N$$

每个类别组占的比率为：

$$P_{\cdot j} = \frac{1}{NK}\sum_{j=1}^{N} n_{ij}$$

Fleiss 将 Cohen 的 Kappa 系数推广至多个评分员时，假设各类别组占的比率对每个评分员皆相同。应用上若不依赖此假设，可参考 Conger（1980）的公式，该公式在计算上较复杂。如果类别组占的比率相等，则两个评分员随机出现相同类别诊断的几率可表示为：

$$P_C = \sum_{j=1}^{J} P_{\cdot j}^2$$

Kappa 系数为校正此随机比率后的一致性系数：

$$\kappa = \frac{P_A - P_C}{1 - P_C}$$

表 10－3 中的 P_A 值为 0.598，P_C 值为 0.36，Kappa 值为 0.372。Fleiss 和 Cohen 同时提供 Kappa 系数的样本估计的标准误公式，应用上可采常态分配检定样本估计值的显著性。上节讨论的内部一致性系数可作为评分员评分标准是否一致的指标，也可作为试题是否量测相同潜在特质的指标；同理，此处的 Kappa 系数除了探讨多个评分员评分标准的一致性外，也可用于探讨访问调查问卷试题是否具内部一致，也就是偏向赞成的受访者，在各题皆偏向勾选赞成，反对的受访者在各题皆偏向勾选反对。所以名目选项的量表，可采 Kappa 系数侦测量表试题的内部一致性。

检定 Kappa 系数是否等于零，并无实质意义，读者可参考文献中 Kappa 系数实用性的判定标准；表 10－4 中所列为应用上判定系数强度的参考准则（Landis & Koch，1977）。以表 10－3 的 Kappa 系数值 0.372 为例，三位临床医师诊断的一致性尚可接受。名目选项也可采不同的加权，并计算加权后的 Kappa 系数（weighted Kappa）。如果对名目选项做等距加权（例如 1，2……），则加权后的 Kappa 系数等同于上节所介绍的组内相关（Fleiss &

Cohen, 1973; Rae, 1988)，其他实用的加权值可参考 Schuster 与 Smith (2005)。所以广义的 Kappa 系数包含积差相关及组内相关。

> **参考方块　10－5：Kappa 系数**
>
> Landis 与 Koch 有关 Kappa 系数的文章，自 1977 年以来被文献引用，已超过 12000 次，可知该系数在应用学界的影响力；本章说明 Kappa 系数、组内相关及 α 系数三者的理论关系。

表 10－3　三位临床医师对五位病患的诊断

病患	忧郁	精神官能	精神分裂	$P_{i.}$
1			3	1
2	1	2		0.33
3	1	2		0.33
4	1	2		0.33
5	3			1
总计	6	6	3	
$P_{.j}$	0.4	0.4	0.2	

表 10－4　Kappa 系数强度的判定标准

Kappa 系数	强　度
<0.00	拙劣(poor)
0.00～0.20	极低(slight)
0.21～0.40	尚可(fair)
0.41～0.60	稳定(moderate)
0.61～0.80	实质(substantial)
0.81～1.00	近乎理想(almost perfect)

五　总结

古典测量理论即为真分数理论，由于理论假设十分简单，一般文献皆不明确说明理论背后估计测量误差的模式。本章主要借由模式及相关公式，说明古典测量理论中重要的概念，如信度和效度的关系，为何前、后测分数的差值含较大的测量误差，及信度值和量表题数有直接的关系。古典理论中估计信度的模式包括强平行、等 τ 性及同属性等，例如社会科学研究者较熟悉 α 系数，系根据等 τ 性模式。强平行的信度估计式多用来预测试题数和信度之间的关系，应用上也可采强平行公式，估计量表增加或减少题数对信度的影响。量表内容较易满足同属性模式的假设，采同属性模式估计的信度值一般也较 α 系数值高。

本章也同时说明与古典测量理论相关的课题，包括真分数因素结构、组内相关及 Kappa 系数。此三课题除应用需求外，也可视为古典理论的延伸。调查研究使用的量表多数量测多元特质，所以内部一致性系数的假设，易低估量表的信度；采验证性因素分析可检定量表的潜在特质结构，也可同时估计不同特质的信度。社会科学常探讨异质团体在量表的作答模式上是否有异，即使量表量测单一特质，采验证性因素分析可检定异质团体在不同试题的信度，并作为修改试题的参考。试题之间同属性假设，可推广至变项之间同属性假设，受试者在不同变项的观察值若满足同属性假设，则变项彼此的积差相关为 1。但积差相关值无法敏锐地反映变项之间平均数及标准偏差的不同，研究若希望相关指标能适当反映变项标准偏差的不同，则可做等 τ 性假设，并选择 ICC 中的一致性系数估计相关；若希望相关指标能同时反映变项在平均数及标准偏差的不同，则可采强平行假设，并选择 ICC 中的谐和系数估计相关。访问调查中，试题选项也可能属质性量测，如“赞成”“反对”，Kappa 系数为量测质性选项试题之间的一致性系数，若选项之间满足次序关系，如“赞成”“无意见”“不赞成”。设定选项的加权值，可得等同于 α 系数的 Kappa 系数值。

古典测量理论涵盖的课题很广，且以信度及效度为主轴，但一般参考书籍多未将古典理论的相关模式叙述清楚。本章将真分数理论做完整的整理，包括相关假设及引申的模式；读者了解不同假设的实质意义后，可清楚模式的用途及限制，以避免研究中误用公式或推论超过实质（over generalization）。真分数理论是古典测量理论的基础，任何古典理论的课题皆和此基础有关，本章在延伸阅读中列了由浅入深的参考书籍及文章，此理论基础可协助读者较容易阅读相关文章，也可清楚不同系数之间的关联。

参考书目

吴孟佑（2010）《从脸孔辨识的 EEG 频谱振荡反应探讨外显及内隐焦虑的加成效果》，佛光大学心理研究所硕士论文。

Adcock, Robert, & Collier, David (2001). Measurement validity: A shared standard for qualitative and quantitative research. *The American Political Science Review*, *95*, 529 - 546.

Allen, Mary J., & Yen, Wendy M. (2001). *Introduction to measurement theory*. Long Grove, IL: Waveland.

Bloom, Benjamin S. (Ed.) (1956). *Taxonomy of educational objectives: The classification of educational goals* (Handbook 1. Cognitive domain). New York: McKay.

Brennan, Robert L. (1992). Generalizability theory. *Educational Measurement: Issues and Practice*, *11*, 27 - 34.

Brennan, Robert L. (2001). *Generalizability theory*. New York: Springer Verlag.

Brown, William (1910). Some experimental results in the correlation of mental abilities. *British Journal of Psychology*, *3*, 296 - 322.

Carver, Ronald P. (1974). Two dimensions of tests: Psychometric and edumetric. *American Psychologist*, *29*, 512 - 518.

Carver, Ronald P. (1975). The Coleman Report: Using inappropriately designed achievement tests. *American Educational Research Journal*, *12* (1), 77 - 86.

Cohen, Jacob (1960). A coefficient of agreement for nominal scales. *Educational and Psychological Measurement*, *20*, 37 - 46.

Coleman, James S., Campbell, Ernest Q., Hobson, Carol F., McPartland, James, Mood, Alexander M., Weinfeld, Frederich D., & York, Robert L. (1966). *Equality of educational opportunity*. Washington: U. S. Department of Health, Education & Welfare Office of Education (OE-38001 and supp.).

Conger, Anthony J. (1980). Integration and generalization of kappas for multiple raters. *Psychological Bulletin*, *88*, 310 - 328.

Cronbach, Lee J. (1951). Coefficient alpha and the internal structure of tests. *Psychometrika*, *16*, 297 - 334.

Feldt, Leonard S. (1969). A test of the hypothesis that Cronbach's alpha or Kuder-Richardson reliability coefficient twenty is the same for two tests. *Psychometrika*, *34*, 363 - 373.

Feldt, Leonard S. (1980). A test of the hypothesis that Cronbach's alpha reliability coefficient is the same for two tests administered to the same sample. *Psychometrika*, *45*, 99 - 105.

Fleiss, Joseph L. (1971). Measuring nominal scale agreement among many raters. *Psychological Bulletin*, *76*, 378 - 382.

Fleiss, Joseph L., & Cohen, Jacob (1973). The equivalence of weighted Kappa and the intraclass correlation coefficient as measure of reliability. *Educational and Psychological Measurement*, *33*, 613 - 619.

Gulliksen, Harold (1950). *Theory of mental tests*. New York: Wiley.

Guttman, Louis (1945). A basis for analyzing test-retest reliability. *Psychometrika*, *10*, 255 - 282.

Hakstian, A. Ralph, & Whalen, Thomas E. (1976). A k-sample significance test for independent alpha coefficients. *Psychometrika*, *41*, 219 - 231.

Hambleton, Ronald K., Swaminathan, Hariharan, Algina, James, & Coulson, Douglas Bill (1978). Criterion-referenced testing and measurements: A review of technical issues and developments. *Review of Educational Research*, *48*, 1 - 47.

Hoyt, Cyril (1941). Test reliability estimated by analysis of variance. *Psychometrika*, *6*, 153 - 160.

Jensen, Arthur R. (1972). *Genetics and education*. New York: Harper and Row.

Jöreskog, Karl Gustav, & Sörbom, Dag (2006). *LISREL 8.8 for windows* [computer software]. Lincolnwood, IL: Scientific Software International, Inc.

Kelley, Truman Lee (1916). A simplified method of using scaled data for purposes of testing. *School and Society*, *4*, 34 - 37, 71 - 75.

Kelley, Truman Lee (1923). *Statistical method*. New York: Macmillan.

Kim, Seonghoon, & Feldt, Leonard S. (2008). A comparison of tests for equality of two or more independent alpha coefficients. *Journal of Educational Measurement*, *45*, 179 - 193.

Krathwohl, David R., Bloom, Benjamin S., & Masia, Bertram B. (1964). *Taxonomy of educational objectives*. Handbook Ⅱ - Affective domain. New York: McKay.

Kuder, George F., & Richardson, Marion (1937). The theory of estimation of test reliability. *Psychometrika*, *2*, 151 - 160.

Landis, J. Richard, & Koch, Gary G. (1977). The measurement of observer agreement for categorical data. *Biometrics*, *33*, 159 - 174.

Liou, Michelle (1989). A note on reliability estimation for a test with components of unknown functional lengths. *Psychometrika*, *54*, 153 - 163.

Lord, Frederic M. (1952). A theory of test scores. *Psychometrika Monograph*, *7*.

Lord, Frederic M. (1953). The relation of test score to the trait underlying the tests. *Educational and Psychological Measurement*, *13*, 517 - 548.

Lord, Frederic M., & Novick, Melvin R. (1968). *Statistical theories of mental test scores*. Reading, MA: Addison-Wesley.

Lucke, Joseph F. (2005). The α and the ω of congeneric test theory: An extension of reliability and internal consistency to heterogeneous tests. *Applied Psychological Measurement*, *29*, 65 - 81.

McDonald, Roderick P. (1999). *Test theory: A unified treatment*. Mahwah, NJ: Lawrence Erlbaum.

McGraw, Krnneth O., & Wong, Seok Pin (1996). Forming inferences about some intraclass correlation coefficients. *Psychological Methods*, *1*, 30 – 46.

Messick, Samuel (1980). Test validity and the ethics of assessment. *American Psychologist*, *35*, 1012 – 1027.

Rae, Gordon (1988). The equivalence of multiple rater Kappa statistics and intraclass correlation coefficients. *Educational and Psychological Measurement*, *48*, 367 – 374.

Raykov, Tenko, & Shrout, Patrick E. (2002). Reliability of scales with general structure: Point and interval estimation using covariance structure modeling. *Structural Equation Modeling*, *9*, 195 – 212.

Schuster, Christof, & Smith, David A. (2005). Dispersion-weighted Kappa: An integrative framework for metric and nominal scale agreement coefficients. *Psychometrika*, *70*, 135 – 146.

Spearman, Charles (1904). The proof and measurement of association between two things. *American Journal of Psychology*, *15*, 72 – 101.

Spearman, Charles (1907). Demonstration of formulae for true measurement of correlation. *American Journal of Psychology*, *18*, 160 – 169.

Spearman, Charles (1927). *The abilities of man: Their nature and measurement.* New York: Macmillan.

Subkoviak, Michael J. (1988). A practitioner's guide to computation and interpretation of reliability indices for mastery tests. *Educational and Psychological Measurement*, *25*, 47 – 88.

Teng, Evelyn L., Hasegawa, Kazuo, Homma, Akira, Imai, Yukimuchi, Larson, Erick, Graves, Amy, Sugimoto, Keiko, Yamaguchi, Takenori, Sasaki, Hideo, Chiu, Darryl, & White, Lon R. (1994). The Cognitive Abilities Screening Instrument (CASI): A practical test for cross-cultural epidemiological studies of dementia. *International Psychogeriatrics*, *6*, 45 – 58.

Thurstone, Louis Leon (1932). *The reliability and validity of tests.* Ann Arbor, MI: Edwards Brothers.

Tourangeau, Roger, Rips, Lance J., & Rasinski, Kenneth A. (2000). *The psychology of survey response.* Cambridge, UK: Cambridge University Press.

Tsai, Rung-ching, Lin, Ker-neng, Wang, Hsiao-jyuan, & Liu, Hisu-chih (2007). Evaluating the uses of the total score and the domain scores in the Cognitive Abilities Screening Instrument, Chinese Version (CASI C-2.0): Results of confirmatory factor analysis. *International Psychogeratrics*, *19*, 1051 – 1063.

Yang, Yanyun, & Green, Samuel B. (2010). A note on structural equation modeling estimates of reliability. *Structural Equation Modeling*, *17*, 66 – 81.

Yousem, David M., Yassa, Michael A., Cristinzio, Catherine, Kusevic, Ivana, Mohamed, Mona, Caffo, Brian S., & Bassett, Susan S. (2009). Intelligence and medial temporal lobe function in older adults: A functional MR imaging-based investigation. *American Journal of Neuroradiology*, *30*, 1477 – 1481.

延伸阅读

1. Allen, Mary J., & Yen, Wendy M. (2001). *Introduction to measurement theory*. Long Grove, IL: Waveland.
此为内容浅显易懂的入门参考书，将测量相关的理论及研究课题呈现清楚的提示；内容包括古典理论、量表分数的解释、等化及效度议题。读者可先阅读此书，再参考其他较深入的书籍。
2. Crocker, Linda, & Algina, James (1986). *Introduction to classical and modern test theory*. Belmont, CA: Wadsworth.
此书在社会人文领域为一受欢迎的教科书，内容适合硕、博士生参考阅读。本章所涵盖的内容，在此书中皆有较详尽的说明。本书较深入地介绍概化理论、分数等化及试题偏误等研究课题。
3. Messick, Samuel (1993). Validity. In Robert L. Linn (Ed.), *Educational Measurement* (pp. 13 - 103). Phoenix, AZ: Oryx.
本章在导论中已说明收集量表建构效度的手段已趋多元化，潜在特质可透过磁振造影、脑电波等先进仪器，转化为实质的大脑运作历程。但效度关心的重点在量表或问卷分数使用及诠释的合法性，任何使用量表或问卷收集资料的人应清楚效度议题背后的哲学思维及伦理。此外，社会科学研究结果的诠释也有效度的争议，所以Messick 的效度理论是所有社会人文学者必读的参考资料。
4. Tourangeau, Roger, Rips, Lance J., & Rasinski, Kenneth A. (2000). *The psychology of survey response*. Cambridge, UK: Cambridge University Press.
本章较偏重古典测量理论的技术部分，但问卷或量表的受试对象为人，所以受试者心理为影响施测结果的主要因素。无论能力还是态度量表，在预试时须透过认知访谈或其他质性分析，收集受试者对试题的意见，作为修题的参考。

第十一章
试题反应理论

一　前言

测量是自然科学和社会科学里的重要活动。测量有三大元素：被测的属性、被测物及测量工具。例如，用磅秤量钢筋的重量，磅秤是测量工具，钢筋是被测物，重量是被测的属性。社会科学里的测量比自然科学复杂，因为被测的属性是无法直接观察到的潜在特质（latent trait），又称假设性的建构，如能力、人格、态度、兴趣等。这些属性无法直接观察，必须透过某些可观察的事件来推论该属性特质，测量工具的目的就在于收集这些可观察事件。社会科学所使用的测量工具通常是测验、量表、问卷、系统性的观察、晤谈等，被测物通常是人。不过有很多例外，例如在烹饪比赛里，被测的属性是菜的质量，被测物是各种菜肴，测量工具是一系列的标准（如色、香、味）。在大学科系的评鉴里，被测的属性是教学质量，被测物是科系，测量工具是一系列的标准（如课程、师资、设备等）。以上社会科学的测量例子是本章涵盖的内容范围。

测量有两大目的：一是要反映出个体间的差异，例如谁的能力较强，谁的工作满意度较高，谁的政治倾向比较开放；另一是反映出受试者内的差异，例如甲现在的数学能力是否比去年好，乙现在的满意度是否比上个月还高。如果测验只有一个试题，信度和效度可能过低，没有实用价值。一般测验编制会考虑多道试题，期望能提高测验的信度和效度。虽然这些试题意欲测量同一建构，但能否真的达到这样的效果，需要实证资料的佐证，这是项目分析（item analysis）的任务之一。

经过项目分析，确认测验内所有试题量测同一建构，满足单向度假设，接着利用测验分数表示被测物在该潜在特质的程度。最常用的测验分数是将每个试题得分相加后的原始总分（或其线性转换如 T 分数）。例如在能力测验上，答对每题得 1 分（或更多分），答错得 0 分。测验的原始总分就是答对的总题数。总分愈高，表示能力愈强。在量表上，常使用李克特式量尺或评等量尺，如非常不同意（1 分）、有点不同意（2 分）、有点同意（3 分）、非常同意（4 分）。量尺总分代表受试者在该潜在特质（如焦虑或幸福感）的程度。总分愈高，受试者倾向同意的特质愈强。如果测验内的试题不是在测量同一潜在特质，那么试题的分数就不能加总，因为这样的总分并没有任何意义。

为方便沟通，本文以能力测验为例，并采用“能力”这个名词取代“潜在特质”，用试题的“难度”取代试题的“阈值”。读者应该可以将本文的主要概念和做法，类化到非能力的测验里。例如“能力”可以被扩大解释为工作满意度、政治立场的保守倾向、社经地位。“答对”可以扩大解释为同意或吻合，答对率可以扩大解释为同意或吻合的百分比。

传统上，常用原始分数来定义受试者的能力高低，用答对率来定义试题难度的高低。其实这两者是互相定义、互相干扰的。因为原始分数的高低，取决于试题难度的高低。答对率的高低，取决于受试者能力的高低。前者称为测验依赖（test dependent），因为对受试者能力高低的判断，依赖试题的难度而定。后者称为样本依赖（sample dependent），因为对试题难度高低的判断，依赖受试者的能力而定。这显然无法客观地量化受试者能力和试题的难度。

自从 1950 年代起，研究者开始认识到测验资料的分析单位，应该是试题作答反应（item response）而不是测验分数（test score）。在搜集受试者在测验上的资料时，得到的其实是他们在每个试题上的反应。以数学能力测验而言，资料是受试者在每道试题上的得分（如 0 或 1 分）；以申论题、计算题或李克特式量尺、评等量尺而言，则是多点得分（如 0，1，2……）。试题作答反应是类别资料，不是连续资料，也不是等距量尺（Stevens，1946）。试题作答反应的加总（即测验的原始总分），也就不会是连续资料，不是等距量尺。试题作答反应顶多只是顺序资料，如得分愈高，表示该能力或特质愈强。有了这个共识（分析的单位是试题作答反应）后，研究者们提出了一系列的数学模式来分析试题反应资料。这些模式通称为试题反应理论（item response theory，IRT；又译为试题作答理论、项目反应理论等）。这清楚地宣示资料分析的单位，应该由测验分数改为试题作答反应。

首先，逐一介绍适用于二元试题、多分题、多相的各种 Rasch 家族的单参数模式（Fischer & Molenaar，1995），然后引入多参数模式，并比较其与 Rasch 模式的差异。其次，扼要简介参数估计的方法和软件，原始总分与能力的关系，模式与资料适配度，试题反应理论对测验实务上的影响（效度、信度、常模、试题编写、差异试题功能、计算机化适性测验、分数等化），最后是实例分析和结论。相关的书籍可参阅 Embretson 与 Reise（2000）、Lord（1980）、Rasch（1960）、Wright 与 Stone（1979）、Wright 与 Masters（1982）、王宝墉（1995）、余民宁（2009）、许择基与刘长萱（1992），亦可参阅网站，如 http：//www. rasch. org、http：//edres. org/irt、http：//www. edutest. com. tw/e－irt/irt. htm。

二　Rasch 模式与其延伸

什么因素会影响试题反应（答对或答错）呢？Georg Rasch（1901～1980，译名罗氏，丹麦数学家）提出了他的想法，通称为 Rasch 测量模式（Rasch，1960）。后来研究 Rasch 模式的学者致力于此模式的推广，以解决复杂的测验应用问题。

（一）二元试题

社会科学里的试题作答反应很多是二元变项，如“对”或“错”“成功”或“失败”“同意”或“不同意”“吻合”或“不吻合”等。这类试题称为二元试题（dichotomous item）。我们可将试题作答反应视为依变项，而后思考影响依变项的重要自变项，以及两类变项间的函数关系。令 P_{ni1} 表示受试者 n 在第 i 题上得 1 分的几率。依照 Rasch 的观点，P_{ni1} 受到两个因素的影响：一为考生的能力 θ_n，另一为题目的难度 δ_i：

$$f(P_{ni1}) = \theta_n - \delta_i \tag{11-1}$$

接下来的问题就是函数 f 是什么。由于 θ_n 和 δ_i 均介于正负无限大之间，因此 $\theta_n - \delta_i$ 介于正负无限大之间。要如何将正负无限大的数值对应到介于 0 到 1 之间的几率？先将 $\theta_n - \delta_i$ 取自然指数：$\exp(\theta_n - \delta_i)$，使得其值介于 0 到正无限大之间。然后再取：

$$\frac{\exp(\theta_n - \delta_i)}{1 + \exp(\theta_n - \delta_i)} \tag{11-2}$$

使得其值介于 0 到 1 之间，则得到所谓的 Rasch 二元试题模式：

$$P_{ni1} = \frac{\exp(\theta_n - \delta_i)}{1 + \exp(\theta_n - \delta_i)} \tag{11-3}$$

图 11－1 呈现在不同的能力 θ 减去难度 δ 后，答对的几率。当 $\theta - \delta = 0$（能力和难度旗鼓相当），答对率为 0.5。当 $\theta - \delta > 0$（能力高于难度）时，答对的几率就大于 0.5；反之，当 $\theta - \delta < 0$（能力低于难度）时，答对的几率就小于 0.5。

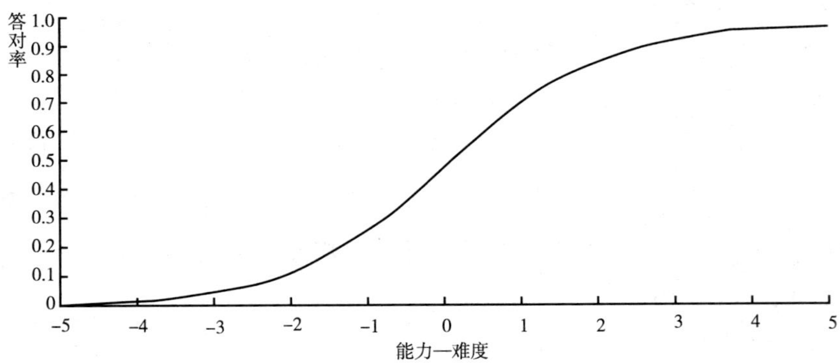

图 11－1　答对几率与能力 θ 减难度 δ 的关系

除了式（11－3）外，Rasch 模式还有别的写法。由于答错率（得 0 分的几率）等于 1－答对率，因此：

$$P_{ni0} = 1 - P_{ni1} = 1 - \frac{\exp(\theta_n - \delta_i)}{1 + \exp(\theta_n - \delta_i)} = \frac{1}{1 + \exp(\theta_n - \delta_i)} \tag{11-4}$$

定义胜算比（odds）为得 1 分的几率除以得 0 分的几率，则：

$$O_{ni} \equiv \frac{P_{ni1}}{P_{ni0}} = \exp(\theta_n - \delta_i) \qquad (11-5)$$

式（11－5）两边各取自然对数 log，得到：

$$\log(O_{ni}) = \text{logit}_{ni} = \log[\exp(\theta_n - \delta_i)] = \theta_n - \delta_i \qquad (11-6)$$

log（odds）简称为 logit（胜算比）。式（11－6）是式（11－3）的另一种表示方法。式（11－6）说明了能力 θ 和试题难度 δ 可以相加减，这表示它们是同一种单位：logit（胜算比）因此属于等距量尺。其数值可介于正负无限大之间，但实际上，大都介于正负 3 之间，或更保守点，正负 6 之间。由图 11－1 可以发现，当能力比难度大 1 个单位 logit 时，答对几率为 0.73；大 2 个单位 logit 时，答对几率为 0.88；大 3 个单位 logit 时，答对几率为 0.95。反之，能力比难度小 1 个单位 logit 时，答对几率为 0.27；小 2 个单位 logit 时，答对几率为 0.12；小 3 个单位 logit 时，答对几率为 0.05。当能力和难度相距 3 个单位 logit 以上时，答对的几率就非常接近 0 或 1。

（二）Rasch 量尺的特性

Rasch 模式除了有上述关于答对率的预测功能外，其量尺 θ 和 δ 是否可以避免古典测验理论中，用测验原始总分和答对率来表示受试者能力和试题难度，所产生的测验依赖和样本依赖的困境呢？

现欲比较两位受试者的能力，令他们回答同一试题，则根据式（11－6），得：

$$\text{logit}_1 = \theta_1 - \delta \qquad (11-7)$$

$$\text{logit}_2 = \theta_2 - \delta \qquad (11-8)$$

两者相减，得：

$$\text{logit}_1 - \text{logit}_2 = (\theta_1 - \delta) - (\theta_2 - \delta) = \theta_1 - \theta_2 \qquad (11-9)$$

这可看出 θ 的测量与试题的难度 δ 无关，是测验独立（test free），是客观测量。此外，不管这两位受试者的能力是非常高或非常低，他们两人能力的差距都等于其 logit 的差距，因此 θ 是等距量尺。

现欲比较两道试题的难度 δ，令某受试者作答这两题，根据式（11－

6），得：

$$\text{logit}_1 = \theta - \delta_1 \tag{11-10}$$

$$\text{logit}_2 = \theta - \delta_2 \tag{11-11}$$

两者相减，得：

$$\text{logit}_1 - \text{logit}_2 = (\theta - \delta_1) - (\theta - \delta_2) = \delta_2 - \delta_1 \tag{11-12}$$

δ 的测量与受试者的能力无关，是样本独立（sample free），是客观测量。不管当初这两题是非常困难的试题，还是非常容易的试题，它们难度的差距都等于 logit 的差距，因此 δ 是等距量尺。

由上所述，Rasch 模式的量尺 θ 和 δ 可以分离，因此是测验独立和样本独立。Rasch 称这种参数分离（parameter separation）的特性为特定客观性（specific objectivity）。

（三）试题特征曲线

图 11－2 呈现受试者作答三道不同试题的 Rasch 答对几率，此回归线又称为试题特征曲线（item characteristic curve）。由式（11－3）可以知道，当能力 θ 等于难度 δ 时，答对的几率为 0.5，因此这三题的难度分别是 －1，0，1 单位 logit。此图显示：

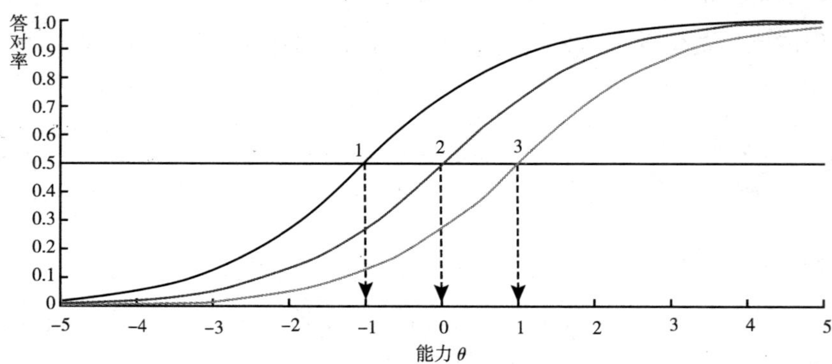

图 11－2　Rasch 模式之试题特征曲线

（1）对任何试题而言，能力愈高，答对的几率就愈高。当能力趋近无限大时，答对几率趋近 1。当能力趋近无限小时，答对几率趋近 0；也就是

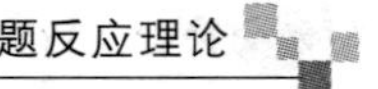

说，这些试题特征曲线是单调递增（monotonically increasing）。

（2）对任何受试者而言，试题愈难，答对的几率就愈低。例如，对所有的受试者而言，答对第一题的几率，永远都大于答对第二题的几率，而它也永远大于答对第三题的几率。

（四）多分题

式（11-3）只适用于二元试题，如对或错、同意或不同意等。在社会科学的测验或量表中，试题的反应可能不止两个，如计算题、问答题、评等量尺、李克特式量尺等的多点计分，皆属多分题（polytomous item）。以四分题为例，除了全错为 0 分外，还有部分得分，如 1 分、2 分和全对 3 分。得 3 分者的程度高于 2 分者，高于 1 分者，也高于 0 分者，也就是说，3 > 2 > 1 > 0，属于顺序量尺，但没有等距的意涵。基于 Rasch 模式的精神，Masters（1982）提出了适用于多分题的模式，称为部分得分模式（partial credit model）：

$$\log\left(\frac{P_{nij}}{P_{ni(j-1)}}\right) = \theta_n - \delta_{ij} \equiv \theta_n - (\delta_i + \tau_{ij}) \qquad (11-13)$$

式中 P_{nij} 和 $P_{ni(j-1)}$ 是受试者 n 在第 i 题得 j 分和 $j-1$ 分的几率；δ_{ij} 称为第 i 题的第 j 个梯难度（step difficulty）。若试题有 M 个点数（分别是 0，1，…，$M-1$），则会有 $M-1$ 个梯难度。第一个梯难度为从 0 分过渡到 1 分的难度，第二个梯难度为从 1 分过渡到 2 分的难度，依此类推。如果是二元试题，则此模式简化为 Rasch 二元试题模式。一个试题有 $M-1$ 梯难度，这在实用上会有些许困难，因为一般大众会认为一个试题只能有一个难度。解决之道是将这些梯难度加以平均，称为该题的整体难度（overall difficulty），δ_i。每个梯难度相对于整体难度的离均差，称为 Rasch-Andrich 阈难度（threshold difficulty），τ_{ij}。

部分得分模式经常被使用在分析能力测验中的多分题上，如计算题、证明题、申论题等。每个试题的最高得分可以不一样，例如第一题的计分方式为 0，1，2，第二题的计分方式为 0，1，2，3，4。在此，第一题会有 2 个梯难度，第二题会有 4 个梯难度。

如果多分题的计分方式是固定的，例如所有的试题作答方式皆采相同的

评等量尺，如从未（0 分）、很少（1 分）、偶尔（2 分）、经常（3 分）；此时可假设试题有各自的整体难度，但所有试题共享一套阈难度（如从“偶尔”过渡到“经常”的阈难度在各题皆相等）。此为 Andrich（1978）提出的评等量尺模式（rating scale model）：

$$\log\left(\frac{P_{nij}}{P_{ni(j-1)}}\right) = \theta_n - (\delta_i + \tau_j) \tag{11-14}$$

其中，τ_j 没有 i 的足标，这表示所有试题的 τ_j 是一致的。

图 11－3 呈现四分题（0，1，2，3）的试题特征曲线，其中三个梯难度分别为 −2，1，2。这三个梯难度的平均数为 1/3，这就是该题的整体难度。三个阈难度分别为 −7/3，2/3，5/3，阈难度的总和必为 0，因为是离均差。由图 11－3 可知，得 0 分和得 1 分的几率的交接点的位置就是第一个梯难度 −2，得 1 分和得 2 分的几率的交接点的位置就是第二个梯难度 1，得 2 分和得 3 分的几率的交接点的位置就是第三个梯难度 2。整体难度其实就是得 0 分和得最高分（在此为 3 分）的几率的交接点的位置。如果是部分得分模式，则每一个试题的特征曲线都不一样。但如果是评等量尺模式，则每一个试题的特征曲线的形状都一样，但整体难度的位置不一样。也就是说，图 11－3 会在横坐标上左右移动，但形状不变。

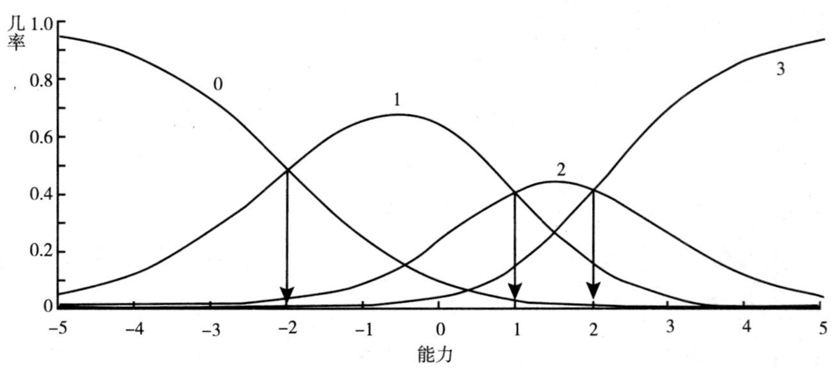

图 11－3　四分题的试题特征曲线（梯难度有顺序性）

在图 11－3 里，梯难度是愈来愈大，即第一个梯难度小于第二个梯难度，又小于第三个梯难度，也就是具有顺序性。此顺序性，并不是模式的限定。其实梯难度可以不具顺序性，例如第二个梯难度大于第三个梯难度。图11－4呈现梯难度分别为－2，2，1的试题特征曲线。由图11－4可以知道，能力在－2之下的人，最可能的得分为0分。能力在－2到1.5之间的人，最可能的得分为1分。能力在1.5以上的人，最可能的得分为3分。在能力取值范围内，没有受试者最可能的得分为2分。这意味着2的计分多余，如果要精简计分以获得经济效益，那么2分这个选项可以舍弃。有些学者如Andrich认为一旦梯难度不具顺序性，就意味着该题的品质不佳。另有学者如Wright则不同意这样的观点。梯难度不具顺序性，主要是因为某些得分（如2分）的人的比例过小所致。例如，很多人得0分、1分和3分，但很少人得2分。既然如此，似乎2分这个选项没有存在的价值。例如，四点量尺为从未（0分）、很少（1分）、偶尔（2分）、经常（3分），由于很少人得2分，基于精简原则，可以（但没有必然一定要）将1分和2分合并。理想上，我们希望梯难度具有顺序性，而且其两两之间的差距不要太小。比较图11－3和图11－4，可以发现当梯难度具有顺序性时，而且差距够大的话，每个反应类别才能发挥区辨受试者能力的效能（Linacre，2002）。

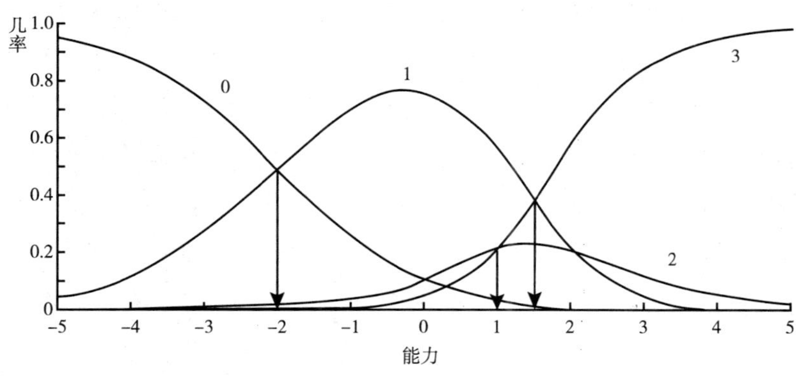

图11－4　四分题的试题特征曲线（梯难度没有顺序性）

（五）多相或线性化模式

在以上的模式里，影响试题作答反应的因子只有两个：受试者与试题，其余都是随机误差，因此可称为二相（two facets）模式。对于某些测验情境而言，可能还会牵涉其他“相”。例如考生作答问答题时，除了他的能力和该题的难度会影响得分外，另一个重要因子是“评分者”。评分者在给分时如果过于严苛，则分数偏低；反之，若过于宽松，分数就提高很多。可将评分者因子纳入试题分析，成为第三个相。在教师教学评鉴中，学生针对授课教师的表现依据各项标准（试题）评分。此时，影响授课教师得分高低的会有三个因子：教师的教学质量、试题难度、学生评分的严苛度。老师的教学质量愈高，得分会愈高。试题的难度愈低（如“准时上下课”远比“照顾每个学生的需求”来得简单），就愈容易得高分。学生愈挑剔，就愈不容易得高分。在运动或表演赛（如花样溜冰、唱歌比赛、奥斯卡金像奖等）里，评审们对参赛者依据各项标准（试题）评分。此时影响得分高低的因子有三：参赛者的水平、试题的难度、评审的严苛度。以上这些例子说明要将评分者的影响力纳入考虑，才能得到较公平的测量。

Linacre（1989）将上述的二相模式推扩，提出了多相模式（facets model）：

$$\log\left(\frac{P_{nijk}}{P_{ni(j-1)k}}\right) = \theta_n - (\delta_i + \tau_j + \eta_k) \qquad (11-15)$$

式（11－15）中 P_{nijk}和 $P_{ni(j-1)k}$是受试者 n 在第 i 题上被评分者 k 评为 j 分和 $j-1$分的几率；η_k 是评分者 k 的严苛度。该值愈大，表示评分者愈严苛，受试者就愈难得到高分。式（11－15）涉及三个相：受试者能力、试题难度、评分者严苛度。如果评分者确有不同的严苛度，但是在资料分析时，却不予处理，而采用二相模式去分析，那么 θ 的估计值会产生偏误；反之，在三相模式中直接纳入评分者的严苛度，因此 θ 的估计值就较为准确。式（11－15）中的三相模式，可以容易地推广至四相、五相模式等。目前在很多涉及评分者的施测情境（如申论题、语言测验等）中，已经逐渐使用多相模式分析资料。

如果读者熟悉实验设计或变异数分析的话，可以将试题反应视为依变项，将受试者能力、试题难度、评分者严苛度视为自变项，形成所谓的多因子设计（factorial design）。模式中三个自变项之间没有交互作用，只有主要效果。不能有交互作用的原因是为了确保客观测量。如果出现交互作用（例如难度随考生能力而变），则失去分析难度及严苛度的意义，也就无法对受试者进行量测。

多相模式的基本原理系将难度加以线性化。当试题是经由某些因子加以排列组合而成，如在图形转换测验中，试题是由线条数目、形状复杂度、转换角度、空间维度等四因子排列组合而成，因此可以将试题难度变为这些因子的线性组合（Embretson，1998）。以二元试题的 Rasch 模式而言，其试题难度可以表示为：

$$\delta_i = \boldsymbol{\beta}'\boldsymbol{X}_i = \beta_1 X_{i1} + \cdots + \beta_p X_{ip} \qquad (11-16)$$

其中 δ_i 是试题 i 的难度，$\boldsymbol{\beta}$ 是线性回归系数 β_1，…，β_p，$\boldsymbol{X}_i$ 是试题 i 在各因子上的设计向量 X_{i1}，…，X_{ip}。因此 Rasch 模式变为：

$$\text{logit}_{ni} = \theta_n - (\beta_1 X_{i1} + \cdots + \beta_p X_{ip}) \qquad (11-17)$$

这就是 Fischer（1973）的线性胜算比测验模式（linear logistic test model）。Fischer 陆续提出适用于多点计分的线性评等量尺模式（linear rating scale model；Fischer & Parzer，1991）以及线性部分得分模式（linear partial credit model；Fischer & Ponocny，1994）。多相模式强调在原本的二相模式中，加入新的“相”。线性化模式则是将试题“相”分割为数个次相。不过两者的原理是相通的。

将难度加以分解（线性化）的好处在于可明了什么因子会影响试题的难度。例如在图形转换测验里，如采以 Rasch 二元试题模式分析，顶多只得到每一题的难度，无法具体知道难度的成因。但若使用线性胜算比测验模式，则可以计算出每个因子的线性回归系数。例如，空间维度数的回归系数远大于线条数目和转换角度的回归系数，那就表示相对而言，空间维度数是造成难度的主因。那么往后在教学上，宜多加强空间维度数的训练。更甚者，只要操弄这些因子，就可以设计出新的试题，其难度可以直接用式（11-16）算得，无需经过实地施测，这是测验发展的理想。目前在测验实务上，还有很大努力的空间。令人鼓舞的是有个还不错的例子：（英文）阅读理解测验的 lexile 架构，只要计算文章内每个句子的长度以及每个字的字频，就可以计算出该文章的难度。此计算的难度跟实际去施测后所得到的难度是很接近的。如此一来，每篇文章、每本书都可以计算出难度，无需经过实地测试。也就可以根据学生的阅读能力，选择适合其难度的文章或书籍。详细情形可参见 http：//www. lexile. com。

三　多参数模式

（一）二元试题

以上的 Rasch 家族模式仅考虑试题难度参数，因此 Rasch 家族模式又称为一参数模式。当 Rasch 于欧洲提出他的看法的同时，美国的学者如 Allan Birnbaum 与 Frederic M. Lord 等人也提出类似的模式。例如 Birnbaum（1968）提出了二参数模式：

$$P_{ni1} = \frac{\exp[a_i(\theta_n - \delta_i)]}{1 + \exp[a_i(\theta_n - \delta_i)]} \tag{11-18}$$

和三参数模式：

$$P_{ni1} = c_i + (1 - c_i) \times \frac{\exp[a_i(\theta_n - \delta_i)]}{1 + \exp[a_i(\theta_n - \delta_i)]} \tag{11-19}$$

其中 a_i 是第 i 题的斜率参数，c_i 是第 i 题的渐近线参数，δ_i 是第 i 题的位置参数。在式（11-18）里，试题有两个参数 δ_i 和 a_i；在式（11-19）里，试题有三个参数 δ_i、a_i 和 c_i。如果所有试题的 c_i 都是 0，那么式（11-19）可简化为式（11-18）。如果所有试题的 a_i 都是 1，那么式（11-18）可简化为式（11-3）。也就是说，一参数模式是二参数模式的特例，二参数模式是三参数模式的特例。Lord（1952，1953a，1953b）根据常态肩型函数，也提出类似二参数和三参数的模式。

二参数模式里的量尺是否有等距特性，是否为客观测量呢？式（11-18）可以改写成：

$$\log(O_{ni}) \equiv \log(P_{ni1}/P_{ni0}) = a_i(\theta_n - \delta_i) \tag{11-20}$$

现有两位受试者作答同一试题，根据式（11-20）可以得到：

$$\log(O_{1i}) \equiv a_i(\theta_1 - \delta_i) \tag{11-21}$$

$$\log(O_{2i}) \equiv a_i(\theta_2 - \delta_i) \tag{11-22}$$

两者相减，得：

$$\log(O_{1i}) - \log(O_{2i}) \equiv a_i(\theta_1 - \delta_i) - a_i(\theta_2 - \delta_i) = a_i(\theta_1 - \theta_2) \quad (11-23)$$
$$\Rightarrow \theta_1 - \theta_2 = \frac{\log(O_{1i}) - \log(O_{2i})}{a_i}$$

显然两者能力的差距，会因试题的特性（a 参数）而变动。也就是说，人的参数和试题的参数，无法分离开来，因此不是客观测量，也没有等距特性。

举例而言，第一题的 a 参数很大，那么 θ_1 和 θ_2 的差距就很小。若第二题 a 参数很小，那么 θ_1 和 θ_2 的差距就很大，因此无法量化两者能力的差异。要让 θ 成为客观测量，式（11－23）里的 a_i 必须是常数。不过如此一来，这不再是二参数模式，而是 Rasch 模式。由于三参数模式比二参数还来得复杂（多了一个 c_i 参数），因此也不是客观测量。

在 Rasch 模式里，θ 和 δ 是有单位的：logit，可以互相加减。我们可以说某位受试者的能力是 2 个单位 logit，某题的难度是 3 个单位 logit。但是在二参数和三参数模式中，θ 和 δ 并没有单位，因此不能说某考生的能力是 2 个单位 logit，而只能说是 2；也不能说某题的难度是三个单位 logit，而只能说是 3。

文献中谈到多参数模式的测验独立和样本独立特性，指的是在估计参数时的特性，不是参数分离性（parameter separation）。其实估计参数时可以测验独立和样本独立，并不是试题反应理论所独享，即便是一般的线性模式也有。例如，在简单线性回归里 $\hat{Y} = a + bX$，要估计截距 a 和斜率 b 参数时，不会受到 X 变项的分数范围的干扰。当受试者们的 X 变项分数很低时，所得到的参数估计值，和当受试者们的 X 变项分数很高时，所得到的参数估计值，基本上是一致的（在估计误差范围之内）。不过，古典测验理论即便在估计参数时，也无法达到测验独立和样本独立，这是因为它不像试题反应理论，表明了人的参数和试题的参数的函数关系。

（二）两种理念

Rasch、Birnbaum 与 Lord 都是在 20 世纪 60 年代想到如何分析试题的反应，但他们的模式却大相径庭，这可能是因为他们的出发点和想要解决的问题并不相同所致。Rasch 试图建立一个测量模式，以得到客观量尺。Birnbaum 与 Lord 则是想描述受试者的能力与试题反应之间的关系。Rasch 采用测量取向的观点，Birnbaum 与 Lord 则采用统计取向的观点。在统计取向观点里，资料不可以更动，资料分析的主要任务就是找一个统计模式来适配资料。从统计取向的观点来说，单参数的 Rasch 模式是二参数模式的特例，而二参数模式又是三参数模式的特例，因此 Rasch 模式并没有什么重要价值。如果 Rasch 模式与资料的适配度不佳，就换二参数模式；如果二参数模式还是不佳，则改用三参数模式。

Rasch 模式并不只是为了适配资料，而是要诊断资料、去芜存菁，以发挥测量的功能。任何做资料分析的人都知道，资料含有很多噪声，必须加以清理，才能呈现有意义的信息。Rasch 模式以及附带的分析方法，让我们可以有效地挑出资料中的噪声，从而客观地量化受试者的能力和试题的难度。二参数和三参数模式及其附带的分析方法，也可以剔除一些噪声。不过受限于模式本身的特性，并无法像 Rasch 模式一样得到客观测量。

由于 Rasch 模式和多参数模式，在出发点上就有根本的差别，在量尺特性上更是截然不同，因此很多的 Rasch 学者并不同意将 Rasch 模式和其他的多参数模式相提并论，通称为试题反应理论。不过有愈来愈多的人仍然将 Rasch 模式与多参数模式并称为试题反应理论，毕竟这些模式都在处理试题的反应。在这些模式中，由于 θ 是潜在的，故早期也称为潜在特质理论（latent trait theory）。

目前测验实务上，仍以多参数模式较为普遍，尤其是在美国。不过在欧洲、澳洲则以 Rasch 模式较受到欢迎。国际大型测验 PISA（The Programme for International Student Assessment；www.oecd.pisa.org）使用 Rasch 模式来量化考生的数学、科学、语文能力。身为资料分析师，如果测验已经编制完成，施测完毕，且已经收集受试者的试题反应资料，接下来只是分析资料。此时，难免会倾向使用多参数模式，因为希望得到比较好的适配度。但是如果要编制一份新的测验，或者修改旧的测验以提升质量，此时一切重新开始，那么全程使用 Rasch 模式来监控测验发展，提高测验质量，得到客观测量，应该是可以努力的方向。详细做法可参见 Wilson（2005）。

（三）多分题与多相

正如同二元试题有二参数模式，多分题也可以有二参数模式。例如将式

（11－13）和（11－14）分别加上斜率参数 a_i，可以得到：

$$\log\left(\frac{P_{nij}}{P_{ni(j-1)}}\right)=a_i[\theta_n-(\delta_i+\tau_{ij})] \quad (11-24)$$

$$\log\left(\frac{P_{nij}}{P_{ni(j-1)}}\right)=a_i[\theta_n-(\delta_i+\tau_j)] \quad (11-25)$$

式（11－24）称为广义部分得分模式（generalized partial credit model; Muraki, 1992）；式（11－25）称为广义评等量尺模式（generalized rating scale model）。多相模式亦可加入斜率参数，称为广义多相模式（Wang & Liu, 2007）：

$$\log\left(\frac{P_{nijk}}{P_{ni(j-1)k}}\right)=a_i[\theta_n-(\delta_i+\tau_j+\eta_k)] \quad (11-26)$$

这里所谓的“广义”，指的是加上斜率参数。由于多分题通常不是选择题，因此没有必要加入 c 参数。

四　参数估计

本节简单介绍估计受试者的能力和试题的难度最常用的参数估计方法：最大概似估计。假设某受试者作答五题，其难度分别为（－2，－1，0，1，2），答题组型为（1，1，1，0，0）。也就是答对较简单的前三题，答错较难的两题。试问该受试者的能力如何？他的能力也许很低，也许中等，也许很高，这都有可能造成此反应组型，关键是哪一种最可能。最大概似估计的原则，在找到受试者的能力在何种水平时，最可能出现（1，1，1，0，0）的答题形态。以下用 Rasch 模式说明。

当 $\theta=-3$，在 $\delta=-2$ 时，得 1 分的几率是 0.2689，这可利用式（11－3）求得：

$$\frac{\exp(\theta_n-\delta_i)}{1+\exp(\theta_n-\delta_i)}=\frac{\exp[-3-(-2)]}{1+\exp[-3-(-2)]}=0.2689$$

同理可以求得在 $\delta=-1$ 时，得 1 分的几率是 0.1192，在 $\delta=0$ 时，得 1 分的几率是 0.0474。而在 $\delta=1$ 时，得 0 分的几率可由式（11－4）求得：

$$\frac{1}{1+\exp(\theta_n-\delta_i)}=\frac{1}{1+\exp(-3-1)}=0.9820$$

同理可以求得在 $\delta=2$ 时，得 0 分的几率是 0. 9933。

那么当 $\theta=-3$ 时，得到 1，1，1，0，0 的概似就是以上五种几率的乘积：

$$0.2689\times0.1192\times0.0474\times0.9820\times0.9933=0.0015$$

接着可以算出当 θ 等于其他数值（如 - 2）的概似。整理后得到图 11 - 5 中的概似分布图。该图显示最大概似 0. 2402 出现在 $\theta=0.6$（更精确地讲应该是等于 0. 591）时，因此该受试者能力的最概估计值为 0. 6。

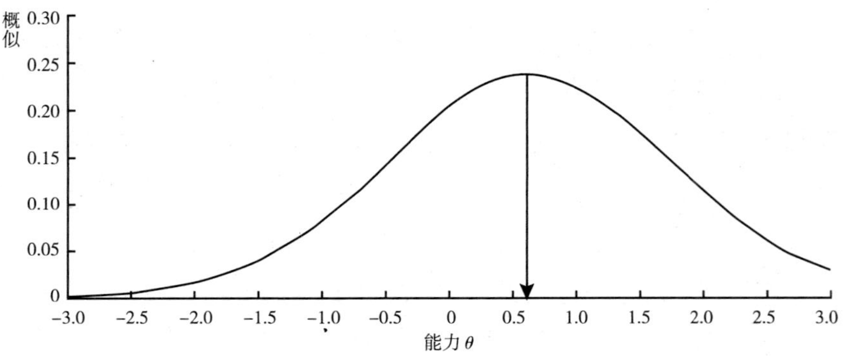

图 11 - 5　Rasch 模式下作答五题得分为（1，1，1，0，0）的概似在不同能力值的分布

其他受试者的能力，可以仿效以上方法估计出来。不过这些能力估计，必须假设试题难度已知。现实中，试题难度是未知的。此时，可以暂时给定试题的难度，如利用 log（P_0/P_1）暂时来猜测试题难度，其中 P_0 和 P_1 分别是受试者里答错和答对该题的比例。然后估计受试者的能力。接下来，在受试者能力已知的情况下，重新估计试题的难度。得到新的试题难度后，又再次估计受试者的能力。然后再次估计试题的难度，直到前后两次的估计值没有很大的变化为止。也就是将能力参数以及试题参数写在同一个概似函数里，将之最大化。这称为联合最大概似估计（joint maximum likelihood estimation），早期的软件常使用这种方法。

联合最大概似估计的优点在于容易撰写程序运行之；速度很快，可以在几秒或几分钟内完成数万人的大量资料分析，无需假设受试者来自何种分

布，因此很有弹性。软件 WINSTEPS 和 FACETS 就是使用此法。不过它有几项缺点（Holland，1990；Embretson & Reise，2000：210）：

（1）联合最大概似估计的参数估计是偏误的。

（2）其试题参数的估计缺少统计上的一致性，也就是说，受试者人数增加，并不能使得估计值的分布愈集中于参数的真值。这是因为每增加一个受试者，概似函数里就增加一个参数：该人的能力参数。

（3）由于参数估计有偏误且缺乏一致性，因此估计的标准误并不恰当，后续的假设检定和区间估计会有问题。

（4）概似无法用来进行模式的比较检定〔如概似比率检定（likelihood ratio test）〕。

（5）无法估计得满分或零分的受试者的能力，也无法估计满分或零分的试题的难度。

为解决以上问题，现今很多软件使用边缘最大概似估计（Bock & Aitken，1981）。其中假设受试者是从某母群体随机抽样而得，而且服从某种分布，如常态分布。因此只要估计这个分布的参数即可，如果是常态分布，只要估计其平均数和变异数。在联合最大概似估计里，如果受试者有 500 人，就要估计 500 个能力参数。每增加 1 人，就要多估计 1 个能力参数。但在边缘最大概似估计里，不论受试者是多少人，只要他们来自同一分布，就只要估计该分布的参数即可。边缘最大概似估计有以下的优点（Embretson & Reise，2000：214）：

（1）它适用于各种试题反应模式；

（2）可适用于长或短的测验；

（3）其估计标准误是恰当的；

（4）能够估计得满分或得零分的受试者能力；

（5）可用概似比率检定进行模式比较。

但它也有以下缺点：

（1）很难撰写程序进行估计，其估计速度远慢于联合最大概似估计，尤其是复杂的模式和多向度模式。

（2）必须假设受试者来自某种分布（通常是常态分布）。如果该假设不恰当，会影响对受试者能力的估计，所幸对试题参数的估计影响不大。软件

BILOG、CONQUEST、MULTILOG 和 PARSCALE 就是用此法来估计参数。

除了上述的联合和边缘最大概似估计外，还可用条件最大概似估计（Andersen，1970，1973）。该原理建立在测验的总分就是能力参数的充分统计量（sufficient statistic）的特性上。由于这种特性只有 Rasch 家族模式才有，多参数模式并没有，因此条件最大概似估计只适用于 Rasch 家族模式。此估计方法可以得到不偏且具有一致性的试题参数估计，且不受限于受试者能力分布。不过当测验很长（如 60 道二元试题，或者试题不多，但每个试题的选项数很多，如 30 道五分题），其计算速度会受到严重挑战。软件 LPCM 和 WINMIRA 就是使用此法估计 Rasch 家族模式的参数。以上这些参数估计方法上的细节可参见 Baker 与 Kim（2004）。

试题反应理论牵涉非常复杂的统计运算。这些软件大都还没摆在大型的统计软件（如 SPSS）之中，而是单独发行。所幸还有一些免费的软件可供使用，例如免费软件 MINISTEPS 与 MINIFAC（http：//www. winsteps. com）适用于 Rasch 家族的模式，包括二元试题和多分题模式、多相模式，不过只是学生版本，只能用于分析少量的资料。ConstructMap（http：//bearcenter. berkeley. edu/GradeMap/）适用于 Rasch 家族模式和多向度 Rasch 模式。PARAM－3PL（http：//echo. edres. org：8080/irt/param/）适用于三参数模式。免费软件 R 也可执行相关分析（http：//rss. acs. unt. edu/Rdoc/library/ltm/html/00Index. html， http：//cran. r-project. org/web/packages/eRm/index. html）。另外还有各种商业软件，详见 Assessment Systems Inc（http：//assess. com/xcart/home. php）。SAS 的模块 NLMIXED 可用以分析较复杂的模式（Sheu，Chen，Su，& Wang，2005）。

五　原始总分与 θ 的关系

在 Rasch 的家族模式里，原始总分是 θ 的充分统计量。换句话说，原始总分和 θ 是一对一对应关系（并不是线性关系）：原始总分相同，θ 的估计值就相同。原始总分愈高，θ 的估计值就愈高。原始总分的排序和 θ 估计值的排序是一致的。同理，试题的得分是该题难度的充分统计量，得分相同，难度就相同。再以上述五题的测验为例，这五题的难度分别为 -2，-1，0，

1，2。表 11－1 列出在 Rasch 模式下，各种答题形态的概似以及能力估计值。凡是测验总分为 1 分，其能力估计值都是 －1.93；测验总分为 2 分，其能力估计值都是 －0.59；测验总分为 3 分，其能力估计值都是 0.59；测验总分为 4 分，其能力估计值都是 1.93。

详细比对同一测验总分下，各种答题组型的概似，可以略窥答题组型的合理性。例如同样只得 1 分，当答对最容易的第一题时，概似为 0.3017；但若是答对最困难的第五题时，概似为 0.0055。基本上，概似愈小，表示答题的组型愈不合理。表 11－1 没有列出零分和满分的能力估计值，因为其最大概似落在 θ 为无限小和无限大之处，也就是无法估计。这意味着以现有的测验无法判断该受试者的能力所在。此时宜对这类受试者继续施测较为简单（或困难）的测验，直到不是零分或满分。

表 11－1　在 Rasch 模式和二参数模式里，各种答题形态的概似和能力估计值

答题形态					Rasch 模式		二参数模式	
					概　似	能力估计值	概　似	能力估计值
1	0	0	0	0	0.3017	－1.93	0.2758	－2.29
0	1	0	0	0	0.1110	－1.93	0.1673	－2.29
0	0	1	0	0	0.0408	－1.93	0.0507	－0.71
0	0	0	1	0	0.0150	－1.93	0.0069	0.51
0	0	0	0	1	0.0055	－1.93	0.0009	0.51
1	1	0	0	0	0.2402	－0.59	0.2273	－0.71
1	0	1	0	0	0.0884	－0.59	0.1195	0.06
1	0	0	1	0	0.0325	－0.59	0.0265	0.85
1	0	0	0	1	0.0120	－0.59	0.0036	0.85
0	1	1	0	0	0.0325	－0.59	0.0725	0.06
0	1	0	1	0	0.0120	－0.59	0.0161	0.85
0	1	0	0	1	0.0044	－0.59	0.0022	0.85
0	0	1	1	0	0.0044	－0.59	0.0161	1.15
0	0	1	0	1	0.0016	－0.59	0.0022	1.15
0	0	0	1	1	0.0006	－0.59	0.0012	1.71
1	1	1	0	0	0.2402	0.59	0.2289	0.51
1	1	0	1	0	0.0884	0.59	0.0722	1.15
1	1	0	0	1	0.0325	0.59	0.0098	1.15
1	0	1	1	0	0.0325	0.59	0.0833	1.43
1	0	1	0	1	0.0120	0.59	0.0113	1.43

续表

答题形态					Rasch 模式		二参数模式	
					概　似	能力估计值	概　似	能力估计值
1	0	0	1	1	0.0044	0.59	0.0084	2.01
0	1	1	1	0	0.0120	0.59	0.0505	1.43
0	1	1	0	1	0.0044	0.59	0.0068	1.43
0	1	0	1	1	0.0016	0.59	0.0051	2.01
0	0	1	1	1	0.0006	0.59	0.0092	2.36
1	1	1	1	0	0.3017	1.93	0.3005	1.71
1	1	1	0	1	0.1110	1.93	0.0407	1.71
1	1	0	1	1	0.0408	1.93	0.0412	2.36
1	0	1	1	1	0.0150	1.93	0.0912	2.87
0	1	1	1	1	0.0055	1.93	0.0553	2.87

在多参数模式里，原始总分和 θ 并没有一对一的对应关系。原始总分相同，θ 的估计值的不见得相同；原始总分愈高，θ 的估计值不见得愈高。原始总分的排序和 θ 估计值的排序不见得一样。以上述五题的测验为例，假设这五题的难度维持不变，但斜率参数分别为 0.5，0.5，1，2，2。表 11－1 右边列出在二参数模式下，各种答题形态的概似以及能力估计值。从该表可以看出，测验总分一样，但能力估计值并不见得一样。总分低者，其能力估计值可能会高于总分较高者。例如只答对第五题者，能力估计值为 0.51，但同时答对第一题和第二题者，其能力估计值为 －0.71。

多参数模式的 θ 估计值和原始总分并没有一对一的对应关系，这在实用上可能会有很大困难。例如，大型入学或国家考试都必须公布试题和原始分数，如果有人原始总分高而落榜，原始总分低反而上榜；又或者原始总分一样，某人落榜，某人却上榜。这恐怕都不易被社会大众接受。拥护多参数模式的人也许会说，同样原始总分的甲和乙，其中甲答对的大多是较难的试题，而乙答对的却多是较简单的试题，因此甲的 θ 估计值比乙高是合理的。但甲虽然答对了较难的试题，想必也答错了较简单的试题，否则他的原始总分不会跟乙一样。如果答对较难的试题代表能力较强，那么答错较简单的试题代表什么呢？严格来说，答对很多较难的试题，但却答错很多较简单的试题，这就是不合理的现象。例如表 11－1 中，答题形态为 0，0，0，1，1

者，答错较简单的三题，但却答对最困难的两题。针对这样的反应形态，应该探讨其原因，而不是贸然地给个数字代表其能力。

六　模式与资料适配度

跟任何一种资料分析一样，当使用 Rasch 家族模式或多参数模式去适配资料时，一定要进行残差分析，以检测模式与资料的适配度。如果适配度佳，所得到的参数估计才有意义。以 Rasch 家族模式而言，如果适配度佳，所得到的量尺才有客观等距的特性。如果适配度不佳，应该进行后续的探讨，期能找出原因加以修正。

当参数估计完成后，也就是每位受试者的能力和每道试题的难度已知时，就可以计算每位受试者在每道试题的作答几率及期望分数。将期望分数减去观察分数就是残差。如果残差很大（期望分数距离观察分数甚远），意味着模式和资料没有很好的适配度。进行残差分析着重在检验：①受试者的答题形态是否合理，这称为 person fit；和②试题被作答的形态是否合理，这称为 item fit。举例而言，某受试者作答了 20 道试题，依照上述做法，就可以计算出他在这每一道试题上的残差。接下来透过某种统计程序来判断这些残差是否很大（例如，他答错很多简单的试题，却答对许多很难的试题）。如果是，就判定该受试者的反应不吻合模式的预期。

同理可以判定某个试题是否吻合模式的预期。例如有 100 位受试者作答了第一题，因此就有了 100 个观察分数和 100 个期望分数。计算其残差，接着透过统计程序判定这些残差是否很大（例如很多低能力的人答对该题，但很多高能力的人却答错）。如果是，就判定该题不吻合模式预期，可能题干或选项出了问题。

在真实资料中，不难发现一部分受试者和试题不吻合模式的预期。原因可能有很多种。例如受试者乱答、作弊，也可能在考试刚开始时非常紧张，以致答错那些出现在考卷前面的试题（通常是简单的试题先出现），又或者考到后来非常疲倦，无心作答，以致摆在测验卷后面相对简单的试题，却没答对。受试者也可能因为使用某种特殊的解题技巧，以致可以很幸运地答对高难度的试题；又或者受试者曾解过相同试题或补习班刚教过类似试题，因此难度降低。总之无论是哪种原因，必须承认该受试者的答题形态跟一般的受试者大相径庭，因此无法用同一种标准来量化其程度。从实用的观点来看，这些有着异常反应的受试者非常值得深入追踪，说不定因而可以看到新的现象，得到新的理论。

试题不吻合模式预期的原因也有多种。例如题意不清，以致高能力的人钻牛角尖反而答错；又或者这个试题牵涉其他的能力向度，例如算术的应用题，用字遣词过于深奥，以致因为语文水平不佳，看不懂题意，无法作答，这并不是算术能力不佳所致。就以美国研究所入学考试的 GRE 逻辑分测验来说，因为是用英文出题，国人的平均分数也就比美国人低很多，但这并不代表国人的逻辑能力远低于美国人。

当发现某个试题不吻合模式预期时，就意味着这个试题跟测验内的其他试题并不协调。它所量测的潜在特质跟其他试题并不相同，因此不满足单向度的假设，因此应该将此一试题修改或排除。不过，这并不表示该试题不重要，而是它跟其他试题没有同步，不宜置于同一测验分析。如果该试题所量测的潜在特质真的重要，应该独立去编制一份测验，好好地去测量。而不是硬把它跟其他试题凑在一块，使得分数解读失去意义。

七　试题反应理论对测验实务的影响

自 1960 年代起，试题反应理论逐渐风行。截至 2010 年 3 月，在心理学 PsycINFO 和教育学 ERIC 的资料库中，已经出现了高达 3000 笔和 2500 笔以上的期刊论文摘要，内含“item response theory”或“Rasch”两名词；即便在医学 MEDLINE 资料库中也高达 1700 笔以上，硕博士论文 Dissertations and Theses 资料库中也有 2300 篇以上。试题反应理论备受重视，现已逐渐扩展至健康医学、护理、管理、体育等凡是使用量表或测验工具收集人类行为的学科。预计这股风潮会愈来愈普遍，甚至不久的将来试题反应理论会被纳入高等统计学或资料分析相关的教科书，成为一般研究生必修之单元。试题反应理论已经对现今的测验实务产生革命性的影响。以下列出几个重要的层面说明之，其他层面可参见王文中（2004）。

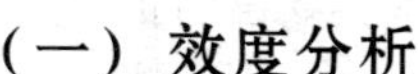

（一）效度分析

当资料吻合 Rasch 模式的预期时，才能产生客观等距的量尺，达到测验的真正目的。在传统的构念效度分析中，常会使用相关分析、探索性因素分析或验证性因素分析来探讨试题量测的能力或特质因素。相关分析和因素分析必须计算平均数和变异数，这都得用等距量尺才行。但是如前所述，试题得分或测验总分并不是等距量尺，因此不能计算平均数或变异数，就不宜使用相关分析、因素分析，或其他参数统计方法，如结构方程模式分析。

（二）信度分析

在古典测验理论中，常利用再测方法（test-retest）来估计测验的信度，然后利用信度计算测量标准误。信度愈大，测量标准误就愈小；反之，信度愈小，测量标准误就愈大。依照定义，信度是真分数的变异数除以观察分数的变异数。如果有一群受试者其真分数差不多（即真分数的变异接近 0），那么测验的信度就会很接近 0；反之，若换一群受试者其真分数的变异很大，同一测验所得到的信度就会很接近 1。换句话说，信度取决于样本的同构型，是样本依赖。

在试题反应理论中，每道试题都帮助测验使用者理解受试者的能力落点。假想试题就像是跳高竿子的高度，每种高度可用来测试跳高者的能力。如果竿子是 100 公分，它提供较多的讯息帮助我们估计跳高能力在 100 公分左右的选手，但提供较少的讯息来估计能力离 100 公分很远的选手。同理，每道试题可以提供较多的讯息，来帮助我们估计能力在难度附近的受试者，但提供较少的讯息来估计能力离难度较远的受试者。这就是所谓的试题讯息函数（item information function）。

例如图 11－2 中的三条试题特征曲线，斜率最大之所在就是难度所在，离难度愈远，斜率愈小。换句话说，试题对于能力在其难度附近的受试者有最高的讯息量，可以区辨得比较清楚。离难度愈远，其估计的精准度愈低，误差愈大。整份测验的讯息量，就是所有试题的讯息量的总和。基本上，能力水平不同，其讯息量就不同，测量标准误就不同。测验的整体难度跟受试者的能力水平愈相当，讯息量就愈高，测量标准误就愈小，因此测量标准误随着能力水平而变动。在计算机软件的报表里，除了提供受试者的能力估计值外，还会提供标准误，就是建立在测验讯息函数上，且每个受试者的测量误差通常不一样。由于测量标准误建立在测验讯息函数上，跟受试者的同构型程度无关，因此是样本独立。

（三）常模

在古典测验理论里，测验分数没有等距的意义，因此分数的解释必须仰赖常模，也就是受试者相对于常模团体的排名。因此常模的代表性就非常重要，没有代表性的常模，会使得排名失真。在物理测量里，就没有所谓常模的争议。例如近年常有流行病，因此到处都要量体温。量一个人的体温时，只要知道是摄氏几度（如37.5度）就好，无需问这样的体温排名多少。

在Rasch模式中，透过θ与δ的关联来定义θ。一旦知道某位受试者的能力，和每一题的难度后，就可以计算他在每一题上的答对几率，用此就可以具体表示他的能力的意义。例如，在人际沟通恐惧的测验里，询问受试者在面对哪种情况时会有沟通上的恐惧，如家人、好友、同学、老师、上司、一般朋友、陌生人、曾有过节的人、课堂上发表意见、公开演讲等。此时受试者的沟通恐惧程度，就用在面对各种情况时会恐惧的几率来表示。例如甲面对同学时，恐惧的几率为30%，面对老师时为70%，面对上司时为90%，面对陌生人时为99%。乙的沟通恐惧程度为面对同学时，恐惧的几率为10%，老师为30%，上司为40%，陌生人为60%，有过节的人为90%，课堂发表意见为99%。每个受试者的沟通恐惧程度都是由这些试题来定义，因此具有效标参照（criterionreferenced）的解释意涵。不管其他人的恐惧程度怎样，都跟其他人无关。这就像要解释甲的跳高能力一样，只需看竿子的高度，无需考虑其他人的跳高能力。也像解释乙的身高，只需检视尺上的刻度，无需参照其他人的身高。

不过在测验实务里，题目的难度通常未知，必须借由受试者的反应来估计题目的难度，因此受试者的异质性仍然是必要的，以便较精确地估计题目的难度。受试者的代表性不是必要条件，当然有常模代表性更好，因为这样可以看出每个受试者在群体中的相对位置，以便进行常模参照的解释。例如

甲的跳高能力为 160 公分，占全校排名的前 10%。反观用原始分数来解释时，必须要有代表性常模，否则分数没有意义。

（四）试题编写

在古典测验理论的指引下，常会以试题的答对率、鉴别力（discrimination power）、Cronbach α 的高低作为试题编写的依据。例如希望试题的答对率在 0.5 附近，鉴别力和 α 系数愈高愈好。如果测验里的所有试题的答对率都在 0.5 附近，那么难度分散不足，对于能力很高或很低者，将无法做有效的区分，因此测验品质不佳。试题难度的设定，需取决于测验的目的。如果测验是用来区分大多数人（例如 IQ 测验、学业成就测验），那么难度宜很分散。如果测验是用来挑选能力极高者（如给予奖学金），则试题的难度宜很高，以便有效区别能力极高的一群受试者；反之，如果测验是用来挑选能力极低者（如进行补救教学），则试题难度不宜太难。

传统上，常以试题得分和测验总分的相关来当作试题的鉴别力（如点二系列相关），鉴别力愈高表示试题愈好。同样，α 系数（见第一册第十章“古典测量理论”）常被测验的实务工作者用来评断测验的质量：α 系数愈高，测验的信度或内部一致性就愈高。这些看法可能是有问题的。举例而言，有位老师想测量小学生的“分数加减能力”，但在这个测验里，尽是一些不用通分、约分或进位的试题，如：

5/9 － 4/9 ＝？
3/5 ＋ 1/5 ＝？
1/3 ＋ 1/3 ＝？
2/7 － 1/7 ＝？

以上这四题的作答反应的相关一定相当之高。换句话说，答对第一题大概就会答对其他三题。答错第一题大概就会答错其他三题。因此两两试题之间的相关几乎等于 1，每道试题的得分和测验总分的相关也会几近于 1。这意味着每道试题有很高的鉴别力，整份测验有很高的 α 系数。但这不是一份好测验，而是一份只有深度、没有广度的测验。

基本上，α 系数取决于两个因素：测验长度（题数多寡），和两两试题间的平均相关。题数愈多，α 系数愈高。在题数固定的情况下，想提高 α 系数，就得提高试题间的相关。要提高试题间的相关的最简单的做法，就是让试题很相似，如上面的四道试题。在此同时，也就提高了每道试题的鉴别力。

其实上述四道试题，过于相似，实际上只能算一道试题，因此整份测验的测量误差还是很大。若是用鉴别力和 α 系数来评价测验，很可能会高估测验品质、低估测量误差。其实这样的测验不可能没有效度，因为当初测验的目的是要评估学生在分数加减上的表现，而分数加减（理论上）应该涵盖通分、约分、进位等。因此一味地追求高的鉴别力和 α 系数，可能会失去测验的广度，也就会失去效度。关于 α 系数的使用和误用，可参见 Sijtsma（2009）。

再以态度问卷的编写为例，假设现在要测量自尊心。如果以提高鉴别力和 α 系数为目的，那么就要提高试题的相关，此时编写的试题可能是：

（1）我对自己满意；

（2）我喜欢自己；

（3）我觉得自己不错；

（4）我很差劲（反向题）。

基本上，如果同意第一题，大概就会同意其他题。如果不同意第一题，大概就不会同意其他题。因此试题间的相关很高，试题得分和测验总分的相关就会很高，α 系数也会很高。其实这测验表面上看似有四道试题，但因为过于重叠，其实只有一道试题，因此测量误差还是很大。况且这样的试题并不能反映出自尊心的全貌，缺乏广度，缺少效度。

在非能力测验的试题编写上，还常会出现一个盲点：没有难度（阈值）的概念。如以测量自尊心为例，每个人的自尊心程度不一样，这就像每个人的数学能力不一样。在数学能力测验里，会有不同难度的试题，以便区分不同数学能力的人。在自尊心的测验里，理当也要有不同难度的试题，以区辨不同自尊心程度的人。亦即自尊心的测验里要有不同阈值的试题。有些试题阈值很低（绝大多数的人都会同意或做到），有些试题阈值较高（约半数的人会同意或做到），有些试题的阈值很高（只有自尊心很强的人才会同意或做到）。

在试题反应理论的架构里，试题难度的设定也应该根据测验目的而定。由于不同使用者会有不同的目的，因此最有效率的测验编制方式，就是建立

题库（item bank）。然后搭配使用者不同的需求（如要挑选天才，或是挑选学习困难者），从题库里组合出量身定做的测验卷。

每道试题都要有其测量的价值，因此所提供的试题讯息要彼此独立，这才能使测验的整体讯息是所有试题讯息的总和。要让一份测验发挥这样的功能，试题间不可以产生连锁效应，例如答对第一题，不可以因而增加答对第二题（或其他题）的可能性。答错第一题，不可以因而增加答错第二题（或其他题）的可能性。如果以试题反应理论来分析上述关于“分数加减”“自尊心”的试题，可能会发现这类试题过度相似，讯息重叠，因此并不是好试题。若以点二系列相关来分析，却很可能发现这些试题很有鉴别力。如果试题有连锁效应的话，即便以试题反应理论来进行分析，也可能会高估斜率参数（Tuerlinckx & De Boeck，2001）。换句话说，不良的试题（有连锁效应的试题），如果用二参数模式去分析，会高估了这些试题的斜率参数。对于拥护二参数模式的人来说，斜率参数愈高，试题的质量就愈好，那么这类不良的试题，反而会被认为是高质量的试题。

（五）差异试题功能

差异试题功能（differential item functioning，DIF；Holland & Wainer，1993）分析，现今几乎是试题分析的标准作业程序之一。所谓 DIF 指的是试题对不同的团体有着不同的功能，也就是测到不同的潜在变项。另一种定义是：来自不同团体（如性别、肤色、地区），但能力水平相同的受试者，却有不同的答对几率。理论上，能力相同，答对的几率就应该相同。如果不同，那就表示这个试题对于不同团体的受试者，代表着不同的意涵，也就是有着不同的功能。以下是一道 DIF 试题。在推理测验里，有这样的一道试题：

草莓：红色相当于下列哪一种关系：（A）桃子：成熟　（B）皮革：棕色　（C）草地：绿色　（D）柳橙：圆形　（E）柠檬：黄色

正确答案是 E。相对于白人学生而言，西班牙裔学生有异常低的答对率。这是因为西班牙裔学生通常看到的柠檬是绿色的，很少是黄色的，因此他们倾向于 C。但白人学生看到的柠檬大都是黄色的，因此容易选 E。这个试题的原意在测推理能力，不是测生活环境。试题显然对西班牙裔学生而言并不公平。

GRE 的逻辑分测验算是 DIF 的另一例子。由于是用英文命题来考逻辑推理，因此对于国人而言，常苦于英文能力不足，无法理解题意，因此相对于美国考生，国人的逻辑分数偏低。这难道是国人的推理能力不如美国人？显然这是因为用英文命题所致。

在古典测验理论里，用答对率来表示试题难度。如果发现男生在某题上的答对率是 30%，女生答对率是 50%，那么这道试题有性别的 DIF 吗？说不定女生的能力本来就较强，因此答对率较高是合理的。传统的试题分析不容易进行 DIF 检测。因为试题的难度（答对率）和受试者能力互相定义，因此不能直接用答对率来检测是否有 DIF。在试题反应理论里，DIF 的检测就变得比较容易，因为能力和难度并没有互相定义。通常只要比对试题对不同团体的受试者是否有着不同的参数，即可判定该题是否有 DIF（Wang，2008）。目前大型测验，尤其是高风险（high-stakes）的测验（如入学测验、证照考试）都会详细地进行 DIF 分析，以确保测验对不同团体的考生都是公平的。

在能力测验里，DIF 分析的重点多在检测不同种族、性别、居住地区、社经地位的团体是否有功能上的差异。其实，其他人口变项也可以视需要进行 DIF 检测。举例而言，很多测验被翻译为数种语言，以因应当地需要。我们可以将“国家”“文化”或“语言”当作人口变项来进行 DIF 分析，以确保不同语言版本的测验所得到的分数是可以比较的。同理，有些测验在不同年度重复施测（如纵贯性研究），此时，为了确保不同年度的分数可以进行比较，可以针对“年度”进行 DIF 分析。

（六）计算机化适性测验

计算机化适性测验具有施测情境标准化、计分快速、试题保存安全性高、施测时较不受时空限制以及试题呈现方式多样性（如声、光和速度）等诸多优点。如前所述，试题的难度应该贴近受试者的能力，才会有最佳的鉴别力（讯息量），因此测验的施测最好是伴随着受试者的能力而弹性调整，这就是适性测验（adaptive testing）的概念。例如，能力高者填答很多容易的

试题，不仅浪费时间和精力，甚至减损作答意愿，也就无法有效估计真正能力；反之，能力低者填答很多高难度的试题，也是浪费时间，甚至造成不必要的挫折。计算机化适性测验的优化，就是视受试者的答题情况，弹性调整下一题的难度。在受试者答题之后，立即估计能力。如果该题答错（表示他能力可能低于该题的难度），下一题就出现相对简单的试题；反之，如果答对（表示他能力可能高于该题的难度），下一题就出现相对难的试题。在实务上要做到这样的境界，就必须仰赖计算机，也就是将计算机和试题反应理论结合成为计算机化适性测验（computerized adaptive testing，CAT）。

进行适性施测时要先有题库。题库内的每道试题都要经过数百位受试者的预试，然后利用试题反应理论来估计试题的参数。当新的考生在计算机上作答一题（通常是选择题，以便在线及时计分）后，计算机立即估计出他的能力（估计方法可以是最大概似估计）。接着从题库中选出一道最适当的试题（通常是难度最接近其能力的试题）。考生作答完此题后，又立即重新估计其能力，接着选取下一题。这个过程循环多次后，对于考生的能力估计就愈来愈准确。达到某一既定的准确度，或既定的测验长度后就结束。这种适性做法通常只要一半的题数，就可以达到一般纸笔测验的信度，可见 CAT 的效率（Wainer et al.，2000）。目前有些大型的考试已经采用 CAT，例如 TOEFL 和 GRE 测验。

在 CAT 中，每位受试者作答的试题并不一样，但是其分数仍然可以比较，这就必须仰赖试题反应理论。透过 Rasch 模式或多参数模式，即便某位受试者作答的试题较难，另一位受试者做较简单的试题，他们两人的分数仍然可以比较。有了 CAT，考生可以选择自己便利的时间和地点，接受考试。不过 CAT 的实施，必须有良好的题库做基础。如果题库内的试题数量不多，曝光率过高恐失去测验效度。目前亚洲地区的 GRE 已经取消 CAT。再者，台湾目前的考试制度要求考试后要立即公布考题和答案，除非这种做法能够改变（TOEFL 和 GRE 并不立即公布考题和答案），试题无法重复使用，而题库又不可能非常庞大，CAT 就窒碍难行。

（七）分数等化

在传统的测验实施里，每位受试者都要接受同一份测验，否则分数无法比较。有的时候，这种做法窒碍难行。就如 SARS 和 H1N1 流行时，大型集中式的考试很危险。又如要了解成长变化，必须计算前后测的分数变化。如果用同一份卷子施测两次，恐怕会有记忆的干扰。如果用不同的卷子，分数又难以比较。再者当受试者有缺失值（漏答部分试题）时，将使得分数的比较变得更为困难。如果测验的施测可以很有弹性，那么就可以解决很多实务上的困境。例如接受不同测验的受试者，其分数仍然可以比较；前后测使用不同的卷子，分数可以相减；即便有漏答，分数仍然可以比较。如此一来，不必将所有的考生集中在同一时段，接受同一份测验，前后测的问题也可以圆满解决，漏答试题也没关系。

试题反应理论可以有效地解决这些困境。受试者的水平端看其在试题上的表现。不同的受试者可以作答不同的试题。只要依照他们的作答反应，将其能力水平界定出来即可。既然如此，前后测可以用不同的试题，分数仍可以比较。不同受试者作答不同的题数（就如有人漏答）也没关系，一切变得非常有弹性。要比较作答不同卷子的受试者的能力水平，只要将他们的分数加以等化（equating）。这个等化的工作在试题反应理论中，变成简单的参数链接（linking）问题（Kolen & Brennan，2004）。也就是怎样将不同测验的试题的参数链接起来，摆在同一个量尺上，形成一个大的题库。有了这个等化或链接，测验的实务变得相当有弹性。上述的 CAT 就是每个受试者接受不尽相同的测验，但是分数仍然可以比较。

八　实例分析

为了了解目前青少年约会行为的冲突因应策略，黄登月与王文中（2005）先以质性访谈来收集台湾青少年的冲突行为与因应策略，据以编写试题。然后透过较大样本的施测，并进行 Rasch 分析，建立起具有高信度、效度的“青少年约会冲突因应策略量表”，以作为早期发现筛检工具，介入辅导处遇以及作为在未来成人时期及婚姻阶段，伴侣之间冲突暴力之预测。他们访问 13 岁至 23 岁过去一年内有约会经验的青少年 22 人。内容包括约会关系、进展及交往状况。结果发现，约会冲突因应策略可分为理性地解决、口语冲突、心理伤害、肢体（性）伤害等四种。青少年约会冲突因应

策略具有连续、多向、混合及多变等复杂性。

经过分析国外相关之冲突量表，佐以实际访谈之结果，他们编写“青少年约会冲突因应策略量表”。经台湾测验专家、青少年心理发展专家、教育学者、教师对此量表内容的效度进行评量，以确定量表涵盖了重要内容，初中生以上程度之学生能够了解题意。“青少年约会冲突因应策略量表”内含“理性”和“非理性”两个分量表。受试者为一年内有过约会冲突经验的青少年 405 人（男 182 人、女 223 人）。受试者依据自己的因应方式，勾选与自己最符合的情形。该量表采三点量尺：0 分代表从来没有（0 次）、1 分代表很少发生（1～2 次）、2 分代表较常发生（3 次以上）。在理性分量表上，得分愈高代表其因应策略愈理性。在非理性的量表上，得分愈高代表其因应策略愈不理性。

透过 BIGSTEPS（现改名为 WINSTEPS）软件进行 Rasch 评等量尺模式分析，并检测试题是否吻合评等量尺模式，是否有性别的 DIF，如有则予以删除。经多次删题与分析后，最后得到理性分量表 10 题，非理性分量表 62 题。图 11－6 呈现理性分量表中受试者与试题的线性关系。图的左边是这 405 位受试者在理性因应策略上的分布（愈在上面代表愈理性），右边是这 10 道试题的整体难度的分布（愈在上面代表愈不容易答对），最左边的数字是 logit 单位。此图又称为 Wright Map，以示对其提出者 Wright 的敬意。在这 10 题里，“会心平气和地和他讨论”的难度最大，表示最不容易做到。“转移话题”的难度最低，最常发生。试题难度分布与受试者理性特质分布的对应大致良好。不过高理性的试题可以再增多，以便更能区分高理性程度的受试者。

图 11－7 呈现非理性分量表中受试者与试题的线性关系。愈在上面的受试者的非理性程度愈强，愈在上面的试题愈不容易答对，也就是不理性的程度愈高。这两个阈难度分别为－0.02 和 0.02，虽然具有顺序性，但因为相距很近，因此不能非常有效地发挥每个选项（从来没有、很少发生、较常发生）的区辨功能。如果只为了减少选项个数，以利测验实施，那么建议可以分为两个选项：没有、有。在这 62 题里，最不理性的前五大策略是“吐痰或吐口水”“绑起来虐待、污辱”“威胁恐吓伤害亲友”“限制行动”“拿刀子或致命凶器伤害”。相对而言，最常使用的前五大非理性策略为

logit	受试者	试 题
3	#####	
	. ####	
	#	
2	. ####	
	. #######	
	. #########	
1	#######	
	. #########	会心平气和地和他讨论
	. ##	
	#########	解释说明谁对谁错的理由
	. #########	
	######	做一些可以避免冲突的事　避免说会引起冲突的话
0	######	建议可以避免冲突的办法　安静倾听并接纳他的建议
	. #######	让步主动道歉尽量取悦他
	#######	等他气消了才和他沟通
	###########	无论自己的想法怎样，我都会尊重他的意愿
	. #	转移话题
	. #####	
-1	. ######	
	.	
	####	
	. ##	
-2	. ##	
	###	
-3	##	

图 11－6　受试者理性因应的程度与试题整体难度的线性关系

注：第一阈难度 -0.31，第二阈难度 0.31。每个#约代表四位受试者。

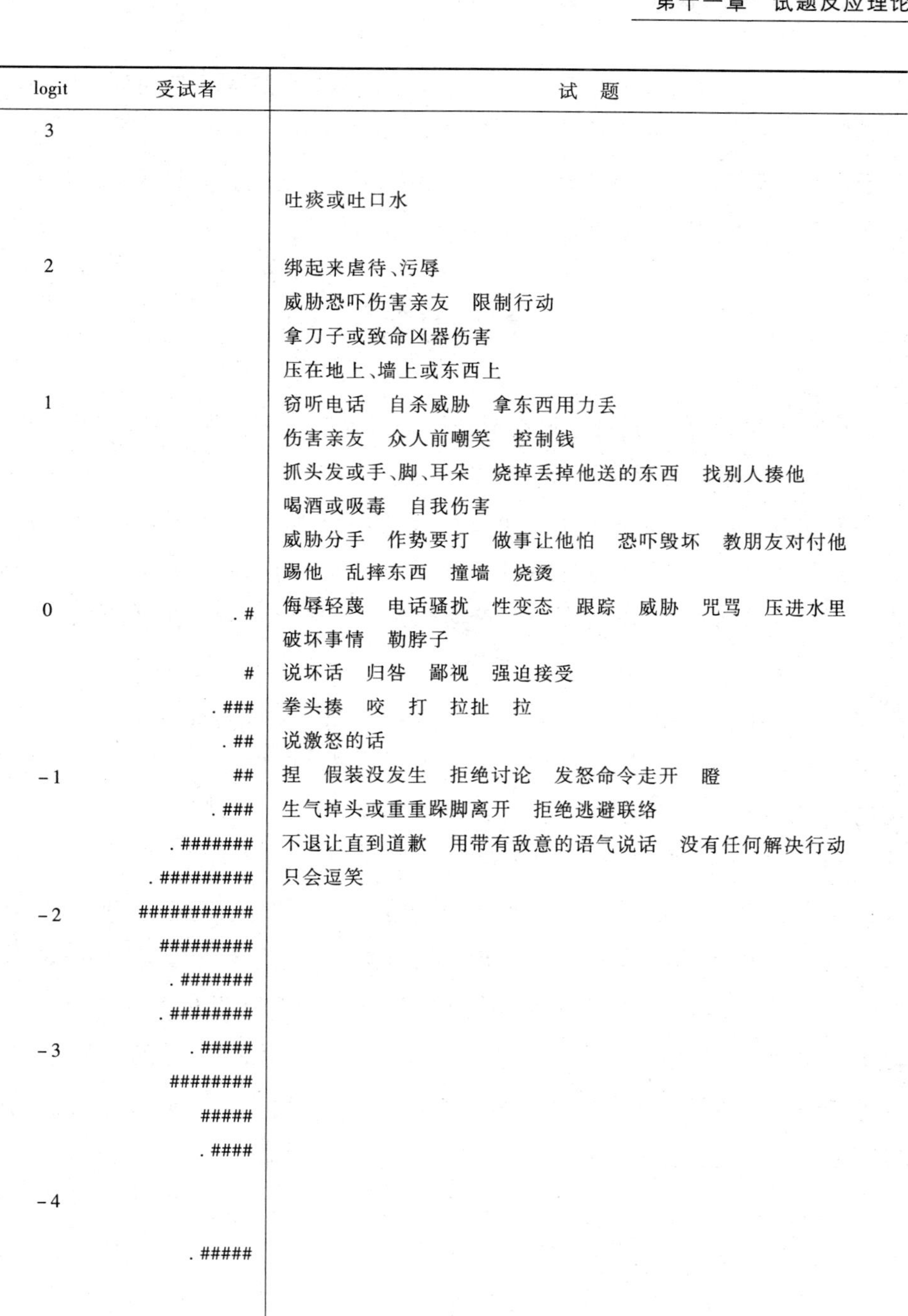

图 11-7　受试者非理性因应的程度与试题整体难度的线性关系

注：第一阈难度 -0.02，第二阈难度 0.02。每个#约代表四位受试者。

"只会逗笑""不退让直到道歉""用带有敌意的语气说话""没有任何解决行动""生气掉头或重重跺脚离开"。绝大多数的受试者的非理性程度都远低于试题的难度，这意味着极端非理性的策略很少发生。换句话说，大多数青少年不至于使用过度激烈的因应策略。

九　总结

自从 1960 年代试题反应理论提出以来，人们逐渐认识到测验资料分析的单位在于试题作答反应，而不是测验总分。试题作答反应是类别变项，因此其分析方法，跟一般的连续变项的分析方法（如变异数分析、相关分析等）截然不同。试题反应理论就是适用于分析试题作答反应的一套理论体系。测验的原始分数和试题的答对率互相定义，彼此干扰，因此测验的原始分数也不适合用来表示受试者的能力水平，试题的答对率也无法表示试题的难度。我们需要一套理论，将这两者分离，使得对受试者能力的估计不受限于试题的难度，对试题难度的估计不受限于受试者的能力，这样才能达到客观的量化。

Rasch 模式成功地实现了这个理想，其量尺客观且等距。愈来愈多的学者认识到这是目前唯一可以使得心理测量达到客观等距目的的方法。多参数模式虽然在统计公式上，跟 Rasch 模式相当类似，但是其出发点跟 Rasch 模式迥然不同，无法达到客观等距的目的。这是因为多参数模式采统计取向，力求适配资料，以致无法达到测量的基本目的。无论如何，试题反应理论已经被重用。在效度分析、信度分析、常模、差异试题功能、计算机化适性测验、分数等化等议题上，试题反应理论已经带来革命性的影响。五十余年来，经过多位学者的努力，使得试题反应理论有了相当多元的发展，可以适用于多分题、多相线性化等复杂的测验情境。这些发展成功地促进测验产业质量的提高。

本文透过实例分析阐述试题反应理论于量表编制上的应用，这只是众多应用中的一小部分。读者可以从专业的教科书、网站上找到更多的资源和相关的软件。试题反应理论的研究和应用如雨后春笋，逐渐扩展到教育和心理学以外的学门。

参考书目

黄登月、王文中（2005）《青少年约会冲突因应策略量表之发展》，《教育与心理研究》，28，468～494。

王宝墉（1995）《现代测验理论》，台北市：心理出版社。

王文中（2004）《Rasch 测量理论与其在教育和心理之应用》，《教育与心理研究》，27，637～694。

许择基、刘长萱（1992）《试题作答理论简介》，台北：中国行为科学社。

余民宁（2009）《试题反应理论（IRT）及其应用》，台北：心理出版社。

Andersen, Erling B. (1970). Asymptotic properties of conditional maximum likelihood estimators. *Journal of the Royal Statistical Society, Series B, 32*, 283–301.

Andersen, Erling B. (1973). A goodness of fit test for the Rasch model. *Psychometrika, 38*, 123–140.

Andrich, David (1978). A rating formulation for ordered response categories. *Psychometrika, 43*, 561–573.

Baker, Frank B., & Kim, Seock-ho (2004). *Item response theory: Parameter estimation techniques* (2nd ed.). New York: Marcel Dekker.

Birnbaum, Allen (1968). Some latent trait models and their use in inferring an examinee's ability. In Federic M. Lord & Melvin R. Novick (Eds.), *Statistical theories of mental test scores* (pp. 397–479). Reading, MA: Addison-Wesley.

Bock, R. Darell, & Aitken, Murray (1981). Marginal maximum likelihood estimation of item parameters: Application of the EM algorithm. *Psychometrika, 46*, 443–459.

Embretson, Susan E. (1998). A cognitive-design system approach to generating valid tests: Applications to abstract reasoning. *Psychological Methods, 3*, 380–396.

Embretson, Susan E., & Reise, Steven P. (2000). *Item response theory for psychologists.* Mahwah, NJ: Erlbaum.

Fischer, Gerhard H. (1973). The linear logistic test model as instrument in educational research. *Acta Psychologica, 37*, 359–374.

Fischer, Gerhard H., & Molenaar, Ivo W. (1995). *Rasch models: Foundations, recent developments, and applications.* New York: Springer.

Fischer, Gerhard H., & Parzer, Peter (1991). An extension of the rating scale model with an application to the measurement of treatment effects. *Psychometrika, 56*, 637–651.

Fischer, Gerhard H., & Pononcy, Ivo (1994). An extension of the partial credit model with an application to the measurement of change. *Psychometrika, 59*, 177–192.

Holland, Paul W. (1990). On the sampling theory foundations of item response theory models. *Psychometrika*, *55*, 577 - 602.

Holland, Paul W. , & Wainer, Howard (Eds.) (1993) . *Differential item functioning.* Hillsdale, NJ: Erlbaum.

Hsueh, I-ping, Wang, Wen-chung, Sheu, Ching-fan, & Hsieh, Ching-ling (2004). Rasch analysis of combining two indices to assess comprehensive ADL function in stroke patients. *Stroke*, *35*, 721 - 726.

Kolen, Michael J. , & Brennan, Robert L. (2004) . *Test equating: Methods and practices.* (2nd ed.) . New York: Springer-Verlag.

Linacre, John M. (1989) . *Many-facet Rasch measurement.* Chicago: MESA.

Linacre, John M. (2002) . Optimizing rating scale category effectiveness. *Journal of Applied Measurement*, *3*, 86 - 106.

Lord, Frederic M. (1952) . A theory of test scores. *Psychometric Monograph*, *No. 7*.

Lord, Frederic M. (1953a) . An application of confidence intervals and maximum likelihood to the estimation of an examinee's ability. *Psychometrika*, *18*, 57 - 75.

Lord, Frederic M. (1953b) . The relation of test score to the trait underlying the test. *Educational and Psychological Measurement*, *13*, 517 - 548.

Lord, Frederic M. (1980) . *Applications of item response theory to practical testing problems.* Mahwah, NJ: Erlbaum.

Lord, Frederic M. , & Novick, Melvin R. (1968) . *Statistical theories of mental test scores.* Reading MA: Addison-Wesley.

Masters, Geoff N. (1982) . A Rasch model for partial credit scoring. *Psychometrika*, *47*, 149 - 174.

Muraki, Eiji (1992) . A generalized partial credit model: Application of an EM algorithm. *Applied Psychological Measurement*, *16*, 159 - 176.

Rasch, George (1960) . *Probabilistic models for some intelligence and attainment tests.* Copenhagen: Institute of Educational Research (Expanded edition, 1980. Chicago: The University of Chicago Press).

Sheu, Ching-fan, Chen, Cheng-te, Su, Ya-hui, & Wang, Wen-chung (2005) . Using SAS PROC NLMIXED to fit item response theory models. *Behavior Research Methods*, *37*, 202 - 218.

Sijtsma, Klass (2009) . On the use, the misuse, and the very limited usefulness of Cronbach's alpha. *Psychometrika*, *74*, 107 - 120.

Stevens, Stanley S. (1946) . On the theory of scales of measurement. *Science*, *103*, 677 - 680.

Tuerlinckx, Francis, & De Boeck, Paul (2001) . The effect of ignoring item interactions on the estimated discrimination parameters in item response theory. *Psychological Methods*, *6*, 181 - 195.

Wainer, Howard, Dorans, Neil J. , Eignor, Donald, Flaugher, Ronald, Green, Bert,

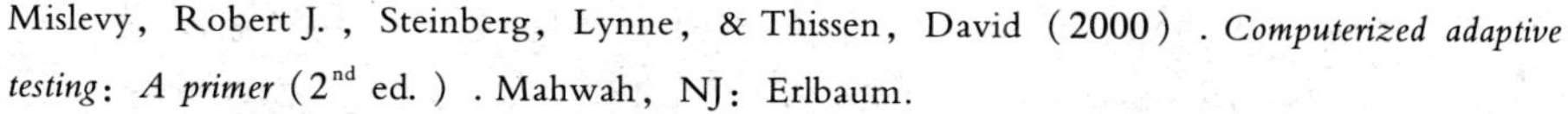

Mislevy, Robert J., Steinberg, Lynne, & Thissen, David (2000). *Computerized adaptive testing: A primer* (2nd ed.). Mahwah, NJ: Erlbaum.

Wang, Wen-chung (2008). Assessment of differential item functioning. *Journal of Applied Measurement*, *9*, 387 - 408.

Wang, Wen-chung, & Liu, Chih-yu (2007). Formulation and application of the generalized multilevel facets model. *Educational and Psychological Measurement*, *67*, 583 - 605.

Wilson, Mark (2005). *Constructing measures: An item response modeling approach.* Mahwah, NJ: Erlbaum.

Wright, Benjamin D., & Masters, Geoff N. (1982). *Rating scale analysis.* Chicago: MESA Press.

Wright, Benjamin D., & Stone, Mark H. (1979). *Best test design.* Chicago: MESA Press.

延伸阅读

一、教科书

1. Bond, Trevor G., & Fox, Christine M. (2007). *Applying the Rasch model: Fundamental measurement in the human sciences* (2nd ed.).

   本书对于 Rasch 模式的理论和应用有相当深入浅出的介绍，也包括很多实例分析，属于 Rasch 的入门教科书。

2. Wilson, Mark (2005). *Constructing measures: An item response modeling approach.*

   本书阐述怎样将 Rasch 模式的理念融入测验发展，以得到客观等距量尺和高质量的测验，这是测验编制者不可或缺的工具书。

3. De Ayala, Rafael J. (2008). *The theory and practice of item response theory.*

   这是比较新的 IRT 教科书，算是因应市场需要，浅显易懂而实用。

4. Embretson, Susan E., & Reise, Steven P. (2000). *Item response theory for psychologists.*

   本书对于 IRT 的理论和实用有着相当精彩的论述，尤其着重于 IRT 对于现代心理测验之编制、分析、结果解释的影响，是相当不错的教科书。

5. 余民宁（2009）《试题反应理论（IRT）及其应用》，台北市：心理出版社。

本书深入浅出，涵盖 IRT 的基本概念与假设、各种常见模型、参数估计与适配度检定，并简介常用的计算机程序，可作为主修心理计量学者之基础教科书。

二、网站

1. http：//www. rasch. org

这是 Rasch 模式的大本营，含文献、软件、学术活动，可免费下载书籍 *Measurement essentials*（by Wright & Stone），亦可连至 http：//www. jampress. org 购买 Rasch 相关书籍和期刊。

2. http：//edres. org/irt

这儿有许多关于 IRT 的信息，包括可免费下载的教科书 *The basics of item response theory*（by Frank B. Baker）、IRT 导览、免费软件、其他收费软件和相关的书籍以及其他网站的链接。

3. http：//www. edutest. com. tw/e-irt/irt. htm

这里有关于 IRT 的学理与应用，共分 16 个单元，深入浅出，由余民宁教授撰写。

第十二章
社会网络分析

一　前言

（一）社会网络分析简介

多数行为科学的基本预设之一，是认为个体的行为部分受制于行动者所处的情境脉络，不能完全在社会真空的实验室情境下来理解。所谓的行动脉络，除了特定时间、空间的实体环境脉络之外，更重要的是由其他行动者集体所构成的社会结构脉络。例如，经济学家分析由个别厂商所组成的市场，对于个别厂商的影响；教育学者分析家庭、学校及小区等环境脉络对于学生学业成就的影响。对于如何勾勒行动者所处的情境脉络，虽然因学门领域及分析取向而有所不同，但大多以某种集体组成性质来代表环境脉络。如经济学以厂商的家数、规模的分布来衡量市场结构，将市场分成完全竞争、寡占与垄断市场；社会学以小区的种族分布及整体的社会经济地位，来捕捉小区的环境。网络分析也是试图勾勒环境脉络影响的一种努力，其与传统社会科学分析最大的不同点，在于它特别强调由个体的互动联结所形成的社会结构（social structure），对于行为的影响（Berkowitz，1982）。传统社会科学的行为分析，大多先根据行动者本身所具有的属性（attributes），或个体从群体得来的衍生属性（derived attributes）来进行社会分类，然后比较这些社会类别之间的差异。例如，社会学家经常按照先天属性如性别、种族等，将人群分成不同类别团体（nominal group），或是以职业、从业身份、权威等工作衍生面向，将人群分成各种地位团体（status group），并分析这些团体身份如何影响个人的行为及机会（Blau，1977）。此种分析方法最大的弊病在于研究者按照各种属性将人群进行分类（categorization）时，会有意无意地扭曲了个体所处的原始社会结构；而这些社会结构往往是影响个体生命机会最重要的脉络（Wellman，1988）。

举例来说，图 12－1 虚线上方是由一组复杂人际网络所组成的小群体。当我们企图以传统的统计方法来分析性别对投票行为的影响时，为了统计推论，必须先在原始的社会结构中进行独立抽样，然后将受访者按照他们的性别分组（如图 12－1 虚线下方所示），再比较男性与女性在依变项（投票行为）上的差异。上下两图的最大差异，在于下图去除了上图中的复杂社会网络结构。此种做法等于将行动者从其所处的情境脉络中抽离出来进行分析。下图的分析仅能让我们知道男性与女性在整体投票行为上是否有差异，但却无法解释性别造成投票差异的原因。网络分析强调研究者应试图保留个体间互动模式的完整性，从原始的社会结构中来理解个体的行为。

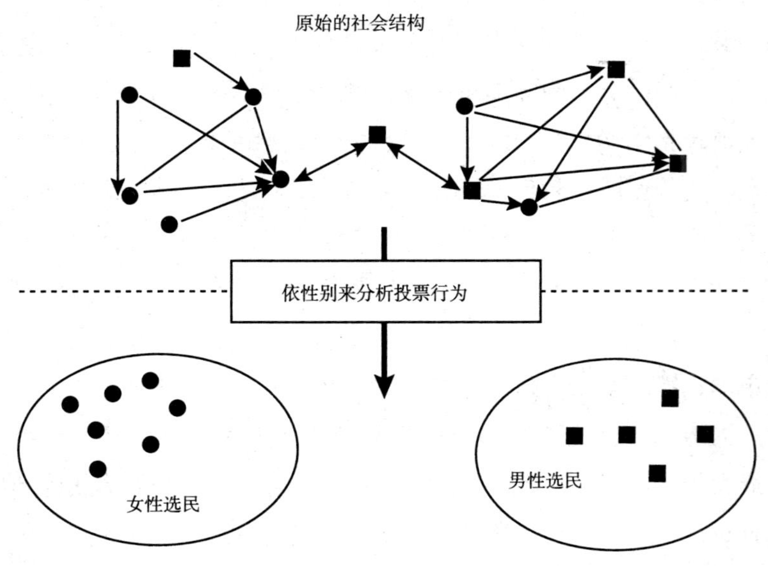

图 12－1　网络分析与传统行为科学分析的比较

网络分析的论点可以用英国社会人类学家 Elizabeth Bott（1955，1957）对于婚姻角色的研究来说明。Bott 观察英国 20 对夫妻的婚姻角色行为

（conjugal role），提出了一个有趣的问题：何以有些夫妻对于家中的事务，大多为共同讨论、一起决定的，而有些夫妻则有明显的性别角色分工现象？Bott并没有像过去的社会科学家一样，从夫妻双方的个人属性如人格特质、教育及家庭背景等来解释这个现象。她将研究的焦点置于夫妻的人际网络上，发现婚姻角色分工较明显的夫妻，大多分别拥有一个关系紧密的社交圈（close-knit network），丈夫极少参与妻子的社交生活，而且丈夫的朋友通常不认识妻子的朋友。相反，角色分化较不明显的夫妻，两人社交圈重叠性较高，且网络成员彼此间的关系较不紧密（loose-knit network）。前一种类型的夫妻，丈夫与妻子分属两个同构型很高但重叠性很低的性别团体，因此夫与妻分别受两种不同的角色规范影响，在家中的性别角色分工自然较为明显。第二种类型的夫妻虽仍各自拥有自己的人际网络，但其成员彼此之间并无紧密的互动，不容易形成性别规范压力，因此夫妻双方较不会有特定的性别角色期待。

这个简单的观察，呈现出网络学者对于社会脉络的基本想法。过去对于社会互动的研究，关注的焦点大多在于行动者本身的属性或互动关系的特质，对于社会互动的影响。网络学者认为双边关系（dyadic relationship）的研究取向忽略了互动关系的情境脉络，"关系"通常不是单独存在，而是镶嵌（embedded）于交错复杂的社会网络中（Granovetter，1995）。个别关系的意义须置于社会整体结构中来理解，无法被单独分析。两行动者A与B之间的互动，不但受A、B之间关系的影响，也常决定于A和B与其他人的关系，只有在个别关系所处的整体关系脉络中，才能理解关系的意义。

社会网络分析的目的之一，就是借由科学工具的帮助，来勾勒社会行动者所处的社会情境。这些社会情境是互动单位（interacting units）长期互动所形成的固定关系模式或规则。一般将这种固定的关系模式称为社会结构。社会结构的分析有以下几个基本的预设：

（1）行动者之间有相互依存的关系，不能将之视为完全自主的个体来进行独立分析；

（2）行动者之间的联结关系通常为资源移转及流通的重要管道；

（3）社会结构为行动者之间的持续关系模式，社会结构的位置决定个体的行为动机（motivation）、行动机会（opportunities）及局限（constraints）（Burt，1982；Wasserman & Faust，1994）。

网络分析的目标就是发掘社会行动者所构成的复杂社会关系模式，并分析这些关系模式对于社会行动的影响。由于网络分析将焦点置于关系模式而非行动者本身，因此需要一套以“关系”为分析单位的理论分析架构及概念，与特别的测量及计量分析方法。

在概念架构上，结构分析有以下几个与传统分析不同的预设：

（1）结构分析的解释着重外在结构力量对于行动所产生的影响，比较不从行动者内化的社会规范或自利的理性计算等内在动机来解释行为；

（2）结构分析专注于行动者之间的关联模式，而非根据行动者的属性来进行社会分类；

（3）结构分析关心整体的关系模式，而非特定的双边关系对于个别行动的影响；

（4）网络分析不事先预设一个由界限分明的社会群体所组成的社会结构；社会结构中是否存在次群体，是一个经验问题，必须透过分析网络中的互动模式才能决定；

（5）结构分析不是要取代侧重独立分析单位的主流社会科学方法，而是试图找出社会结构中的固定关系模式来弥补传统分析的不足（Wasserman & Faust，1994；Wellman，1988）。

（二）社会网络分析的历史与发展

根据 Freeman（2006）的研究，社会网络研究的发展主要可分为三个大的时期。1920～1950 年代为社会网络研究的萌芽时期，人类学、社会学及社会心理学分别用社会网络的概念来从事个案实证研究。1950～1980 年代，社会网络分析无论在理论上还是方法上，都有重大的进展，逐渐成为一个独立的研究领域。1980 年代之后，在各个不同学科中，理论与实证研究蓬勃发展，社会网络演变为跨领域的研究。

结构分析的古典理论主要来自德国社会学家 Georg Simmel。Simmel 首先指出，社会关系可以因为单纯的数量变化，而对社会互动产生很大的影响。他分析单独的陌生人（stranger）所面对的社会情境，以及从两人世界

(dayds) 变成三角关系 (triads), 在权力、控制、结盟等社会互动模式上所产生的复杂变化。他认为个人在社会生活中以不同身份及角色，参与各类社会团体，对于现代人的自主性有很大的影响 (Simmel & Wolff, 1950)。同一时期的法国社会学家涂尔干 (Émile Durkheim) 也发现社会成员彼此之间的联结程度，不但影响社会分工等宏观结构，也影响自杀等极度个人的决策 (Durkheim, 1933, 1957)。这些古典理论共同指出社会关系的数量分布及链接模式，对社会生活有极大的影响。

社会网络研究也受到早期来自人类学、社会学的几个重要实证研究案例的启发，例如人类学家 Malinowski (1922) 研究几内亚 (East Guinea) Kula-ring 部落以仪式性的礼物交换行为来建立关系。工业心理学家 Roethlisberger 与 Dickson (1939) 发现组织中的非正式团体压力影响工作表现。社会心理学家 Moreno (1934) 创立社会关系学 (sociometry) 来研究小团体的互动，他认为社会不单纯是由个人聚集而成，而应被视为一种人际链接的结构，因此个人不是构成社会的基本单位。他是最早以社会关系图 (sociograms) 来勾勒人群关系的学者。

这些早期零星实证案例，分别引起了不同领域的行为学者的注意，从 1950 年代开始，有三个重大的研究领域承袭了这些早期研究的想法。英国人类学者开始关注社会结构的影响，其中包含前述英国人类学家 Elizabeth Bott (1957) 以网络分析来研究婚姻角色；同时一群关注都市化过程影响的学者也开始研究由移入都市之新移民所形成的复杂社会支持网络。哥伦比亚大学的社会学家 Paul Lazarsfeld 则运用人际网络的概念来研究沟通 (communication) 及人际的相互影响。从 1970 年开始，以 Harrison C. White 为首的一群社会学家，试图以简化的数学模型，来捕捉复杂的社会结构，为数学社会学 (mathematical sociology) 的滥觞 (White, Boorman, & Breiger, 1976)。同一时期，George Homans、Blau 与 Emerson 等学者提出社会交换理论 (social exchange theory)，认为在现代分工社会中，行动者透过各种资源交换产生关系，而社会结构限制了可进行交易的对象，因此产生依赖、权力等社会关系。承袭韦伯 (Max Weber) 的理性行动传统，Pierre Bourdieu (1986) 与 James S. Coleman (1988) 则认为社会网络关系一方面是一种机会的限制，但另一方面，自利的行动者也可以透过社会网络关系来取得各种资源，因此也具有资本的特质。在1970年代末期，Nan Lin（1982）与Mark S. Granovetter（1974）等人率先以实证研究来证明社会资本在劳动市场中的正面作用，Claude S. Fischer（1982）的小区人际关系调查，开启了后续一连串关于社会资本的理论讨论与研究。在方法上，Burt（1982）开始用社会网络分析的工具来提出策略性行动的理论模型。

（三）社会网络分析的应用范畴

社会网络与社会资本的概念，在各个社会科学领域中应用甚广，从早期比较微观的研究，如信息传播与人际的相互影响、知识社群网络的文献引用、社会资本与地位获得、精英网络与统治阶级、组织间的交易与合作网络、社会支持网络与身心健康的关系、全球贸易网络与世界体系等，几乎所有领域都一度兴起社会网络及社会资本的研究风潮。近年来，一群跨领域的学者以数学模拟的方式来研究庞大的网络及动态网络（network dynamics）（Watts，2004），信息工程及电信相关领域也开始进行计算机网络及社会网络的研究，使得社会网络的研究变得更为多元。也由于社会资本及社会网络的概念运用过于广泛，学者从各领域的研究中逐渐开始反省这些分析模型的理论价值及方法上的问题，如Mouw（2006）与Fischer（2001）等学者对社会资本的因果论述提出严厉的批评。

（四）社会网络分析软件简介

目前，用来从事网络分析的软件十分多元，最主要的有UCINET、Pajak与STRUCTURE等软件。UCINET具备目前常用的大多数分析工具及模型，且使用接口比较接近微软窗口环境，与其他相关软件如EXCEL的兼容性高。不过UCINET在处理大规模的网络时，其绘图及运算效率不如Pajak。Pajak虽然使用接口不如UCINET，但其绘图功能很强，特别是绘制大型网络图像，可惜Pajak没有太多统计分析的相关工具，也没有在线辅助，必须仰赖Nooy等人所写的专书（Nooy，Mrvar，& Batagelj，2005）。STRUCTURE是一个DOS界面的软件，无绘图功能，但作者Ronald S. Burt写了一本很适合用来教学的使用手册。关于更多软件的比较，请参考Huisman与van Duijn（2005）的专文介绍。

二　网络资料的搜集

（一）分析单位、研究界域与抽样

1. 构成网络的元素

什么是网络？一个社会网络的构成元素至少有以下三部分：①一组行动者（a system of actors）；②行动者彼此间的网络关系（networks of relations among actors）；③由行动者彼此之间的关系所构成的网络结构（network structure）。一般而言，行动者为有自由意识或决策能力的个体或群体，例如个人、公司甚至国家。网络关系包括由社会规范或透过法规定义的正式关系，如亲属、契约、国与国间的邦交等，也包含因长期持续互动而产生的非正式关系，如友谊、咨询等。网络结构为网络关系之整体构型，这个整体构型定义了行动者在网络中的位置。网络分析即是透过行动者、关系及结构的分析来理解结构位置对行动所提供的机会（opportunities）及所造成的局限（constraints）。

2. 网络界域与抽样问题

网络分析必须从界定网络的范畴开始。理想上，我们希望能有一个清楚的界域，然后才能勾勒这个特定范围内的社会结构。但网络由环环相扣、层层联结的关系组成，要界定出清楚的界域并不容易，有时面临行动者太多而无法穷尽的情形，如小世界的研究指出，任何人仅需透过五六位认识的人，就可与地球上另一人产生联结；厂商透过上、下游层层相连，也难以追踪到所有参与全球贸易网络的相关厂商。有时候因为行动者流动性太高，如研究游戏网络的社群，成员进出频繁，不易掌握。甚至有时候无法决定哪些成员符合纳入条件，例如，研究台湾社会学的知识社群，究竟要不要纳入从事社会学相关研究的经济学家？研究者在搜集网络资料时，如何在缺乏明显网络边界的情况下决定研究母体，即是所谓的网络界域问题（boundary specification）（Laumann，Marsden，& Prensky，1989）。

网络学者经常采用两种原则来决定网络界域（Wasserman & Faust，1994），唯实论取向（realistic approach）认为行动者对于网络的界域及其他网络中的相关行动者，皆有清楚的认知，因此网络的界域最好由网络成员自行决定。例如，在研究台湾社会学者的知识网络时，除了用系所任职单位或博士学位的专业领域来决定是否纳入母体之外，如果多数的社会学者认为某位经济学者的研究与台湾社会学知识发展攸关，就应该被纳入网络中。换句话说，是否应纳入网络决定于网络成员相互的主观认知。可惜的是，Krackhardt（1987）对于社会结构认知（cognitive social structure）的研究指出，网络成员对于所处的社会结构不见得会有一致的看法，结构认知的差异本身就是一个值得研究的问题。另一派学者则主张采取唯名论（nominalist approach）的方法，认为网络的界域应由学者根据理论上或客观经验上的理由来判定，而非任由行动者的主观认知来决定。例如，可以用厂商间的交易频率或关系强度来界定市场网络，或用学者彼此之间相互引用文献的情形来界定学术社群。Laumann、Marsden 与 Prensky（1989）等学者提出三种界定界域的策略，首先，以正式位置或身份（positional strategies）来界定，如以公司的正式雇用身份来界定组织成员，或以学会的会员身份及任职单位来界定专业知识网络的成员；其次，可以用参与事件或活动（event-based strategies）的频率来作为筛选标准，如以是否发表过社会学相关的专业论著来界定是否属于社会学社群的成员；第三种策略是以关系（relational stragtegies）作为界定网域的标准。例如，可请网络中的专家提供初始名单，或用滚雪球抽样的方式，逐步将与初始名单成员有关系的其他成员纳入。无论采用何种方式，基本的原则是研究者必须给出具体的论述来说服读者网络界域决定的方式。

界定母体或网络界域之后，接下来就要决定如何抽样。网络分析试图捕捉行动者之间的相互关系，但因所欲推论母体的差异，学者对于究竟要搜集全体资料还是要抽样的资料，也有两种不同的取径。一种取径依循传统抽样方法来取得代表性的样本，然后针对每一个个别样本点来建构个体中心网络、个人网络（ego-center network，personal network）。例如，1985 年美国的社会基本调查（General Social Survey）首度使用定名法（name-generator）来捕捉美国人的核心网络。这种研究方式认为个人网络为社会结构的缩影，研究者虽然无法看到整体结构的全貌，但可以透过独立抽样的个体来推论个人所处的人际网络环境。另一种研究取径认为抽样无法正确描述行动者之间的关系及其所处的结构地位，必须勾勒出网络的整体结构（full network，whole-network），才能看出结构变量（structural variables）对行动者的影响。这两种研究取径各有优缺点，并非对立不兼容，很多网络学者都同时以这两种方式来建构网络的知识。个人网络的优点是可以研究庞大的网络，并透过统计推论，来理解个体周遭的重要关系脉络及其所富含的资源，且如果网络的密度够高，样本数够大，也可能透过个体中心网络建构出完整的网络。社会资本的研究经常采用这种方式。整体网络分析是从结构中来分析个体所处的结构地位所隐含的机会与局限，强调网络结构本身就是造成资源差异的原因。

整体网络分析与个人网络分析有本质上的差异，个人网络分析将观察到的关系视为从母体网络中观察到的样本，企图以此来推论更大的网络母体，因此强调统计推论的问题。而整体网络分析则将观察到的网络当成“实际”所有的关系，不只是从母体中观察到的部分样本。其论述比较接近数学社会学的分析，比较关心模型的建立，而非统计推论的问题。

（二）社会网络资料类型

在传统的行为科学资料中，一般记录行动者的属性、态度与行为。而网络资料则强调行动者与其他行动者的关系。网络资料的类型包含：

（1）客观可测量的直接关系资料（direct measure），如厂商间的买卖、专利或书目的引用；Burt（1988）用产业关联表（input-output table）中各个产业间的交易资料来研究市场竞争，苏国贤（2004）以专业期刊的文献引用情形来建构台湾社会学者的知识网络，李宗荣（2007，2009）以企业集团内各单位的交叉持股资料来研究企业集团。

（2）透过行动者主观评估形成选择资料（choice data），如谢雨生、吴齐殷、李文杰（2006）以问卷方式来研究青少年友谊网络的演变。选择资料不仅仅限于友谊、喜好、信任等正向偏好的选择，同时也可以用来测量负面选择的敌对竞争关系，如陈明哲等学者（Chen，Su，& Tsai，2007）研究美国国内航空公司的竞争，透过问卷调查请各公司的高阶主管选出该公司的前五大竞争者，以此来衡量市场的竞争强度。

（3）行动者因为共同参与特定活动或事件所形成的共同事件资料（joint

involvement data)。例如，李宗荣用大企业间的董监事重叠跨坐来建构企业间的关系，陈明哲等人用航空公司彼此之间的航线重叠数来测量公司间的竞争强度。

除此三大类型之外，还有用大规模问卷调查及日志记录所测量的个体中心网络资料（ego-centric data)，我们将在下一节中详述。

（三）社会网络资料搜集方法

网络资料的取得方式，与一般行为科学搜集资料的方式并无太大的差异。但除了搜集关于行动者本身的信息之外，网络资料特别侧重行动者之间关系的测量，因此网络关系的本质与网络界域（是否有清楚、有限的界域）等问题，对于资料搜集方式的选择有很大的影响。不同的方法适合搜集不同的网络资料，而理论的关怀决定搜集资料的最佳方式与内容。搜集网络资料的方法主要包括问卷（questionnaire)、面访（interviews)、观察（observations)、档案文献记录（archival records)、实验（experiments）等。

1. 档案文献记录

网络分析经常仰赖现成的档案记录，如从厂商的订单与事务历史记录、合作与联盟契约来分析竞争，从讣文（治丧委员会）及婚宴名册来分析名人社交圈，从期刊论文及科技专利引用（patent citations）来看知识的累积与创新过程，等等。Alexander 与 Danowski（1990）依据西赛罗的书信来研究罗马时代的社会结构。Padgett 与 Ansell（1993）从历史文献中找出文艺复兴时代佛罗伦萨几大家族之间的通婚及借贷网络。政府单位搜集的资料也具网络分析的潜力，例如，从产业关联表来进行产业竞争的分析（苏国贤，1997；Burt et al.，2002)，陈端容（2004）从医生的就业与流动情况来分析医学院与医院之间的相互依赖关系。从档案文献来分析行动者之间的关系有几个优点：首先，由于这类资料不需仰赖特定的信息提供者（informant)，因此得到的资料比较不受限于信息提供者的主观偏误、遗忘等有限认知能力，也不会如面访或观察等会受到访员或访问情境的影响。其次，如果档案有定期记录，也可以较低的成本整理出网络的长期追踪资料（Marsden，2005)。例如从董事会名单的更迭可分析组织之间关系的变化。

档案资料并非完美。由于既有档案记录大多不是针对网络分析所刻意搜集的资料，因此档案记录所测量的关系，不一定与研究者所宣称的关系有相同的概念意涵，在使用上仍有效度的问题。例如，文献或专利的引用不一定能测量知识上的正向影响。过去的研究发现，学者引用文献经常是为了批评驳斥其他研究，且引用文献也不全然是基于知识上的理由，如为了增加刊登几率、学术政治考虑、维护期刊声誉等其他的目的。董监事名单也可能仅是规避法律限制的“人头”，并没有研究者所宣称的具有影响公司决策的能力。另外，档案资料也受限于涵盖的广度，例如，著名的安隆电子邮件档案（Enron Email Dataset）虽然记录了 150 位高阶主管在案发之前，近 400MB 的电子邮件内容，但这些资讯仅代表这些主管联系沟通的一小部分，忽略了更重要的电话交谈与面对面沟通，因此不能完全代表所有的沟通。

表 12－1　定名法问卷范例

B4. 请问您最近一年来(2005 年 8 月到现在)最常跟哪些人讨论对你重要的事情？请写下最常讨论重要事情的五个人的名字或称呼：

	(1)	(2)	(3)	(4)	(5)
人名或称呼：	______	______	______	______	______

问　题	(1)	(2)	(3)	(4)	(5)	
a. 是您的什么人？						□□10□□12□□14□□16□□18
b. 现在(大概)几岁？						□□20□□22□□24□□26□□28
c. 认识几年了？						□□30□□32□□34□□36□□38
d. 性别(1)男(2)女						□　□　□　□　□43
e. 受教育程度						□　□　□　□　□48
f. 有多亲近？						□　□　□　□　□53

资料来源：台湾社会变迁基本调查（2006）。

2. 问卷调查与面访

在大型调查中，经常使用定名法（name generator）与定位法（position generator）两种方式来捕捉一般人的社会网络。定名法在 1985 年的美国社会基本调查（GSS）中被用来测量美国民众的核心网络，台湾的社会变迁基本调查也从 1997 年开始使用这种方法。这种方法首先透过一个定名问项（identity question）来产生核心网络名单：“请问您最近一年来（2005 年 8 月到现在）最常跟哪些人讨论对你重要的事情？请写下最常讨论重要事情的五个人的名字或称呼。”访员写下这五位网络成员的名字后，再接着询问受访者这五位成员的性别、年龄、受教育程度、认识多久、有多亲近等个人及关系属性问项（name interpretor），最后再以一组问题询问这五位成员彼此之间的关系（是否认识）（表12－1）。

定名法的目标是要找出受访者身边的核心网络成员，定名问项的文字叙述内容决定了网络的对象及界域。例如，上述GSS的问法仅能建构出在生活中咨询重要问题的网络关系，若要获得情感、社交、经济交换等其他社会支持网络，则必须重新再另问一组定名问项来产生第二个网络。由于网络问项比一般传统问卷问项更为复杂繁琐，基于成本及受访意愿和耐性的考虑，一般很少询问多重网络，因此除了少数关于各种社会支持（social support）的研究外，定名法大多从受访者的人际网络中找出其中一小部分功能特定的核心网络，而不尝试建构出包含多种功能的整体个人网络。

定位法是奠基于职业声望分数，用来测量个人社会资本的一种方法，此方法率先由林南和Dumin（1986）使用，其后由林南、傅仰止及熊瑞梅三位学者共同发展而成（Lin，Fu，& Hsung，2001）。定位法先按照职业声望高低选出十几类具有代表性的典型职业，然后询问受访者是否认识从事该职业的人。依照受访者的回答，计算出蕴含不同面向社会资本的各种指标，如：

（1）将受访者所有认识的人的职业数加总可得到接触职位的广度（extensity），代表一个人认识各行各业的程度；

（2）用接触职位的纵深度（range）计算受访者所认识的人中，最高职业声望与最低职业声望分数之间的差距，可用来测量一个人所能触及的社会地位的高低距离；

（3）以所认识人中，职业声望最高者的分数来测量个人所能接触之社会资本的上限（upper reachability）。

这些指标将口语中常用的“人面很广”“认识高层人士”等形容个人社会资本很丰富的概念加以操作化。除了一般人在社会中所能触及的职位之外，定位法也很适合用来测量组织成员在组织内部所拥有的社会资本。例如，研究者可以选择公司内部高低不同的代表性部门及职位，询问员工是否在各部门职位中有认识人，以此可以衡量组织内部的社会资本。定位法目前已被广泛使用，主要用来测量与工具性行动如地位取得、就业等有关的社会

资源（表 12－2）。但其缺点是无法捕捉情感性的社会资源，并受限于职业声望的测量无法正确反映实际职业地位的变化。虽然各国社会职业地位结构不尽相同，但研究发现变异性不大，因此定位法可利用国际职业声望表来标准化测量分数，以进行比较研究。

表 12－2 定位法问卷范例

C1. 请问在您所有认识的人里面，有没有是现在正在做下列这些工作的？
（以最先想到的那一位为准）
〔“认识”是指：可以互相认出及叫出对方的称呼（例如：老王、张大同、李小姐、林经理等），如果只有您单方面叫得出对方，但对方叫不出您，这样并不算认识。〕

题目	C1 有/没有认识的？	C2 ［他/她］是您的什么人？	C3 是不是透过您先生/太太/同居伴侣认识的？	C4 ［他/她］的性别？	C5 您和［他/她］彼此认识几年了？	C6 您和［他/她］有多亲近？
选项	(1)有 (2)没有 1,2	对照本表下方 C2 选项 01～28	(1)是 (2)不是 1,2	(1)男 (2)女 1,2	请直接填写年数	(1)很亲近 (2)还算亲近 (3)普通 (4)不太亲近 (5)很不亲近
a 护士						
b 作家						
c 农民						
d 律师						
e 中学老师						
f 保姆						
g 清洁工						
h 人事主管						

资料来源：林南、陈志柔（2004）。

除了以定名法与定位法进行大型抽样调查之外，访问或问卷调查也可以用来捕捉小团体的整体网络。在问卷设计时有几种不同的考虑。举例来说，研究高中班级内的友谊网络，研究者可以提供全班的完整名单（roster）供受访者勾选，也可以请受访者任意提名（free recall）他们的好友名单；任意提名可进一步细分成不限名额提名（free choice）及固定名额提名（fixed choice）。例如，请受访者提供 5 位好朋友的名单。除了请受访者指出关系人之外，在关系的测量上，也可以用评比（ratings）与完全排序（complete rankings）来测量关系的变异度。评比方式是请受访者针对每一位好友的相处时间、情感上的熟悉程度及课业上的讨论等，给予李克特五等尺度量表（Likert scale）的配分，而完全排序是请受访者针对同样面向，将好友从第一名排到最后一名。美国 GSS 及社会变迁个人网络是典型固定名额的任意提名问卷。Chen 等学者（2007）发问卷给美国大型航空公司的主管，请他们依序排出前五位竞争者，是一种结合任意提名与排序的设计。一般来说，提供完整名单或完全排序皆需要较长的时间及心智能力，因此不适用于调查太大的网络。任意提名的设计可以减轻受访者的心智负担，但容易有遗忘及回想错误等问题。

3. 观察法

观察法不需依靠语言沟通，不但可以减少访员及面访效应所产生的偏误，也可以用来观察非人类行动者的互动网络。观察法也经常用来记录共同参与的事件，或不易调查的特殊族群。不过由于研究者必须花长时间于田野工作，这类型的资料并不容易收集。很多著名的经典田野研究如 *Street Corner Society*（Whyte，1993）、*Tally's Corner*（Liebow，2003）、*In Search of Respect*（Bourgois，2002），都有详细的小区人际网络描述。直接以网络为分析架构的观察研究，包括 Granovetter（1995）掺杂面访与参与式观察的经典研究 *Getting a Job* 一书，及 Saxenian（1994，2006）对波士顿 128 公路及硅谷的比较研究。更结构性的观察研究，如 Freeman 等人（1987）研究南加州风浪板玩家之间的互动，每天观察两次，一次半小时，并记录这些玩家互动的时间。观察法不需依靠语言沟通，所以可以用来观察动物的互动网络。观察法也经常用来记录共同参与的事件如到教室中或派对上记录参与人的互动模式。

4. 实验法

以实验法来搜集网络资料，最著名的研究大概是小世界的研究（small-world study）（Travers & Milgram，1967）及反向小世界研究（reverse small-world experiment）（Killworth & Bernard，1978）。交换理论学者也经常透过实验来研究小团体中的权力网络及依赖关系。近年来，信息网络及网际网络的研究、疾病传播的公卫研究也经常使用计算机仿真实验来推论网络运作的机制。

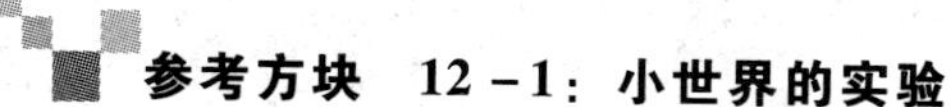

参考方块　12 -1：小世界的实验

Stanley Milgram 于 1966 年以连锁信的方式估计两个互不相识的美国人在社会网络中的距离。在最初的实验中，Milgram 寄信给住在 Kansas 州和 Nebraska 州的 60 名随机选取的受试者，要求受试者将信直接或间接交给住在 Boston 的收信者。受试者可以将信交给他们认识的人（定义为知道对方的姓名）之中最可能联系到目标的人，收到信的人重复此一步骤将信继续转交，直到送达目标。在接下来的数次实验中，约有 21.6% 的信成功寄达目标，所有寄达的信平均经过 5.5 人。在后续的实验中发现目标的个人属性会影响信寄达的几率和路径长度，例如，如果目标为非裔，则相较于目标为白人时，寄达的几率会显著下降。这个研究启发后续 Duncan J. Watts 与 Mark Buchanan 等人的研究，企图以简单的联结原则勾勒复杂庞大的网络结构。

5. 日志法

无论是大规模的问卷调查所搜集的资料，还是观察法所搜集的网络资料，出于成本的考虑，大多仅能捕捉个人的一小部分核心网络。日志法是记录受访者所有接触对象的一种方法。Gurevitch（1961）最早在其博士论文中使用日志来搜集网络资料，经傅仰止（傅仰止、林亦之，2005；Fu，2005，2007）发展成为接触日志（contact diary）法。这个方法要求受访者以自行记录的方式，长期记录每天生活中所接触或有沟通互动的人，并要求受访者记录这些沟通对象的特质、接触的情境及关系的特质等。边燕杰（2001）也用问卷及日志记录中国人吃饭请客的社交网络。日志虽然麻烦，但所搜集的网络资料最为丰富、完整，是搜集个人网络偏误最少、信度最高的一种方法。若能设计简便记录日志的方法，则可以用来搜集长期追踪的网络变迁资料（Breakwell & Wood，1995；Reis & Wheeler，1991）。日志法的缺点是需要受访者及研究者投入大量时间与耐性，因此无法网罗太多的样本。同意接受实验者也可能有某种自我选择的问题，受访者也有可能因为嫌麻烦而没有完整记录所有的人，或迎合社会偏好而选择性地记录特定接触对象（Fu，2007）。

（四）网络资料的正确性、信度与效度

网络的测量须考虑测量工具的信度与效度。网络研究试图捕捉复杂的互动社会结构，信息处理能力有限的受访者，是否能提供关于网络互动的正确信息（informant accuracy）？受访者自行报告的网络与用观察法所观察到的互动网络是否一致？Bernard 等学者（1981，1984）认为个人受限于记忆与认知能力，对于日常互动的模式无法提供正确的信息。他们比较观察法与自行报告所建构出的社会网络，发现有一半的误差。Freeman 等人（1987）反驳 Bernard 的说法，认为研究者应区分时空特定的互动情境与长期稳定的社会结构（long-range social structure），他们认为一般人在被问及社会网络关系时，所给的答案多为后者而非前者。

与正确性相关的重要资料测量的问题为效度问题，透过友谊网络问卷所搜集到的网络真的是“友谊”网络吗？有没有可能受访者混淆“友谊”与“工具性”网络？更复杂的问题在于受访者自己报告的网络，与网络中其他人的认知是否一致？除了主观认知的社会结构与客观测量的结构是否吻合之外，研究者也关心网络成员是否对社会结构有共同的认知问题。这方面的研究称为社会结构认知问题（cognitive social structure）。例如 Krackhardt（1987）依据每一位经理人的报告，建构出公司内部的咨询及友谊网络，然后比对这些网络图之间的一致性，并提出解释主观认知差异的因素。蔡文斌、苏国贤、陈明哲等学者（Tsai，Su，& Chen，2011）利用认知社会结构来分析厂商间的竞争关系，发现厂商若能对竞争对手之间的敌对关系有正确认知时，比较能够成功掠夺对手的市场。

信度的问题与测量工具的稳定性有关。网络分析一般采用重复测验来测量网络的信度。其关心的问题是：“如果重新测量一次，会得到一样的网络吗？”两次测量得到不一样的结果，可能起因于测量工具的信度不足，也有可能是网络起了变化，因此重复测验的信度分析必须在网络结构十分稳定或两次测验间隔时间很短的情形下才能使用。苏国贤与林南（Su & Lin，2008）根据社会资本调查资料两年的追踪样本所做的研究发现，定位法所建构的个人网络，约有 15% 的网络成员会不一致，且社会地位较低的人比较容易“忘记”先前提过的网络他人。他们解释这种现象可能起因于人们

对于“认识”与否所持的标准，会因为对象的相对社会地位而有差别；例如，在上位者对于下属是否认识他们通常较无疑问，而地位较低的人对于高地位的人是否“记得”他们则较无把握，因此会有“地位差异记忆”的现象。由于地位高的人较容易采用宽松的标准来认定“认识”，而地位低的人比较“严格”，导致地位高低与社会资本的正相关有被夸大的现象。

（五）图论、矩阵与资料结构

网络分析经常以图形与矩阵来呈现网络结构。Jacob Moreno（1934）最早采用 sociogram 来表示社交网络关系。随着图论（graph theory）的发展，目前学者已经逐渐采用更正式的表达方式。一般以图形中的点来代表行动者，以线来代表关系，当关系具有方向性时，可以用箭头来标示关系的方向。例如，交易关系可以区分为买方、卖方（A 公司向 B 公司下订单），但联姻关系为同时发生的关系便不具有方向性。绘制网络图之前要准备两种资料：①储存行动者彼此关系的关系矩阵（network data）；②储存行动者特质的属性资料档（attribute data）。一般以传统长方形资料格式来储存行动者属性特质，以横列（row）储存“行动者”，以纵栏储存行动者的“属性”变量。关系资料为 N×N 的正方形矩阵，一般横轴列代表关系发送单位，纵栏为关系接受单位。例如，从 Z_{ij}代表从行动者 i 发送至行动者 j 的一种关系。$Z_{i.}$列向量（row vector）代表从 i 发出去的所有关系集合。$Z_{.j}$栏向量（column vector）代表从 j 接收到的所有关系集合。每一位行动者 i 在网络中的关系位置，可透过 i 的栏向量与列向量来表达。关系的测量尺度可以是测量关系有无的二元关系，也可以进一步将关系区分成正向、负向及中立的方向关系，例如，喜欢、不喜欢或中立，也可以将关系进一步区分成序列尺度或比例尺度的数量关系（valued graph）。在搜集资料时，最好能以最详细的尺度来记录关系，因为所有测量都是“从详入简易，从简入详难”。

（六）关系的转换与标准化

矩阵的对角线通常是指行动者与自己本身的关系，一般皆将其忽略。但在某些情况下，对角线具有十分重要的意义。例如，分析文献的引用时，对角线的关系代表引用自己著作的量，或分析单位为团体时，对角线代表团体成员彼此的互动关系。在分析之前应根据理论或经验现象的本质考虑是否保留对角线关系，特别是当网络关系需要标准化时。所谓标准化是根据栏向量或列向量的边际总量来将关系加以加权的一种考虑。我们可以假设行动者的时间与精力相同，根据内向、外向的差异，对一个行动者可以发送及接收的关系进行标准化。例如，同样是每周一小时的交往，对于一个每天应酬的营业员来说，与一个足不出户的宅男来说，可能代表很不一样的意义，在进行分析之前可能必须将关系做列边际的标准化（row stochastic），即将$Z_{ij}/(\sum_j Z_{ij})$ 且 $i \neq j$。同样的道理，对于一个在班上极受欢迎的核心人物，与一个比较孤僻且极为自恋的同学而言，每一种接收的关系也代表很不一样的意义，此时可能必须针对关系进行栏边际（column total）的标准化 $Z_{ij}/(\sum_i Z_{ij})$，且可能要将对角线关系纳入计算。标准化会将对称关系变成非对称关系，例如 i 是 j 的众多朋友之一，但 j 为 i 的唯一朋友，此时 Z_{ij}会远小于 Z_{ji}。关系不对称常常是造成地位不平等或阶层化的主要原因，研究者在进行分析之前必须仔细思考关系标准化的问题。

目前网络分析软件可以用更复杂的方式来表示行动者与关系的属性。例如，可以用线的粗细来表示关系的强弱、用虚线实线来表示关系类型。点的颜色可以用来表示行动者的重要属性（如性别），也可以用点的大小来呈现网络属性，如居中程度（centrality）等。

用图形表示网络时，要特别注意呈现网络图形的平面坐标，通常不具有意义，因此网络图形没有固定的表示方式。任何一个行动者都可以轻易地被置于图形的中心，但并不代表此行动者居于网络的中心。网络绘图软件可以让使用者按照特定的排序来呈现行动者的位置，以方便进行图像分析。研究者应该选择最能说明理论及实际意涵的表示方式来呈现网络图，同时也要小心不要刻意扭曲或夸大网络位置来呈现自己想要的结果。

三　社会网络的测量与模型

（一）关系的基本性质

网络分析经常从描述及测量构成网络的三个基本要素开始，包含测量关于行动者特质的组成变量（composition variable）及关于关系及结构构型（configuration）的结构变量（structural variables）。

网络图形以线来描述行动者之间的网络联结关系，可用来描述关系本质的面向包含：

（1）关系的类型（type of relationship）：例如亲属、师生、朋友、上司、上下游厂商等。

（2）关系的多面性（multiplexity）：例如既是以前的同学又是同事的多重关系。

（3）关系的强度（strength of ties）：多常在一起？情感亲近度（emotional close-ness）——熟不熟？感情好不好？

（4）关系频率（frequency）：多久见一次面？一年有几次生意往来？

（5）实体距离（physical proximity）：距离多远？交通时间多久？

（6）间接关系（indirect links）：两个行动者之间无直接关系，必须透过第三者才能联结。

（7）关系的稳定性（stability）：认识多久了？

（8）关系的方向（direction）及对称性（symmetry / reciprocity）：关系是一厢情愿的单恋关系，还是两情相悦的双向关系。

（9）关系的本质或内涵（nature of relationship）：关系内涵包罗万象，较常见的有：

①一种主观评价（evaluation）所产生的感觉，如喜欢、友谊、尊敬；

②物质移转与交换（resource transfer and exchange），如交易（transaction）、送礼；

③资源依赖（resource dependence），如与上游供货商的关系；

④非物质资源的移转交换（transfer of non-material resources），如技术移转；

⑤信息流通与交换（information flow），如谣言、顾问咨询等；

⑥正式控制（formal relation and control）或权属关系，如上司－下属关系；

⑦社会互动与支持（social interaction），如谈心、友情支助等；

⑧实体链接，如交通链接（桥梁道路、车次及航班）；

⑨地区或地位流动（movement），如移民、升迁、换工作；

⑩社团会友及组织成员（association and affiliation），如社团、歌友会、民间团体成员；

⑪血缘与姻亲（kinship）。

（二）个别行动者所具有的网络属性

网络图中的一个点（vertex）是最小的分析单位，代表一个行动者。关于特定行动者 i 的传统描述包含：i 是谁？具有哪些属性特征（attributes）（性别、职业、受教育程度等）？i 本身拥有何种资源（resources）（信息、技术、资产等）？除了传统的行动者属性之外，网络分析更强调描述个别行动者所具有的网络属性，如 i 在网络中认识谁？i 拥有什么资源管道？i 在网络中处于什么样的位置？这些属于行动者的网络特质，与该行动者所建立的关系及在网络中的位置有关。有些网络属性为行动者本身与其他人所共同拥有（如朋友关系），具有可携带性（portable）。有些是因为行动者所处地位而衍生出来的属性，这些属性依附于网络的位置，不必然独为行动者所拥有，例如上司－下属的关系。在分析个体中心网络时，我们倾向于将这些属性归于行动者，但在分析完整网络中，我们一般将这些属性归于结构性质。究竟这些属性是属于个人还是依附于位置，是一个经验问题。例如一个拥有很多客户的超级营业员，不一定能在离职之后将所有的客户带走。而一个拥有很多朋友的人，无论走到哪里都有丰富的人际网络。

网络研究中经常用来描述属于个别行动者的网络属性包括点度数（nodal degree）、涵盖度（range）、邻近度（closeness）、居间度（betweenness）等。点度数为一个行动者直接联结的其他行动者数目，为某一点活动量的衡量。在二元关系的网络图中，“附随”在一个点 i 上的所有线，称为该点的点度数，表示为 $d(i)$。其极小值为 0，称为孤立点（isolate）；极大值为除行动者自己之外，网络中所有的人数（$n-1$）。在有向关系中，度数可以进一步区分为内度（in-degree）与外度（out-degree）。设 Z_{ij} 为由行动者 i 至行动者 j 的关系，则 i 的内度为所有指向他的关系（或 i 从其他行动者“接收”的联结）的加总，即栏向量 $Z_{\cdot i}$ 的和。外度（out-degree）为从 i“送”出去的关系总和（i 发出给其他行动者的联结）。内度数测量一个点的接收度（receptivity）及受欢迎程度（popularity），外度数衡量一个点的向外扩展度（expansiveness）。在数量关系（valued graph）图中，可以采用关系值的总和或关系值的平均（总和除以关系数目）来计算度数。例如，将普通朋友给予1分，还算熟的朋友给予2分，好朋友得3分，则有3个普通朋友的人，与仅有一位好朋友的人的总分相同，此时若取平均值，则前者的平均仅有1分，后者的平均值为3分。究竟哪一种方法比较好，还是要由理论上的目的来决定。

一个行动者的网络涵盖度（range）或网络异质性（diversity）指的是与行动者链接的他人，彼此之间在某些属性上的差异程度。例如，可以用所有认识朋友的受教育年数、职业声望分数的标准偏差，来代表一个人在网络中的教育及社会地位的异质性程度。若所关心的现象为类别变量，例如想测量一个人网络的性别或族群的同构型程度，则可计算类别异质性指标（index of qualitative variation），

$$\frac{1-\sum_{k=1}^{C}p_k^2}{(C-1)/C}$$

其中 C 为类别数，p_k 为网络成员占第 k 类的百分比。异质性指标的极小值为0，代表所有网络成员皆来自特定一类团体的成员，如仅有男性朋友、只有白人朋友等，异质性指标愈接近1，代表其网络成员在各类别的分布上愈平均，例如朋友中男女比例各占一半。

除了点的联结度之外，我们也可以描述点与点之间的距离。联结两个行动者的最短路径（path）的长度称为最短距离（geodesic distance）。如果将每一种直接关系的距离设为1步，则朋友的朋友与我的距离为2步。将直接关系与间接关系都视为同样的距离不一定合理，此时可以设定关系衰减函数（decay function）来“减弱”间接关系，或加长其距离。在数量关系图中，因为路径中所包含的每一步的关系强弱不一，因此距离的计算更为复杂，可以同时考虑“步数”与“关系数值”来进行复杂的加权（Yang & Knoke，2001）。距离的概念对于理解网络成员的沟通行为很有帮助。一个行动者 i 是否能快速地联结到网络中所有的行动者，可由 i 与其他所有 j 的平均路径距离来衡量，称为网络邻近度（closeness）。一个四通八达的消息灵通人士，

通常都比高高在上的领导者与所有人的平均距离都近。一个行动者不一定要有很多的联结或位居邻近大家的位置才具有优势，如果居于沟通路径的必经桥梁，也会产生过滤、筛选信息等控制力量。居间度（betweeness）是测量一个行动者居于所有网络成员彼此联结的最短路径之中的程度，一般以所有网络成员彼此之间的最短路径中，有多少比例必须经过 i 来计算 i 的居间度。

（三）行动者所处的结构位置：显著地位、居中度与声望

显著地位（prominence）或称为重要位置（importance），是用来描述行动者在社会网络中的位置（actor location）参数（Hubbell，1965；Knoke & Burt，1983；Friedkin，1991）。具有很多网络联结的行动者通常都位居比较好的策略性地位（strategic location）。早在1934年，Moreno（1934）就已经用明星（star）及孤岛（isolates）等概念来形容行动者的位置。显著行动者（prominent actor）为联结关系很多的行动者，如果联结的关系使一个行动者在网络中的位置特别突出，我们称此行动者位居显著地位。依据联结关系的方向性，显著地位可区分为居中及声望两种不同指标（Knoke & Burt，1983）。居中位置不特别区分接收还是发送的关系，重点在于行动者所关联的关系模式。一般而言，居中者为网络中拥有最多渠道（access）、控制（control）及中介者（broker）。声望是因为接收与发送关系的不对称所形成的地位。具有声望的行动者为网络中众多关系的接收者，但本身发送的关系却不多。一个高声望的行动者，通常是网络中地位崇高、受尊崇，或具有名望或受欢迎的人。

“声望”一词的翻译虽隐含正面的评价，但在负面关系如“讨厌或不喜欢”的网络中，则“声望”不代表“众望所归”反而是“众矢之的”，因此应该在分析时将之视为中性的名词。在网络分析中，研究者经常将居中及声望直接等同于地位优势。我们虽然经常用图形中的居中位置来界定重要性或显著性，但图形中的中心点，真的是实质上最重要的位置、最重要的行动者吗？我们不可以仅用最常“被选择”一个指标来认定重要性。例如，最受欢迎的老师并不一定为最具有影响力的老师。太受欢迎或太受瞩目的行动者，也会因为受关系的牵制而在行动上丧失自由度及弹性。在分析之前，必须先确定“重要性”“显著性”的意义，而不要单纯地仅依此概念的数量及

文字含义就认为必然是“好”或具有优势的。

依据关系多寡的度数、距离远近的距离及行动者在他人关系中的居间度，居中程度的测量可以再细分为度居中（degree centrality）、邻近居中（距离居中）（closeness centrality）、居间居中（中介居中）（betweenness centrality）（Wasserman & Faust，1994）等。居中程度最简单的指标为度居中，是将 i 的所有关系加总，再除以网络度数的极大值（$n-1$），让此指标不受网络人数的影响，以方便比较：

$$\text{行动者 } i \text{ 的居中程度} = \sum_{i=1}^{n} Z_{ij}/(n-1), i \neq j$$

度居中假设具有愈多联结关系的行动者，有较多的机会及选择、较不依赖特定的其他行动者，因此自主性较高。

然而，拥有最多关系的行动者，不必然在网络中位居最中间的位置。显著性不仅仅是以直接的关系来衡量，同时间接的路径也很重要。邻近居中是根据行动者与他人邻近程度及距离远近来定义居中程度。与所有人的距离愈短，邻近居中程度愈高。这种定义方式是基于传播效率的考虑，测量一个行动者是否能迅速与他人互动、是否可以迅速传递或接收讯息。邻近居中程度高的人，虽然不必然与很多人有直接关系，但由于他与所有人的距离都很近，信息取得容易，影响力高（Bavelas，1950；Leavitt，1951；Friedkin，1991），因此仍然能成为权力的中心、众人瞩目的焦点或意见领袖（Burt，1982；Coleman，1983）。邻近居中程度与距离成反比，因此在计算上，只要将 i 与其他人的平均距离取倒数即可，若 d_{ij} 为从 i 到 j 的最短路径距离，则邻近居中可表示为：

$$\frac{1}{\sum_{j=1}^{n} d_{ij}/(n-1)}$$

两个非相邻的行动者之间的联系，若受到第三者居间的控制，也会让此第三者的地位变得重要。例如，贸易商可以透过中介厂商的交易关系得到利益。居于沟通管道桥梁位置的居间者借由垄断信息，不但具有较高的协调能力，而且可以透过信息的过滤筛选甚至扭曲来取得控制权力。居间居中测量一个行动者位居其他行动者彼此互动的最短路径中的程度。假设两点之间会以最短路径来沟通，若 g_{jk} 为联结 j 与 k 的所有最短路径数目，假设每一条路径被选择的几率相同，都是 $1/g_{jk}$。令 $g_{jk}(i)$ 为包含 i 在内的联结 j 与 k 的最短路径数目，则 $g_{jk}(i)/g_{jk}$ 为所有联结 j 与 k 的最短路径中，有经过 i 所占的比例。i 的居间程度即为居于其他所有人沟通路径中间的几率加总，其极小值为 0，极大值为除了 i 之外所有其他行动者之间可能存在关系的最大可能数目，可表示为 $(g-1)(g-2)/2$。由于每一个网络的规模不同，为了使居间程度的指标可以比较，我们以极大值来标准化居间指标：

$$\frac{\sum_{j<k} g_{jk}(i)/g_{jk}}{(g-1)(g-2)/2}$$

比较此三种居中指标，度居中强调直接互动或沟通的机会，邻近居中与居间居中比较强调控制互动及沟通的能力。前者与直接关系的数量有关，后两者则取决于所处的位置而非数量。

居中度仅考虑关系的有无，但不考虑方向性。声望指标强调由于关系的方向性及不对称性所产生的不平等现象，如上司 - 下属的权力关系、老师 - 学生之间的咨询关系等。内度数声望（degree prestige）为声望最简单的测量，即将行动者所接收的关系数量加总（即内度数的和），除以扣除自己之外的网络人数：

$$\sum_{j=1}^{n} Z_{ji}/(n-1)$$

有些学认为声望的衡量，应考虑“选择者”本身的声望。

一个被少数具有声望人士选择的对象，其声望可能会高于一个被众多不知名的崇拜者围绕的对象。地位声望（status or rank prestige）将网络中每一个人的声望纳入考虑，认为声望是与其有关系的其他人声望的函数。与有权或高声望的人来往是否可以提高自己的地位或声望？有学者认为处于一群高声望人士之中，会相形见绌，反而会减损自己的声望；处于低声望的人中间反而更能衬托或彰显自己的声望地位。社会交换理论的学者 Cook 与 Emerson（1978）指出，与居中度高的权势人士交往，未必会形成优势，有时反而是与位居边陲的人往来比较能增强行动者的议价能力。假设在图 12 - 2 的交易网络中，所有行动者都必须与他人进行交易才能存活，则 A

虽然表面上看起来居于居中位置，但在与 B 或 C 进行交易时，其议价能力可能相对较低。理由是 B 与 C 各有两位可以予取予求、完全依赖他们的贸易伙伴（EF 与 HG），而 A 却缺乏类似的交易对象。因此在议价时，B 可以用两位非得与 B 交易的 H 和 G 对他的依赖来威胁 A，B 可以轻易断绝与 A 的交易关系而不致受损，但 A 却没有类似的自由度。

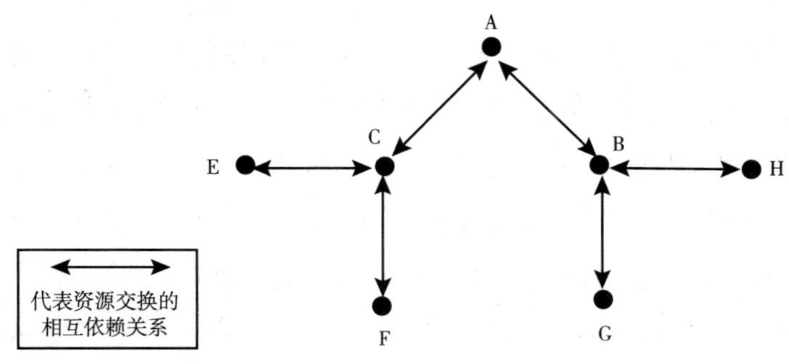

图 12－2　交易网络

从以上这个假设性的例子可知，无论是居中度还是声望的指标，本身都是一种客观中立的结构参数，没有一成不变的意涵，在使用时应该个别思考每个网络指标在不同社会脉络情境中的特殊意义，不要被名词或标签误导。

（四）网络的整体结构性质：密度与集中度

第四类描述语言是用来描述网络整体结构（structural configuration）的概念。网络规模指的是整体网络的行动者总数，在个人网络中也可以用来指称受访者所提名的网络人数。网络包容度（inclusiveness）为网络中彼此有联结的人数（相对于孤立者）占所有人的比例。相联度或相通性（connectivity，reachability）为网络中行动者可以透过直接或间接关系相互联结的程度，经常以网络中任意两人之间的平均路径距离来衡量。平均度数（mean nodal degree）为网络图中每一点的平均度数，度数变异数（variance of the degrees）为图中每一点的度数的变异量。

密度与集中度分别用来衡量一个网络中，关系的平均量与分散程度。网络的密度为存在的关系占所有可能存在关系的比例。其数值介于 0 与 1 之间，数值愈高代表网络中的关系愈绵密，反之则关系愈稀疏。密度也可以表为标准化点度数（standardized nodal degree）的平均值，例如，在11个人的网络中，密度0.2代表平均每一个人与两人有直接关系，平均点度数为2。在密度相同的网络中，关系的分布也可能很不平均，因此还要进一步检视关系的分散程度。最简单的方式可以计算点度数的标准偏差。Freeman（1979）、Wasserman与Faust（1994）提出许多集中化程度指标来衡量个别行动者居中程度的变化量。团体集中化程度（group centralization）与个别行动者的居中度不同，前者是团体层级的属性，衡量行动者居中度的变异量，即行动者在网络中居中度的差异情形。传统科层组织内的沟通网络可能集中化程度高，而以团队为主的扁平化组织集中化程度较低。这些整体结构性质，除了可以进行跨网络的比较，或比较同一个网络中不同团体的性质之外，更重要的是这些结构属性提供理解个别行动者地位及网络属性的脉络。例如，具有同样点居中度的行动者，可能在低密度的网络中比较无法展示其网络的优势地位，而在高密度的网络中则影响力较大。诸如权力、影响力、沟通、交易等社会互动概念，皆同时具有微观层面（如关系本质及行动者所具有的网络属性）及系统层面的性质（如结构地位及整体结构性质）。网络分析的特色即是同时结合微观与宏观的因素，将个别行动者的行动及两造之间的互动（dyadic relationship），置于其所镶嵌的结构脉络中来检视。

参考方块　12－2：同类相聚、社会分化与互动机会

个人的社会网络，除了出自自己的选择之外，也受限于在日常生活中所能接触的互动对象。以微观的层次来分析社会互动，常常会忽略整体社会结构提供的互动机会与局限。例如，实证研究发现，在美国的社会中，犹太人与非裔人比较有可能与不同宗教或种族背景的对象通婚。导致其外婚率较高的原因并非宗教或种族上的理由，而单纯是因为他们的相对人数较少。

从古代哲人如柏拉图、亚里士多德，一直到现代的社会心理学者都指出，一般人有比较喜欢与自己“相似”的人来往的倾向。Lazarsfeld与Merton（1954）基于Simmel的理论，首先以类聚（homophily）这个词来指出一般人在交友过程中，依循类聚的原则。陈东升与陈端容（2002）研究政治讨论网络是否受族群类聚（ethnic homophily）的影响，发现客家人与同是客家背景的朋友讨论政治的几率为77%，闽南人与闽南人讨论的几率为65%，大陆籍与大陆籍的人讨论政治的几率高达58%。这并不能作为论述客家人有较强的族群类聚倾向的证据。因为人口中族群比例的分布不均，大陆籍的受访者会认识非大陆籍朋友的几率本来就高于其他族群。而且除了族群比例的分布之外，族群在空间的分布也有不同的集中趋势，因此考虑政治讨论网络，应要控制日常生活中接触不同族群人士的机会。homophily 的研究就是在探讨各种“相似性”或“相近性”是否会造成超过人口相对比例的随机分配（random assortment）所应有的接触。

Peter Blau 指出宏观结构对于个人的社会互动与人际关系有极大的影响。Blau 的宏观社会结构指的是一个社会的人口，在多面向社会空间的分布情形，例如人口在族群、宗教、阶级等面向上的分布，这种分布影响彼此的社会关系。团体的相对规模、团体的异质性程度与不平等程度，都会影响与外团体接触的几率。他认为从微观个人层次进行的分析，无法回答社会结构位置如何影响社会关系的问题。社会网络的微观分析，根据网络中现存关系来界定社会结构中的位置。但这种分析无法处理大量社会群体之间的互动。且一次分析一种网络（如友谊网络）的方法，也无法捕捉一个人可以同时位居很多不同的社会位置，如族群、职业、宗教、小区等的复杂社会结构。宏观结构关心的是各种不同社会位置所形成的关系模式，而不是人与人之间的具体特定关系，更重要的是占据不同社会位置的人，彼此之间互动及关联的几率。

基于物以类聚的原则，一个人比较喜欢与自己相似的人来往。由于每一个人同时拥有各种不同的社会属性、位居各种不同的社会位置，如果这些位置与属性的界线彼此重叠，如某个小区的白人都是高受教育程度、高收入的基督徒，而非裔族群都是低受教育程度、低收入的天主教徒，则种族的隔阂会因为社经地位及宗教被强化，不容易有跨种族的互动。若这些位置与属性彼此交错而非重叠，基督徒与天主教徒中同时有富人、穷人、白人、黑人，则基于宗教类聚的原则，当基督徒在教会中聚会时，自然产生跨种族、跨社经地位的互动。Blau认为人口在这些交错及重叠的社会位置分布的情形，是社会整合与分化的基础，也是影响社会互动及社会关系最重要的机会脉络结构。

（五）界定网络中的次团体与角色地位

Knoke与Burt（1983）认为社会网络分析的概念工具主要可分成两大类：一类概念主要是用来衡量行动者支配及自主行动的能力，如网络中枢地位、关系的涵盖领域、中介桥梁地位等；另一类概念为界定社会疆界的原则，如以内凝强度来界定小团体，以相同的关系模式结构同位（structure equivalence）来界定角色地位团体。

1. 内聚与网络次团体

“一个社会如何可能”是古典社会学理论最基本的关怀。虽然社会整合、社会凝聚、团体等概念在社会学及心理学中普遍被使用，但很少有研究者给予其正式的操作化定义。涂尔干认为社会连带的两个最重要元素为社会成员在理念上必须具有对于社会的共同意识，在互动关系上必须具有向内凝聚的结构力量。内聚次团体的分析尝试将理论上的社会团体概念予以具体化。内聚次团体为彼此之间具有强、直接、亲密、高频率互动，及互惠正向关系之行动者所组成的子集合。内聚次团体透过紧密的互动及相互影响，使成员产生共同想法、认同及行为。Wasserman与Faust（1994）整理出内聚次团体的四个基本性质：

（1）团体成员彼此之间具有相互的关系（mutuality of ties）；

（2）成员之间具有很高的邻近性（closeness）及相通性（reachability）；

（3）每一个成员与其他成员间都有很多的联结关系（the frequency of ties）；

（4）与非成员相比，成员之间的互动密度较高、链接较多。

内聚模型假设成员之间的正向互动会产生规范行为与态度的压力。行动者之间的联结管道愈多，压力愈大。团体的联结愈紧密，且团体愈排外或愈封闭，则个人受团体规范的影响愈深（Coleman，1983；Friedkin，1991）。

因为透过直接接触、间接传递或是与外界隔绝所产生的社会规范力量（social forces）使得内聚次团体在理论上十分重要。

一个具有高凝聚力的结构，是能将成员有效“黏着”在一起，不轻易因外力破坏而瓦解的结构。然而，密度高并不保证具有高凝聚力。如果点度数过于集中在少数居中度或居间度很高的行动者身上，则团体很容易在移除一两个核心联结点之后分裂瓦解。例如，集权组织或政权在伟大的领导人死亡之后，常因派系纷争或割据而崩解。因此，凝聚力不在乎关系多寡，而比较强调联结方式得宜与否，强凝聚的指针为权力分散、信息流通且平均分布、成员相对平等、不容易因为单一的行动而受影响。

网络分析根据凝聚的基本性质来界定凝聚力程度不一的次团体。成员彼此之间都有相互的直接关系（complete mutuality）且与外界隔离的三人以上团体称为核心团体（clique）。核心团体的每一个成员都必须与所有其他成员有直接关系，因为定义过于严格，一个联结紧密的团体往往因为缺少一两个联结关系就无法符合定义，因此在关系稀疏的大网络（sparse network）中，通常不容易找到核心团体；即使有，也经常是规模小且重叠高的小团体。若在资料搜集设计上限定了每一个行动者最多可以联结的数目，例如，采用固定名额提名（fixed choice）的资料搜集方式，则核心团体也不易存在。除此之外，核心团体严格区别团体成员与非团体成员，而将所有与部分团体成员有关系的人都排除在团体之外的做法，也缺乏弹性，因此在分析上用途不大（Wasserman & Faust，1994）。

受到核心团体概念的启发，后来的网络学者放松标准，根据路径距离及点度数来延伸内聚次团体的定义。次团体的成员彼此间不一定要直接有关系，很多社会过程如信息传播，只要路径不要太长，还是可以透过间接关系（intermediaries）来完成。n－团体（n-clique）为团体中任意两个行动者的最短路径不超过 n 所形成的团体。例如，2－团体为所有团体成员彼此的路径不超过 2 所形成的团体。

一个内聚次团体必须是在联结度上相对稳固的团体，即不容易因为移除几条线就分裂成不同团体。Seidman 与 Foster（1978）指出“n－团体”经常不够稳固（robust），容易因为移除几个点就分裂，因此在结构上十分脆弱（vulnerable）。另外有些学者强调某些社会过程只能透过直接的接触

(direct contact) 才能产生作用。因此将焦点置于邻近性（adjacency）而非距离与路径。k－核心组（k-core）定义每一个行动者必须至少与 k 个其他行动者有直接相联的关系所形成的团体。由于每一个 k－核心组的行动者都与至少一定数量的其他行动者相联，因此比 n－团体更为稳固，团体不会因为移除少数行动者而失去联结。

2. 结构同位与角色

对于很多结构社会学家而言，社会角色及社会位置是构成社会结构的基本元素。这些社会学家认为角色与社会位置在本质上是关系性的(relational)（Nadel，1957)。与凝聚的概念不同，角色及位置是透过行动者在互动关系模式（patterns of relations）上的相似性来界定的，而不是由行动者彼此之间的互动强度、邻近性来决定，更不是由角色成员本身的属性来界定。占据相同角色位置的行动者彼此之间不一定要有直接的互动关系。例如，所有护士皆与医生及病人有相似的关系模式，但他们彼此之间不一定都认识。社会网络的位置与角色分析主要包含两大工作：①依据行动者的互动关系模式找出社会结构中的各种“社会位置”；②描述不同社会位置之间的关系。White 等人（1976）的文章首先提出描述行动者位置的方法。随后又在另一篇文章中提出描述位置之间关系的方法。根据 White 等人的定义，社会位置指的是由一组关系模式十分类似的行动者所组成的子集合。在一个社会网络中，两个行动者如果与相同他人有相同的关系，则此两个行动者在网络结构中占据相同的地位，一般称为结构同位。

参考方块 12－3：平衡理论与弱联结的优势

网络分析经常从一些行为互动的基本假设出发，推导出有趣的原则。类聚的原则指出，人有与相似他人互动的倾向。网络的研究也指出，互动频率愈高，相处时间愈久，愈容易发展出正向情感，即所谓的“日久生情”。基于这两个简单假设，社会心理学家认为正向关系如喜欢、爱等具有递移性，即若 A 喜欢 B，B 喜欢 C，则 A 与 C 发展出正向关系的几率会很高。这是同时有“推”与“拉”的作用力导致的结果：从推力来说，1. A 喜欢 B，可能是因为 A 与 B 在价值态度或喜好上有很多交集。B 喜欢 C，也是基于相同类聚的原则，两人有很多共同点。因为 A、B 相似，B、C 也相似，自然不难找到 A 与 C 的相似点，基于同类相吸引的原则，A、C 会成为好朋友的几率也很高。2. A 与 B 是好朋友，自然接触很频繁，B 与 C 是好朋友，两人也经常在一起。因此从接触机会来说，A 遇到 C 的机会也很多。基于类聚相吸日久生情的原则，及从拉力面来说，A 与 B 感情很好，B 与 C 感情也很好，但 A 与 C 不和睦，则 B 夹在 A、C 两者的紧张关系之中，要不是设法拉拢 A 与 C 之间的关系，使其和睦，就得选边站，疏远与其中一边的关系，以恢复三人之间的平衡关系。例如，丈夫夹在不和睦的婆媳之间，很难长期处于这种不平衡的关系之中。网络学者将这种不平衡的三角关系称为禁忌的三角关系（forbidden triad），处于其中的行动者会设法处理这种不平衡的关系，以恢复关系的平衡。

将类聚的互动原则（homophily）与禁忌三角形的平衡原则加以延伸，假设 A 与 B、B 与 C、C 与 D 分别是三组类聚程度很高的好朋友。A、B 与 C 之间会形成一个禁忌三角形，同理，B、C、D 与 A、C、D 之间也会是一个禁忌三角形。基于上述的推力与拉力，A、B、C、D 最终会成为一个彼此之间皆有友好关系的紧密团体，而且透过彼此之间的相互社会化，其态度行为会愈来愈相似。依循这些互动的原则，大多数人比较容易处于一个同构型很高的小群体中。

社会学家 Granovetter 基于这些原则，提出弱连带优势（strength of weak tie）的论述，认为由强关系（如好朋友）所组成的同质团体，虽然有较强的凝聚力，但因为成员彼此的同构型甚高，关系紧密，沟通十分频繁，因此大家的想法、态度与所知道的讯息都会很相似，成为重复性的社会关系。Granovetter 认为不是很熟的关系（如小学同学、以前的同事），反而比较容易带来新的信息与机会。Burt 运用这些原理，发展出结构洞（structural hole）的概念，认为网络的优势来自中介彼此没有关系的两个凝聚团体。类似这样的理论推演，才是网络分析的核心，并非数学模型与分析技术。

图 12－3 可以更清楚地说明内聚次团体及结构同位的意义。图上半部为由 A、B、C、D 与 E、F、G、H、I 分别构成两个 n－团体（n-clique），团体内成员彼此间的互动关系要高于与系统中其他单位的关系。图 12－3 中的 Q 和 R 为典型的结构同位，Q 与 R 之间虽然没有直接互动关系，但他们与网络中的其他人皆具有相同的互动关系，因此他们居于相同的结构地位。

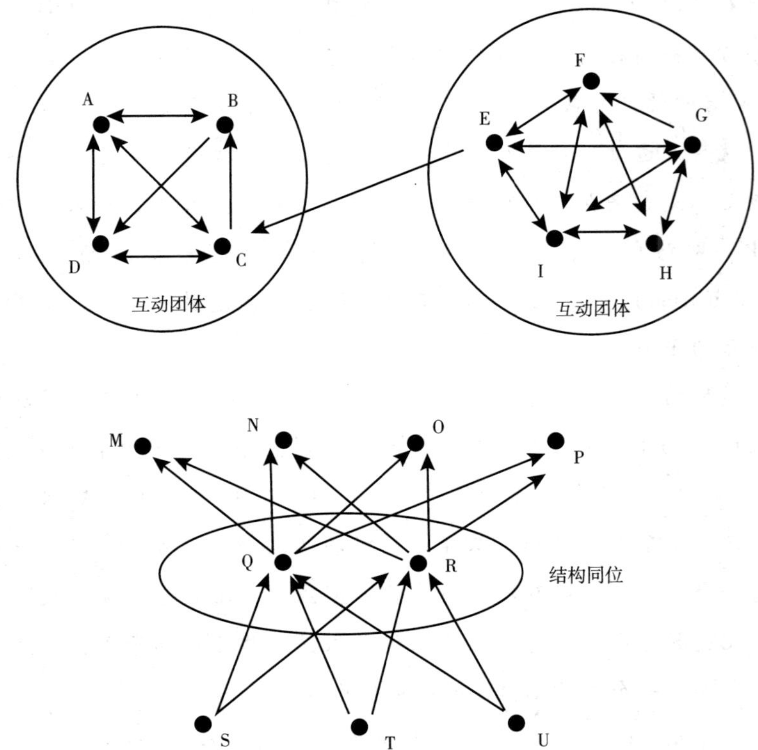

图 12－3　内聚次团体及结构同位

两个行动者的结构同位程度可以下列欧氏距离（Euclidean distance）来衡量（Burt，1982）：

$$d_{ij} = [\sum_{q=1}^{k}(z_{iq} - z_{jq})^2 + \sum_{q=1}^{k}(z_{qi} - z_{qj})^2]^{1/2}$$

其中 z_{iq} 代表 i 发送至 q 的关系。若 i、j 与所有其他人 q 皆有等量的往来关系，则 d_{ij} 趋近于 0；反之，d_{ij} 愈大，则 i 与 j 的交往对象愈不同。两行动者在结构上同位的程度可以用 $1 - d_{ij}$ 来衡量。除了以欧氏距离来计算同位程度之外，也可以计算 i 与 j 和所有其他人的关系所形成的向量之间的相关系数来测量结构同位：

$$r_{ij} = \frac{\sum_{q=1}^{k}(x_{iq} - \bar{x}_{i\cdot})(x_{jq} - \bar{x}_{j\cdot}) + \sum_{q=1}^{k}(x_{qi} - \bar{x}_{\cdot i})(x_{qj} - \bar{x}_{\cdot j})}{\sqrt{\sum_{q=1}^{k}(x_{iq} - \bar{x}_{i\cdot})^2 + \sum_{q=1}^{k}(x_{jq} - \bar{x}_{j\cdot})^2}\sqrt{\sum_{q=1}^{k}(x_{qi} - \bar{x}_{\cdot i})^2 + \sum_{q=1}^{k}(x_{qj} - \bar{x}_{\cdot j})^2}}$$

这两种计算方法得到的结果差异不大。

Borgatti 与 Everett（1992）等学者认为角色来自与相同的角色位置的人有相同的关系模式，而非一定要与相同特定他人有一样的关系。结构同位要求两行动者与网络中的特定他人有相同的关系，是过于严格狭窄的标准。生活当中，大部分的角色都是具有同型的关系结构，但不见得是与相同的人有相同的关系。例如在医生与病人的角色关系上，两位医生要有完全一样的病人，才能称为结构同位。但两位医生即使没有一样的病人，只要与病人的关系模式相同，也应该算是具有相同的医生角色。因此后续的学者将结构同位与“相同的人”的标准放松，建议只要有相似的关系轮廓构型（profile of ties）即可归为相同的角色地位。有关同型同位（automorphic equivalence）及标准同位（regular equivalence）的计算，请参考 Borgatti 与 Everett (1992)。

究竟用内聚（cohesion）还是同位（equivalence）的原则来区分地位团体比较好？为什么结构同位比内聚次团体更适合用来捕捉角色的概念？答案决定于所倾向回答的理论关怀。结构同位的行动者彼此具有很高的替代性，互为竞争者；内聚次团体则强调透过直接接触所产生的正向影响。这两种原则对于人际的相互影响（interpersonal influence）及社会化的机制有很不同的假设。“内聚次团体”的原则认为社会化的机制来自团体成员彼此之间的紧密互动。透过频繁的互动，我们从其他人身上得到新的讯息、知识及价值态度取向。特别是在不确定性较高的情境下，我们会参照互动频繁、关系密切的重要他人（significant others）的行为，作为自身行为的判准，因此“和谁交往”决定了我们的态度与行为。如果人与人之间的相互影响必须透过直接接触与互动，则互动愈频繁的亲密团体，其成员的态度、价值观与行为应较趋于一致。

“结构同位”的原则对于社会化的过程提出了另外一种看法：个体与个体之间的相互影响，不一定要在直接互动中才能产生；在结构中居于相似地位的人，彼此之间虽然不一定有紧密的互动，但仍能影响彼此的态度及行为。其理由有三：第一，结构同位者有共同的往来对象（如同一位指导教授），因此受相同的影响，态度与行为自然较为相似；第二，结构同位的人面对相同的机会与局限，不但有相同的成本效益考虑，而且竞争模仿的压力也较大；第三，在遇到不确定的情况时，一般人较常以结构同位的人作为参考架构（frame of reference）来模拟适当的角色行为。例如遇到问题时，我们时常问自己：“和我处于相同处境的人，会如何来思考这个问题?”换言之，结构同位的行动者会透过角色揣摩（symbolic role-playing）彼此模仿、相互影响（如研究生比较会模仿其他研究生的行为，而非指导老师的行为）（Burt，1987）。社会规范的压力来自结构同位的他人，更甚于与自己有直接互动的网络成员。至于哪一种机制较能解释行为与态度的一致性，则是一个经验的问题。以图 12－3 为例，如果行为规范主要是来自互动频繁个体之间的相互社会化，则 A、B、C、D 彼此之间的态度与行为应较为接近；如果行为与态度主要来自个体以结构同位的他人作为其参考架构，则 R 的态度与行为应与 Q 最为接近。

（六）简化社会结构：结构缩影

复杂的网络关系，无论是用图形的方式还是用矩阵的方式来表达，都不是很容易理解，因此网络分析工具的任务之一，就是将网络关系简化成简单明了的社会结构，以从简化的图像或结构缩影（density table）中萃取对结构的深入理解。利用结构同位或其他同位的方法，可以将所有行动者分派到简化的结构位置上，然后再描述这些结构位置彼此之间的关系。我们以一个例子来说明。表 12－3 是根据美国国内航空公司彼此市场重叠程度所计算出的竞争关系矩阵。由于大公司与小公司的市场规模不同，且与各家公司市场重叠的程度不一，在经过列边际的标准化之后，形成不对称的竞争关系。例如，西北航空公司（NW）将联合航空公司（UA）视为重要的竞争对象

（$Z_{NW \to UA}=0.232$），但联合航空公司却不太把西北航空公司放在眼里（$Z_{UA \to NW}=0.076$）。图 12－4 为三十余家公司彼此之间的竞争关系图。

表 12－3　美国国内航空公司竞争关系矩阵

	DL	UA	AA	EA	US	CO	NW	WN	TW	PI
DL		0.87	.179	.357	.043	.030	.024	.011	.045	.058
UA	.081		.239	.041	.042	.066	.076	.008	.119	.016
AA	.199	.287		.062	.026	.057	.036	.027	.145	.014
EA	.400	.049	.062	[illegible]	[illegible]	[illegible]	[illegible]	[illegible]	[illegible]	4
US	.133	.140	.073	.1	[illegible]	[illegible]	[illegible]	[illegible]	[illegible]	2
CO	.108	.255	.183	.0	[illegible]	[illegible]	[illegible]	[illegible]	[illegible]	6
NW	.069	.232	.091	.058	.038	.016		.004	.034	.010
WN	.056	.043	.125	.002	.002	.059	.007		.013	.000
TW	.089	.254	.	[illegible]	[illegible]	[illegible]	[illegible]	[illegible]	[illegible]	.005
PI	.215	.065	.	[illegible]	[illegible]	[illegible]	[illegible]	[illegible]	[illegible]	
PS	.038	.197	.	[illegible]	[illegible]	[illegible]	[illegible]	[illegible]	20	.000

$Z_{i.}$ ~达美航空与各家航空公司的竞争关系

$Z_{.i}$ ~各家航空公司与达美航空的竞争关系

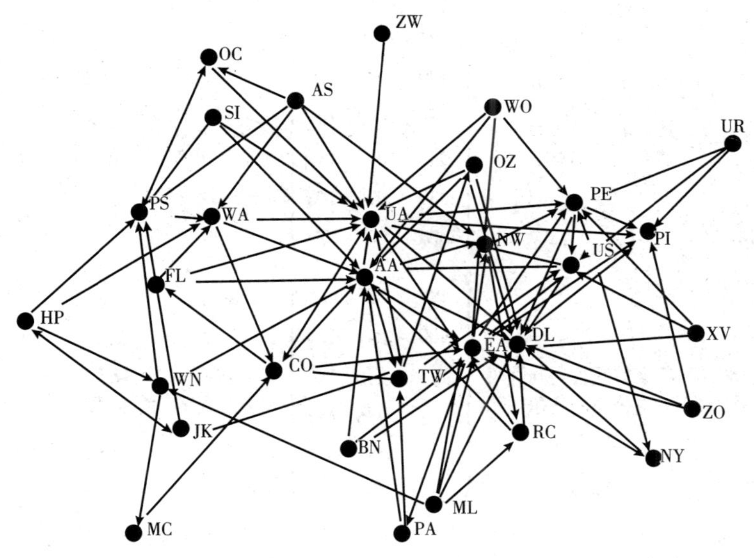

图 12－4　美国国内航空公司竞争关系图

从这个复杂的图形中，无法直接看出太多的意涵。我们可以进一步将所有公司按照竞争关系模式来进行整理与归类。先来计算各家公司之间的同位程度。以达美航空（DL）为例，我们可以将达美航空的列向量（从达美发送给各家公司的关系，即达美与各家航空公司的竞争关系）与栏向量（达美从各家公司接收的关系，代表各家航空公司与达美的竞争关系）堆砌成一个达美与所有其他公司间的关系轮廓（relational profile），然后用这个关系轮廓所形成的向量，来计算各家公司之间的欧氏距离 d_{ij} 或关系轮廓相关系数 r_{ij}（如表 12－4）。我们透过集群分析（cluster analysis）将所有公司按照结构同位的相似程度结合成结构位置。在进行分组时，我们可以透过多向度标示（multidimensional scaling）的技术，将所有公司按照结构同位的程度表示在一个平面图上。图上愈接近的点，表示两者的结构同位程度愈高。透过集群分析及多向度标示的图像辅助分析，结合我们理论及经验上的知识，找出适当的结构位置。整个程序并非仅依靠网络分析软体提供的数据就可以完成，必须透过不断地尝试错误及敏感度分析（sensitivity analysis），才能找出具有理论及实务意涵的结构。

表 12－4　欧氏距离 d_{ij} 及关系轮廓相关系数 r_{ij}

	DL	UA		
达美航空公司与各家航空公司的竞争关系	.087	.239	AA	联合航空公司与各家航空公司的竞争关系
	.179	.041	EA	
	.357	.042	US	
	.043	.066	CO	
	.030	.076	NW	
	.024	.008	WN	
	…	…		
各家航空公司与达美航空公司的竞争关系	.199	.287	AA	各家航空公司与联合航空公司的竞争关系
	.400	.049	EA	
	.133	.140	US	
	.108	.255	CO	
	.069	.232	NW	
	.056	.043	WN	

图 12－5 呈现多向度标示的结果，三十余家公司的复杂竞争关系，被简化成 A、B、C、D 四个结构位置，表 12－5 为代表这四个结构位置之间的关系的缩影矩阵（image matrix），对角线格内的资料代表结构同位的公司彼此竞争的程度。这个缩影矩阵清楚地呈现出航空产业的市场结构。

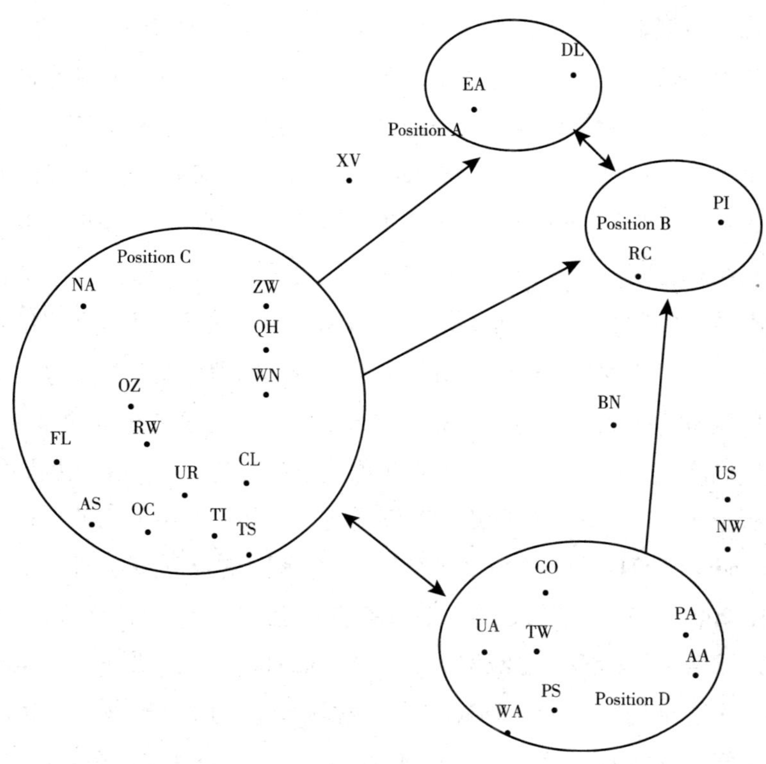

图 12－5　美国国内航空公司多向度标示的图像

表 12－5　美国国内航空公司竞争关系缩影矩阵

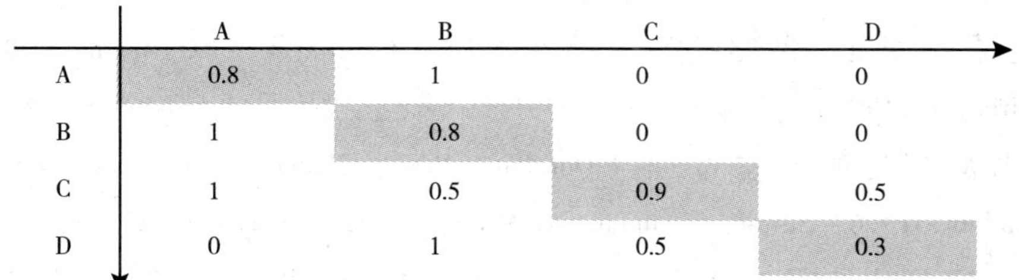

	A	B	C	D
A	0.8	1	0	0
B	1	0.8	0	0
C	1	0.5	0.9	0.5
D	0	1	0.5	0.3

四　总结

社会网络分析是一个发展迅速的新兴领域。随着网络信息科技的发展，已经成为一个受到社会学、经济学、信息科学、物理科学及行为科学共同关注的领域，不但新的分析想法与技术不断更新，而且理论也有重要的突破。这些新的发展都有一个共同的特质，即企图运用新的眼光来重新理解日趋复杂的社会与人类行为。从事网络分析的学者宣称，网络分析绝不仅是一种方法，更是一个理论的观点（White，2008；Martin，2009）。这个理论的观点可以让研究者同时从行动者与结构的角度来理解行为及社会现象，并厘清微观、宏观结构之间的相互影响与动态关系，更重要的是它能以简单的原则来找出复杂结构的链接原则，无论是社会结构、因特网结构还是通讯结构。

经过几十年的发展，网络分析虽已累积成熟的理论及分析工具，但仍然面对一些基本的挑战。早期的网络研究大多从有清楚疆界的小型网络着手，企图找出网络结构的原型。随着计算机网络链接日趋复杂，资料探勘技术与网络分析工具的发展，目前网络学者逐渐将焦点转于大型网络的分析，例如James Moody（2004）研究数万名学者间的合著网络及高中校园的友谊网络（Moody，2001）。除了引文、专利、合著资料之外，常见的大型网络的资料还包括从因特网上的服务器所搜集的 BBS、facebook 等网络社群、在线游戏群体、共同购物偏好（如亚马逊书店）群体、电子邮件等网络。如何描述这些大型复杂网络的整体结构？如何抽样及进行统计推论（Frank，2005）？由小型网络建构的分析模型及概念是否可以适用于这些大型网络？这些都是值得进一步探索的问题。

另一种对网络分析最常见的批评，是认为网络观点的结构偏见，常常使得它在分析上，忽略关系的动态本质（Emirbayer & Goodwin，1994；Emirbayer，1997）。近来网络分析的另一个重点主题，便是研究社会网络的形成及变化的动态过程（Doreian，1986；Nakao & Romney，1993；Leenders，1996；Suitor，Wellman，& Morgan，1997；Snijders，2005）。目前有两种不同的观点都试图建构形成社会结构的社会过程：有一派学者奠基于随机图（random-graph）模型，企图找出网络关系形成的随机过程（stochastic process）（Wasserman & Robbins，2005）。另一派学者从成本效益分析、博弈理论等策略行动的观点来解释网络关系的形成。进阶的读者可以进一步参考 Matthew O. Jackson（2008）的教科书。

总之，网络分析不但对于行为科学有突破性的贡献，商业界也开始运用网络分析来进行策略、营销、知识及信息管理方面的研究。除此之外，物理科学家也对社会网络分析产生了极大的兴趣，Borgatti 等人特别在最近的 *Science* 期刊上专文介绍社会网络分析并呼吁跨领域的合作（Borgatti et al.，2009），网络分析是一个充满挑战但具有无穷潜力的新兴领域。

参考书目

边燕杰（2001）《华人社会的调查研究：方法与发现》，香港：牛津大学出版社。

陈东升、陈端容（2002）《跨族群政治网络的形成及其影响因素》，《台湾社会学刊》，4，119～157。

陈端容（2004）《大型医院主管职的生涯路径与医师职场结构》，《台湾社会学刊》，33，109～155。

傅仰止、林亦之（2005）《人际接触测量的一致性与正确性：比较问卷调查与接触日志》，《调查研究》，17，19～63。

李宗荣（2007）《在国家与家族之间：企业控制与台湾大型企业间网络再探》，《台湾社会学》，13，173～242。

李宗荣（2009）《制度变迁与市场网络：台湾大型企业间董监事跨坐的历史考察，1962～2003》，《台湾社会学》，17，101～160。

林南、陈志柔（2004）《社会资本的建构与效应：台湾、中国大陆、美国三地追踪研究》，中研院主题研究计划。

苏国贤（1997）《产业自主性与市场绩效：台湾地区产业结构之网络分析》，《中山管理评论》，5，315～338。

苏国贤（2004）《社会学知识的社会生产：台湾社会学界的隐形学群》，《台湾社会学》，8，133～192。

谢雨生、吴齐殷、李文杰（2006）《青少年网络特性、互动结构和友谊动态》，《台湾社会学》，11，175～234。

章英华、傅仰止（2006）《台湾地区社会变迁基本调查第五期第一次调查计划执行报告》，台北：中研院社会学研究所。

Abbott，Andrew（1988）. Transcending general linear reality. *Sociological Theory*，*6*，169－186.

Alexander，Michael C.，& Danowski，James A.（1990）. Analysis of an ancient network：Personal communication and the study of social structure in a past society. *Social Networks*，*12*，313－335.

Bavelas，Alex（1950）. Communication patterns in task-oriented groups. *Journal of the Acoustical Society of America*，*22*，725－730.

Berkowitz，Stephen D.（1982）. *An introduction to structural analysis*：*The network approach to social research.* Toronto: Butterworth.

Bernard, H. Russell, Killworth, Peter D., Kronenfeld, David, & Lee, Sailer (1984). The problem of informant accuracy: The validity of retrospective data. *Annual Review of Anthropology*, *13*, 495 - 517.

Bernard, H. Russell, Killworth, Peter D., & Lee, Sailer (1981). Summary of research on informant accuracy in network data and on the reverse small world problem. *Connections*, *4*, 11 - 25.

Blau, Peter M. (1977). *Inequality and heterogeneity: A primitive theory of social structure.* New York: The Free Press.

Borgatti, Stephen P., & Everett, Martin G. (1992). Graph colorings and power in experimental exchange networks. *Social Networks*, *14*, 287 - 308.

Borgatti, Stephen P., Mehra, Ajay, Daniel, J. Brass, & Labianca, Giuseppe (2009). Network analysis in the social sciences. *Science*, *323*, 892 - 895.

Bott, Elizabeth (1955). Urban families: Conjugal roles and social networks. *Human Relations*, *8*, 345 - 384.

Bott, Elizabath (1957). *Family and social network.* London: Tavistock.

Bourdieu, Pierre (1986). The forms of capital. In John G. Richardson (Ed.), *Handbook of theory and research for the sociology of education* (pp. 241 - 258). New York: Greenwood.

Bourgois, Philippe (2002) *In search of respect: Selling crack in El Barrio.* Cambridge: Cambridge University Press.

Breakwell, Glynis M., & Wood, Peter (1995). Diary techniques. In S. Hammond, C. Fife-Schaw, & G. Breakwell (Eds.), *Research methods in psychology.* London: Sage Publications.

Burt, Ronald S. (1982). *Toward a structural theory of action.* New York: Academic Press.

Burt, Ronald S. (1987). Social contagion and innovation, cohesion versus structural equivalence. *American Journal of Sociology*, *92*, 1287 - 1335.

Burt, Ronald S. (1988). The stability of American markets. *American Journal of Sociology*, *94*, 356 - 395.

Burt, Ronald S., Guilarte, Miguel, Raider, Holly J., & Yasuda, Yuki (2002). Competition, contingency, and the external structure of markets. *Advances in Strategic Management*, *19*, 167 - 217.

Chen, Ming-jer, Su, Kuo-hsien, & Tsai, Wenpin (2007). Competitive tension: The awareness-motivation-capability perspective. *Academy of Management Journal*, *50*, 101 - 118.

Chung, Chi-nien (2003). Managerial structure of business groups in Taiwan: The inner circle system and its social organization. *Developing Economies*, *41*, 37 - 64.

Coleman, James S. (1983). Loss of power. *American Sociological Review*, *38*, 1 - 17.

Coleman, James S. (1988). Social capital in the creation of human capital. *American Journal of Sociology*, *94*, S95 - S120.

Cook, Karen S., & Emerson, Richard M. (1978). Power, equity, and commitment in exchange networks. *American Sociological Review*, *43*, 721 - 739.

Doreian, Patrick (1986). On the evolution of group and network structure Ⅱ: Structures within structures. *Social Networks*, *8*, 22 - 64.

Durkheim, Émile (1933). *The division of labor in society*. Glencoe: Free Press.

Durkheim, Émile (1957). *Suicide: A study in sociology*. New York: The Free Press.

Emirbayer, Mustafa (1997). Manifesto for a relational sociology. *New School for Social Research*, *103*, 281 - 317.

Emirbayer, Mustafa, & Goodwin, Jeff (1994). Network analysis, culture, and the problem of agency. *American Journal of Sociology*, *99*, 1411 - 1454.

Fischer, Cluade S. (1982). *To dwell among friends: Personal networks in town and city*. Chicago: The University of Chicago Press.

Fischer, Claude S. (2001). Bowling alone: What's the score? *Social Networks*, *27*, 155 - 167.

Frank, Ove (2005). Network sampling and model fitting. In Peter J. Carrington, John Scott, & Stanley Wasserman (Eds.), *Models and methods in social network analysis* (pp. 31 - 56). Cambridge: Cambridge University Press.

Freeman, Linton C. (1979). Centrality in social network: Conceptual clarification. *Social Networks*, *1*, 215 - 239.

Freeman, Linton C. (2006). *The development of social network analysis*. Vancouver: Empirical Press.

Freeman, Linton C., Freeman, Sue C., & Michaelson, Alaina G. (1989). How humans see social groups: A test of the Sailer-Gaulin Models. *Journal of Quantitative Anthropology*, *1*, 229 - 238.

Freeman, Linton C., Roeder, Dougias, & Mulholland, Roger R. (1987). Words, deeds and social structure: A preliminary study of the reliability of informants. *Human Organization*, *46*, 330 - 334.

Friedkin, N. E. (1991). Theoretical foundations for centrality measures. *American Journal of Sociology*, *96*, 1478 - 1504.

Fu, Yang-chih (2005). Measuring personal networks with daily contacts: A single-item survey question and the contact diary. *Social Networks*, *27*, 169 - 186.

Fu, Yang-chih (2007). Contact diaries: Building archives of actual and complete personal networks. *Field Methods*, *19*, 194 - 217.

Granovetter, Mark S. (1974). *Getting a job*. Cambridge: Harvard University Press.

Granovetter, Mark S. (1995). *Getting a job: A study of contacts and careers*. Chicago: University of Chicago Press.

Gurevitch, Michael (1961). *The social structure of acquaintanceship networks*. Massachusetts Institute of Technology.

Hubbell, Charles H. (1965). An input-output approach to clique identification. *Sociometry*,

28, 377 – 399.

Huisman, Mark, & van Duijn, Marijtje A. J. (2005). Software for social network analysis. In Peter J. Carrington, John Scott, & Stanley Wasserman (Eds.), *Models and methods in social network analysis* (pp. 270 – 315). Cambridge: Cambridge University Press.

Jackson, Matthew O. (2008). *Social and economic networks.* Princeton: Princeton University Press.

Killworth, Peter D., & Bernard, H. Russell (1978). The reverse small-world experiment. *Social Networks*, *1*, 159 – 192.

Knoke, David, & Burt, Ronald S. (1983). Prominence. In Ronald S. Burt & Michael J. Minor (pp. 195 – 222), *Applied network analysis: A methodological introduction.* Beverly Hills: Sage Publications.

Krackhardt, David (1987). Cognitive social structures. *Social Networks*, *9*, 109 – 134.

Laumann, Edward O., Marsden, Peter V., & Prensky, David (1989). The boundary specification problem in network analysis. In Ronald S. Burt & Michael J. Minor (Eds.), *Applied network analysis: A methodological introduction.* London: Sage Publications.

Lazarsfeld, P. F., & Merton, R. K. (1954). Friendship as a social process: A substantive and methodological analysis. In *Freedom and control in modern society*, Morroe Berger, Theodore Abel, and Charles H. Page, eds. New York: Van Nostrand, 18 – 66.

Leavitt, Harold J. (1951). Some effects of certain communication patterns on group performance. *Journal of Abnormal and Social Psychology*, *46*, 38 – 50.

Leenders, Roger (1996). Longitudinal behavior of network structure and actor attributes: Modeling interdependence of contagion and selection. In P. Doreian & Frans N. Stokman (Eds.), *Evolution of social networks* (pp. 165 – 84). New York: Gordon & Breach.

Liebow, Elliot (2003). *Tally's corner: A study of negro streetcorner men. Lanham.* Maryland: Rowman & Littlefield Publishers.

Lin, Nan (1982). Social resources and instrumental action. In Peter V. Marsden & Nan Lin (Eds.), *Social structure and network analysis* (pp. 131 – 145). Berverly Hills: Sage Publication.

Lin, Nan, & Dumin, Mary (1986). Access to occupations through social ties. *Social Networks*, *8*, 365 – 385.

Lin, Nan, Fu, Yang-chih, & Hsung, Ray-may (2001). The position generator: Measurement techniques for investigation of social capital. In Nan Lin, Karen S. Cook, & Ronald S. Burt (Eds.), *Social capital: Theory and research* (pp. 57 – 84). Aldine de Gruyter Pub.

Malinowski, Bronislaw (1922). *Argonauts of the western pacific: An account of native enterprise and adventure in the archipelagoes of Melanesian New Guinea.* London: Routledge and Kegan Paul.

Marsden, Peter V. (2005). Recent developments in network measurement. In Peter J. Carrington, John Scott, & Stanley Wasserman (Eds.), *Models and methods in social network analysis* (pp. 8 – 30). Cambridge: Cambridge University Press.

Martin, John L. (2009). *Sociol structures.* Princeton: Princeton University Press.

Moody, James (2001). Race, school integration, and friendship segregation in America. *American Journal of Sociology*, *107*, 679 – 716.

Moody, James (2004). The structure of a social science collaboration network: Disciplinary cohesion from 1963 to 1999. *American Sociological Review*, *69*, 213 – 238

Moreno, Jacob L. (1934). *Who shall survive?: Foundations of sociometry, group psychotherapy, and sociodrama.* Washington, D. C.: Nervous and Mental Disease Publishing Company.

Mouw, Ted (2006). Estimating the causal effect of social capital: A review of recent research. *Annual Review of Sociology*, *32*, 79 – 102.

Nadel, Siegfried F. (1957). *The theory of social structure.* New York: Free Press.

Nakao, Keiko, & Romney, Kimball A. (1993). Longitudinal approach to subgroup formation: A re-analysis of Newcomb's fraternity data. *Social Networks*, *15*, 109 – 131.

Nooy, Wouter de, Mrvar, Andrej, & Batagelj, Vladimir (2005). *Exploratory social network analysis with Pajek.* New York: Cambridge University Press.

Padgett, John F., & Ansell, Christopher K. (1993). Robust action and the rise of the Medici, 1400 – 1434. *American Journal of Sociology*, *98*, 1259 – 1319.

Reis, Harry T., & Wheeler, Ladd (1991). Studying social interaction with the Rochester interaction record. In Mark P. Zanna (Ed.), *Advances in experimental social psychology.* San Diego: Academic Press.

Roethlisberger, Fritz, & Dickson, William (1939). *Management and the worker: An account of a research program conducted by the Western Electric Company.* Chicago: Harvard University Press.

Saxenian, Anna Lee (1994). *Regional advantage: Culture and competition in silicon valley and route 128.* Cambridge, MA: Harvard University Press.

Saxenian, Anna Lee (2006). *The new argonauts: Regional advantage in a global economy.* Cambridge, MA: Harvard University Press.

Seidman, Stephen B., & Foster, Brian L. (1978). A graph-theoretic generalization of the clique concept. *Journal of Mathematical Sociology*, *6*, 139 – 154.

Simmel, Georg, & Wolff, Kurt H. (1950). *The sociology of Georg Simmel.* New York: Free Press.

Snijders, Tom A. B. (2005). Model for longitudinal network data. In Peter J. Carrington, John Scott, & Stanley Wasserman (Eds.), *Models and methods in social network analysis* (pp. 215 – 247). Cambridge: Cambridge University Press.

Su, Kuo-hsien, & Lin, Nan (2008). Status-based differential memory and measurement of social capital: Recall errors and bias estimations. In *International conference on social capital: Its origin and consequence.* Taipei.

Suitor, Jill J., Wellman, Barry, & Morgan, David L. (1997). It's about time: How, why and when networks change. *Social Networks*, *19*, 1 – 7.

Travers, Jeffrey, & Milgram, Stanley (1967). An experimental study of the small world problem. *Sociometry*, *32*, 425-443.

Tsai, Wenpin, Su, Kuo-hsien, & Chen, Ming-jer (2011). *Seeing through the eyes of a rival: Competitor acumen based on rival-centric perceptions.* Academy of Management, 54: 4.

Wasserman, Stanley, & Faust, Katherine (1994). *Social network analysis: Methods and applications.* Cambridge: Cambridge University Press.

Wasserman, Stanley, & Robbins, Gary (2005). An Introduction to Random Graphs, Dependence Graphs, and P*. In Peter J. Carrington, John Scott, & Stanley Wasserman (Eds.), *Models and methods in social network analysis* (pp. 148-161). Cambridge: Cambridge University Press.

Watts, Duncan J. (2004). The "New" science of networks. *Annual Review of Sociology*, *30*, 243-270.

Wellman, Barry (1988). Structural analysis: From method and metaphor to theory and substance. In Barry Wellman & Scott D. Berkowitz (Eds.), *Social structures: A network approach* (pp. 19-61). Cambridge: Cambridge University Press.

White, Harrison C. (2008). *Identity and control: How social formation emerge.* Princeton: Princeton University Press.

White, Harrison C., Boorman, Scott A., & Breiger, Ronald L. (1976). Social structure from multiple networks. I. Blockmodels of roles. *American Journal of Sociology*, *81*, 730-780.

Whyte, William Foote (1993). *Street corner society: The social structure of an Italian slum.* Chicago: University of Chicago Press.

Yang, Song, & Knoke, David (2001). Optimal connections: Strength and distance in valued. Graphs. *Social Networks*, *23*, 285-296.

延伸阅读

网络分析方法的在线资源十分丰富，大部分重要学习资源如参考书目、重要学者链接、资料库、软件资源等，都可从 International Network for Social Network Analysis（INSNA，http://www.insna.org/）这个入口网站取得。以下我推荐四本较容易入门的教科书。

1. Knoke, David, & Yang, Song (2008). *Social network analysis* (2ed ed.). Thousand Oaks, CA: Sage.

   2008 年的再版与 1982 年的初版内容上有极大的变化，是最容易上手的入门书之一，虽仅有 100 页，但内容十分完整，非常适合刚入门的学生阅读。

2. Wasserman, Stanley, & Faust, Katherine (1994). *Social network*

analysis: Methods and applications. Cambridge, Cambridge University Press.

这是最常被指定的社会网络分析基本教材，内容详尽清楚，且有很多说明实例，不过篇幅稍嫌冗长，且因为出版时间较早，比较缺乏动态网络分析的介绍。

3. Jackson, Mattew O. (2008). *Social and economic networks*. Princeton: Princeton University Press.

这本书对于网络形成（network formation）、传播（diffusion）、影响（influence）及经济决策及博弈行为等动态模型有很好的介绍，部分章节需要一点基本的线性代数、微积分及几率等数理基础知识，比较适合进阶的学生阅读。

4. Hanneman, Robert A., & Riddle, Mark. *Introduction to social network methods*. On-line textbook (http://faculty.ucr.edu/~hanneman/nettext/).

这是加州大学 Riverside 分校的 Robert A. Hanneman 教授，在其社会网络分析方法导论课程网页中，所整理的在线教科书。这本书配合 UNCINET 软件来说明网络分析的概念与使用方法，非常适合想要学习软件操作的学生，另一个优点是这是免费的电子书。

第十三章
质量并用法

一 前言

由于社会现象本质上便兼具个体的独特性与群体的共通性，因而在研究方法上便逐渐产生了质性（qualitative）及量化（quantitative）两大研究取向的分野。质与量的研究方法各有其不同的擅长领域与研究议题，综观质性研究方法的优点，在于深入了解不同领域研究对象的细部差异特性，但其缺点在于无法大规模地解释普遍的现象。量化的方法虽得以弥补这方面的缺失，然而在解释个别分析单位的特性时，不可避免地不若质性研究方法的诠释来得深入（黄纪，2007：20）。

质性与量化方法之争，其来有自，且多数社会科学学门都难免战火。两个阵营近二十年试图整合的论辩与交锋，过程仿佛说书人“话说天下大势”一般，相当经典，先是量化研究自豪地以其方法论为样板，号召一统江湖；此举引起质性研究者的不满，奋起反击。在群雄并起的漫天烽火中，隐然有三股力道相互较劲。

（一）以量统质

例如 1994 年政治学者 King、Keohane 与 Verba（1994）出版 *Designing Social Inquiry* 一书，强调不论质性还是量化研究，背后其实只有一套推论逻辑，而这套逻辑正是量化研究所建立的架构。该书引发几波大辩论，其中尤以 2004 年 Brady 与 Collier（2004）根据质性研究观点合辑的 *Rethinking*

Social Inquiry 一书，对 *Designing Social Inquiry* 进行系统的批判，强调研究的标准容或相通，但工具却尽可多样，尤其是质性方法中的案例内（within-case）分析透过对因果过程的深入观察（causal process observations）（Brady，2004），比量化研究更能洞悉事件背后的机制。以量统质的雄心虽壮志未酬，但也激发两者的密集对话，就连素以计量方法独霸的 *Political Analysis* 期刊，也在 2006 年出了一期以质性方法探讨因果关系的专刊（Goertz，2006），正视质性与量化方法的互补之处。

（二）以质统量

例如社会学家 Ragin（1987，2000，2008）另辟蹊径，以传统质性研究的案例取向（case-oriented）为基础，结合了 John S. Mill 的一致法、差异法与数学之集合论（set theory），开创出一套质性比较分析（qualitative comparative analysis，QCA）的方法，用布氏逻辑（Boolean logic）及模糊集合论（fuzzy-set theory）等符号逻辑，从少数案例（small-N or intermediate-N）之中有系统地筛选出决定现象发生与否的必要条件或充分条件，希望能一方面维持案例研究的丰富内容，同时也兼具量化研究的严谨（Rihoux & Lobe，2010），借此搭起横跨质与量的桥梁。这种方法近年影响力渐增，扩及政治学之比较政治、公共政策等领域（如 Rihoux & Grimm，2006 等），得到不少质性研究者的认同（如 Bennett & Elman，2006；Mahoney，2007 等），部分量化研究的学者虽不认为 QCA 可取代量化方法，但也肯定其与量化互补的贡献（如 Achen，2005；Seawright，2005 等）。

（三）质量并用

此一观点充分理解发展多年的质性与量化方法各有所长，因此认为问题的症结不在谁统一谁，而在于如何因研究主题而制宜，有系统地予以整合，一方面取两者之长，另一方面又不失内部逻辑的一贯与追求知识的目标。类似的整合努力虽散见于各学门之中〔例如，政治学门之 Fearson 与 Laitin（2008）、Lieberman（2005）等〕，但往往碍于学科的界限而较少跨学门沟通对话，也较难快速累积成长。唯 Tashakkori 与 Teddlie（1998，2003，2010）及 Creswell（2009）等教育学与教育心理学者自 1990 年代开始提倡的质量并用方法论（mixed methodology）与质量并用法（mixed method），似已跨出单一学门领域（Ivankova & Kawamura，2010）。近年质量整合的架构渐具雏形（参见 Tashakkori & Teddlie，1998，2003；Teddlie & Tashakkori，2009，2010；Creswell & Clark，2011），目前仍在蓬勃发展之中；至 2007 年 *Journal of Mixed Methods Research* 创刊后，更迈入了新的阶段，俨然以继量化与质性两大风潮之后的“第三波方法论运动”（the third methodological movement）自居。然而毕竟崛起较晚，尚未得到普遍的重视，例如在一本 2007 年出版的《社会科学方法论手册》（*The SAGE Handbook of Social Science Methodology*）中，仅寥寥数语提到近年“质量并用法”的兴起（Klein，2007：36－37），但却无专章涵盖此一主题，殊为可惜。

本章的讨论，偏重第三种趋势——质量并用，并且以 Creswell、Tashakkori 与 Teddlie 等人建立的架构为论述之骨干，不过取材上并不限于这些学者的著作，而仍是以笔者较熟悉之政治学文献为主。

由于篇幅的限制，本章把论述的重心放在“质量并用法”的研究设计与抽样等执行层面，因此仅将几个立论的基本观念概述如下。

1. 奉实用论（pragmatism）为最高原则

在科哲的层次上，质量并用法强调研究的目标在增进我们对政治社会现象的理解或解决实质问题为宗旨，因此重视务实（practicality）（Tashakkori & Teddlie，1998）。至于典范之争，高来高去，“不可共量”（incommensurable）说甚嚣尘上，结果往往沦为隔空喊话式的叫阵。实用论则认为，不同的典范与学派之争若无助于了解现象、解决问题，便应搁置，一切回归基本实用面（Feilzer，2010；Morgan，2007）。

2. 视质与量为一连续体（continuum）

质性与量化无须是截然二分（Caporaso，2009）的，而可视为是一个连续体的两端（参见图 13－1，引自 Teddlie & Tashakkori，2009：28），各有偏重，也各有擅长。虽然确实有些问题适合采用纯质性或纯量化的研究，但在这两端之间，仍有极为宽阔弹性的挥洒空间。研究者衡酌研究问题的特性，“执其两端而用其中”，实责无旁贷。诚然，当此质性与量化方法双方仍阵势拉开、各拥重兵、剑拔弩张之际，想要在两者间取其中道，往往反成了众矢之的，落个腹背受敌、两头不是人，吃力而不讨好。不过，纵有此一

风险，仍值得提出呼吁，希望能让双方了解：其实彼此非但没有不共戴天之仇，还有极大的合作互补空间，应携手共创崭新的纪元。

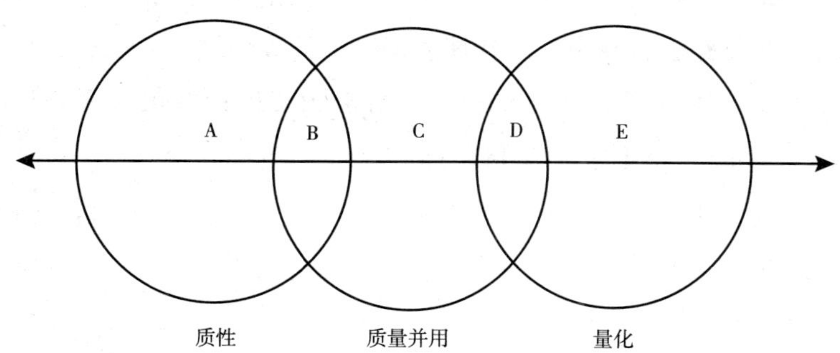

说明：A 代表纯质性的研究；
B 代表质性为主、量化为辅的研究；
C 代表质量完全融合且并重的研究；
D 代表理化为主、质性为辅的研究；
E 代表纯量化的研究。

图 13－1　质量连续体示意图

资料来源：Teddlie & Tashakkori（2009：28）。

3. 以研究问题（research question，RQ）为主导

研究的目的在回答研究问题，研究方法不论是纯质性、纯量化，还是并用，都在于帮助我们解答研究问题，因此一切回归基本面：理应是依研究问题决定适合的研究设计与方法（黄纪，2000，2009），而非反其道而行，因形而上的典范而绑手绑脚；至于对研究成果质量的评量，也应取决于回答研究问题的程度。

总之，本文的主要论点简单而明了，就是“超越典范之争、共塑开阔视野”。

二　研究取向之间的几种抵换关系

学术圈也像其他社会群体一样，成员多多少少都受自己的专业养成过程及研究环境和资源的局限。但如能体认在局限下做抉择只是必要之务，就比较不会因而囿于现实、划地自限，而仍对研究现象的整体持比较开阔的视野，对质性与量化也抱持“允执厥中”的态度。

大多数的社会科学研究，都涉及人、地、时、事物等错综复杂的面向，不过百变不离其宗，人还是政治社会现象的核心。在理想的情况下，研究者应该一方面脚踏实地了解其感兴趣之现象的来龙去脉，另一方面也兼顾该现象在抽象学理层次上的意涵。也就是说，必须能同时涵盖该现象发生的整体脉络（context）、分析单位的互动过程，进而透视现象背后的机制，推而广之（generalization）至不同的群体与时空。而所谓的社会机制，归根结底，还是指人的想法、行为及人所建立的制度规范等。完整的社会科学研究，不仅要以形式理论或实证归纳找出现象发生的模式或规律，而且应该将此规律建基于人的行动上，深入探索追寻相关案例中当事人（agents）的意向、决定、行动以及彼此互动等环环相扣的过程与结果，并以叙事的体裁呈现（即所谓“追寻过程”，参见 George & Bennett，2005），既彰显该规律产生背后的微观与宏观因果机制，也赋予理论的骨干以活生生的血肉（参见 Hedström & Swedberg，1998；Goldthorpe，2001；Hedström，2008 等）。换言之，研究者不但要洞悉当事人的主观认知与偏好，也要能辨析当事人可能之误判与未预期的后果及其影响。

然而在有限的时间与资源的限制下，研究者几乎都面临鱼与熊掌不可得兼的困境，必须依问题的性质与研究的目的做些拿捏。承上一节“连续体”的观点，在这些困难中的抉择可综合为几种抵换关系（tradeoffs）。

（一）广度与深度

研究愈重视深度，在一定的时间与资源限制下，涵盖的范围愈集中、案例也愈少；反之，愈重视广度，涵盖的范围愈大、案例也必须愈多。

（二）变数与案例

愈强调广度与通则化的研究，概念的外延（extension）愈广，抽象层次愈高，故偏重从案例中抽取特征成为抽象之变量，并找寻其规律关系，故“科学”取向愈重；而愈强调深度与具体化的研究，概念的内涵愈丰富，故偏重具象的单位与案例的整体，愈需要详细叙述现象发生之脉络，这些具象单位的思维、行为与互动，以追寻过程的方式发掘背后的机制，其人文取向愈重。

（三）个体与群体（微观与宏观）

分析单位愈微观，异质性愈高；分析单位愈宏观，则往往因个体异质性相消后，同构型愈高。不同的专业领域，往往因研究题材的性质而从不同的分析层次切入，例如投票行为多从个体选民切入，而比较政治与国际关系则多从国家层次切入，但微观与宏观间的联系始终是社会科学的重要议题。

（四）因果效应与因果机制

以实验设计为理想型，研究之实验设计愈严谨，愈能以此黑盒子取代复杂之因果过程，直接推论孰因孰果、效应为何；反之，愈是无法进行实验的研究主题，距离理想型实验设计愈远，愈需要以翔实之脉络与追寻过程之来龙去脉，来追溯因果机制（黄纪，2008）。

总之，尽管学术能力之养成过程必须选择专攻，在有限的时间与资源限制下，也往往必须锁定研究的时空范围，但研究者仍应对其议题与现象维持完整的视野，大可不必因这些不得已的选择而瞎子摸象、以偏概全。换言之，聚焦与专攻、分工与合作是基于实际的需要，“分工”并不意味着一定要质量“分边”与选边。维持此一开阔的视野，质与量的整合并用不仅可能，而且往往十分必要。但基于术业有专攻，质量方法之并用亦无须限于同一研究者，而更应适用于一个研究团队，同时广纳质性与量化方法专长的成员，发挥分工合作的综效。

三　质量并用法的发展

早在 1959 年，Campbell 与 Fiske 采用数种方法研究心理特质，并鼓励学界以其“多特质 - 多方法矩阵”（multitrait-multimethod matrix）交叉检视以不同途径搜集的资料，他们认为若能从多个角度去看同一现象，往往看得更真切。尽管他们当时主要是讨论几种计量方法的并用，但其论点却对兼采质性与量化方法研究同一现象，深具启发。不过早期的重心，多放在交叉比对质与量的资料（triangulation of data sources）上，目的在求测量的一致；直到 1990 年代之后，“质量并用法”才逐渐延伸到研究的每个阶段，如研究设计、抽样、资料搜集与分析等，以追求质性与量化更有系统的全面整合（Creswell，2009：14）。

尽管发展的历史并不长，对“质量并用法”的含义却是众说纷纭。本文同意 Tashakkori 与 Creswell （2007：4）比较宽松的定义：

> 不论是个别型研究或整合型计划，只要研究者兼采质性与量化的途径或方法来搜集与分析资料、整合其研究发现并进行推论者，均属质量并用法。此一定义的关键概念，就在整合。

依照这个定义，质与量的方法可以在研究的某个阶段并用，也可以在每一个阶段整合并用，端视研究设计而定（详见“四、质量并用法的研究设计”）。

质量并用法之所以会在近二十余年间崛起，影响力自其发源之教育学逐渐扩散至其他领域，究其原因，不外乎务实与折中。Teddlie 与 Tashakkori（2010：16－17）综合质量并用方法论，认为有两大原则：

1. 方法论上采折中观点（methodological eclecticism），坚拒非此即彼的“质量二元论”

质量并用法在“方法以致用”的实用原则下，只要有助于解答问题、增进理解，就不惜跨越各门派方法论的传统边界，交相为用、截长补短。纵使纯质性或纯量化学派者拒不相认，质量并用法学者也不以为忤。因此“质量并用”并不是当乡愿，磕头作揖、尽说好话；也无意独树一帜、唯我独尊，将质性与量化各打五十大板发配边疆；而是要化解两者势不两立的隔阂，并用两者之长。此一折中观赋予研究者极大的挥洒空间，可达成几个单一方法无法达到的目标：

（1）相辅相成。如前所述，质性与量化方法各有所长，可对同一现象或关系提供不同的关照，故能避免瞎子摸象，帮助我们窥其全貌。

（2）循序渐进。在依序进行的质量并用法（sequential mixed methods）中，前一阶段的发现可以作为后一阶段的基础，借力使力。例如，前一阶段质性方法的发现，可以提供后一阶段量化研究的待验假设。

（3）相互印证。质性与量化方法针对同一现象得到的结论，可以相互比较，结果或相互一致而使推论之可信度提高；或两者不符而刺激进一步深

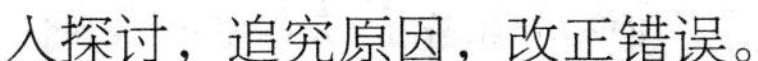

入探讨，追究原因，改正错误。

2. 研究步骤上采反复循环的途径（iterative，cyclical approach）

质量并用法不希冀一步到位的快捷方式，而是充分体认两种方法之间的对话与整合需要比较繁复的过程，必要时研究流程往往会周而复始、反复循环，以求对研究议题有更深入而扎实的理解，或对问题提出对策与建议（Tashakkori & Teddlie，2010：275 - 276）。

四　质量并用法的研究设计

（一）符号

质量并用法不仅涉及质性与量化两大成分，而且两者间有多样的交相为用方式，为了表达与沟通的方便与清晰，在文献中普遍使用 Morse（1991，2003）所发展的一套符号系统（Creswell & Clark，2011：108 - 110），相当精简易懂。

（1）简写：采英文的头四个字母，qual 代表“质性”、quan 代表“量化”。

（2）主辅：以英文大小写代表两者在一项研究中的“比重”，字母大写表示分量较重、小写表示分量较轻。

（3）时程：以加号 + 或箭头→代表执行之时序；+ 表示质与量方法齐头并进（concurrent），而→则表示有执行的先后之分。

（4）目的：在等号 = 之后标示质量并用的研究目的（purpose）为交叉比对、描述、解释或因果推论等。

例如：“QUAL + QUAN = 比对”表示“质量并重、齐头并进、用以比对结果之研究设计”；而“QUAN→qual = 解释”则表示“量化为主、质性为辅，先量后质，用以解释现象之研究设计”；依此类推。

（二）研究设计的分类

由于研究者可以依照研究的目的、研究问题的性质等考虑，在内部逻辑一贯的原则下弹性运用，因此质量并用法的研究设计类型颇为多样，难以逐一罗列穷尽（读者可参考 Tashakkori & Teddlie，2003：Chapter 26；Creswell，2009；Creswell & Clark，2011：Chapter 4）。为了便于读者提纲挈领，以最少的考量因素掌握最多的设计类型，本文以 Leech 与 Onwuegbuzie（2009：267 - 273）综合各家之言后提出的三面向分类方式来说明。

（1）融合程度：质与量方法是完全融合，还是局部融合？如果在研究目标、资料类型、分析方式、推论方法四者中，至少有一个阶段是质性与量化并用与互动，就属于完全的融合；如果四者都仅是质或量各自为政，则仅能视为局部的融合。

（2）时程先后：质与量方法是同时并进，还是一先一后？若质与量方法大致同时进行，就属于并进式；若一前一后，后者又以前者的发现为基础接手进行，便属于先后式。

（3）比重大小：质与量方法是等量齐观，还是一主一辅？如果质与量方法在强调的重点上大致旗鼓相当，就享有同等地位；若其中之一相对重要，该方法在设计上就享有优先地位。

按照这三个面向各两种情况的组合，共得出八大类研究设计，每大类中又分为 2 ~ 4 个细类，如图 13 - 2 所示。这种分类虽未穷尽，但已涵盖多数重要的质量并用设计。

兹将八大类研究设计中几个比较典型的细类说明如下，其他类型自可举一反三。

（1）质量完全融合、同时并进，且两者并重之研究设计（即图 13 - 2 最右字段的第四大类：QUAN + QUAL 或 QUAL + QUAN）。此类研究设计无疑是在这八大类研究设计中整合得最缜密的理想型，无怪乎 Tashakkori 与 Teddlie（2003：689 - 690）、Teddlie 与 Tashakkori（2009：156 - 158）称之为“完全整合的质量并用模型设计”，其详细之流程以图 13 - 3 表示之。图 13 - 3 左边字段的方框代表量化研究、右边字段的椭圆代表质性研究，实线代表研究进程，虚线代表互动或回馈。在每个研究的阶段，不但横向之间质性与量化有密切的互动，而且在纵向动态上，前一阶段的成果也会互相修正或形塑下个阶段的执行，直到最后两者的成果充分完成整合推论（meta-inference）为止。以此理想型为参照，其余的各类型均可视为该理想型不同程度的简化版。

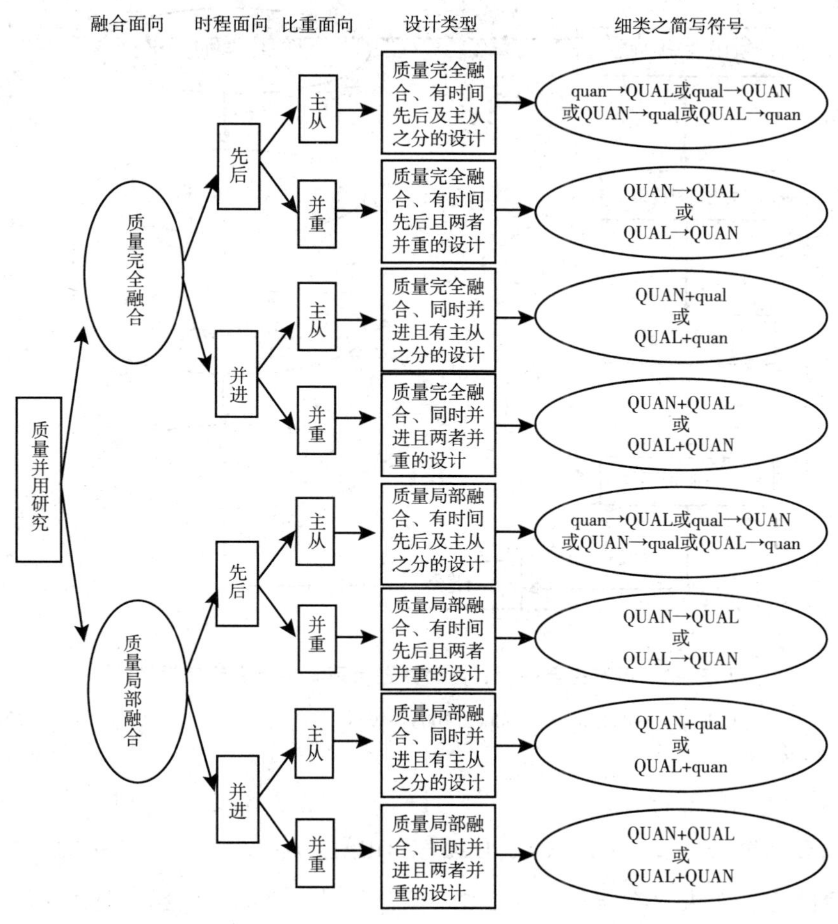

图 13－2　质量并用法之研究设计类型

资料来源：Leech & Onwuegbuzie（2009：269，273）。

（2）质量局部融合、同时并进，且两者并重之研究设计（即图 13－2 最右字段的第八大类：QUAN + QUAL 或 QUAL + QUAN）。此类研究设计也是质与量的方法两路并进，分量上也旗鼓相当，但与前一理想型的主要差异，在研究流程、研究目标与研究问题之中质性与量化方法基本上各自为政，直到最后阶段方就其成果进行整合推论，所以称为局部融合。

（3）质量完全融合、同时并进，且两者并重之研究设计（即图 13－2 最右字段的第二大类：QUAN→QUAL 或 QUAL→QUAN）。此类研究设计质与量彼此互动，分量上虽也旗鼓相当，但在执行的时程上则有先后之分。

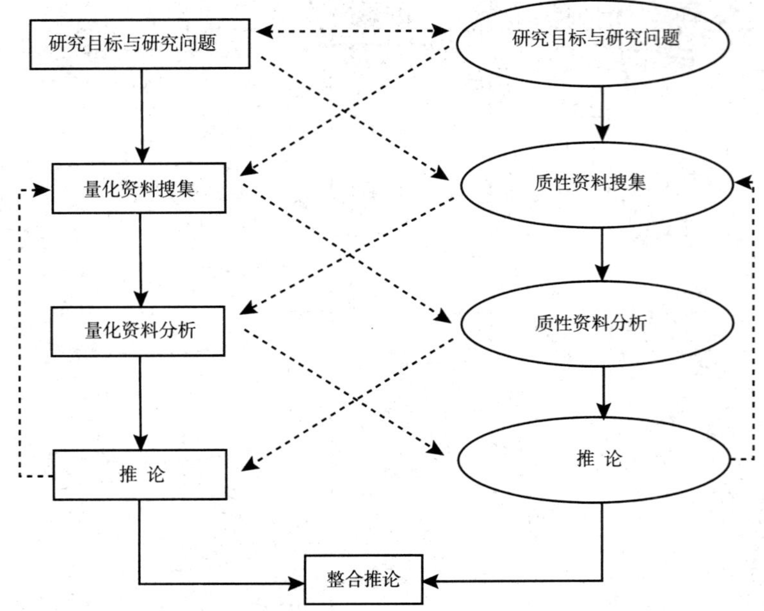

图 13－3 质量完全融合、同时并进且两者并重之研究设计

资料来源：Tashakkori & Teddlie（2003：690）。

（4）质量局部融合、先量后质，且两者并重之研究设计（即图 13－2 最右字段的第六大类：QUAN→QUAL 或 QUAL→QUAN）。此类研究设计，质与量的方法在执行流程上各自为政，虽在分量上也旗鼓相当，但在执行的时程上则有先后之分，若是先量后质，则为 QUAN→QUAL；实际上当然也可以先质后量 QUAL→QUAN，端视研究主题之需要而定。

（5）质量完全融合、同时并进，且量为主、质为辅之研究设计（即图 13－2 最右栏位的第三大类中之 QUAN + qual）。此类研究设计，质与量的方法两路并进，且有互动，但在比重上则有主从之分：以量为主、质为辅。实际上当然也可以视研究主题之需要，设计成质为主、量为辅（QUAL + quan）。

（6）质量局部融合、同时并进，且量为主、质为辅之研究设计（即图 13－2 最右栏位的第七大类中之 QUAN + qual）。此类研究设计，质与量的方法两路并进，两者各自为政，且在比重上量为主、质为辅。实际上当然也可以视研究主题之需要，设计成质为主、量为辅（QUAL + quan）。

（7）质量完全融合、先量后质，且量为主、质为辅之研究设计（即图13-2最右栏位的第一大类中之QUAN→qual）。此类研究设计，质与量的方法彼此互动，但在分量上有主从之分，而且在执行的时程上也有先后之分。实际上当然也可以应研究主题需要设计为先质后量、质为主量为辅（QUAL→quan）。

（8）质量局部融合、先量后质，且量为主、质为辅之研究设计（即图13-2最右栏位的第五大类中之QUAN→qual）。此类研究设计，质与量的方法各自为政，不但在分量上有主从之分，而且在执行的时程上也有先后之分，可以是先量后质、量主质辅（QUAN→qual）；当然也可以应研究主题需要设计为先质后量、质为主量为辅（QUAL→quan）。

五 质量并用法的抽样

抽样的目的在于从分析单位中选出一部分来进行研究。量化研究特别强调几率抽样，使样本能充分代表母体，以符合统计推论的不偏或一致的标准。几率抽样的设计与方法，已另有专章讨论，不再赘述。

至于质性研究，则往往依研究主题的需要选择一个或少数案例（George & Bennett，2005；Gerring，2007；Yin，2009等），必要时采立意抽样，目的在深入探讨。比较常见的案例选择有：

（1）典型案例。

（2）极端案例。

（3）比较案例，包括：

①最似案例；

②最异案例。

这几种抽样方法的特征都是以研究者感兴趣的现象也就是依变项作为选择的标准。从量化的角度来看，质性研究除了案例太少不足以代表母体之外，按照依变量抽样更是严重违反几率抽样的原则，造成选择偏误，因此开的“处方”不外乎增加案例，并且只按照自变量的值来抽样（King，Keohane，& Verba，1994）。但是质性研究学者并不领情，不仅对个案或少数案例研究的深度颇感自豪，而且认为先对案例的结果（outcome）感到好奇，然后像侦探般地爬梳线索、追根究底，也符合溯因法（abduction）的精神，因此纯案例内的分析并无所谓选择偏误的问题（Collier，Mahoney，& Seawright，2004）。

诚如第二节所述，质量并用法充分理解选择研究取向时所面临的几种抵换关系，因此无意把抽样孤立出来品头论足，而是务实地把抽样方法镶嵌在“质量并用研究设计”的脉络之中，依照研究目的与设计类型，选择最能帮研究者充分回答研究问题的抽样法，必要时可以发挥创意，将几率抽样与立意抽样交互为用，也就是以几率抽样抽取较多的案例以顾及广度，但也依照研究需要从几率样本中刻意挑选若干案例进行更深入探讨，让兼具广度与深度的量化与质性叙事资料两者互补、相辅相成（Teddlie & Tashakkori，2009：180－181）。必须强调的是，所谓“创意”绝非任意随性，而是“因主题而制宜”发挥案例研究之所长：以案例内研究来追究因果过程，将来龙去脉环环相扣，并搭配案例之间相互比较寻求规律的优势，相得益彰。

质量并用法的抽样，基本上也可依照前一节研究设计的时程面向分为两种：

（1）几率与立意抽样同时并行：此一抽样设计适用于质量齐头并进之研究设计。

（2）几率与立意抽样一先一后进行：此一抽样设计适用于质量执行时程上有先后之分的研究设计，其特色在于前一阶段的结果常作为下一阶段抽样的参考依据。

六　质量并用法的应用

（一）评估研究

方案评估在应用型研究中占有重要的一席之地，可协助政府或非政府组织评量某方案推动之过程与后果，作为决策之依据。方案评估的方法一如其他领域，也有量化（如 Mohr，1988）与质性（如 Greene，1994）之分。

但是 Trend（1979）早在 30 多年前的评估研究，就已经显示质量并用的优势。该计划评估的标的，是美国联邦房屋补贴方案在八个地方（每地补助 900 户）的执行过程与结果。Trend 的设计是由两个团队分头进行评估，最后再予以汇整。

（1）负责量化资料的团队：搜集客观指针资料，包括参与方案者的人口特征、住宅的质量、各地执行方案机构的活动与支出等。

（2）负责质性资料的团队：建立实地观察的笔记、访谈记录、搜集各地执行方案机构计划书与内部文件等。

这种安排显然属于第四节中的“质量局部融合、同时并进，且两者并重之研究设计”（如图 13－4）。当 Trend 汇整两种资料准备撰写一份总评估报告时，却发现其中一地（site B）的量化指标极为正面，而质性资料却颇为负面，困扰不已。经反复比对两种资料，始发觉该地的郊区与市区在方案执行过程中呈极大的差异：郊区的过程平和、成效良好；市区却因种族构成比较多样，在执行过程中因受补助者的种族配额屡生争议，不但引发居民抗议，亦造成部分执行人员愤而辞职，但这些争执过程不但未显示在量化的后果指标上，甚至因有些职员辞职未补实，反而呈现“撙节开支”的假象。在深入了解此一情况后，总评估报告中加入了地方的环境脉络，反映方案执行因脉络不同而产生的差异。

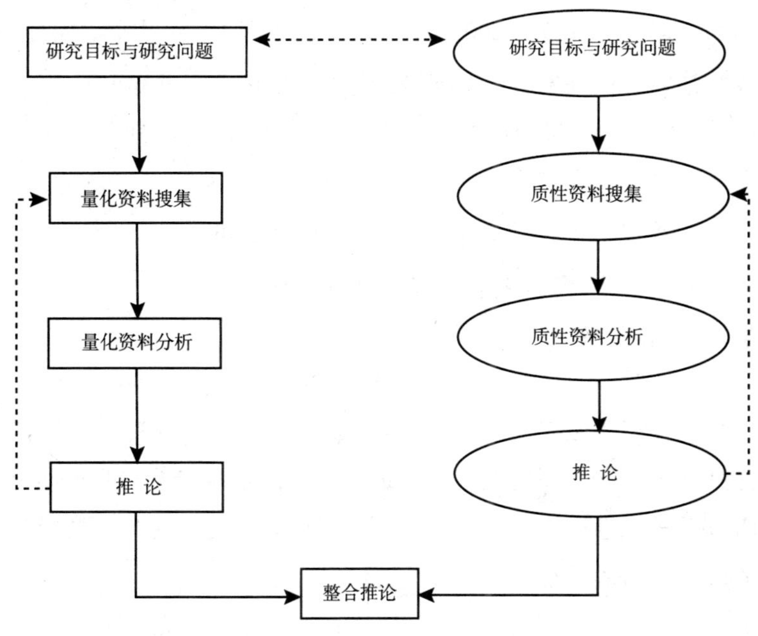

图 13－4　质量局部融合、同时并进且两者并重之研究设计

资料来源：Tashakkori & Teddlie（2003：688）。

诚然，这个例子显示：质量并用法在碰到两种资料不相符时，确实给研究者造成困扰，强迫其回过头去仔细检视资料、思考问题来源，并谋解决之道，在在都需投入更多时间与精力，也印证质量并用法在执行时往往是个反复的过程。但这个实例同时也说明：质量并用法运用得当，比单一方法更可帮助研究者深入了解现象，解答问题。

（二）比较研究

政治学中的比较政治及国际关系次领域因为分析单位多半为国家，常面临宏观的实证规律与中观（meso）的组织制度、微观的个人决定与行动之间连贯不足的问题。因此，近年来这方面的研究，也渐多以质量并用之研究设计搭配质量并用之抽样方法，亦即以多案例之量化研究顾及广度、以个案或少数案例关照深度，希望以互补的资料相辅相成，既见林也见树，使第二节所述之抵换关系达到最适均衡（参见 Lieberman，2005）。此类型的研究与前两节讨论的质量并用法，在研究设计的结构与执行的流程、案例的选择上，颇多不谋而合的地方。

例如 Fearson 与 Laitin（2003，2008）致力于研究世界各国曾否发生暴乱或内战？其原因何在？他们的研究设计，属于“质量局部融合、先量后质、质量并重”（QUAN→QUAL，参见图 13－5），其执行之流程可摘述成以下几个阶段。

（1）大规模跨国比较之量化分析：就人口达 50 万以上的 161 个国家，搜集 1945～1999 年间相关变量的量化资料，依照相关学理建立模型，进行胜算对数模型回归分析。

（2）随机选择国家进行案例内之深入叙事（random narratives）：将各国依照“区域”及“是否曾发生内战”分层后，随机抽取若干国家，进一步搜集更详细之史料文献等质性资料，进行深入之叙事分析。Fearson 与 Laitin 认为之所以采随机抽样，是为了避免研究者以先入为主之见刻意挑选符合量化模型的案例，造成系统性的偏误。

（3）以叙事的分析结果补充并修正实证模型。以第一阶段的胜算对数模型估算第二阶段之中选国家发生暴乱与内战的几率，并与该案例之质性叙事逐年比对，一方面以案例检证量化模型归纳的实证规律，另一方面则侦测

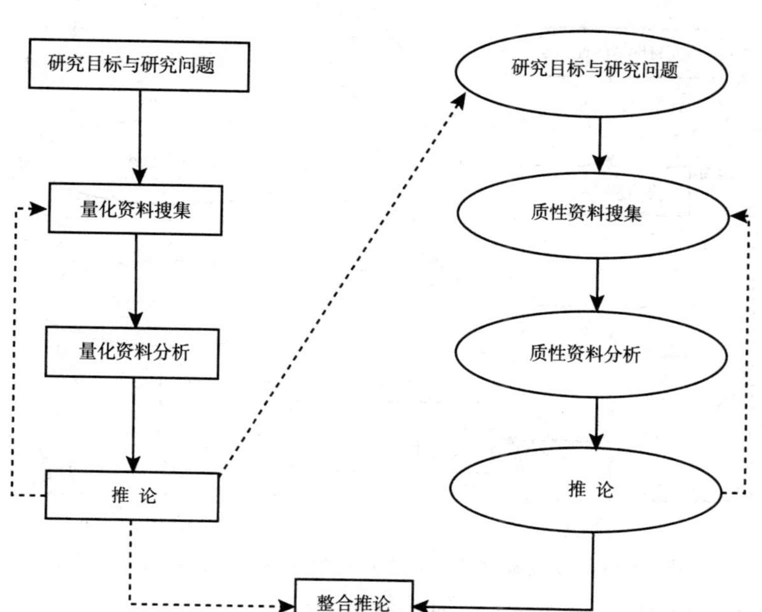

图 13－5 质量局部融合、先量后质，且两者并重之研究设计

资料来源：Tashakkori & Teddlie（2003：688）。

案例与模型的差异，思考其成因，据以修正与补充模型。例如 Fearson 与 Laitin 在比对阿尔及利亚（Algeria）1992 年爆发的内战史料后，发觉并非宗教分歧导致内战——因为该国均奉伊斯兰教为国教，而是政府对宗教的独揽政策导致教内发生激烈抗争。

（三）民意调查

在应用研究中，有时序先后的研究设计搭配几率与立意抽样，颇为常见。尤其是民意调查研究，常针对比较新的议题先刻意挑选少数受访者进行焦点团体访谈（属于质性研究），然后根据访谈内容来拟定封闭型问卷之题组后，进行大型抽样调查（QUAL→QUAN）。当然顺序也可以倒过来，先以几率抽样进行民调，然后再从成功样本且同意继续的受访者之中，挑选少数人进行深入访谈或焦点访谈（QUAN→QUAL）。诚然，挑选少数案例进行深入访谈时，也不排除采随机抽样，不过实际上常因实务的考虑（如同意参与焦点团体者人数已经有限）而采立意抽样（如分层配额等）。

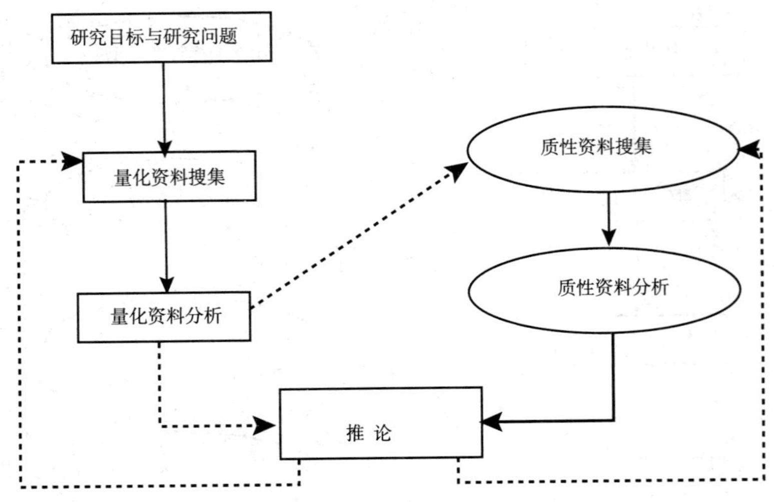

图 13－6 质量局部融合、先量后质、量主质辅之研究设计

资料来源：Tashakkori & Teddlie（2003：688）。

例如郑夙芬（2008）为探讨选民对 2008 年首度实施之“单一选区两票制”的认知与评价，其研究设计属于“质量局部融合、先量后质、质为主量为辅”（quan→QUAL），并以前一阶段量化研究之几率抽样为基础，搭配后一阶段的立意配额抽样，进行深入的质性研究。其抽样设计便是以“台湾选举民主化调查”2008 年立委选举电话访问案（简称 TEDS2008L－T）之 3843 位几率样本为母体，就其中同意参与焦点团体的受访者，依照其政党倾向（蓝、绿）及居住地区（南、北）招募 34 位，分别举行了四场次的焦点团体访谈，最后再根据访谈记录逐字稿之丰富质性资料，深入分析参与者对新选制的看法，发觉选民认同的政党在选举结果上的胜负，对新选制之评价有很大的影响。此一发现对电访资料之量化分析，有很重要的意涵。

七 总结

在传统的量化与质性两大阵营彼此的挞伐声中，质量并用法以社会科学研究方法的“第三条路”自居，奉实用论为其最高指导原则，强调方法论的折中观，抱持开放的胸襟与眼光肯定质性与量化方法各有所长、不可偏废，并务实地以“回答研究议题、增进知识与对社会现象的理解”为最终目标。准此，方法论的挑战，应该是如何因研究问题而制宜，整合质性与量化方法，既取两者之长又能维持研究设计内部逻辑的一贯性。

（一）总论与量化研究法

本章综合近二十年来质量并用法的发展，讨论此派学者针对质与量融合程度的高低、执行时程的并行或先后、两者在同一研究中比重的并重或主从，所发展出来的八大类型质量并用研究设计以及如何依照主题性质与研究设计，妥适并用几率抽样与立意抽样，充分发挥质性与量化方法之所长，使得研究兼具广度与深度，不但能找出可推广的实证规则，亦可洞悉其背后的因果机制与权变，达成社会科学研究的目标。

参考书目

黄纪（2000）《实用方法论刍议》，《政治学报》，31，107～139。

黄纪（2007）《政治学门“热门及前瞻研究议题调查”》，“国科会”社科中心两年期研究计划（NSC 93-2419-H-001-001-B9407；NSC 94-2420-H-001-012-B9407）结案报告。

黄纪（2008）《因果推论与观察研究：“反事实模型”之思考》，《社会科学论丛》，2（1），1～21。

黄纪（2009）《调查研究设计》，游清鑫（编）《民意调查新论》（页 27～48），台北：五南。

郑夙芬（2008）《选民对新选制的认知与评价：焦点团体研究法的应用》，黄纪、游清鑫（编）《如何评估选制变迁：方法论的探讨》（页 91～127），台北：五南。

Achen, Christopher H. (2005). Two cheers for Charles Ragin. *Studies in Comparative International Development*, *45* (1), 27–32.

Bennett, Andrew, & Elman, Colin (2006). Qualitative research: Recent developments in case study mehtods. *Annual Review of Political Science*, *9*, 455–476.

Brady, Henry E. (2004). Data-set observations versus causal-process observations: The 2000 U. S. presidential election. In Henry E. Brady & David Collier (Eds.), *Rethinking social inquiry: Diverse tools, shared standards* (pp. 267–271). Lanham: Rowman & Littlefield.

Brady, Henry E., & Collier, David (Eds.) (2004). *Rethinking social inquiry: Diverse tools, shared standard.* Lanham: Rowman & Littlefield.

Campbell, Donald T., & Fiske, Donald W. (1959). Convergent and discriminant validation by the multitrait-multimethod matrix. *Psychological Bulletin*, *56* (2), 81 – 105.

Caporaso, James A. (2009). Is there a quantitative-qualitative divide in comparative politics?: The case of process tracing. In Todd Landman & Neil Robinson (Eds.), *The SAGE handbook of comparative politics* (pp. 67 – 83). Los Angeles: Sage.

Collier, David, Mahoney, James, & Seawright, Jason (2004). Claiming too much: Warnings about selection bias. In Henry E. Brady & David Collier (Eds.), *Rethinking social inquiry: Diverse tools, shared standards* (pp. 85 – 102). Lanham: Rowman & Littlefield.

Creswell, John W. (2009). *Research design: Qualitative, quantitative, and mixed methods approaches* (3rd ed.). Los Angeles: Sage.

Creswell, John W., & Clark, Vicki L. Plano (2011). *Designing and conducting mixed methods research* (2nd ed.). Los Angeles: Sage.

Fearson, James D., & Laitin, David D. (2003). Ethnicity, insurgency, and civil war. *American Political Science Review*, *97* (1), 75 – 90.

Fearson, James D., & Laitin, David D. (2008). Integrating qualitative and quantitative methods. In Janet M. Box-Steffensmeier, Henry E. Brady, & David Collier (Eds.), *The Oxford handbook of political methodology* (pp. 756 – 776). Oxford: Oxford University Press.

Feilzer, Martina Yvonne (2010). Doing mixed methods research pragmatically: Implications for the rediscovery of pragmatism as a research paradigm. *Journal of Mixed Methods Research*, *4* (1), 6 – 16.

George, Alexander L., & Bennett, Andrew (2005). *Case studies and theory development in the social sciences.* Cambridge: MIT Press.

Gerring, John (2007). *Case study research: Principles and practices.* Cambridge: Cambridge University Press.

Goertz, Gary (2006). Introduction to the special issue "causal complexity and qualitative mehtods". *Political Analysis*, *14* (3), 223 – 226.

Goldthorpe, John H. (2001). Causation, statistics, and sociology. *European Sociological Review*, *17* (1), 1 – 20.

Greene, Jennifer C. (1994). Qualitative program evaluation: Practice and promise. In Norman K. Denzin & Yvonna S. Lincoln (Eds.), *Handbook of qualitative research* (pp. 530 – 544). Thousand Oaks: Sage.

Hedström, Peter (2008). Studying mechanisms to strengthen causal inferences in quantitative research. In Janet M. Box-Steffensmeier, Henry E. Brady, & David Collier (Eds.), *The Oxford handbook of political methodology* (pp. 319 – 335). Oxford: Oxford University Press.

Hedström, Peter, & Swedberg, Richard (1998). Social mechanisms: An introductory essay. In Peter Hedström & Richard Swedberg (Eds.), *Social mechanisms: An analytical approach to social theory* (pp. 1 – 31). Cambridge: Cambridge University Press.

Ivankova, Nataliya, & Kawamura, Yoko (2010). Emerging trends in the utilization of integrated designs in the social, behavioral, and health sciences. In Abbas Tashakkori &

Charles Teddlie (Eds.), *SAGE handbook of mixed methods in social & behavioral research* (2nd ed.) (pp. 581 - 611). Los Angeles: Sage.

King, Gary, Keohane, Robert O., & Verba, Sidney (1994). *Designing social inquiry: Scientific inference in qualitative research.* Princeton: Princeton University Press.

Klein, Julie Thompson (2007). Interdisciplinary approaches in social science research. In William Outhwaite & Stephen P. Turner (Eds.), *The SAGE handbok of social science methodology.* Los Angeles: Sage.

Leech, Nancy L., & Onwuegbuzie, Anthony J. (2009). A typology of mixed methods research designs. *Quality and Quantity*, *43* (2), 265 - 275.

Lieberman, Evan S. (2005). Nested analysis as a mixed-method strategy for comparative research. *American Political Science Review*, *99* (3), 435 - 452.

Mahoney, James (2007). Qualitative methodology and comparative politics. *Comparative Political Studies*, *40* (2), 122 - 144.

Mahoney, James, & Goertz, Gary (2006). A tale of two cultures: Contrasting quantitative and qualitative research. *Political Analysis*, *14* (3), 227 - 249.

Mohr, Lawrence B. (1988). *Impact analysis for program evaluation.* Chicago: The Dorsey Press.

Morgan, David L. (2007). Paradigms lost and pragmatism regained: Methodological implications of combining qualitative and quantivative methods. *Journal of Mixed Methods Research*, *1* (1), 48 - 76.

Morgan, Stephen L., & Winship, Christopher (2007). *Counterfactuals and causal inference: Methods and principles for social research.* Cambridge: Cambridge University Press.

Morse, Janice M. (1991). Approaches to qualitative-quantitative methodological triangulation. *Nursing Research*, *40* (2), 120 - 123.

Morse, Janice M. (2003). Principles of mixed methods and multimethod research design. In Abbas Tashakkori & Charles Teddlie (Eds.), *Handbook of mixed methods in social & behavioral research* (pp. 189 - 208). Thousand Oaks: Sage.

Ragin, Charles C. (1987). *The comparative method: Moving beyond qualitative and quantitative strategies.* Berkeley: University of California Press.

Ragin, Charles C. (2000). *Fuzzy-set social science.* Chicago: University of Chicago Press.

Ragin, Charles C. (2008). *Redesigning social inquiry: Fuzzy sets and beyond.* Chicago: University of Chicago Press.

Rihoux, Benoît, & Grimm, Heike (2006). Introduction. Beyond the "qualitativequantitative" divide: Innovative comparative methods for policy analysis. In Benoît Rihoux & Heike Grimm (Eds.), *Innovative comparative methods for policy analysis: Beyond the "qualitative-quantitative" divide* (pp. 1 - 9). New York: Springer.

Rihoux, Benoît, & Lobe, Bojana (2010). The case for qualitative comparative analysis (QCA): Adding leverage for thick cross-case comparison. In David Byrnes & Charles C. Ragin (Eds.), *The SAGE handbook of case-based methods* (pp. 222 - 242). Los Angeles:

Sage.

Robinson, William S. (1950). Ecological correlations and the behavior of individuals. *American Sociological Review*, *15* (3), 351–357.

Seawright, Jason (2005). Qualitative comparative analysis vis-à-vis regression. *Studies in Comparative International Development*, *45* (1), 3–26.

Tashakkori, Abbas, & Creswell, John W. (2007). The new era of mixed methods. *Journal of Mixed Methods Research*, *1* (1), 3–7.

Tashakkori, Abbas, & Teddlie, Charles B. (1998). *Mixed methodology: Combining qualitative and quantitative approaches.* Thousand Oaks: Sage.

Tashakkori, Abbas, & Teddlie, Charles B. (2003). The past and future of mixed methods research: From data triangulation to mixed model designs. In Abbas Tashakkori & Charles Teddlie (Eds.), *Handbook of mixed methods in social & behavioral research* (pp. 671–701). Thousand Oaks: Sage.

Tashakkori, Abbas, & Teddlie, Charles B. (2010). Putting the human back in "human research methodology": The researcher in mixed methods research. *Journal of Mixed Methods Research*, *4* (4), 271–277.

Teddlie, Charles B., & Tashakkori, Abbas (2009). *Foundations of mixed methods research: Integrating quantitative and qualitative approaches in the social and behavioral sciences.* Los Angeles: Sage.

Teddlie, Charles B., & Tashakkori, Abbas (2010). Overview of contemporary issues in mixed mehtods research. In Abbas Tashakkori & Charles B. Teddlie (Eds.), *SAGE handbook of mixed methods in social & behavioral research* (2nd ed.) (pp. 1–41). Los Angeles: Sage.

Teddlie, Charles B., Tashakkori, Abbas, & Johnson, Burke (2008). Emergent techniques in the gathering and analysis of mixed methods data. In Sharlene Nagy Hesse-Biber & Patricia Leavy (Eds.), *Handbook of emergent methods* (pp. 389–413). New York: Guilford Press.

Trend, Maurice G. (1979). On the reconciliation of qualitative and quantitative analyses: A case study. In Thomas D. Cook & C. S. Riechardt (Eds.), *Qualitative and quantitative methods in program evaluation* (pp. 68–85). Thousand Oaks: Sage.

Yin, Robert K. (2009). *Case study research: Design and methods* (4th ed.). Los Angeles: Sage.

延伸阅读

1. Bergman, Manfred Max (Ed.) (2008). *Advances in mixed methods research: Theories and applications*. Los Angeles: Sage.
   本书对质量并用法采“建设性批判”的观点，故适合在读过质量并用法的基础课本（如 Creswell, 2009; Teddlie & Tashakkori, 2009

等）之后的第二阶段阅读。全书除导论外共分为2篇11章，第一篇收录的5章针对“质量并用法研究设计”各层面的问题进行批判与建议，第二篇则有6章讨论“质量并用研究设计”在实际应用时的推论问题与例证。

2. Box-Steffensmeier, Janet M., Brady, Henry E., & Collier, David (Eds.) (2008). *The Oxford handbook of political methodology*. Oxford: Oxford University Press.

这本全书9篇共37章的《政治学方法论手册》从头到尾未曾提到 mixed methods 一词，将其推荐为进阶阅读之一，乍看之下很突兀，其实这只是反映政治学界对源自教育学、健康医疗学的“质量并用法”相关文献及词汇还很陌生，不过近年政治学整合质性与量化方法的努力也方兴未艾，在本书中称之为“多方法研究”(multimethod research)，与质量并用法在目标与研究设计结构上颇多互通之处，尤其本书第27～34章讨论质性方法与多方法研究，值得关心质量整合者一读。

3. Tashakkori, Abbas, & Teddlie, Charles B. (Eds.) (2010). *SAGE handbook of mixed methods in social & behavioral research* (2nd ed.). Los Angeles: Sage.

如果把这本书的前身（2003年第一版）比喻成质量并用法的“独立宣言”，那么这本全书3篇共31章、厚达近900页的第二版《质量并用法手册》，就好像一个新兴国家的基本法与组织法方案，必须直接面对治理的挑战，因此除了将质量并用法最近几年的新发展与新争议纳入之外，也像联合内阁一般纳入许多新学科的盟友，朝气蓬勃但也略显众声喧哗；此外，第二版的崭新课题为质量并用法的课程与教学（pedagogy）。建议初读者先浏览第1章及第31章，了解全貌后再依照读者的兴趣选择篇章阅读。

索 引

一 画

二 画

三 画

四 画

五 画

六 画

七 画

八　画

九　画

十 画

十一 画

十二 画

十三 画

十四 画

十五 画

十六 画

人名索引

A

B

C

D

E

F

G

H

I

J

K

L

M

N

O

P

R

S

V

W

X

Y

Z

三 画

四 画

五 画

六 画

七　画

八　画

九　画

十　画

十一　画

十二　画

十三　画

十四　画

十五　画

十六　画

十八　画

图书在版编目（CIP）数据

社会及行为科学研究法．1，总论与量化研究法/瞿海源等主编．
—北京：社会科学文献出版社，2013.7
ISBN 978－7－5097－4581－6

Ⅰ．①社… Ⅱ．①瞿… Ⅲ．①社会科学－研究方法 ②行为科学－研究方法 Ⅳ．①C3 ②C93－03

中国版本图书馆 CIP 数据核字（2013）第 086475 号

社会及行为科学研究法（一）·总论与量化研究法

主　　编 / 瞿海源　毕恒达　刘长萱　杨国枢

出 版 人 / 谢寿光
出 版 者 / 社会科学文献出版社
地　　址 / 北京市西城区北三环中路甲 29 号院 3 号楼华龙大厦
邮政编码 / 100029

责任部门 / 社会政法分社（010）59367156　　责任编辑 / 杨桂凤
电子信箱 / shekebu@ssap.cn　　责任校对 / 姜夕芬
项目统筹 / 童根兴　　责任印制 / 岳　阳
经　　销 / 社会科学文献出版社市场营销中心（010）59367081　59367089
读者服务 / 读者服务中心（010）59367028

印　　装 / 北京季蜂印刷有限公司
开　　本 / 787mm×1092mm　1/16　　印　　张 / 29
版　　次 / 2013 年 7 月第 1 版　　字　　数 / 470 千字
印　　次 / 2013 年 7 月第 1 次印刷
书　　号 / ISBN 978－7－5097－4581－6
定　　价 / 69.00 元